AF674240

भगत सिंह
जेल नोटबुक
संदर्भ और प्रासंगिकता

भगत सिंह
जेल नोटबुक
संदर्भ और प्रासंगिकता

(संपूर्ण नोटबुक और बहुत सी नई सामग्री के साथ)

सीरीज संपादक

मलविंदर जीत सिंह वड़ैच

संकलन, संपादन एवं प्रस्तावना

हरीश जैन

प्रकाशक

प्रभात पेपरबैक्स

4/19 आसफ अली रोड, नई दिल्ली–110002

फोन : 23289555 • 23289666 • 23289777 ❖ फैक्स : 23253233

इ–मेल : prabhatbooks@gmail.com ❖ वेब ठिकाना : www.prabhatbooks.com

संस्करण

प्रथम, 2017

© हरीश जैन

मूल्य

पाँच सौ रुपए

अनुवाद

नितिन माथुर

अ.मा.पु.स. 978-93-5266-302-6

मुद्रक

आर–टेक ऑफसेट प्रिंटर्स, दिल्ली

———— ★ ————

BHAGAT SINGH JAIL NOTE BOOK
Ed. Harish Jain

Published by **PRABHAT PAPERBACKS**
4/19 Asaf Ali Road, New Delhi-110002

by arrangement with Unistar Books Pvt. Ltd.

ISBN 978-93-5266-302-6

₹500.00

यह पुस्तक समर्पित है,

उन सभी लोगों को, जिन्होंने अपने शब्दों व कार्य द्वारा

पृथ्वी के सभी पीड़ितों के पक्ष में खड़े होकर

मानवता की खातिर

'स्वतंत्रता, समानता व भ्रातृत्व' के प्रकाश

को ज्वलंत रखा।

इंटरनेट-पूर्व काल में इस पुस्तक का लिखा जाना संभव नहीं था। वास्तव में यह पुस्तक एक विचारशील मन का वर्ल्ड वाइड वेब से प्राप्त अपार संसाधनों के प्रति एक धन्यवाद मात्र है। पुस्तकों की ऑनलाइन उपलब्धता की बढ़ती संख्या को देखते हुए पाठकों के लिए भगत सिंह द्वारा पढ़ी गई पुस्तकों के बारे में जानना अवश्य ही आनंददायक रहेगा। परिशिष्ट के रूप में उन सभी पुस्तकों की सूची दी गई है। इस सागर में किसी उत्साही तैराक की भाँति डुबकी लगाएँ। निश्चित ही आपके हाथ कुछ मोती अवश्य लगेंगे।

मैं महा विद्रोही! संघर्ष से अथक
तभी होऊँगा शांत
जब पीड़ितों के शोक क्रंदन से
नहीं गूँजेगा वायु–आकाश
जब रक्त पिपासु टुकड़ियों से
रणक्षेत्र हो जाएगा रिक्त
मैं अथक महा विद्रोही
तभी हो सकूँगा शांत

मैं अनंत विद्रोही
संसार के समक्ष शीश उठाकर
खड़ा रहूँगा एकाकी दृढ होकर।

—काजी नजरूल इसलाम

सबसे बड़े इनाम की प्रतीक्षा में

यह 1930 की जुलाई का आखिरी रविवार था। भगत सिंह हम सबसे मिलने लाहौर सेंट्रल जेल से बोर्स्टल जेल आए थे। वे ऐसा अकसर किया करते थे। अन्य आरोपियों के साथ बचाव की दलीलों पर चर्चा करने की उनकी याचिका सरकार द्वारा मान लिये जाने के चलते उन्हें यह सुविधा मिल गई थी। उनके साथ राजनीतिक मुद्दों पर बात हमारे उन फैसलों की ओर मुड़ गई, हम उत्सुकता से प्रतीक्षा कर रहे थे। हम सभी विनोदपूर्वक एक-दूसरे के संबंध में फैसले सुनाने लगे। इसमें राजगुरु व भगत सिंह शामिल नहीं थे। हम जानते थे कि उन्हें फाँसी होनेवाली है।

भगत सिंह ने मुसकराते हुए हमसे पूछा, ''मेरा और राजगुरु का क्या होगा? क्या हम बरी हो जाएँगे?''

कोई कुछ नहीं बोला।

उन्होंने फुसफुसाते हुए कहा, ''सच का सामना करो।''

सभी खामोश रहे।

हमारे इस मौन पर हँसते हुए उन्होंने कहा, ''हमें मृत्यु होने तक फाँसी पर लटकाए रखा जाएगा। यही सच है साथियो। मैं जानता हूँ। आप सब भी जानते हैं, तो इससे मुँह क्यों फेर रहे हो?''

उस समय तक भगत सिंह अपने रूप में आ चुके थे। वे मंद स्वर में बोल रहे थे। वे इसी शैली में बोलते थे। सुननेवालों को लगता था, मानो वे कोई मनुहार कर रहे हों। जोर से बोलना उनकी फितरत में नहीं था, और शायद उनकी यही खूबी उनकी सबसे बड़ी ताकत थी।

उन्होंने अपनी सुपरिचित शैली में बोलना जारी रखा, ''यह देशभक्ति का सबसे बड़ा इनाम है। इसे हासिल करना मेरे लिए गर्व की बात है। उन्हें लगता है कि मेरे शरीर को मारकर वे इस देश में सुरक्षित हो जाएँगे। वे गलत हैं। वे मुझे मार सकते हैं, लेकिन वे मेरे विचारों को नहीं मार सकते। वे मेरे शरीर को नष्ट कर देंगे, लेकिन वे मेरी आत्मा को नष्ट नहीं कर पाएँगे। जब तक वे यहाँ से भाग नहीं जाते, तब तक मेरे ये विचार ब्रिटिशों को भयभीत करते रहेंगे।''

भगत सिंह पूरे जोश से बोल रहे थे। कुछ क्षण के लिए, हम सब इस बात को बिल्कुल भूल गए कि हमारे सामने बैठा यह व्यक्ति हमारा ही एक साथी है। उन्होंने कहा:

''लेकिन यह तसवीर का केवल एक रुख है। इसका दूसरा रुख और भी शानदार है। हमें गुलाम बनानेवाले इन ब्रिटिशों के लिए जीवित भगत सिंह से मृत भगत सिंह कहीं अधिक खतरनाक साबित होगा। मुझे फाँसी होने के बाद मेरे क्रांतिकारी विचारों की सुगंध हवाओं के जरिये हमारी इस खूबसूरत धरती पर हर ओर फैल जाएगी। इसके प्रभाव में आकर हमारे देश के युवा स्वतंत्रता व क्रांति के दीवाने हो उठेंगे और इससे इन साम्राज्यवादी ब्रिटिशों का अवसान और निकट आ जाएगा। ऐसा मेरा दृढ विश्वास है। मुझे उस दिन का बेचैनी से इंतजार है, जब मुझे अपने देश की सेवा और देशवासियों से प्रेम के लिए वह सबसे बड़ा इनाम प्राप्त होगा।''

—शिव वर्मा

'फ्रॉम चापेकर्स टू भगत सिंह' में

आभारोक्ति

इस पुस्तक की रचना में, दस खंडोंवाली पुस्तक शृंखला के संपादक मलविंदर जीत सिंह वड़ैच के अतिरिक्त, शहीद भगत सिंह के भानजे प्रो. जगमोहन सिंह व भतीजे अभय संधू, जनरल शियोनन सिंह और किरनजोत सिंह की प्रेरणा व अपार सहयोग प्राप्त हुआ। उन्होंने न केवल उनके पास मौजूद सामग्री साझा की, बल्कि मुझे असमय अपनी स्मृतियों में झाँकने का अवसर दिया। उनके इस असीमित योगदान के धन्यवाद हेतु शब्द कम पड़ जाते हैं। मैं शहीद भगत सिंह की भतीजी वीरेंद्र सिंधु को मुझसे मिलने और अपनी स्मृतियों को साझा करने के लिए विशेष रूप से धन्यवाद देता हूँ, साथ ही मैं सुप्रीम कोर्ट, दिल्ली में शहीद-ए-आजम भगत सिंह प्रदर्शनी के क्यूरेटर श्री नुरुल होदा तथा शहीद-ए-आजम भगत सिंह संग्रहालय, खटकर कलाँ के अध्यक्ष योध सिंह को उनके अनुभव साझा करने, अन्य खंडों में सह-संपादक रहे श्री जी.एस. सिद्धू तथा सीता राम बंसल, बलविंदर बंसल व दर्शन सिंह को उनके संग्रहण व विचारों और टी.एन. राज को उर्दू शेरों की प्रतिलिपि बनाने व उनके लेखकों को खोजने और डॉ. हरीश पुरी व डॉ. अपर्णा वैदिक, डॉ. राजवंती मान को उनके उदार सहयोग व उन्हें प्राप्त हर छोटी जानकारी को साझा करने तथा इस कार्य को पूरा करने हेतु गंभीर दबाव बनाने व मेरे जोशपूर्ण रुझान के चलते होनेवाली हानियों से बचाने के लिए धन्यवाद देता हूँ।

इन अंधी गलियों से बाहर निकलना और अनजान राहों की खोज केवल सहयोगपूर्ण प्रयास से ही संभव थी। यह केवल सुझाव देने तक ही सीमित नहीं था, बल्कि इसमें जहाँ से व जिस भी स्रोत से संभव हुआ, वहीं से पुस्तकों को एकत्रित करना तथा उन्हें नाम देते हुए उनके योगदान को चिह्नित करने का दुष्कर उद्यम शामिल था, जिसके लिए मैं आप सभी का अधिकाधिक आभार व्यक्त करता हूँ।

प्रत्येक खोज किसी खजाने के प्राप्त होने जैसी होती है, जिसमें किसी-न-किसी का सहयोग अवश्य मिला होता है। इसलिए, लगभग एक दशक तक समय-समय पर मेरे उत्साहपूर्ण वाक्यों को सुनने और इससे उत्पन्न चिढ़ को अपने मुस्कराते चेहरों के पीछे छिपाकर, यदा-कदा बोनस के तौर पर सलाह देनेवाले सभी मित्रों को धन्यवाद देता हूँ।

द्वारका दास लाइब्रेरी, चंडीगढ़; नेहरू मेमोरियल संग्रहालय एवं पुस्तकालय, नई दिल्ली; राष्ट्रीय अभिलेखागार, नई दिल्ली के सभी कर्मचारियों तथा इस परियोजना के दौरान समय-समय पर बिना असंतोष दरशाए मेरे उन्माद को साहस सहित सहन करनेवाले मेरे स्टाफ के सदस्यों का भी हार्दिक आभारी हूँ।

जुनून की कीमत चुकानी पड़ती है। न चाहते हुए भी आपको अपनी कुछ जिम्मेदारियों को नजरअंदाज करना ही पड़ता है। आपकी प्राथमिकताएँ बदल जाती हैं और ऐसे समय आप यह आशा रखते हैं कि लोग आपके हालातों को समझ सकें। इसलिए, मेरी धृष्टता को नजरअंदाज करनेवाले सभी लोग भी मेरे धन्यवाद के पात्र हैं। उनमें वे सब लोग भी शामिल हैं, जिन्होंने मेरी अपठनीय लिखावट को पढ़ने का श्रम करते हुए उसे पठनीय बनाने और प्रकाशित होने के योग्य बनाया।

परिवार व घनिष्ठ मित्रों को धन्यवाद दिया जाए या नहीं, यह तर्क का विषय हो सकता है, लेकिन उनका उल्लेख अवश्य करना चाहिए। मैं गुलजार संधू, डॉ. राजेंद्रपाल सिंह बरार, डॉ. गुरपाल संधू, डॉ. सुरेंद्र देवेश्वर, डॉ. सुखदेव सिंह, शमील, दलजीत अमी, राजविंदर, जसबीर भुल्लर, डॉ. मेघा सिंह, डॉ. बलदेव बद्दन, राजेंद्र सिंह, कुलवंत सूरी, मेघ राज

मित्तर तथा निंदर गिल को उनके निरंतर सहयोग के लिए बहुत-बहुत धन्यवाद देता हूँ।

मैं माननीय न्यायाधीश अजय तिवारी, माननीय न्यायाधीश दीपक सिब्बल, श्री बलदेव राज महाजन, श्री कुलदीप नैयर, श्री अरविंद केजरीवाल, एम.जे. अकबर, प्रो. रौनकी राम, प्रो. जी.एस. ग्रेवाल, प्रो. इंदु बाँगा, राजिंदर सिंह चीमा और डॉ. प्रमोद कुमार, डॉ. कामा मैक्लीन, डॉ. क्रिस मोफट, डॉ. डेनियल एलाम, नीति नायर, डॉ. सिमोना साहनी, प्रो. भगवान जोश, प्रो. सत्य पाल गौतम, डॉ. सुमेल सिद्धू, डॉ. जसपाल सिंह, डॉ. रीमा हूजा, डॉ. शिखा जैन, सुश्री किशवर देसाई, श्री एच.सी. अरोड़ा, डॉ. एम.एम. जुनेजा, सुश्री संगीता बरुआ पिशरोटी, डॉ. मौसमी कंदली, श्री हेमंत दिवाते, सुश्री गगन गिल, सुश्री माधवी कटारिया, श्री अमरजीत ग्रेवाल, डॉ. रजनीश बहादुर, डॉ. परमिंदर सिंह, डॉ. एस.एस. सोहल, श्री अनुज कुमार, डॉ. सुभाष परिहार, डॉ. नवतेज हलवारवी और श्री पंकज अग्रवाल का भी उनके उदार और उत्साहवर्धक शब्दों के लिए आभारी हूँ।

इस पल मुझे कम आयु में ही छोड़कर स्वर्गवासी हुई मेरी माँ श्रीमती कौशल्या देवी और प्रजातांत्रिक आंदोलन में कार्यकर्ता के तौर पर ब्रिटिश साम्राज्य की ज्यादतियों को साहस के साथ सामना करते हुए उनके घोर पूँजीवाद का विरोध करने के अलावा हमारे वर्तमान व भविष्य को उज्ज्वल बनाने के लिए अपने जीवन का बलिदान देने व कष्ट उठानेवालों के प्रति मेरे मन में गौरव का भाव उत्पन्न करनेवाले मेरे पिता श्री चरण दास जैन की याद आ रही है। इस पुस्तक को देखने व अपने कर-कमलों में लेने के लिए आज इनमें से कोई भी मौजूद नहीं है। आज वे होते तो उनकी खुशी का ठिकाना न रहता! इनमें मेरी दौड़-भाग में सदा मेरा साथ देनेवाले मेरे कट्टर सोशलिस्ट जीजा कुलवंत तथा हमेशा मेरा साथ देनेवाले सुशील कुमार और जनक राज भी शामिल हैं, लेकिन दुर्भाग्य! पुस्तक प्रकाशन के इस क्षण में आज इनमें से कोई भी नहीं है।

मेरी पत्नी पुष्पा जैन सबसे अधिक धन्यवाद की पात्र हैं। मैंने न केवल इनके हिस्से के समय को इस पुस्तक को दे दिया, बल्कि मेरी निराशा व संकट के क्षणों में चट्टान की तरह इन्होंने मजबूती से मेरा साथ दिया। इसके अलावा मैं धन्यवाद देता हूँ अपने उन सभी भाई व बहनों तथा मेरी अनेकानेक कहानियों को सुनने में आनाकानी ना करनेवाले अपने बच्चों, नाती-पोते, भतीजे व भतीजियों और उनमें भी विशेष रूप से श्रुति व जीवेश को, जिन्होंने न केवल मेरे लेखन को पढ़ा, बल्कि इसकी त्रुटियों में सुधार भी किया।

मैंने जो भी उद्धरण दिए हैं, उनके पाठ में ही उनके स्रोतों का भी उल्लेख कर दिया है, लेकिन इसके बावजूद, ऐसे बहुत से उद्धरण, उक्तियाँ, कथन व पंक्तियाँ आदि हैं, जिनके पाठ के साथ उनके वास्तविक स्रोत का उल्लेख नहीं है। मैं यह सामग्री बहुत समय से एकत्रित कर रहा हूँ। समय के साथ ही बहुत से स्रोत खो गए, हालाँकि ऐसे पाठ को निर्दिष्ट करने के लिए उद्धरण चिह्नों का उपयोग किया गया है। इसके साथ ही मैं इस नोटबुक के पिछले सभी संपादकों व अनुवादकों के प्रति आभार व्यक्त करता हूँ।

यह कहना उचित होगा कि पुस्तक व प्रस्तावना से लेकर टिप्पणियों तक में व्यक्त सभी विचारों व तर्कों में व्यक्त सभी त्रुटियों व कमियों की जिम्मेदारी मुझपर है। संभव है कि कुछ लोग मेरी आलोचनाओं से सहमत न हों, लेकिन इससे मेरी विषय में निहित ईमानदारी में कहीं संदेह नहीं किया जा सकता है।

मिथक व सत्य के बीच का पेंडुलम निरंतर झूलता रहता है।

अनुक्रम

समय के साहिल पर : भगत सिंह संग चहलकदमी

उसके लिए न यूँ अविरल अश्रुपात करो,
मृत्यु उत्तम है तरुणाई में!
निर्दय तुच्छता जल्द ही
मिटा देगी नामोनिशान भी।

—एन.ए. नेक्रासोव

यह एक नोटबुक है। इस नोटबुक को भगत सिंह ने अपने छोटे से जीवनकाल के अंतिम दिनों में जेल में रहते हुए लिखा था। आपके हाथों में मौजूद यह पुस्तक लेखक की भगत सिंह की पुस्तकों के साथ एक दशक की यात्रा का परिणाम है। पुस्तकों का यह संसार उनके लौकिक ही नहीं, बल्कि अवचेतन में भी स्थान रखता था। उनका पुस्तकों के प्रति प्रेम जीवनपर्यंत बना रहा। पुस्तकों के साथ उनका यह रिश्ता नेशनल कॉलेज के दिनों से शुरू होकर कालांतर में अपने साथियों के समूह से जुड़ने के बाद तक जारी रहा। उनसे संबंध रखनेवाले सभी साथियों ने तमाम बातों के अतिरिक्त उनके पुस्तकों से लगाव का विशेष रूप से उल्लेख किया, जो हमेशा किसी साये की भाँति उनके साथ रहती थीं। पुस्तकों के प्रति ऐसा लगाव केवल उन तक ही सीमित नहीं था। ऐसे और भी बहुत से साथी थे, जो पुस्तकें पढ़कर उनपर चर्चा-परिचर्चा द्वारा अपने प्रारब्ध का निर्माण कर रहे थे। जेल नोटबुक से संबंधित इस पुस्तक के परिशिष्ट में, उनके द्वारा पढ़ी गईं बहु-विषयक पुस्तकों की सूची दी गई है। इसी कारण पुलिस को देशभर में मारे गए प्रत्येक छापे में उनके पास से बड़ी मात्रा में पुस्तकों के बंडल प्राप्त होते थे। उनकी सूची में गंभीर विषयों से लेकर सभी तरह के सांसारिक विषयोंवाली पुस्तकें शामिल थीं, परंतु इस प्रस्तावना की विषयवस्तु उनके द्वारा पढ़ी गई पुस्तकें ही नहीं हैं, बल्कि यह उनके लाहौर के सेंट्रल जेल में बिताए जीवन के अंतिम दिनों को भी समेटे हुए है।

इस प्रस्तावना का उद्‌देश्य आपको उनके उस समय, काल व प्रयास से परिचित करवाना है, जहाँ ये पुस्तकें उनकी जीवन संगिनी के भाँति साथी रही थीं।

इस प्रस्तावना को तीन भागों में विभक्त किया जा सकता है, जिनमें:

1. नोटबुक के आलेखों के मूल स्त्रोत की खोज
2. नोटबुक के इतिहास का अध्ययन
3. नोटबुक के आलेखों को समझना

पहले भाग 'नोटबुक के लेखों के मूल स्त्रोत की खोज' में भगत सिंह की पढ़ी गई उन पुस्तकों की पहचान व खोज का वर्णन है, जिनमें से उन्होंने उदाहरणों, उक्तियों या लेखों को चुना है। यह खोजपूर्ण यात्रा किसी अंधे पाताल की पीड़ादायक यात्रा जैसी थी, परंतु साथी ही उन राहों पर भी जहाँ झरोखों से रोशनी भीतर आ रही हो, लेकिन अंततः एक-एक कर, अधिकांश उद्धरणों को पहचानकर उनके लेखकों व उन किताबों की ग्रंथ सूची तैयार हो ही गई।

इस हिस्से में केवल संक्षिप्त विवरण व पुस्तकों की सूची ही नहीं, बल्कि और भी बहुत कुछ है। इसमें प्रत्येक लेखक व उसके तत्कालीन महत्त्व व भगत सिंह के लिए उनके संभावित महत्त्व पर भी चर्चा की गई है। इसके अतिरिक्त उनके द्वारा पढ़ी गई पुस्तकों व उल्लिखित उक्तियों का संक्षिप्त वर्णन भी किया गया है तथा आयातित सामग्री को समझाने की दृष्टि से संबंधित अंश भी प्रस्तुत किए गए हैं। इसके अतिरिक्त आवश्यक होने पर लेखक की अन्य पुस्तकों से भी हवाला दिया गया है, साथ ही उनके द्वारा जेल में पढ़ी गईं संभावित पुस्तकें तथा उनके सहयोगियों की स्मृति में तुरंत कौंध जानेवाली पुस्तकों पर भी चर्चा की गई है। फिर भले ही उनका उल्लेख इस नोटबुक में न भी हुआ हो। जिस पुस्तक से कोई विशेष उद्धरण लिया गया है, उसमें पाठकों के लिए अन्य दिलचस्प व मूल्यवान अन्य प्रासंगिक उद्धरण भी दिए गए हैं, जिससे उस पुस्तक का संदर्भ और अधिक जीवंत हो उठा है।

चूँकि सभी पुस्तकें व लेखक बीसवीं शताब्दी के पूर्वार्द्ध या उससे भी पहले के हैं, इसलिए संभव है कि नोटबुक के वर्तमान पाठक इनमें से कुछ लेखकों व उनके कार्यों से परिचित न भी हों। पुस्तक में दी गई उनसे संबंधित जानकारियाँ पाठकों को इन लेखकों से और अधिक सार्थकता सहित जुड़ने में मद्द करेंगी।

भगत सिंह ने यह नोटबुक 1929-1931 के बीच लिखी थी। इसलिए निश्चित ही ये सभी पुस्तकें अनिवार्य रूप से इसी या इससे पहले के समय में प्रकाशित हुई होंगी। उद्धरणों को खोजते समय पुस्तक के संस्करण व अनुवाद जैसे महत्त्वपूर्ण पहलुओं का पूरा ध्यान रखा गया है। इनमें से बहुत सी पुस्तकों के विभिन्न महाद्वीपों में बहुत से संस्करण, अनुवाद व प्रारूपों में प्रकाशन हुआ होगा। इसलिए हमारे लिए विशेष रूप से भगत सिंह द्वारा उपयोग किए गए संस्करण को खोजना आवश्यक था। इस खोज से जुड़े कुछ विवरणों का भी उल्लेख किया गया है।

सभी पुस्तकों के इतिहास को संदर्भ सहित प्रकाशित किया गया है। जहाँ आवश्यक लगा है, वहाँ अन्य अनुवादकों व उनके अनुवादों का भी उल्लेख किया गया है। उदाहरण के लिए, रूसो के 1930 तक बहुत से अनुवाद हो चुके थे। इसी तरह दोस्तोवस्की का उपयुक्त अनुवाद भी लंबे समय तक दुष्प्राप्य रहा।

किसी भूले-बिसरे उदाहरण को चुन लेने से न तो पाठकों व पुस्तक के बीच रिश्ता बँधता है और न ही इससे इसकी गंभीरता या गहराई का अनुमान लगाया जा सकता है, लेकिन यह उद्धरण जिस पुस्तक से लिया गया है, उसका प्रसार, उद्धरण का संभावित स्थान तथा इस उद्देश्य से पुस्तक का अध्ययन करने से और भी बहुत सी महत्त्वपूर्ण जानकारियाँ प्राप्त हो जाती हैं। इसलिए प्रत्येक पुस्तक के प्रसार और उद्धरण की पुस्तक में स्थिति के संबंध में जानकारी लेना बहुत रुचिकर रहेगा। इससे यह अनुमान हो सकेगा कि वह भगत सिंह के लिए इतना महत्त्वपूर्ण क्यों रहा होगा। पाठकों को नोटबुक में उल्लिखित ऐसी बहुत सी पुस्तकों की जानकारी मिल सकेगी।

कुल मिलाकर, यह एक प्रयास है, जहाँ भगत सिंह की पुस्तकों के संसार को पाठकों के लिए इतना सजीव व जीवंत बनाया गया है कि वे उनके सहयात्री बनकर उनके काल में झाँकने का अवसर प्राप्त कर सकें। मुझे यह सौभाग्य हासिल हुआ, आपको भी अवश्य मिलेगा।

अध्ययन की दृष्टि से, नोटबुक को लिखने व प्रकाशित करने का इतिहास बहुत दिलचस्प है। 'नोटबुक के इतिहास का अध्ययन' आपको भगत सिंह द्वारा इस नोटबुक को लिखने की शुरुआत से लेकर इसकी 60 वर्ष से भी अधिक की कष्टपूर्ण यात्रा व इसके पहली बार प्रकाशित होने की जानकारी प्रदान करेगा। नियमित अंतराल पर घटी ये घटनाएँ जहाँ एक ओर अजीब लगती हैं, तो वहीं कई बार किसी तमाशे जैसी लगती हैं, लेकिन इसके बावजूद, यह यात्रा बिना किसी गंभीर व सार्थक प्रोत्साहन के अनवरत जारी रही। बहुत से दावों और जवाबी-दावों के बावजूद अंततः केवल एक व्यक्ति के उत्साहपूर्ण प्रयास के चलते यह नोटबुक पाठकों के पास पहुँच सकी है। आज इस नोटबुक के दर्जनों संस्करण छपने के अलावा इसके कई भाषांतर भी हो चुके हैं। प्रस्तावना का दूसरा हिस्सा इन्हीं सबसे जुड़ी कुछ दिलचस्प कहानियों और

इस नोटबुक से जुड़े बहुत से अतिशयोक्तिपूर्ण दावों के बारे में बताएगा।

तीसरा हिस्सा, 'नोटबुक के लेखों को समझना' कुछ विविध मुद्दों पर बात करता है। इसकी शुरुआत भगत सिंह के साहित्य में नोटबुक की भूमिका तय करने से होती है। इसमें अनुलेखन व उद्धरण जैसे मुद्दों पर चर्चा की गई है। इसमें पुस्तक में नई सामग्री को स्थान देने, उसके महत्त्व और साथ ही इसकी सूची व परिशिष्ट का निर्धारण व प्रबंधन सबसे महत्त्वपूर्ण है। इसके अतिरिक्त नोटबुक की लेखन प्रकृति व विषयवस्तु, इसकी तर्कसंगतता, इसका औचित्य तथा इसे समझने के ढंग पर बहुत सार्थक चर्चा-परिचर्चा हुई।

भगत सिंह का धर्म पढ़ना था, लेकिन जैसा हमेशा कहा जाता है, वे केवल सीखने के लिए ही नहीं पढ़ते थे, बल्कि वे आनंद लेने के लिए भी पढ़ते थे। यह खंड आपके समक्ष चुनने के लिए बहुत सी पुस्तकें प्रस्तुत कर देगा। इस प्रस्तावना के आगामी पृष्ठ आपको अपनी यात्रा का मार्ग तय करने और उसपर आगे बढ़ने लायक बोध प्राप्त करने में सहायता देंगे। भगत सिंह की तरह पुस्तकों के साथ रहें, उन्हें पढ़ें, उन पर सरसरी निगाह डालें, उन्हें बीच-बीच से पढ़ें, उनमें से कुछ पर बात करें, कुछ को भूल जाएँ और कुछ को आत्मसात कर लें। जब उन्होंने ऐसा कर दिखाया है तो आप ऐसा क्यों नहीं कर सकते ? पुस्तक का यह खंड आपसे ऐसा करने का अह्वान करता है। यही भगत सिंह की सच्ची विरासत है।

1

नोटबुक के नोट्स का स्रोत ढूँढ़ना

खुद की आँखें ही मेरे लिए नहीं काफी
गैर की आँखों से भी देखता हूँ मैं।

—सी.एस.लेविस

जेल नोटबुक के साथ मेरा संबंध जीवन की अन्य बहुत सी वस्तुओं की तरह सीधा-सादा है। 1997 में फरवरी माह के अंतिम दिन प्रो. मलविंदर जीत सिंह वड़ैच ने मुझे अपनी निजी 'ए मार्टेयर्स नोटबुक' भेंट की, जिसका संपादन व प्रस्तुतीकरण भूपेंद्र हूजा ने और प्रकाशन 1994 में इंडियन बुक क्रॉनिकल, जयपुर द्वारा किया गया था। यह पुस्तक भी ब्रिटिश काल में उभरनेवाले उन क्रांतिकारियों व क्रांतिकारी आंदोलनों से जुड़ी थी, जिन पर हम बीते काफी समय से पुस्तकें, दस्तावेज और कागजात एकत्रित कर रहे थे। यही हमारा विषय भी था, लेकिन उस समय तक मैंने 'नोटबुक' के बारे में कुछ ज्यादा पढ़ा या सुना नहीं था। इससे पहले हमारे पास भगत सिंह के केवल भिन्न-भिन्न प्रकार के लेख व अन्य दस्तावेज व बयान ही थे, जिसमें से सबसे लंबा उनका आत्मकथात्मक लेख 'व्हाई. आई. एम. ए. एन ऐथिस्ट' था। निश्चय ही मेरी जिज्ञासा बढ़ गई थी। मैं अभ्यस्त हाथों से उसके पृष्ठ पलटने लगा, उसकी विषयवस्तु को एक नजर देखा, कौतूहलपूर्वक उसकी प्रस्तावना पढ़ी और उसे ज्यों का त्यों रख दिया।

कुछ वर्षों बाद, किसी विषय पर शोध करते समय अनायास ही यह पुस्तक मेरे हाथ में आ गई और इसी के साथ हमारे बीच एक ऐसा रिश्ता बन गया, जो आज भी सविराम टूटता-बनता रहता है।

इसके बीच-बीच में से कुछ पृष्ठ पढ़ने पर, मैं इससे मोहित हो गया। मैं जितना अधिक पढ़ता जाता, आगे पढ़ने की इच्छा उतनी ही बलवती होती जाती। इसी तरह मैं पृष्ठ 29 पर जा पहुँचा। शीर्षक था 'दी नोबलेस्ट फॉलेन', (वीरों की शहादत) उसके नीचे लिखा था—

जो भी वीर खेत रहे। दफन हुए चुपचाप
किसी परित्यक्त भूमि में।

न बहाए उनके लिए किसी ने दो अश्क भी,
कब्र तक पहुँचा के आए हाथ, जो थे अजनबी,
कब्र पर न सलीब, न समाधि, न कोई पहचान,
जो करती हो, उन वीरों शहीदों का गौरव गान।

''उनकी कब्र पर घास उग आई है; घास की इन झुकी हुई कमजोर पत्तियों में उनका रहस्य दबा है। किनारे से टकराती उमड़ती हुई लहरें ही इस घटना की एकमात्र साक्षी हैं, लेकिन यह प्रचंड लहरें भी उनके सुदूर स्थित घरों तक उनका आखिरी सलाम नहीं पहुँचा सकतीं।''

इस उद्धरण का अंत आते-आते मेरी आँखें नम हो गईं। इसकी मन को छूनेवाली कल्पनाशीलता ने हृदय में ज्वार सा उठा दिया। वह कोठरी, जेल का अँधेरा व गंदा कमरा, सुनसान व उजाड़, गरम व सीला हुआ और वहाँ की उबकाई दिलाती बदबू, सब मेरे सामने जैसे वास्तविक हो गए थे। मैं कल्पना करने लगा कि वहाँ भगत सिंह अपने हाथ में फाउंटेन पेन लेकर बैठे हुए, नोटबुक व पुस्तकों के बीच निडरता व गर्व सहित निरंतर सोच-विचार में डूबे हैं। मैं उनकी नर्म व सम्मोहक आँखों के पीछे जो कुछ भी चल रहा है, उसकी तसवीर बनाने का प्रयास करने लगा। मुझ पर उदासी छा गई। आखिर सज्जन व्यक्ति ही क्यों टूट जाते हैं, उन्हें क्यों गुप्त रूप से दफना दिया जाता है? वे साहसी थे, अपने उद्देश्य के प्रति प्रतिबद्ध थे, बिना किसी झिझक के सदैव अपने उद्देश्य के प्रति जान देने को तैयार थे, इस बात में कोई संदेह नहीं, लेकिन वे भी हम सब की तरह इनसान ही थे। उन्हें भी हमारी जैसी चिंताएँ, भय सताते होंगे, उनके भी हम जैसे स्वप्न व इच्छाएँ रही होंगी।

वेरा फिग्नर लिखती हैं—

''मौत की सजा सुनने के फौरन बाद दंडित व्यक्ति का मन कई मायनों में उस व्यक्ति जैसा हो जाता है, जो मौत के कगार पर खड़ा हो। एकदम शांत। ऐसा प्रतीत होता है, मानो उसे यहाँ छूट रही चीजों के मोह से निकलने की प्रेरणा मिली हो और वह पूरी दृढता व पूर्ण चेतना सहित उस आनेवाले सत्य को स्वीकार कर लेता है, जिसे बदला नहीं जा सकता।''

तत्पश्चात् वे पृष्ठ 32 पर 'एक क्रांतिकारी की मनोदशा' के उप-शीर्षक से लिखती हैं—

''जो भी व्यक्ति जन्म से ही आदर्श, निरादर, पीड़ा व मृत्यु से परिपूर्ण यीशु के जीवन से प्रभावित रहा होगा; जो भी उन्हें अपना आदर्श मानता होगा और उनके जीवन को स्वार्थहीन प्रेम की प्रतिकृति मानता होगा, वह उस क्रांतिकारी की मनोदशा को अवश्य समझ सकेगा, जिसे मौत की सजा मिली हो और जिसने लोगों की स्वतंत्रता के लिए अपना जीवन होम कर दिया हो।''

लेखक के प्रति मेरी दिलचस्पी बढ़ाने के लिए यह काफी था, लेकिन वेरा फिग्नर के अलावा उनके ही जितना वशीभूत करनेवाला एक और चरित्र मोरोजोव भी था। पृष्ठ 30 पर मोरोजोव, 'दी प्रिजनर' (कैदी) उप-शीर्षक से लिखते हैं—

''इस गंदी व नीची छत के नीचे दम घुटता है;
साल दर साल मेरी शक्ति क्षीण हो रही है;
मेरा दमन कर रहे हैं; ये पथरीली जमीन,
लोहे की जंजीरों से बँधी यह टेबल,
जंजीर से बँधा यह पलंग व कुरसी,

दीवारें जैसे ताबूत के तख्ते हों।
इस अनंत मौन व गहन शांति में
व्यक्ति अपने को मुरदा समझने लगता है।''
''नंगी दीवारें, कैद के विचार,
अवसाद व उदासी भर देते हैं!
बंदी के लिए निष्क्रिय रहते कितना कठिन है,
कि वह आजादी का स्वप्न देख सके!''

मोरोजोवा के बाद इसी पृष्ठ पर एक उर्दू शेर भी था।

तुझे जिबह करने की खुशी, मुझे मरने का शौक,
मेरी भी मरजी वही है, जो मेरे सय्याद की है।

फिग्नर, मोरोजोव व उर्दू के इस शेर के अलावा 'दी प्रिजनर ऑफ चिलोन' की पंक्तियाँ भी थीं।

''न सितारे, न धरती, न समय का अंदाज
न ठहराव, न बदलाव, न नेकी, न अपराध,
एक खामोशी है, बस और निश्चल श्वास,
जो न जिंदगी है और न मौत का एहसास।''

आगे पृष्ठ 30 पर 'दी प्रिजनर' (बंदी) के उप-शीर्षक से तीन अन्य छंद हैं—

''यहाँ बस मौन, निर्जीवता व फीकापन है;
वर्ष निरर्थक व बिना नामोनिशान के बीत रहे हैं;
दिन व हफ्ते बिताए नहीं बीतते,
उनकी पोटली में बस बोझिल उदासी ही है।''

''इस लंबी कैद ने हमारे विचारों में उदासी भर दी है;
यह भारीपन हमारी हड्डियों तक जा पहुँचा है;
इस चार कदम की कोठरी में,
यह कष्टप्रद पल कभी समाप्त होते नहीं लगते।''

''हमें अपने लोगों के लिए जीना होगा,
हमें उनके लिए अपना सबकुछ लुटा देना होगा,
और उन्हीं के लिए हमें अपने दुर्भाग्य से लड़ना होगा।''

यहाँ मोरोजोव के पश्चात 'दी प्रिजनर ऑफ चिलोन' से एक और उद्धरण है।

''अंततः मेरे मुक्तिदाताओं का आगमन हो ही गया;
मैंने न कारण पूछा, न स्थान,

मेरे लिए अब सब एक समान है,
बेड़ियाँ हों या न हों;
मैंने मायूसी से मुहब्बत करना सीख लिया है।
इसलिए जब वे लोग आए,
तो मेरे सभी बंधन कट गए,
ये मेरे आसपास की विशाल दीवारें
अब यही-केवल, यही मेरा आश्रय स्थल हैं।''

उस काल कोठरी में रहते हुए उनके मन में क्या चल रहा था, इससे तसवीर अब स्पष्ट हो चुकी थी। 'उनका' अथाह कष्ट ही 'उसका' आईना, 'उनके' शब्द' उसकी' आवाज बन गए थे। 'अपने' बारे में भगत सिंह ऐसा और क्या कहते, जो इन शब्दों में नहीं कहा गया है।

मैंने इन पंक्तियों को बारंबार पढ़ा। इन पंक्तियों को पढ़ने के बाद इनके लेखकों के प्रति रुचि जाग्रत् होना स्वाभाविक था। ये मेरे दिमाग में घूम रही थीं। यह उद्धरण कहाँ से लिया गया है और इसका लेखक कौन है, इस संबंध में कोई जानकारी नहीं थी। केवल दो नाम ज्ञात थे, जो किसी भी शुरुआत के लिए नाकाफी थे। इस आरंभ का अंत कहीं दिखाई नहीं दे रहा था।

फिग्नर व मोरोजोव से मैं पृष्ठ-दर-पृष्ठ आगे बढ़ने लगा। उद्धरणों के स्रोतों का पैटर्न लगभग सभी पन्नों पर वैसा ही था। अधिकांश उद्धरणों में स्रोत के तौर पर लेखक का नाम तो था, लेकिन उस रचना या इन्हें कहाँ से लिया गया है, इसका कोई जिक्र नहीं था। कुछ उद्धरण बिना किसी स्रोत के उद्धृत थे। कुछ उद्धरणों में पृष्ठ संख्या का उल्लेख था, लेकिन अधिकांश अज्ञात ही थे। कार्य की रूपरेखा उभरने व आकार लेने लगी थी। जल्द ही मेरे हाथ में एक ऐसा काम था, जो मेरे सामर्थय अनुसार उस समय कहीं से भी कठिन दिखाई नहीं दे रहा था!

मैंने अपनी रुचि के अनुसार वेरा फिग्नर व मोरोजोव को चुना। मुझे उनके रूसी क्रांतिकारी होने की हलकी सी जानकारी थी। वेरा फिग्नर के बारे में जानकारी मिली कि अपनी प्राथमिक शिक्षा रूस में पूरी करने के पश्चात् वे चिकित्सा की पढ़ाई करने जिनेवा चली गई थीं, लेकिन वे पढ़ाई पूरी किए बिना रूस वापस लौट आईं और जार के विरुद्ध जारी एक गुप्त आंदोलन में शामिल हो गईं। उन्हें एलेक्जेंडर की हत्या के जुर्म में 'ट्रायल ऑफ फोर्टीन' के दौरान मौत की सजा सुनाई गई। परंतु उनकी मौत की सजा को साइबेरिया में आजीवन दासता में बदल दिया गया। बाद में इसे पुन: 20 वर्ष के एकांत कारावास में बदलकर उन्हें श्लुसेलबर्ग के किले में भेज दिया गया। यह किला एक ऐसा जीवित मकबरा था, जिसमें से बहुत कम लोग जीवित व स्वस्थ निकल पाते थे। अपनी सजा पूरी होने के बाद वे वर्ष 1904 में किले से निकल आईं, लेकिन उनका आंतरिक निर्वासन 1906 में समाप्त किया गया, जिसके बाद उन्हें विदेश जाने की अनुमति मिल गई। जेल में रहते हुए उन्होंने अन्य चीजों के अलावा अंग्रेजी भी सीखी थी। वे यूरोप जाकर 'रूस के राजनीतिक बंदियों' की दुर्दशा में सुधार हेतु प्रचार करने लगीं। वहाँ उन्होंने रूसी जेलों के संबंध में एक पैंफलेट लिखा, जिसका कई भाषाओं में अनुवाद हुआ। 15 जून, 1942 को उनका 89 वर्ष की पूर्णायु में देहांत हो गया। उनके लिए, कहा जाता है, ''निस्संदेह, अतीत की विशुद्ध और बलिदानी क्रांतिकारी पीढ़ी का जीवंत उदाहरण होने के कारण उन्हें स्वयं पर गर्व रहा होगा।''

इसी तरह, एन.ए. मोरोजोव ने भी अपने जीवन के 25 वर्ष कैद में बिताए थे, जिसमें उन्हें अतिक्रमण के लिए पीटर ऐंड पॉल में तथा राजनीतिक गतिविधियों के लिए श्लुसेलबर्ग में रखा गया। वर्ष 1879 में 'लैंड ऐंड लिबर्टी' के साथ काम करने के दौरान उन्होंने सामाजिक बदलाव के सिद्धांत को अस्वीकार करते हुए उस समूह को छोड़ दिया। तत्पश्चात् वे कुछ

अधिक साहसी दल 'पीपल्स विल' में शामिल हो गए। वेरा फिग्नर भी इसकी सदस्य थीं। 1880 में जिनेवा व लंदन प्रवास के दौरान उनकी मुलाकात कार्ल मार्क्स से हुई। अपने निर्वासन काल में उन्होंने 'रिवॉल्यूशनरी मैनिफेस्टो' और 'दी टैररिस्ट स्ट्रगल' (1880) लिखीं। अपनी रचनाओं में उन्होंने बड़ी संख्या में ऐसे छोटे व स्वतंत्र आतंकवादी गुट बनाने का समर्थन किया, जिन्हें उनके मतानुसार पुलिस आसानी से नहीं पकड़ सकती थी। उनका मानना था कि इन छोटे गुटों के प्रमुख जार को सत्ता से उखाड़ फेंकने की शक्ति हासिल कर सकते हैं। निकोलाई मोरोजोव ने 'हीरोइक डीड' (वीरोचित कार्यों) के दर्शन का पूरे उत्साह सहित प्रचार किया। वापस लौटने पर उन्हें गिरफ्तार कर जेल भेज दिया गया, जहाँ उन्होंने राजनीतिक पद्य लेखन के अतिरिक्त विज्ञान व इतिहास का अध्ययन किया। उन्हें 1906 में छोड़ दिया गया। वे डुमा का चुनाव जीत गए, लेकिन पहले कैदी रहे होने के कारण उन्हें पद सँभालने की अनुमति नहीं मिली। वर्ष 1910 में उन्होंने अपनी पुस्तक 'सॉन्ग ऑफ दी स्टार' द्वारा पुनः अधिकारियों को व्याकुल कर दिया। इसे चर्च के विरुद्ध मानते हुए उन्हें एक वर्ष कैद की सजा सुनाई गई। उन्होंने राजनीति छोड़ दी और अपना क्रांतिकारी जीवन विज्ञान व तर्कवाद को समर्पित करते हुए अपने तमाम अपरंपरागत व साहसिक विचारों को लिख डाला। 'आवर्त सारणी' में अपना योगदान देते हुए उन्होंने निष्क्रिय तत्त्वों की खोज की भविष्यवाणी की। 'दी एस्ट्रॉयड 1210 मोरोजोव' का नाम उन्हीं के सम्मान में रखा गया था। उनका 1942 में 92 वर्ष की आयु में निधन हो गया।

इसके साथ ही मेरी खोज इन दोनों क्रांतिकारियों के साहित्य पर केंद्रित हो गई। इन दोनों में से मोरोजोव अधिक दुष्प्राप्य साबित हुए। उनके साहित्य की खोज में एक दशक लगाने के बाद भी मुझे उनका अंग्रेजी में लिखा कुछ प्राप्त नहीं हो सका। यद्यपि तत्कालीन रूसी क्रांतिकारियों पर लिखी उनकी टीका, आलोचनाएँ और आलेख बिखरे रूप में यत्र-तत्र अवश्य मिल जाते हैं। ऐसा प्रतीत होता है कि रूस से बाहर उनकी मात्र एक रचना 'दी टैररिस्ट स्ट्रगल' ही प्रकाशित हुई है। इसे आज भी आतंकवाद के सिद्धांतों के विकास व अभ्यास का इतिहास का पहला मुखर तर्क माना जाता है। वे लिखते हैं, ''मृत्यु के विरुद्ध जीवन एक नैसर्गिक क्रांति है, जो अंततः सफल रहती है।'' 20 वर्ष कैद में रहने के बाद वे लिखते हैं, ''गुप्त समाधि, जहाँ राजनीतिक उत्पीड़न व निरंकुशता के शिकार बिना निशान छोड़े गायब हो जाते हैं।'' आरंभ में हिंसा-समर्थक विचारक होने के बावजूद जीवन के अंतिम समय में उन्होंने इससे किनारा कर लिया था। मुझे उनके आत्मकथात्मक व राजनीतिक लेखन में काफी खोजने के बाद उपरोक्त विषयवस्तुवाली कोई चीज प्राप्त नहीं हो सकी।

मोरोजोव की तरह वेरा फिग्नर भी सफल लेखिका थीं। वे गोपनीय संस्था 'पीपल्स विल' की अग्रणी सदस्या थीं, जिसे दुनिया का पहला आधिकारिक आतंकवादी गुट माना जाता था और जिसका उद्देश्य, जैसा कि उन्होंने बाद में बताया, ''निजी इच्छा को लोगों की इच्छा में बदलना था।''

जेल से छूटने के पश्चात् इन्होंने 1884-1894 के बीच श्लुसेलबर्ग में कारावास के दौरान रूसी भाषा में लिखी अपनी 20 कविताओं का संकलन और एक गद्य लेख को 'स्तिखोतवोरेनिया' अर्थात कविताएँ, शीर्षक से वर्ष 1906 में प्रकाशित करवाया। अगर इसका कभी अनुवाद हुआ भी होगा, तो आज वह उपलब्ध नहीं है।

1906 के पश्चात् अपने यूरोप प्रवास के दौरान, उनका नए लोगों से मिलना हुआ। अपनी उच्च्व प्रतिष्ठा के कारण वेरा का बहुत सम्मान हुआ। उनके कैद में बिताए भयानक दिन और विपरीत परिस्थितियों का साहस सहित सामना करने का वर्णन सुन श्रोता मंत्रमुग्ध हो उठते। तत्पश्चात् वेरा ने अपने इन अनुभवों को प्रकाशित करने का विचार बनाया। बाद में उन्होंने स्वयं लिखा, ''महान ऐलेनोरा ड्यूस ने मुझे धिक्कारते हुए कहा कि लिखो! आपको लिखना होगा, आपका यह अनुभव संजोए रखना आवश्यक है।'' उन्होंने लिखा, और उसी शिद्दत के साथ लिखा, जिस तरह उन्होंने इससे पहले शाही ताकतों का सामना किया था। वेरा फिग्नर की हाल ही में प्रकाशित हुई लीन ऐन हार्टनेट लिखित जीवनी में उनके बारे में कहा गया है, ''वेरा ने हमारी पहचान, हमारी आकांक्षाएँ और हमारी जय-पराजय को आनेवाली पीढ़ियों के लिए सहेजे

रखने की आशा बँधाई है। उन्होंने अक्तूबर, 1917 के पूर्व के क्रांतिकारी आंदोलन की कहानी को समय की धुंध में खोने से बचाने हेतु अथक परिश्रम किया है।'' वेरा ने अपनी स्मृतियों से जुड़े सात खंडों के प्रकाशन के अलावा और भी बहुत से लेख लिखे। वर्ष 1926 में उन्होंने अपने क्रांतिकारी साथी मोरोजोव की संक्षिप्त जीवनी भी लिखी थी, लेकिन उनका अभी तक का निर्धारित संपूर्ण साहित्य रूसी भाषा में ही है।

वेरा रूस के क्रांतिकारी आंदोलन के इतिहास से जुड़ी दस्तावेजी सामग्री को बहुत उत्सुकता सहित एकत्रित करती थीं। 1924 में लेखक संघ के गठन के बाद फिग्नर भी उसमें शामिल हो गईं। इसके अतिरिक्त वे क्रोपोटकिन मेमोरियल कमीशन की भी अध्यक्ष रहीं।

वे नए समाज का आदर्श चेहरा बन गई थीं। जीवित शहीद व क्रांतिकारी संत के तौर पर उन्हें ऐसा आदर व सम्मान प्राप्त हुआ, इसकी व्याख्या पीटर क्रोपोटकिन, जिनके परिवार के साथ वेरा ने दो दिन बिताए थे, के शब्दों में कुछ इस तरह प्रकट होती है, ''वे बेहद खूबसूरत व पूजा करने के योग्य हैं।''

उन्हें विश्व-प्रसिद्ध बनानेवाली रचना 'मेमोयर ऑफ ए रिवॉल्यूशनिस्ट' में उन्होंने रूस से जुड़ी अपनी स्मृतियों को अभिव्यक्त किया है। इसे लंदन व अमेरिका में एक साथ प्रकाशित किया गया था। इसके अमेरिकी संस्करण के लिए उन्होंने संक्षिप्त, लेकिन सारगर्भित प्रस्तावना लिखी। अंग्रेजी संस्करण के प्रकाशन के पूर्व वर्ष 1925 में इसका यिद्दिश (यहूदी भाषा) में अनुवाद हो चुका था। तत्पश्चात् इसका जर्मन, फ्रेंच व स्पेनिश आदि भाषाओं में अनुवाद हुआ। उनकी यिद्दिश, जर्मन व फ्रेंच भाषा में और भी कई पुस्तकें हैं, लेकिन अंग्रेजी में मुझे संदर्भ रूप में केवल उनका संस्मरण ही प्राप्त हो सका।

वेरा फिग्नर व मोरोजोव को पढ़ने के बाद मेरा ध्यान अन्य उद्धरणों की ओर आकर्षित हुआ। यह अव्यवस्थित सा ध्यानाकर्षन था, जो अनायास ही एक पृष्ठ पर स्थिर हो जाता तो कभी किसी दूसरे पृष्ठ पर। एकाग्रता न रहने से यह बहुत अवसादपूर्ण लग रहा था। इसलिए मैंने व्यवस्थित ढंग से पूरी नोटबुक पर काम करना आरंभ कर दिया।

सबसे पहले नोटबुक में लेखक के उद्धरणों की अनुक्रमणिका बनाई गई, फिर इनके सामने वह पृष्ठ संख्या लिखी गईं, जहाँ से वे दिए गए हैं और इन्हें सारणी के रूप में लिख लिया गया। हूजा के संस्करण में पहले पृष्ठ पर एक पंक्ति में भूमि मापन इकाई की प्रविष्टि दर्ज थी। अगले पृष्ठ (6) पर दो उद्धरण थे; पहला *सियोम साइंटिफिक ऐंड यूटोपिया* से लिया गया था तो दूसरा *'ट्रांसलेटर्स प्रीफेस टू ओरिजिन ऑफ दी फैमिली'* में से था। मेरे लिए संदर्भित लेखक व पुस्तक शीर्षकों का नाम जानने के लिए ये संकेत काफी थे। यद्यपि यहाँ हूजा की टिप्पणियाँ भी थीं, जो मेरे इस कार्य में सहायक साबित हुईं। अगले पृष्ठ की शुरुआती पंक्ति एंगेल्स की*'दी ओरिजिन ऑफ दी फैमिली'* से थी। इससे पिछले पृष्ठ से एकत्रित हुए पुस्तकों के नामों में एक और जुड़ गया। इस पुस्तक से आरंभ हुआ पहला उद्धरण 12वें पृष्ठ तक जारी रहा। इसमें उमर खय्याम के दो शेयर भी दिए गए थे। पृष्ठ 12 पर एक बार फिर लेखकों के नाम तो थे, लेकिन पुस्तक का नाम नहीं था। पृष्ठ 13 पर 4 उद्धरण थे, लेकिन न तो पुस्तक का नाम था और न ही लेखक का नाम दिया गया था। इससे अगले पृष्ठ पर पुस्तक व लेखक दोनों के नाम थे। यह सिलसिला पृष्ठ 16 तक जारी रहा। उसके बाद एक बार फिर कुछ पृष्ठों पर केवल लेखकों के ही नाम थे, लेकिन जल्दी ही प्रत्येक उद्धरण का तात्पर्य खोज निकालने का कार्य बहुत श्रमसाध्य व थकाऊ होने लगा। इसलिए मैंने इसे और सरल बना लिया।

मैंने प्रत्येक उद्धरण का शीर्षक और उसके अभाव में उद्धरण की पहली पंक्ति के अनुसार प्रविष्टि बनाई और अगले कॉलम में उसके लेखक, पुस्तक का नाम आदि जानकारी लिखकर तत्पश्चात् नोटबुक की पृष्ठ संख्या व चालू क्रमांक लिख दिया। इससे कार्य आसान हो गया और कुछ ही दिनों में मेरे पास कार्य करने लायक मसौदा तैयार था। इस सूची में

हर तरह की जानकारी के लिए स्थान था, मुझे केवल खोजकर उसके रिक्त स्थानों को भरना था। उसमें सैकड़ों उद्धरण थे। प्रो. जगमोहन सिंह की सहायता से उसमें 'विविध उद्धरण' और जोड़े गए। अब मुझे प्रत्येक उद्धरण संबंधी जानकारी जुटानी थी कि वह किस पुस्तक और किसी स्थान से लिया गया है। मुझे पुस्तक को प्राप्तकर उसमें उद्धरण को खोजना था और उस जानकारी को अपनी सारणी में भरना था।

अपने स्कूल के अध्यापकों की सदाबहार तरकीब अपनाते हुए मैंने सबसे सरल को अर्थात कार्ल मार्क्स, फ्रेडरिक एंगेल्स और लेनिन के उद्धरणों को चुना। इनमें से बहुत सी पुस्तकें मेरे अपने पास थीं व कुछ मुझे अपने मित्रों से मिल गईं। इसके अलावा इनका संपूर्ण साहित्य सर्चेबल डाटाबेस के साथ ऑनलाइन भी उपलब्ध है।

पृष्ठ 6 का उद्धरण सरलता से मिल गया, क्योंकि यह पुस्तक मेरे अपने पास थी। मैंने इसके लेखक, अनुवादक, शीर्षक व फोलियो नंबर भर दिया। नोटबुक में यह उद्धरण समझने की दृष्टि से बहुत संक्षिप्त था, इसलिए मैंने उसे पूरा लिख लिया। बाद में, जैसा कि पहले बताया गया है, जब नोटबुक के खोए हुए पृष्ठ प्राप्त हुए तो उनमें से एक और उद्धरण इसी पुस्तक में से था। यदि फोलियो नंबर नहीं होता तो उन उद्धरणों को खोजने के लिए मुझे पुस्तक का काफी हिस्सा छानना पड़ता।

उसी पृष्ठ पर अगला उद्धरण हिम्मत तोड़नेवाला था। पुस्तक का नाम व लेखक स्पष्ट था और वह पुस्तक भी मेरे पास थी। उसके कुछ संस्करण मेरे मित्रों, लाइब्रेरी व ऑनलाइन भी उपलब्ध थे, लेकिन अनुवाद के बारे में कोई जानकारी नहीं थी, जबकि इस उद्धरण का मूल स्रोत अनुवादक की प्रस्तावना ही थी। इसके अलावा नोटबुक के शब्दों व उपलब्ध संस्करणों में विविधता थी। इसने खोज को नया आयाम दे दिया। अब मुझे विशेष रूप से वही पुस्तक ही नहीं, बल्कि वही संस्करण भी चाहिए था, जिसे भगत सिंह ने उपयोग किया था। मार्क्स, एंगेल्स और लेनिन के उद्धरणों की तुलना में यह भगीरथ प्रयास था।

लेकिन जल्दी ही यह सरल तथ्य स्पष्ट हो गया कि हम सबके पास इसके रूसी संस्करण थे। बाद में इनका स्थान चीनी संस्करणों ने ले लिया। ऑनलाइन उपलब्ध मार्क्सवादी डाटाबेस की भी यही स्थिति थी। रूस में रूसी और यूरोपीयन भाषीय मार्क्सवादी साहित्य का अंग्रेजी अनुवाद बहुत बाद में किया गया। भगत सिंह के पास ब्रिटिश या अमेरिकी मूल के संस्करण रहे होंगे। इस तथ्य में मुझे प्रकाश की किरण बुझती दिखाई दी। मार्क्सवादी उद्धरणों को खोजना भी अन्य उद्धरणों जैसा ही दुष्कर होने लगा था। स्पष्ट था कि अब इसमें रूसी उपन्यासकार, लेनिन, त्रोत्स्की व अन्य गैर-ब्रिटिश व अमेरिकी मार्क्सवादी विचारकों को भी जोड़ना होगा।

उन्नीसवीं व बीसवीं शताब्दी के पूर्वार्द्ध में बौद्धिक व राजनीतिक स्तर पर बहुत से बदलाव हुए। इस नए उभरते राजनीतिक संवाद में यूरोप, अमेरिका व रूस बड़े योगदानकर्ताओं में से थे। इसके परिणामस्वरूप तेज गति से अनुवाद कार्य होने लगा। रूस समकालीन प्रमुख पुस्तकों का तेजी से रूसी भाषा में अनुवाद करवा रहा था। इसी तरह कुछ मंथर गति से रूसी अनुभवों और पुस्तकों का यूरोपियाई भाषाओं में अनुवाद हो रहा था। कुछ धीमी गति से इसका अंग्रेजी में भी अनुवाद हो रहा था। मार्क्स, एंगेल्स व अन्य यूरोपियाई गैर-अंग्रेजी विचारकों व दार्शनिकों का अनुवाद अंग्रेजी से बहुत पहले ही रूसी भाषा में हो चुका था। यद्यपि जल्दी ही इसका अंग्रेजी अनुवाद भी हो गया। इसी तरह रूसी साहित्य का अंग्रेजी के मुकाबले अन्य यूरोपीय भाषाओं में काफी पहले अनुवाद हो चुका था। भगत सिंह इसी परिवेश से थे। इसी तरह, मार्क्स की कैपिटल का पहला संस्करण अंग्रेजी (1887) से बहुत पहले रूसी भाषा में आ गया था। अब मुझे अगला आसान रास्ता खोजना होगा।

मैं नोटबुक के अंतिम पृष्ठों तक पहुँचा। पृष्ठ 273 से आगे के सभी 15 पृष्ठ समकालीन भारत से संबंधित थे। भगत सिंह द्वारा दिया गया तीन पृष्ठों (273-275) का उद्धरण वरिष्ठ भारतीय नेता बिपिन चंद्र पाल की पुस्तक *'न्यू स्पिरिट'* से लिया गया है। इसके अगले पृष्ठ 276 के बाद सर वैलेंटाइन शिरोल की पुस्तक से था। भगत सिंह द्वारा अधिकाधिक उद्धरणों में लेखक व पुस्तक का नाम देने ने काम आसान कर दिया था। भारत में शिरोल की मूल पुस्तकें सहज प्राप्य थीं। मैं एक-एक कर उद्धरणों व पुस्तकों का मूल पुस्तकों से मेल करने लगा। जल्दी ही लेखक या पुस्तक के संदर्भवाले सभी उद्धरणों का मिलान कार्य पूरा हो गया, लेकिन इस बीच कुछ ऐसे उद्धरण भी थे, जिनके शीर्षक व लेखकों से संबंधित कोई जानकारी नहीं थी। ऐसे उद्धरणों को मैं अनुमान के आधार पर पढ़ रहा था। अनुमान के आधार पर ही मैंने हाथ वाली पुस्तकों को पूरा का पूरा पढ़ना शुरू कर दिया, शीघ्र ही भानुमती का पिटारा खुल गया।

शिरोल की पुस्तक 'इंडियन अनरेस्ट' को पढ़ते हुए मैंने पाया कि बिपिन चंद्र पाल की नोट बुक पन्नों 273-75 पर उद्धृत लेख पूरे का पूरा इस पुस्तक के पन्नों 12-13 पर विद्यमान है। इसका अर्थ है कि भगत सिंह जब शिरोल को पढ़ रहे थे तो उन्होंने बिपिन चंद्र को नोट किया तो उद्धरण को शिरोल का हवाला दिए बिना सीधा उसी के नाम पर लिख लिया। ऐसा ही आगे और बहुत सारे उद्धरणों के साथ था जिसने मेरा काम और बढ़ा दिया।

वैलेंटाइन शिरोल विख्यात पत्रकार, लेखक, इतिहासकार व कूटनीतिज्ञ थे जिन्हें 'ब्रिटिश पत्रकारिता को संबोधित करनेवाले सबसे सज्जन व्यक्तियों में से एक' माना जाता है। वहीं हॉर्निमैन कहते थे, ''भारत में उनका नाम नाराजगी व उपहास के साथ लिया जाता है। उन्हें सहानुभूति की भावना से देखना व उनकी सराहना करना ब्रिटिशों की संवैधानिक असमर्थता का उत्तम उदाहरण है।'' एक समय भारत के प्रति उनकी आसक्ति के दो कारण थे, ब्रिटिश शासन की भलाई करना और भारतीय अशांति के जुर्म, जिसका कारण उनके अधिकांश सामयिक व्यक्तियों के अनुसार इस कारण के पीछे के बड़े प्रश्न नहीं, बल्कि इनकी ओर उनका अन्वेषक का रवैया था।

1910 में प्रकाशित हुई *'इंडियन अनरेस्ट'* में 369 पृष्ठ हैं। इस पुस्तक में बिपिन पाल का यह उद्धरण सबसे बड़ा है और संभवत: नोटबुक में भी सबसे लंबा है। बिपिन पाल व उनकी पुस्तक *'न्यू स्पिरिट'* के बारे में वैलेंटाइन शिरोल कहते हैं, ''श्री बिपिन चंद्र पाल, उच्च जाति के हिंदू तथा बेहद बुद्धिमान व उच्च चरित्रवाले व्यक्ति हैं। उन्होंने न केवल पश्चिमी शिक्षा प्राप्त की है, बल्कि उन्होंने यूरोप व अमेरिका की काफी यात्राएँ भी की हैं। लंदन भी कलकत्ता की तरह उनके घर जैसा ही है।'' वे आगे कहते हैं, ''उनकी पुस्तक *'न्यू स्पिरिट'* को भारत के आधुनिक राजनीतिक विचारों का सबसे आधिकारिक दस्तावेज माना जाना चाहिए।'' वे कहते हैं, ''श्री पाल ने इस पुस्तक का मुख्य विचार श्री दादाभाई नौरोजी द्वारा भारतीय राष्ट्रीय कांग्रेस के वार्षिक अधिवेशन के अध्यक्षीय भाषण से लिया है।'' श्री नौरोजी ने भारत के अधिकारों पर कहा, ''इसे एक शब्द में स्वशासन या स्वराज कह सकते हैं, बिल्कुल वैसा ही जैसा यूनाइटेड किंग्डम व उसके उपनिवेशों को प्राप्त है। अब यह श्री पाल का दायित्व है कि वे स्पष्ट करें कि शांतिपूर्वक स्वराज किस तरह हासिल किया जा सकता है और अंत में यह किस ओर ले जाएगा।'' भगत सिंह ने बिपिन पाल का लंबा उद्धरण ऐसे ही संदर्भ में पेश किया है।

अन्य बड़े उद्धरणों में शुरुआती वर्षों के भारतीय अतिवादी लेखन को शिरोल द्वारा पुन: पेश किया गया है। 'चूज ओ इंडियन प्रिंसेस', 'हात्यानोन्य जागना', के अलावा लाला हरदयाल की 'शाबाश' उस समय की प्रमुख अतिवादी रचनाएँ थी। इनमें से दो शिरोल ने उद्धृत की हैं।

'इंडियन अनरेस्ट' के कई दशक बाद लिखी गई *'इंडिया ओल्ड ऐंड न्यू'* 319 पृष्ठों की पुस्तक है। तब तक वैलेंटाइन शिरोल *'इंडिया अनरेस्ट'* से आगे बढ़कर भारत की भावना तथा वैश्विक राष्ट्रों का एक गौरवशाली व सार्थक सदस्य बनने की आकांक्षा को समझने का प्रयास कर रहे थे, लेकिन उनके भीतर के साम्राज्यवादी का स्वर अभी भी तीखा था। भगत सिंह

ने शिरोल द्वारा भारतीय युवाओं को दी चुनौती स्वीकार करते हुए तत्कालीन भारतीय युवाओं के दृष्टिकोण और क्रांतिकारी सिद्धांतों को *'प्रोपेगंडा ऑफ डीड'* में बदलने का खुलासा किया :

ब्रिटिश अधिकार तंत्र के उत्पीड़न के खिलाफ राजनीति आंदोलन चलानेवाले पाश्चात्य शिक्षा प्राप्त शिक्षित भारतीयों ने अपने देशवासियों को सामाजिक कुरीतियों के उत्पीड़न से बचाने का प्रयास कब किया है, उनमें से कितने लोग स्वयं इससे मुक्त हो सके हैं, या अगर मुक्त हैं तो अपने इन विचारों पर कारवाई करने का साहस कर सके हैं? [जेल नोटबुक पृष्ठ संख्या 277]

पुस्तक में अगला क्रम पंजाब के कुख्यात भूतपूर्व गवर्नर माइकल ओ डायर की 'इंडिया एज आई न्यू इट' था। इन्हीं के शासनकाल में 'जलियाँवाला बाग नरसंहार' हुआ था तथा इन्होंने स्पष्ट रूप से जनरल डायर के इस कदम को उचित ठहराया था। इसका पहला संस्करण उपलब्ध था। यह बहुत सरल रहा, क्योंकि भगत सिंह द्वारा दिए गए चार उद्धरणों में से तीन इसी पुस्तक से थे। केवल अज्ञात उद्धरण को खोजने के लिए, पंजाब में ब्रिटिश शासन के ख़िलाफ असंतोष को ध्वस्त करनेवाले ब्रिटिश साम्राज्य के इस उच्च स्तंभ के वृत्तांत को पढ़ना आवश्यक हो गया था। इसी व्यक्ति के कारण गदर आंदोलन के दौरान करतार सिंह सराभा व उनके साथियों को फाँसी हो गई थी। महात्मा गांधी के प्रति ओ' डायर का तिरस्कार व आंतरिक घृणा को भगत सिंह द्वारा उद्धृत इन पंक्तियों में देखा जा सकता है—

''सत्य है कि महात्मा बनना कोई सरल कार्य नहीं, इसलिए कोई आश्चर्य नहीं कि फिलहाल गांधी इस उपाधि व इसकी जिम्मेदारियों के परित्याग के प्रयास में हैं। भारत में उनका प्रभाव लगातार घटता जा रहा है, लेकिन उनका तपस्वी का चोला तथा बेहद खूबी के साथ महान् नैतिक सत्य के रूप में प्रचारित अस्पष्ट व अव्यावहारिक भ्रांत सिद्धांत इंग्लैंड के बहुत से नेकनीयत, लेकिन कम-अक्ल व भावुक लोगों के अलावा किसी नए प्रकाश की चाह में पूर्व की ओर देख रहे तर्क-प्रधान फ्रांस तक को मोहित कर रहे हैं।''

ओ डायर का उपरोक्त कथन शिरोल द्वारा 'इंडिया न्यू ऐंड ओल्ड' में वर्णित महात्मा गांधी द्वारा नागपुर कांग्रेस के संबोधन से बिल्कुल उलट है।

''ब्रिटिशों को समझना होगा कि यदि उन्होंने न्याय नहीं किया तो यह प्रत्येक भारतीय का परम कर्तव्य होगा कि वह साम्राज्य को नष्ट कर दे।''

ओ डायर के मुखबिरों के वर्णन को उद्धृत करते समय निश्चित ही भगत सिंह हँस रहे होंगे, क्योंकि वे स्वयं सीधे तौर पर इससे परिचित थे—

''पंजाब का लेफ्टिनेंट गवर्नर रहते हुए मैंने बहुत से क्रांतिकारी षड्यंत्र देखे थे। ये जानकारियाँ मुझ तक पहुँचाने में मुखबिर प्रजाति की महती भूमिका रही। ऐसे मामलों में हमने इतनी एहतियात से काम लिया कि किसी भी मामले में किसी मुखबिर को कोई हानि नहीं पहुँची।''

इस नोटबुक के अंतिम उद्धरणों में भारत का स्टैटिस्टीकल डाटा दिया गया है। पृष्ठ 286 पर 'मांटफोर्ड रिपोर्ट' के अतिरिक्त और कोई हवाला नहीं दिया गया है। जैसा कि इन सभी पृष्ठों (286-288) के डाटा की प्रकृति एक समान होने के चलते निश्चित ही इनका स्रोत भी एक ही होगा।

लेकिन इसमें एक कठिनाई भी थी। *'मांटेगो-चेम्सफोर्ड रिपोर्ट'* 1918 में तैयार की गई और इसी आधार पर भारत

सरकार अधिनियम, 1919 की रचना की गई थी, जबकि 287–289 पृष्ठ पर दिया गया डाटा 1921 की जनगणना है और पृष्ठ 288 पर दिया गया वाणिज्यिक डाटा 1926–27 का है। इसलिए संभवतः इस डाटा का स्रोत मांटफोर्ड रिपोर्ट नहीं हो सकती। वैसे भी 1926–27 का डाटा 1927–28 या उसके बाद ही प्रस्तुत हो सकता है।

उन्हीं दिनों सर जॉन साइमन के नेतृत्व में साइमन कमीशन को संवैधानिक सुधारों का प्रस्ताव तैयार करने की जिम्मेदारी सौंपी गई थी। कमीशन ने 3 फरवरी, 1928 को कार्य करना आरंभ किया और मई, 1930 में अपनी दो खंडों की रिपोर्ट दाखिल कर दी। साइमन कमीशन का सीधा संबंध लाला लाजपत राय की मृत्यु व भगत सिंह व उनके साथियों की फाँसी से जुड़ा हुआ है। वह संस्करण प्राप्त करना थोड़ा मुश्किल था, लेकिन हमने इसे हासिल किया और उद्धृत डाटा के साथ मिलान भी कर लिया। पृष्ठ 286 पर दिया गया डाटा *मांटफोर्ड रिपोर्ट* से लिया गया था, जो *'इंडियन स्टेट्यूटरी कमीशन'* (साइमन कमीशन) रिपोर्ट के पहले खंड का संक्षिप्तीकरण है। बाकी का सारा डाटा साइमन रिपोर्ट में से था। भगत सिंह ने 2 खंडोंवाली इस रिपोर्ट के केवल पहले 22 पृष्ठों का ही उपयोग किया था।

इस तरह मैंने नोटबुक का अंतिम हिस्सा (213–288) पूरा कर लिया। इसमें समकालीन भारत की राजनीतिक, सामाजिक व आर्थिक स्थिति पर चिंता जताई गई थी। यह थोड़ा अजीब लगता है कि भगत सिंह ने समकालीन भारत के बारे में पढ़ने के लिए साम्राज्यवादी ब्रिटिशों को क्यों चुना। इस बारे में केवल अनुमान ही लगाया जा सकता है। इन पुस्तकों में बोध, विवेचना, दृष्टिकोण व समझ की कमी या भिन्नता हो सकती थी, लेकिन इनमें डाटा व तथ्य प्रचुर मात्रा में थे। आज भी ये पुस्तकें उस समय की जानकारी प्राप्त करने का अच्छा स्रोत हैं। एक अनुमान यह भी है कि जेल की लाइब्रेरी में यही पुस्तकें आसानी से सुलभ हो सकती थीं। आगामी पृष्ठों पर हमें ऐसे और भी उदाहरण प्राप्त हुए।

नोटबुक के अंतिम अनुभाग के 15.5 पृष्ठों के लिए मैं अब तक चार पुस्तकों की तुलना करने में सफल हुआ था। यह पहला कदम चाहे जितना भी छोटा था, लेकिन इसने निश्चित ही आगे बढ़ने के उत्साह में वृद्धि कर दी थी।

अब मैंने उन पुस्तकों की अलग से सूची बनाई, जिन पुस्तकों व उनके लेखक दोनों ही के बारे में स्पष्ट जानकारी थी। फिर मैंने इस सूची में शामिल पुस्तकों के 1930 से पूर्व के संस्करणों की खोज के लिए इसे अपने मित्रों के साथ साझा किया। इस सूची में, *'ओरिजिन ऑफ दी फैमिली', 'राइट्स ऑफ मैन', 'क्राई फॉर जस्टिस', 'डिके ऑफ कैपिटलिस्ट सिविलाइजेशन', 'वर्ल्ड हिस्टरी ऑफ वर्कर्स', 'फ्रॉम मार्क्स टू लेनिन', 'आयरन हील', 'वेयर इज ब्रिटेन गोइंग', 'पॉवर्टी ऐंड रिचेज', 'लेसंस ऑफ अक्तूबर, 1917'* आदि शामिल थीं।

अगली बाधा अनायास ही सामने आ गई। ऐसा बाद में और भी कई बार हुआ। नोटबुक को विभिन्न कारणों से बारंबार पढ़ने के दौरान उसकी बहुत सी सामग्री मेरी स्मृति में दर्ज हो गई थी। यहाँ यह हिंदी मुहावरा प्रत्यक्ष था कि *सावन के अंधे को हर तरफ हरा-हरा ही दिखाई देता है।* मुझे भी हर जगह उद्धरण ही दिखाई दे रहे थे। कुछ समय पहले हम लाला लाजपत राय की कुछ पुस्तकों के प्रकाशन हेतु उनकी प्रेस कॉपी तैयार कर रहे थे। पांडुलिपियों के अध्ययन के दौरान मुझे प्रो. ई.ए. रॉस का नाम दिखाई दिया। अचानक मुझे याद आया कि नोटबुक में इसी लेखक का कोई उद्धरण दिया गया है। यह उद्धरण लाला लाजपत राय की पुस्तक 'अनहैप्पी इंडिया' की प्रस्तावना की शुरुआत में दी गई सूक्ति है। जब मैंने उस सूक्ति का नोटबुक (पृष्ठ 116) से मिलान किया तो दोनों बिल्कुल एक समान थे। इनमें से एक रविंद्रनाथ टैगोर की उक्ति थी तो दूसरा लालाजी का अपना कथन था। इसमें पृष्ठ 116 पर दिए गए तीनों उद्धरण मिल गए। इनसे मेरी पुस्तक

को आगे बढ़ाने के साहस में और इजाफा हो गया।

तत्पश्चात् मुझे इसी पुस्तक के पृष्ठ 427 पर नोटबुक में पृष्ठ 13 पर दिया एक और उद्धरण मिल गया। पुस्तक के पृष्ठ 427 पर मुझे कुछ दिलचस्प दिखाई दिया। वहाँ प्रोफेसर रॉस का एक और उद्धरण था, हालाँकि उसके शब्द कुछ अलग थे, लेकिन उसका श्रेय प्रोफेसर जे. सीले को दिया गया था। यहाँ बहुत भ्रामक स्थिति थी। इन पंक्तियों का वास्तविक रचनाकार कौन है ? प्रो. सीले के नाम के साथ ही लालाजी ने पुस्तक का नाम भी दिया था। अब मुझे उस पुस्तक को खोजकर उस उद्धरण से तुलना करनी थी। इस बीच मैंने प्रोफेसर सीले लिखित 'म्यूचुअल इंफ्लूएंस ऑफ इंग्लैंड ऐंड इंडिया' खोज ली और स्पष्ट हो गया कि यह उद्धरण उनका ही था। इस खोज के चलते मैं लालाजी की अधिकाधिक रचनाएँ पढ़ सका। इनका हमारे यहाँ पहले से ही प्रक्रियागत होने से कोई समस्या नहीं हुई। इस दौरान मैंने *'पॉलिटिकल फ्यूचर ऑफ इंडिया'* और *'रिफ्लेक्शंस ऑन दी पॉलिटिकल सिचुएशन इन इंडिया'* पढ़ीं। पहली पुस्तक में मुझे 'उपयोगी' उद्धरण नहीं मिला, लेकिन दूसरी पुस्तक में मुझे हेनरी कैंपबेल बैनरमैन [पेज 12] का एक उद्धरण मिल गया।

मेरी चार पुस्तकों में अब दो और जुड़ गई थीं।

अब स्पष्ट हो गया था कि मुझे अपने रणनीति में बदलाव या कम-से-कम काट-छाँट तो करनी ही होगी। भगत सिंह अकसर उद्धरण देते समय मूल लेखक का नाम लिखते थे, जबकि उन्होंने इसे कहीं और से लिया था। अभी तक प्राप्त हुई जानकारी व अनुभवों के आधार पर निम्न मूल सिद्धांतों को आधार बनाया जा सकता था—

1. जहाँ भी पुस्तक के नाम व उसके लेखक का उल्लेख होगा, उद्धरण वहीं से मिल सकने की संभावना है।
2. गैर-अंग्रेजीभाषी पुस्तकों के अनुवादक व उनके प्रकाशन स्रोत की पहचान करना आवश्यक है।
3. जहाँ भी पुस्तक का नाम लिखा हो, उद्धरण वहाँ मिल सकता है, परंतु ऐसा आवश्यक नहीं है।
4. जहाँ केवल लेखक का नाम दिया गया हो, वह उद्धरण कहीं भी मिल सकता है।
5. यह सांकेतिक, संक्षिप्त या पुनर्लिखित हो सकता है; इसका सटीक उद्धरण खोजना होगा।
6. ज्यादातर शीर्षक व उप-शीर्षक मूल कार्य से नहीं, बल्कि पूर्णत: भगत सिंह द्वारा रचित हैं।
7. उद्धरण को खोजने के लिए पूरी पुस्तक पढ़नी होगी, विशेष रूप से नोटबुक में दी गई पृष्ठ संख्या के आसपास गौर से देखें।
8. भगत सिंह व उनके साथियों को जेल में मिली पुस्तकों के नाम जानें। साथियों के संस्मरण, कथन व लेख, समकालीन पुस्तक समीक्षा, समकालीन पुस्तकों की ग्रंथ सूची इत्यादि में संभावनाओं की खोज करें।
9. पुस्तकें पूर्वानुमानित संख्या से अधिक हो गई थीं, इसलिए उद्धरणों को खोजने का अर्थ अधिक पढ़ना, अधिक पुस्तकें खोजना व फिर उनमें प्रत्याशित को खोजना होगा। चाहे नोटबुक में उपयोग की गई पुस्तकों की संख्या संभवतया पूर्ण अनुमानों से कम हो गई थी।

अगला सरल विकल्प उपन्यासों व अन्य साहित्य में खोज करना था। मिश्रित उद्धरणों में नोटबुक में उल्लिखित कुछ रचनाएँ थीं। इन नामों में दोस्तोवस्की के *'क्राइम ऐंड पनिशमेंट'* और *'दी हाउस ऑफ डेड'*, चार्ल्स डिकंस *का 'पिक्विक पेपर्स'*, जैक लंदन का *'आयरन हील'*, ओलीवर गोल्डस्मिथ का *'दी विकर ऑफ वेकफील्ड'*, अप्टॉन सिनक्लेयर का *'ऑयल'* तथा बर्नार्ड शॉ के नाटक *'जॉन बुल्स अदर आइलैंड'*, *'मैन ऐंड सुपरमैन'*, *'मेजर बारबरा'* के अलावा अप्टॉन सिनक्लेयर के *'ब्रास चैक'* व *'प्रॉफिट्स ऑफ रीलिजन'* तथा डब्ल्यू.एम.थायर की *'फ्रॉम लॉग केबिन टू व्हाइट हाउस'* जैसी गैर-उपन्यास पुस्तकें शामिल थीं। इस सूची में से दोस्तोवस्की के अतिरिक्त अन्य सभी पुस्तकें अंग्रेजी में होने के

कारण उनके साथ अनुवाद संबंधी समस्या नहीं थी। अनुवादित पुस्तकों में रॉप्शिन के नॉवेल 'वाट नेवर हैप्पंड' को भी जोड़ा जा सकता था।

इन प्रयासों में मुझे जगमोहन सिंहजी से बहुत मदद मिली, जो अपने महान् चाचा भगत सिंह द्वारा पढ़े गए नॉवेल एकत्रित करते रहते थे। इसके अलावा कुछ पुराने संस्करण ऑनलाइन मिल गए तो कुछ निजी पुस्तकालयों और पुरानी पुस्तकों की दुकानों से हासिल हुए।

जहाँ तक मूल अंग्रेजी पुस्तकों की बात है, वहाँ कलेवर नहीं, बल्कि सही संस्करण मिलना समस्या थी। समय बीतने के साथ ही विशेष रूप से संकलन-कर्ताओं, निजी पुस्तकालयों व शिक्षा उद्देश्य से नए संस्करण, नई प्रस्तावना व अन्य चीजें व बहुत सी सामग्री जुड़ जाती हैं। उपरोक्त लेखकों में से बर्नार्ड शॉ के उद्धरण सबसे अधिक हैं। इनके बाद जैक लंदन व गोल्डस्मिथ थे। इनके अलावा बाकी सभी के एक से अधिक उद्धरण नहीं थे। एक और महत्त्वपूर्ण तथ्य था कि सृजनात्मक उद्धरण मुख्यत: विविध पृष्ठों पर ही दिखाई देते हैं। माना जाता है कि उन्होंने यह पृष्ठ नोटबुक मिलने से पहले लिखा था।

शॉ का नाटक *'मैन ऐंड सुपरमैन'* एक लेखक जॉन टैनर के इर्द-गिर्द रचा गया है, जिसने *दी रिवॉल्यूश्निस्ट्स हैंड ऐंड पॉकेट कॉम्पेनियन'* लिखा था और जो परिशिष्ट के रूप में चार अन्य नाटकों में शामिल था। भगत सिंह को इस नाटक से अधिक इसके नीति वचनों ने अधिक प्रभावित किया। इसी तरह उन्होंने *'मेजर बारबरा'* नाटक से अधिक उद्धरण उसके प्राक्कथन से लिये थे।

इसके अतिरिक्त विविध टिप्पणियों में शामिल ब्रिटिश जेलों के प्रबंधन व सुधार से संबंधित दो पुस्तकों का तुलनात्मक अध्ययन किया गया।

सर एवलिन रगल्स-ब्राइस इंग्लैंड व वेल्स की जेल समिति के चेयरमैन व अंतरराष्ट्रीय जेल समिति के अध्यक्ष थे। उन्होंने 1915 की कांग्रेस को ब्रिटिश जेल प्रणाली के इतिहास व इसकी विशेषताओं से अवगत करवाने के लिए *'इंग्लिश प्रिजन सिस्टम'* नामक पुस्तिका तैयार की। इसमें उन्होंने वर्ष 1895 में कांग्रेस के इंग्लैंड की सत्ता सँभालने के बाद से तब तक हुए सभी विकास कार्यों का उल्लेख किया था।

ब्रिटिश समाजवादी व लंदन स्कूल ऑफ इकोनॉमिक्स के सह-संस्थापक सिडनी जेम्स वेब ने अपनी पत्नी बीट्राइस वेब के साथ मिलकर 10 खंडों की महान् कृति 'इंग्लिश लोकल गवर्नमेंट' की रचना की, जिसके छठे खंड, *'इंग्लिश प्रिजंस अंडर लोकल गवर्नमेंट'* का प्राक्कथन उनके तत्कालीन साथी बर्नार्ड शॉ ने लिखा था। भगत सिंह की अपराधविज्ञान संबंधी टिप्पणियों में इस विषय पर बर्नार्ड शॉ के विचारों का क्रमानुसार संक्षिप्तीकरण किया गया है। वे कहते हैं—

> *''मौजूदा स्थिति में कारावास की सजा, इसमें बंद लोगों द्वारा किए गए अपराध से भी बड़ा अपराध है; क्योंकि बुरा करनेवाला कोई एक अकेला अपराधी किसी व्यवस्थित राष्ट्र जितना शक्तिशाली या निरंकुश नहीं हो सकता।''*

> *''जो लोग जेलों की इस सच्चाई से परिचित हैं, उन्हें घोषणा करनी चाहिए कि वर्तमान हालातों में यह जरूरी हो गया है कि सभी न्यायाधीश, मजिस्ट्रेट व गृह सचिव गुप्त रूप से छह महीने कारावास में गुजारें; इससे उन्हें स्पष्ट हो जाएगा कि वहाँ के हालात कैसे हैं और सजा सुनाते समय वे कम-से-कम यह अवश्य जानते होंगे कि वे क्या कर रहे हैं।''*

भगत सिंह की गरीबी, जुर्म, न्याय, सजा, कारावास व अपराध विज्ञान के प्रति सहज दिलचस्पी थी। इनमें से अधिकांश उद्धरण शॉ के नाटकों, इंग्लिश प्रिजन का उनका प्राक्कथन तथा रगल्स-ब्राइस की अत्यंत प्रभावशाली रचना, *'इंग्लिश प्रिजन सिस्टम',* से ली गई हैं और उनपर इन सभी का समान रूप से प्रभाव था, जिससे तत्कालीन हालात

और स्पष्ट हो जाते हैं।

'जॉन बुल्स अदर आइलैंड' व *'मेजर बारबरा'* के उचित संस्करण नहीं मिल सके, लेकिन उपयोग किया गया संस्करण काफी हद तक नोटबुक के कलेवर से मिलता-जुलता सा था। केवल उनके फोलियो का मिलान नहीं हो सका। संस्करण अलग होने पर फोलियो में भिन्नता आना स्वाभाविक था और इस तरह ये तीन पुस्तकें भी सूची में शामिल हो गईं।

अनुभव बढ़ने के साथ ही मैंने अपनी पहलेवाली सूची में कुछ अन्य नियम भी जोड़ दिए—

1. यदि नोटबुक में लेखक का नाम, पुस्तक शीर्षक व फोलियो का उल्लेख हो तो उसे मुख्य स्रोत माना जाना चाहिए।
2. लेखक का नाम व पुस्तक शीर्षक होने पर उसके मुख्य स्रोत होने की संभावना है।
3. लेखक का नाम व शीर्षक में से किसी एक के होने से उसकी अन्य स्रोत से आने की संभावना है।
4. यदि लेखक व पुस्तक के शीर्षक में से कुछ भी न हो तो यह कहीं से भी हो सकता था। संभव है कि यह स्वरचित या पुनर्लिखित या अनायास ही स्मृति में कौंध गया हो।
5. किसी अमुख्य स्रोत के उपयोग हेतु, उसमें से दो या अधिक उद्धरणों का होना आवश्यक है।
6. वहीं मुख्य स्रोत में मात्र एक उद्धरण का होना, कलेवर का पूरी तरह मिलान होना या टिप्पणी का स्पष्ट होना भी उसके उपयोग हेतु काफी है।

स्वतंत्रता, न्याय, अपराध व सजा से जुड़े उद्धरण अधिक हैं, बल्कि नोटबुक के अधिकांश हिस्से में ये ही बिखरे हुए हैं। इसके बाद उद्धरणों में बर्नार्ड शॉ व दोस्तोवस्की का नंबर आता है।

दोस्तोवस्की अपने समय में विचारों के नाटकीयकरण में माहिर थे। 1840 के दशक के रूस की सामाजिक रूमानियत को वे भली-भाँति समझते थे। रूस में रूसी दिवास्वप्न या कभी-कभी 'निरर्थक लोगों' के काल व इसके कुछ समय बाद के शून्यवादी काल को अराजकतावादियों से जोड़कर देखा जाता है। यह अराजकता मिखाइल बाकुनिन व सर्गेई नेचेव के उपन्यासों में भी दिखाई देती है, जिसे उनके जीवनी लेखक जोसफ फ्रैंक इस दृष्टि से देखने को कहते हैं, ''यह ऐसा साधन है, जो मानव मनोविज्ञान की आत्यंतिक गहराइयों में प्रविष्ट होकर मनुष्य के आंतरिक जगत् की प्रकृति व विषयवस्तु को ढकनेवाले प्रत्येक मुखौटे व परदे को उघाड़ देता है।''

'क्राइम ऐंड पनिशमेंट' में अपने अंत:करण से चोट खाया पूर्व-हत्यारा रासकोल्निकोव कहता है, ''मुझे लगता था कि किसी भी असाधारण व्यक्ति को आधिकारिक रूप से नहीं, लेकिन आंतरिक अधिकार के तौर पर यह निर्णय लेने का पूरा अधिकार है कि वह कब अपनी चेतना का अतिक्रमण कर जाए। कई मामलों में आपको अपने विचारों (जो संभवत: पूरी मानवता के लिए लाभप्रद हो सकते हैं) को वास्तविक बनाने के लिए ऐसा करना आवश्यक हो जाता है।'' इसके बाद रासकोल्निकोव ने जो कुछ भी कहा, उसे भगत सिंह ने उद्धरण में शामिल किया है—

> *''प्राचीन काल के लाइकरगस, सोलोन, मुहम्मद, नेपोलियन आदि से लेकर जितने भी विधि निर्माता व शासक हुए हैं, वे सभी अपराधी हैं। निश्चित है कि उन्होंने (नए) कानून के लिए उन पुराने कानूनों को तोड़ा होगा, जिन्हें समाज श्रद्धापूर्वक मानता आ रहा था और जो उन्हें अपने पूर्वजों से मिले थे।''*

लेकिन भगत सिंह ने उपरोक्त कथन की अंतिम पंक्ति को अपने उद्धरण में सम्मिलित नहीं किया, जो कहता है—

''इन लोगों को जैसे ही अपना लाभ दिखाई देता था, वे रक्तपात करने से भी नहीं हिचकिचाते थे।''

भगत सिंह व उनके साथियों के बहुत से लेखों, टिप्पणियों व कथनों में भी इसी की झलक दिखाई देती है—

''व्यक्ति की मृत्यु दुखद है, लेकिन व्यक्ति के साथ ही एक ऐसी संस्था के प्रतिनिधि का अंत हो जाता है, जो इतनी क्रूर, निम्न स्तरीय व न्यून थी कि उसे नष्ट होना ही चाहिए था। इस व्यक्ति के साथ ही भारत में संसार की सबसे अत्याचारी ब्रिटिश अधिकारवाली सरकार के प्रतिनिधि की मृत्यु हो गई है।''

''मानव का रक्त बहाना दुखद है, लेकिन क्रांति की वेदी पर व्यक्ति का बलिदान सभी की स्वतंत्रता का कारण बनेगा, जिससे मनुष्य द्वारा मनुष्य का शोषण असंभव हो जाएगा, इसलिए ऐसा होना अनिवार्य है।''

''हमारे लिए यह स्वीकार करना बहुत दुखद है कि मानव जीवन की महान् पवित्रता से गहरा जुड़ाव रखनेवाले तथा मनुष्य के पूर्ण शांति व स्वतंत्रता सहित जीवन का आनंद लेने का स्वप्न देखनेवाले हम जैसे लोगों को मजबूर होकर मनुष्य का खून बहाना पड़ता है, लेकिन इस महान् क्रांति के लिए किया गया लोगों का बलिदान अनिवार्य रूप से मनुष्य के द्वारा मनुष्य के शोषण पर लगाम लगाकर उसे मुक्त कर देगा।''

दोस्तोवस्की की भाँति भगत सिंह ने भी जे.पी. सांडर्स की हत्या के पीछे के इस रक्तपात को उचित सिद्ध करने के लिए लोकहित व अधिक व्यापक हित की बात की थी, लेकिन फिर यहाँ उन्होंने पूरा उद्धरण क्यों नहीं लिया या संभवत: नोटबुक के लिखे जाने तक वे इससे दूरी बना चुके थे और वे चीजों को शून्यवादी अंत तक ले जाने से बचना चाहते थे।

1849 में दोस्तोवस्की को चर्च व जार के नेतृत्व की सत्ता के विरोध का समर्थन करनेवाला पत्र वितरित करने पर हिरासत में ले लिया गया। उन्हें चार वर्ष सश्रम कारावास की सजा सुनाई गई, जिसे 23 जनवरी, 1850 को साइबेरिया में चार वर्ष की सैन्य सेवा में परिवर्तित कर दिया गया। ऑमिस्क लेबर कैंप से छूटने के पश्चात् दोस्तोवस्की खूब पढ़ने लगे। वर्ष 1860 में उन्होंने अपनी कारावास की स्मृतियों को कथात्मक रूप देते हुए *'दी हाउस ऑफ डेड'* लिखा। निश्चित ही उनके कारावास के दिन बहुत भयानक रहे थे। वे लिखते हैं, ''मेरे लिए व चार वर्ष कुछ ऐसे थे जैसे मुझे जिंदा ही किसी ताबूत में बंदकर दफना दिया गया हो।'' जेल में उन्हें लिखने नहीं दिया जाता था। इसके बावजूद उन्होंने एक बार अस्पताल में रहते हुए नोट्स बना लिये, जिसे उन्होंने स्मृति के आधार पर विस्तार दे दिया। ''इस दस्तावेजी प्रेरणा में जेल के जीवन के प्रत्येक पहलू का लगभग विस्तार सहित वर्णन जार साम्राज्य का शुरुआती व भावोत्तेजक अभियोग द्वारा मनुष्य के मनुष्य को पीड़ा पहुँचानेवाले तिरस्कार का कड़वा चित्रण किया गया है।'' हत्यारों, चोरों व छोटे अपराधियों के साथ जबरन एक ही कोठरी में रहते हुए दोस्तोवस्की को रूसी किसानों की सर्वदा क्षमा कर देने की अच्छाई पर विश्वास होने लगा। दोस्तोवस्की हमेशा कहते थे, ''कारावास जीवन में निरंतर निरुत्साह व स्तब्धता रहती थी। किसी बूट कैंप या फैक्टरी के कार्य को नवीन अर्थ प्रदान करते हुए कारावास धीरे-धीरे व निरंतर चोट पहुँचाते हुए व्यक्ति के निजी विचारों को समाप्त कर देता है।'' कारावास में मनुष्य की ऊर्जा व जीवन-शक्ति के चुक जाने ने भगत सिंह का इस ओर ध्यान आकर्षित किया—

''यह अपराधी को उसके तेज व बल से वंचित करके उसकी आत्मा को दुर्बल व भयभीत बनाते हुए निस्तेज कर देता है और अंत में वह पश्चात्ताप व सुधार के मॉडल का प्रदर्शन करनेवाली एक खुश्क ममी रह जाता है।''

भगत सिंह ने दोस्तोवस्की के ये दोनों उद्धरण पूर्ण रूप में दिए हैं, लेकिन इसमें भी अनुवाद व संस्करण संबंधी समस्या

थी। 'दी हाउस ऑफ डेड' को प्राप्त करना कठिन नहीं था। चार पुराने संस्करणों को देखने के बाद मुझे यह अपने एक मित्र के पास मिल गया, लेकिन *'क्राइम ऐंड पनिशमेंट'* को प्राप्त करना टेढ़ी खीर थी। मेरे सभी परिचितों के पास इसका रूसी संस्करण ही था। सभी के पास रूसी साहित्य के सबसे सफल अनुवादक कासटेंस ग्रारेत वाला संस्करण ही था। मैंने उसे पढ़ा, लेकिन नोटबुकवाला उद्धरण इसमें से नहीं था, यह किसी और अनूदित पुस्तक से लिया गया था। मैं इसमें केवल एक ही पुस्तक का नाम जोड़ सकता था, लेकिन जल्दी ही इसमें एक और पुस्तक जुड़ गई। भगत सिंह ने पेंगुइन द्वारा प्रकाशित *'क्राइम ऐंड पनिशमेंट'* का उपयोग किया था। वर्तमान में मौजूद 50 संस्करणों में से इसका चयन करना बहुत कठिन कार्य था।

मैं इस सूची में कई पुस्तकों के नाम जोड़ चुका था, लेकिन अब इन्हें गिनने की जगह आगे बढ़ने का समय आ गया था।

अधिकाधिक सामग्री प्राप्त होने पर यह स्पष्ट होता जा रहा था कि उद्धरण लेने के बाद पुस्तक में उसका शेष अंश भी उतना ही महत्त्वपूर्ण था। इससे मैं प्रक्रिया के सही मार्ग पर आ गया। किसी उद्धरण को चुनना उसे उस काल व स्थान पर जाकर वहाँ के हालात तथा उसे अर्थ व तत्त्व प्रदान करनेवाली परिस्थितियों को देखने जैसा था। अपने वास्तविक परिवेश में वह अपने सृजक की राय होता है, लेकिन एक बार पेश कर दिए जाने पर यह उद्धरणकर्ता का दायित्व बन जाता है। स्रोत व उद्धरण को निरंतर एक साथ देखना दोनों को एक साथ सुनने जैसा लगता है, फिर चाहे वे एक समान हों या न हों। मुझे इनमें कई बार नवीन अर्थों व दोनों में भिन्न दृष्टिकोणों का बोध होता था।

इसके पश्चात् कतार में जैक लंदन, ओलीवर गोल्डस्मिथ व अप्टॉन सिनक्लेयर के गल्प लेखन की बारी थी। ओलीवर गोल्डस्मिथ के कुछ उद्धरण थे। ये विकर ऑफ वेकफील्ड से थे। यह पहली बार 1766 में प्रकाशित हुआ था, जिसे उस युग का सबसे अधिक पढ़ा जानेवाला नॉवेल माना जाता था। जाहिर है, इसके संस्करण भी बहुत से थे। इसके कलेवर का 1908 के संस्करण से मिलान किया जाना था, लेकिन फोलियो नंबर नोटबुक से अलग था। सही संस्करण खोजने का प्रत्येक प्रयास विफल रहा।

जगमोहन सिंह के अनुसार जैक लंदन व अप्टॉन सिनक्लेयर, भगत सिंह के पसंदीदा लेखकों में से थे और उन्होंने उनका लिखा लगभग सारा साहित्य पढ़ा था। नोटबुक में जैक लंदन के केवल एक नॉवेल *'दी आयरल हील'* से ही उद्धरण लिये गए थे।

जैक लंदन आज भी अमेरिका के सबसे सम्मानित लेखकों में से हैं। 'कॉल ऑफ दी वाइल्ड' को उनका सबसे बेहतरीन नॉवेल माना जाता है। वर्ष 1908 में प्रकाशित हुए इस नॉवेल को भविष्य-सूचक व्यंग्य व चेतावनी माना जाता है, जो कई मायनों में पैगंबरी पुट लिये है। इस नॉवेल में पूरी शुद्धता सहित एक कार्यकुशल, व्यवस्थित व पूर्णत: यंत्रवत् तानाशाही को एक बड़े व्यापारी द्वारा श्रम आंदोलन को कुचलने की विषयवस्तु भगत सिंह को बहुत प्रिय थी। उन्होंने *'आयरन हील'* से केवल उद्धरण ही नहीं, बल्कि कुछ बड़े उदाहरण भी लिये हैं। भगत सिंह ने अमेरिकी अर्थव्यवस्था के स्थैतिक विवरण के अलावा *'आयरन हील'* में मजदूरों के किए शोषण का वर्णन किया है। *'आयरन हील'* के उद्धरण इस नोटबुक की सबसे दमदार व कठोर पंक्तियों में से एक हैं।

> *''हम तुम्हें बमों व गोलों की गड़गड़ाहट और मशीनगनों की तड़तड़ाहट द्वारा उत्तर देंगे?''*
>
> *''हम गोलियों द्वारा आपको इसका उत्तर देंगे।''*
>
> *''हम जानते हैं और अपने कड़वे अनुभव के द्वारा हम भली-भाँति जानते हैं कि अधिकार, न्याय या मानवता*

भरी कोई भी अपील आपको छू भी नहीं जाती। आपके हृदय आपकी उस ऐड़ी जैसे ही कठोर हैं, जिनसे आप गरीबों के चेहरे कुचलते हैं।''

नॉवेल की कहानी बहुत कुशलतापूर्वक दरशाती है, ''जब तानाशाही के हाथ नियंत्रण आता है तो ऐसा बहुत स्थिरता व खौफनाक ढंग से होता है। इसके कपटपूर्ण छोटे-छोटे चिह्नों में अकादमियों को मौन व बहिष्कृत करना, आंदोलनकारियों के नाम काली सूची में डालना एवं गुंडे-बदमाशों को भर्ती करता जो आने वाले फ्रांसीवाद के अर्द्धसैनिक पैराटूपर्स सिद्ध होते हैं।''

विकर ऑफ वेकफील्ड की तरह इसके भी 1908 से अब तक बहुत सारे संस्करण आ चुके थे। नोटबुक में कोई फोलियो नंबर नहीं दिया गया था। इसलिए मैंने पाँच उपलब्ध संस्करणों में से एक को चुन लिया, लेकिन मैं सही संस्करण खोजने में सफल नहीं रहा।

परंतु *'आयरन हील'* पढ़ने से नोटबुक के पृष्ठ 47, 50 तथा 51 पर बिना शीर्षक व लेखन के नामवाले उद्धरणों का हल मिल गया। इनमें *'आयरन हील'* से लिये गए एमब्रोस बियर्स व हेनरी वान डाइक के उद्धरण भी शामिल थे। [पृष्ठ 50,51]

यहाँ अपटन सिनक्लेयर के दो उपन्यासों 'ऑयल और बोस्टन' से दो उद्धरण थे। ये दोनों उद्धरण नोट बुक के मिसलेनियस सेक्शन में दिए गए हैं। भगत सिंह ने 'बोस्टन' से जो कि एक यथार्थवादी एवं समाजिक रूप से जगरुक उपन्यास है, विलियम लॉयड गैरिसन के एक बेहद कुछ भाषण से निम्न पंक्ति उठाई :

''मैं तत्पर हूँ, मैं टालमटोल नहीं कर रहा, मैं कोई बहाना भी नहीं बनाऊँगा, मैं एक इंच भी पीछे नहीं हटनेवाला और मेरी बात सुननी पड़ेगी।''

गैरिसन के उपरोक्त शब्दों में भगत सिंह की कोर्ट में कही बातें प्रतिध्वनि होती हैं—

''हमने असेंबली चेंबर के फर्श पर बम अपना प्रतिरोध दरशाने के लिए गिराया था। हमने यह कार्य उन लोगों के प्रतिनिधि के तौर पर किया, जिनके पास अपने हृदय की वेदना को व्यक्त करने का और कोई साधन नहीं था। हमारा एकमात्र उद्देश्य 'बहरे कानों तक अपनी आवाज पहुँचाना' और 'विचारहीन लोगों को समयोचित चेतावनी' देना था।''

जहाँ *'बोस्टन'* का विषय न्याय है, वहीं सिनक्लेयर के *'ऑयल'* के पूँजीवादियों की लालच, धार्मिक जोश तथा समाजवादी संघर्ष का प्रत्येक पहलू होने से यह सबसे जोशीला व विवादात्मक नॉवेल बन गया था। इसमें से नोटबुक में लिये गए उद्धरण मानव के जुनून के इर्द-गिर्द ही घूमते हैं। मैंने *'आयल'* व *'बोस्टन'* के तीन संस्करण जुटाए, लेकिन नोटबुक के फोलियो से उन्हीं पुस्तकों का मेल हुआ, जिन्हें मैं जगमोहन साहब से लाया था।

अप्टॉन सिक्लेयर का कथा-इतर गद्य *'दी प्रॉफिट्स ऑफ रिलिजन : एन एस्से इन इकनॉमिक इंटरप्रिटेशन'* पहली बार 1917 में प्रकाशित हुआ। इसका हर एक पृष्ठ उनके प्रथम विश्वयुद्ध से पहले अमेरिका के धार्मिक आंदोलनों पर किए गए श्रमसाध्य शोध को प्रतिबिंबित करता है। यह उनके द्वारा अमेरिकी संस्थानों पर लिखी गई छह पुस्तकों की शृंखला *'डेड हैंड'* की पहली पुस्तक है। इसके अलावा नोटबुक में एक और पुस्तक 'ब्रास चैक' से भी उद्धरण दिया गया है। इस पुस्तक के पाँचवें संस्करण में सिनक्लेयर ने एक छोटी सी टिप्पणी लिखी कि इस पुस्तक को सबसे कम कीमत पर उपलब्ध करवाने के लिए मैं इसका प्रकाशन स्वयं कर रहा हूँ। इस पुस्तक में अपना समय व ऊर्जा लगाने के बाद मैं आपसे केवल सत्य बोलने व सुनने का आनंद प्राप्त करना चाहता हूँ। 'प्रॉफिट्स ऑफ रिलीजन' में ढेरों उद्धरण हैं। इनमें से सैकड़ों उद्धरणों का उद्देश्य केवल इस तर्क की स्थापना करना है, ''धर्म के प्रचार का उद्देश्य आस्थावानों का उद्धार

करना नहीं, बल्कि पादरी के लिए लाभ कमाना है।'' उन्होंने कार्नेल के आर्कबिशप की अपने एक अंतरंग मित्र को लिखी इन पंक्तियों का हवाला दिया—

''अंत में मैं यही कहना चाहूँगा कि एक अच्छे बिशप का यही कार्य है कि व खाए, पिए, मोटा व समृद्ध हो और मर जाए, मैं अपने आनेवाले दिनों में सराहनीय उदाहरण के रूप में यही करनेवाला हूँ।''

'प्रॉफिट्स ऑफ रिलीजन' की भाँति *'दी ब्रास चैक'* में भी जार के मंत्री द्वारा 12 महीनों में 32773 लोगों को प्राणदंड दिए जाने संबंधी एक छोटा सा उद्धरण है। *'ब्रास चैक'* एक ऐसी पुस्तक है, जिसे अन्य लोगों के इतर पत्रकारिता के क्षेत्र से जुड़े सभी व्यक्तियों को पढ़ना चाहिए। जिस तरह सिनक्लेयर की विख्यात पुस्तक 'जंगल' ने अमेरिका में 'औद्योगिक स्वामित्व' का अपने कर्मचारियों के प्रति रुख हमेशा के लिए बदलकर रख दिया। इस जागृति के पश्चात् प्योर फूड ऐंड ड्रग ऐक्ट (शुद्ध खाद्य एवं औषधि अधिनियम) और मीट इंस्पेक्शन ऐक्ट (मांस निरीक्षण अधिनियम) नामक दो अधिनियम बनाए गए। इसी तरह *'दी ब्रास चैक'* में किए गए खुलासे संचार माध्यम व इसकी कार्यशैली में अंतर ला सकते हैं। मूल रूप से यह पुस्तक मीडिया, उसके मालिकों, विज्ञापन घूसखोरी तथा अमेरिका के साम्यवाद व यहाँ तक कि समाजवाद जैसी आशंकाओं के आपसी रिश्तों पर आधारित है।

अब तक मैं लगातार बढ़ती पुस्तकों के साथ-साथ हजारों प्रतिलिपित पृष्ठ एकत्रित कर चुका था। मैं उन सांसारिक जिम्मेदारियों में बुरी तरह फँसा हुआ था, जिनपर पूरा ध्यान केंद्रित रखना पड़ता है। सब कुछ बेढंगा सा हो रहा था, जिसपर ध्यान देना आवश्यक था, लेकिन अब तक संपन्न हुए कार्य में सार्थकता दिख रही थी। मैंने परेशानियों के बावजूद काम जारी रखने का निर्णय लिया। इस निर्णय के पीछे एक यह तथ्य भी था कि गत कई वर्षों से मेरी साथी, बल्कि मेरा आभासी जीवन बनी हुई यह नोटबुक बीतते दिनों के साथ मेरे दिमाग को काबू करती जा रही थी। कभी मुझे ऐसा प्रतीत होता कि मैं शहीद भगत सिंह के साथ हूँ, उनके साथ मजाक करते हुए ठहाके लगा रहा हूँ। इस तरह यह निरंतर मेरा जुनून बनती जा रही थी। भगत सिंह ने जो कुछ भी पढ़ा था, उसे पढ़ना मेरे लिए जुनून व चुनौती दोनों ही बनता जा रहा था। तब तक मैं अपने सभी सरल विकल्पों का उपयोग कर चुका था और इससे मुझे कई बार सफलता भी मिली थी।

अमेरिका में रहनेवाले मेरे एक संबंधी ने मुझे वेरा फिग्नर लिखित 'मेमॉयर्स ऑफ दी रिवॉल्यूशनिस्ट' की प्रतिकृति भेजी। उसे अपने हाथ में लेने पर मुझे ऐसा महसूस हुआ, मानो मेरे हाथ में पवित्र प्याला हो। मैंने धीरे-धीरे पृष्ठ उलटने आरंभ किए। इसे 1927 में 'इंटरनेशनल पब्लिशर' ने प्रकाशित किया था। इसकी प्रस्तावना में प्रकाशक ने लेखक की प्रशंसा करते हुए लिखा था, ''पचहत्तर वर्ष की उम्र में इस संस्मरण की लेखिका ने उसी श्रेष्ठता की भावना, दृढ चरित्र व चुंबकत्व का प्रदर्शन किया है, जैसा आधी सदी पहले अपने विशिष्ट क्रांतिकारी नेतृत्व के दौरान मौजूद था।'' इस अमेरिकी संस्करण के लिए विशेष भूमिका में फिग्नर लिखती हैं—

''मेरी पुस्तक के पहले हिस्से में 1876-1884 के संक्षिप्त काल का वर्णन है। इसमें मैंने गुप्त समाज, भूमि व स्वतंत्रता और अंत में पार्टी से जुड़ी निरंतर जारी रहनेवाली गतिविधियों के बारे में बताया है। 'विल ऑफ दी पीपल' में रहते हुए मैंने भूमि व स्वतंत्रता कार्यक्रम पर काम किया। मैं 1883 में हिरासत में ली जानेवाली 'दी विल ऑफ दी पीपल' की कार्यकारी समिति की अंतिम सदस्या थी। मैंने यहाँ उन घटनाओं का प्रत्यक्षदर्शी व भागीदार के तौर पर वर्णन किया है।''

अपने कारावास जीवन के बारे में बताते हुए वे आगे लिखती हैं—

''कार्यकारी समिति के अंतिम व्यक्ति तक सबको मिटा दिया गया। पार्टी टूट गई, लेकिन क्रांतिकारी आंदोलनों के इतिहास में इसका असाधारण महत्त्व है।'' 'दी विल ऑफ दी पीपल' के पश्चात् आगामी क्रांतिकारी पीढ़ियों के कार्यक्रम में राजनीतिक संघर्ष अनिवार्य हिस्सा बन गया। पाँच वर्षों के भीतर पार्टी के बहत्तर सदस्यों को कोर्ट में पेश किया गया। जिन्हें मृत्युदंड या साइबेरिया निर्वासन पर नहीं भेजा गया, उन्हें सेंट पीटर व पॉल किले और 1884 के बाद श्लुसेलबर्ग के किले की जेल में रखा गया। मुझे भी बंदी के रूप में इन दोनों किलों में रखा गया था। हम में से अधिकांश लोग मारे गए, मेरे व मेरे अन्य साथियों के लिए निरंकुशता के विरुद्ध संघर्ष के हमारे इस उपसंहार का मेरी पुस्तक के दूसरे हिस्से में वर्णन किया गया है।''

मैं एक-एककर पृष्ठ पढ़ता गया। उनका गद्य उनके सहे कष्टों जितना ही लययुक्त व साहित्यिक था। यह मनुष्य की अपने साथी मनुष्य को पीड़ा पहुँचाने की स्तंभित कर देनेवाली स्मृति थी, लेकिन इसी के साथ यह पूर्णतः अपनी शर्तों पर पूरे गर्व व स्वस्थचित्तता सहित जीवित रहने के लिए मनुष्य की आत्मा व शरीर दोनों ही स्तरों पर यंत्रणा सहन करने की अंतहीन पराकाष्ठा को भी दरशाता है। न चाहते हुए भी कारावास में इनपर थोपा गया अथाह गहन अंधकार व दिमाग को सुन्न कर देनेवाली चुप्पी का प्रतिरोध केवल जीवन के प्रति उदात्त दृष्टि, स्थिर साहस व दृढ विश्वास द्वारा ही किया जा सकता था। वेरा में जितना साहस व दृढ निश्चय था, उनका कथा कहने का सामर्थ्य भी उतना ही अधिक प्रबल था। किसी भी व्यक्ति पर 20 वर्षों तक इतना कठोर कारावास भोगने का क्या असर होता है, इस बारे में वेरा से बेहतर कौन बता सकता था।

''वर्ष 1902 में मेरे समेत कैद हुए हम में से अधिकांश लोगों को 20 वर्ष हो चुके थे। कुछ को ज्यादा समय का कारावास दिया गया था। यदि उस समय तक हमारी स्मृति बीस वर्ष पहले जितनी ही तेज नहीं होती तो हमारा बचना मुश्किल था। धीरे-धीरे आत्मा, आत्म-संरक्षण हेतु अनुकूलित हो जाती है। जब लंबे समय तक जारी रहनेवाला यह अनुकूलन चरम पर पहुँच जाता है तो जो लोग अब तक नहीं मरे हैं, वे आत्महत्या कर लेते हैं, या पागल हो जाते हैं या साम्यावस्था में आ जाते हैं। समय उनके सब रक्तरंजित घाव भर देता है। वे बीती घटनाएँ भूल जाते हैं और अगर नहीं भूलते तो अपनी इच्छा-शक्ति के बल पर उन्हें दबा देते हैं। इससे कष्टों की ज्वलनशीलता व तीव्रता कम हो जाती है। व्यक्ति का दिमाग स्थिर होने पर वह स्वतः ही सबकुछ भूलने लगता है। ऐसा प्रतीत होता है, मानो संपूर्ण सृष्टि हमें भूल बैठी है। इनमें केवल राजधानी में बैठे नेता ही नहीं, बल्कि पृथ्वी का प्रत्येक व्यक्ति शामिल है। हमें विश्वास नहीं रहता कि हमारे परिचित हमें भूल नहीं गए होंगे, क्योंकि हम स्वयं उन्हें भूलने की स्थिति में होते हैं। यह अविश्वसनीय है कि हमारे नाम हमारे अनुसरणकर्ताओं के दिमाग में तो रहते हैं, लेकिन उन लोगों के दिमाग से निकल जाते हैं, जिनसे हम निजी तौर पर परिचित थे। बीस वर्षों के बाद हमारे दिमाग में न तो कोई नाम रह जाता है और न ही अग्नि की लपट भी बाकी बचती है।''

आपकी कल्पनाओं व जीवन की पवित्रता को आतंकित करने के लिए दो दशक तक युवा जीवन को नष्ट करना बहुत बड़ी हानि है—

''तूफान में भटके व भुलाए गए लोग।
नई उभरती पीढ़ी के अपरिचित;
ये मुझे याद नहीं करते, मुझपर हँसते हैं।
मैंने इन्हें ऊर्जा दी,
इनके लिए सूर्य को संदीप्त किया,
आज मैं अंधकार में बैठा,
सदा शोकाकुल रहता हूँ।''

शोक मनाइए कि आपको उनके साथ होना चाहिए था।

इस 318 पृष्ठों की पुस्तक के दूसरे हिस्से के पृष्ठ संख्या 280 तक पहुँचने पर भी नोटबुक का कोई उद्धरण नहीं प्राप्त हो सका। यह बेहद निराशा व अवसाद हेतु था। मैंने बाकी का हिस्सा पढ़ा, लेकिन वहाँ भी मुझे कुछ नहीं मिला। इसकी अति पीड़ादायक कथात्मक मार्मिकता के चलते मेरा उत्साह बना रहने के बावजूद मैं स्वयं को छला गया व उदास महसूस कर रहा था। मुझे इसके सही किताब होने पर यकीन नहीं था। इसलिए मैंने इसे एक बार फिर से पढ़ना आरंभ कर दिया। इस बार मैं इसकी कथात्मकता में नहीं खोया, बल्कि मेरी आँखें केवल मेरे अभीष्ट शब्दों को खोज रही थीं। अंततः लगातार जागते रहने के बाद मैंने इस कार्य को अगली बैठक के लिए मुल्तवी कर दिया, जिसकी आनेवाले दिनों में कोई संभावना नहीं थी।

मैं मूल रूप से पद्यांश खोज रहा था। मुझे उस पुस्तक में कहीं पर भी नोटबुक में उद्धृत पद्यांश नहीं मिला, लेकिन इस बीच मुझसे नोटबुक में लिखित दो गद्यांशों छूट गए—

''बचपन व युवावस्था में, जिसने भी उन्हें अपना आदर्श माना और उनके जीवन को प्रेम के आत्म-त्याग का प्रतीक समझा होगा, वे उस नव-निंदक क्रांतिकारी की मनोदशा को अवश्य समझते होंगे, जिन्होंने स्वतंत्रता की खातिर इस जीवित कब्र को हाथ बढ़ाकर स्वीकार किया था। मुकदमे के बाद सजायाफ्ता कैदी एक विशिष्ट भाव का अनुभव करता है। वह बहुत शांत व प्रसन्नमुख दिखता है। अपने से छूट रही चीजों पर उसकी पकड़ ढीली होती जाती है, लेकिन उसकी निगाह आगे की ओर रहती है। वह इस तथ्य से पूरी तरह परिचित होता है कि आनेवाली परिस्थितियों को बदला या उनसे बचा नहीं जा सकता।''

उपरोक्त परिच्छेद टुकड़ों के रूप में नोटबुक में दो जगह उद्धृत था। इसने मेरा उत्साह बढ़ाते हुए मुझमें पुनः जोश भर दिया, लेकिन ऐसा अधिक समय नहीं टिका, क्योंकि अन्य कोई या इस गद्य का बाकी का कोई हिस्सा उस पुस्तक में नहीं मिला। तत्पश्चात् मैंने अपने अनुमान पर फिर से विचार करने का निर्णय लिया।

हालाँकि इस स्मारिका में नोटबुक के दो उद्धरण मौजूद थे, लेकिन यह भी स्पष्ट हो गया था कि भगत सिंह ने यह उद्धरण इस पुस्तक से नहीं लिये हैं। वह कोई दूसरी पुस्तक थी।

फिग्नर व मोरोजोव के ये उद्धरण एक के बाद एक लिखे गए थे। संभव है, इन्हें किसी एक ही स्रोत से लिया गया हो। अब मैंने ज्ञात बातों को लिख लिया—

1. फिग्नर और मोरोजोव रूसी क्रांतिकारी थे, वे समकालीन थे और वे थोड़े समय के लिए ही सही, एक ही संगठन के सदस्य भी रहे थे।
2. दोनों को विज्ञान में रुचि थी। मोरोजोव इसमें अप्रवीण थे, लेकिन फिग्नर ने हयूरिख में औषधि विज्ञान का प्रशिक्षण लिया था।
3. दोनों को एक-एककर हिरासत में लिया गया था, मृत्युदंड दिया गया था, जिसे बाद में उम्रकैद, तत्पश्चात् सजा को कमकर 20 वर्ष का कारावास कर दिया गया था।
4. दोनों को उनके साथियों सहित श्लुसेलबर्ग सेल्युलर जेल में रखा गया था।
5. दोनों को थोड़े ही अंतराल पर मुक्त किया गया था।
6. दोनों ने खूब लिखा, जिनमें कविताएँ, जीवन स्मारिका तथा क्रांति व क्रांतिकारियों का इतिहास शामिल थे।

जिस धागे से ये दोनों बँधे थे और जो 20 वर्ष तक कभी नहीं टूटा, वह श्लुसेलबर्ग में संभवत: सबसे कठिन परिस्थितियाँ बिताना था। इसलिए मैंने अपना ध्यान व्यक्ति की जगह जेल पर लगाने का निर्णय लिया।

जीन जैक्स रूसो फ्रेंच क्रांति के दौर में पूजे जानेवाले सबसे बड़े फ्रेंच दार्शनिकों में से थे। नोटबुक में इनके तीन बड़े कार्यों को उद्धृत किया गया है। इस संपूर्ण सामग्री को जोड़ देने पर यह दोनों खंडों में किसी भी एक लेखक का सबसे अधिक लेखन हो जाएगा। इनकी पुस्तकें हैं—

1. *दी सोशल कॉन्ट्रैक्ट* (1792): राजनीति पर इनका सबसे व्यापक कार्य।
2. *एमिली ऑर ऑन एजुकेशन* (1792): शिक्षा पर उनका प्रमुख कार्य। इसमें 'प्रॉफेशन ऑफ फेथ ऑफ दी सेवोयार्ड विकर' भी शामिल है, जो उनके अध्यात्मविज्ञान व स्वतंत्र इच्छाशक्ति से जुड़े दर्शन को प्रकट करता है। इसके अलावा इसमें उनका प्राकृतिक धर्म संबंधी वह दर्शन भी है, जिसके चलते इसपर पेरिस व जिनेवा में प्रतिबंध लगा दिया गया था।
3. *डिस्कोर्स ऑन दी ओरिजिन ऐंड फाउंडेशन ऑफ इनिक्वालिटी* (1755): इसे दूसरा व्याख्यान भी माना जाता था। इसमें मनुष्यों में असमानता का मूल और इसे प्राकृतिक कानून द्वारा प्राप्त मान्यता के प्रश्न का उत्तर दिया गया था।

रूसो (विकर में) दावा करते हैं कि ब्रह्मांड को देखने का सही तरीका स्वयं को वस्तुओं का केंद्र नहीं, बल्कि उनकी परिधि मानना है। तभी लोगों को उनके समान केंद्र होने का एहसास हो सकेगा। यही धारणा उनके राजनीतिक सिद्धांत, विशेष रूप से *'जनरल विल'* में भी व्यक्त हुई है। राजनीतिक दर्शन के इतिहास में उनके राजनीतिक विचार बेहद महत्त्वपूर्ण हैं, जिनसे बाकी सबके अलावा कार्ल मार्क्स भी प्रभावित रहे हैं।

वे फ्रेंच में लिखते थे। एक राजनीतिक विचारक के तौर पर उन्होंने बहुत से अनुवादकों का ध्यान खींचा। 1893 से लेकर अब तक *'सोशल कॉन्ट्रैक्ट'* के कम-से-कम दर्जनों संस्करण निकल चुके हैं। उनके एक और महत्त्वपूर्ण कार्य *' दी सेकेंड डिस्कोर्स'* के अलावा विशेष रूप से उनकी अन्य रचनाओं व अन्य विचारकों के साथ भी इतने ही विविध संकलित संस्करण भी आ चुके हैं। इसलिए यह एक छोटे से समुद्र में गोता लगाने के जैसा था।

केनरिक द्वारा उनके नॉवेल *जूलिया* और *एमिली* का पहला अनुवाद 1762 से 1763 के बीच पेश हुआ, जिसके बार 1763 में नुगेंट का और इसके बाद 1893 में पायेन का संक्षिप्त संस्करण और फिर 1905 में फॉक्सले के संस्करण सामने आए। 1930 तक फॉक्सले का अनुवाद अंतिम था और अंतिम अकसर उपलब्ध रहता है। इसी तरह *सोशल कॉन्ट्रैक्ट ऐंड डिस्कोर्स* का जी.डी.एच. कोल द्वारा किया गया अनुवाद सबसे अधिक उपलब्ध है। अर्नेस्ट रिज के संपादन में एवरीमैंस लाइब्रेरी ने 1913 में कोल का अनुवाद प्रकाशित किया। तब से इसका प्रकाशन जारी है। जी.सी.जे ऐंड जे. रॉबिंसन पैटरनॉस्टर-रोव, इंग्लैंड ने 1791 में इसके एक शुरुआती संस्करण का प्रकाशन किया था। इसका अनुवादक अज्ञात है। इसका एक सिद्धांत है।

चलो हम युद्धविराम के लिए मिल-जुलकर शर्तें तय करते हैं, *विर्जिल, दी एडिनॉयड,* इस संस्करण की एक बहुत दिलचस्प भूमिका भी थी—

> *''हाल ही में फ्रांस की नेशनल असेंबली ने रूसो की स्मृति को उच्च सम्मान प्रदान किया है। उसका कारण स्पष्ट रूप से उनके द्वारा लिखा गया 'डू कॉन्ट्रैट सोशियल' शीर्षकवाला आलेख है, जिसने बाद में राष्ट्र में हुई क्रांति का मार्ग प्रशस्त किया। इससे निश्चित ही अंग्रेजीभाषियों के मन में इस महत्त्वपूर्ण घटना का आधार बननेवाली रचना से*

परिचित होने की इच्छा रही होगी। इसलिए यह अनुवाद उन्हीं के लिए किया गया है। इसमें लेखक की संवेदना का पूरा खयाल रखा गया है। इसकी भाषा बहुत सरल है। जो कोई भी फ्रेंच सरकार की नई प्रणाली से जुड़े इस आलेख को पढ़ना चाहते हैं, वे ऐसा कर सकते हैं। इसमें दार्शनिक रचनाओं को पढ़ते समय आनेवाली कठिनाइयों की भी कोई गुंजाइश नहीं है।''

उपरोक्त बातों के अलावा, *एमिली* व रूसो के राजनीतिक विचारों के 1930 तक बहुत सारे संस्करण व संकलन आ चुके हैं। अब नोटबुक के उद्धरण से इस संस्करण की तुलना करने का कार्य भी बचा था। इस कार्य में सफलता मिली, लेकिन बहुत सी असफलताओं के बाद इस कार्य में सफलता मिल गई।

एमिली के फॉक्सले वाले अनुवाद से कुछ समाधान मिला, लेकिन '*सोशल कॉन्ट्रैक्ट*' व '*सेकेंड डिस्कोर्स*' की पाठ्य सामग्री काफी अलग थी। इस तरह हम एक बार फिर वहीं पहुँच गए, जहाँ से चले थे।

अभी तक मैं रूसो की निजी व संकलित पुस्तकों की खोज कर रहा था। अब मैंने अपने मार्ग परिवर्तन करते हुए उन राजनीतिक विचारों के संकलन को खोजना आरंभ कर दिया, जिसमें रूसो भी शामिल हों। आशा-निराशा भरे कुछ प्रयासों के बाद अंततः सफलता मिल ही गई।

'*आइडियल एंपायर्स ऐंड रिपब्लिक्स*' में '*सोशल कॉन्ट्रैक्ट*' से साथ ही '*उटोपिया*', '*न्यू अटलांटिस*' तथा '*सिटी ऑफ दी सन*' मौजूद थीं। नोटबुक के अवतरण व यह संस्करण एक जैसे थे, लेकिन इसके बावजूद फोलियो का मिलान नहीं हो सका। भगत सिंह ने नोटबुक के पृष्ठ 182 पर इसका फोलियो नंबर 176 लिखा था, जबकि मेरे पास जो पुस्तक थी, उसमें यह पृष्ठ संख्या 76 पर था। विविध संस्करणों में '*सोशल कॉन्ट्रैक्ट*' की पाठ्य सामग्री 120-135 पृष्ठों तक थी। मेरे पास पाठ तो सही था, लेकिन संस्करण सही नहीं था। चूँकि '*आइडियल एंपायर्स ऐंड रिपब्लिक्स*' का अनुवादक अज्ञात है, इसलिए खोज आगे नहीं बढ़ सकती थी। वहीं नोटबुक में दिए गए '*सेकेंड डिस्कोर्स*' के उद्धरण का तो पाठ भी नहीं मिल पाया था। निस्संदेह भगत सिंह का '*सेकेंड डिस्कोर्स*' से लेकर '*सोशल कॉन्ट्रैक्ट*' तक किसी भिन्न संस्करण के 'फोलियो 176' से लिया था। मैं कुछ समय के लिए उन्हें उसी स्थिति में छोड़ दिया।

सूखे के बाद पानी की एक बूँद भी स्वागत योग्य होती है।

जब वेरा फिग्नर व मोरोजोव श्लुसेलबर्ग में कारावास में थे, उस दौरान क्रांति के प्रचार का कार्य करने के लिए लियोन त्रोत्स्की ने क्रांतिकारी प्रोपेगंडा के तहत 'लेव' नाम से रचनाएँ कीं। अपने क्रांतिकारी दौर के आरंभ से लेकर 1940 में अपनी हत्या होने तक उन्होंने खूब लिखा। लुइस सिनक्लेयर ने इनके ग्रंथों की सूची बनाई, जो 1100 पृष्ठों की थी। उन्होंने मुख्यतः रूसी व जर्मन भाषा में रचनाएँ कीं। इनके महत्त्वपूर्ण व प्रमुख कार्यों के अंग्रेजी अनुवाद भी उपलब्ध हैं, लेकिन मेरे पास केवल रूसी संस्करण थे, जिनसे मेरे उद्देश्यों की पूर्ति नहीं होती थी। मेरे एक मित्र ने मुझे भेजी गई इस पुस्तक के शुरुआती अंग्रेजी संस्करण भेजे, जिनमें अन्य पुस्तकों के अतिरिक्त '*लेसंस ऑफ अक्तूबर, 1917*' व '*वेयर इज ब्रिटेन गोइंग*' भी थीं।

'*लेसंस ऑफ अक्तूबर, 1917*' में से नोटबुक में सबसे अधिक उद्धरण दिए गए थे। यह उन थोड़ी सी पुस्तकों में से है, जिनमें से आदि से अंत तक बहुत से उद्धरण दिए गए हैं। यह 80 पृष्ठों की पुस्तिका पहली बार वर्ष 1924 में उनके दो खंडोंवाले संपूर्ण साहित्य के संकलन '*1917*' की प्रस्तावना के रूप में प्रकाशित हुई। बाद में इसे स्वतंत्र पुस्तिका के तौर पर प्रकाशित किया गया। इसका अनुवाद करनेवालों में से एक सूजन लॉरेंस इस पुस्तक के महत्त्व पर प्रकाश डालते हुए कहती हैं, ''यह एक महान् ऐतिहासिक घटनाक्रम में प्रमुख भूमिका निभानेवाले व्यक्ति का लेखा-जोखा है।'' सूजन पीटर्सबर्ग

के विद्रोह पर त्रोत्स्की का हवाला देते हुए कहती हैं, ''सैनिक मोरचा खोलने के अभिलाषी नहीं होते। हमने केवल लोगों की अनिच्छा को राजनीतिक अभिव्यक्ति व एक क्रांतिकारी लक्ष्य प्रदान किया था।'' तत्पश्चात् वे लेनिन का हवाला देते हुए कहती हैं, ''रूस में अल्पसंख्यक केवल इसलिए कामयाब हो सके, क्योंकि उस संकट के समय इन्होंने मूक लोगों की आशाओं को प्रतिनिधित्व करते हुए उन्हें पीछे से संबल प्रदान किया। ऐसा अपनी इच्छा से करना संभव नहीं है।'' निश्चित ही भगत सिंह को भी उसी मूक जनता की आशा से शक्ति प्राप्त हुई होगी, जब उन्होंने व बटुकेश्वर दत्त ने असेंबली हॉल में *इनकलाब जिंदाबाद* का नारा लगाया था।

'वेयर इज ब्रिटेन गोइंग' वर्ष 1926 में लंदन से प्रकाशित हुई। इसका अनुवादक अज्ञात है, परंतु इसकी प्रस्तावना सबसे विख्यात ब्रिटिश वामपंथी पत्रकार एच.एन. ब्रेल्सफोर्ड ने लिखी है। ब्रेल्सफोर्ड, त्रोत्स्की के शोध व खोज से सहमत नहीं थे, लेकिन वे ब्रिटिश समाज की कमियों को खोजने व इसमें उचित सुधार के लिए इस पुस्तक से परामर्श लेते थे, हालाँकि यह पुस्तक ब्रिटेन के श्रमिक नेताओं व श्रमिक वर्ग की क्रांतिकारी परंपरा की सराहना करने के कारण विवादास्पद रही है। यह अवसरवादी समाज में महत्त्वाकांक्षा के संघर्ष को प्रकट करती है।

त्रोत्स्की का पाठ व फोलियो का नोटबुक से मिलान हो गया।

भगत सिंह के लिए विवाह व परिवार का एक संस्थान के रूप में उद्भव, विकास व अभ्यास से स्थायी सरोकार था, जो एंगेल्स से बर्नार्ड शॉ के साहित्य में बिखरा हुआ है। उन्होंने इस विषय में टैगोर व बर्नार्ड शॉ की सूक्तियों के उद्धरण दिए हैं।

महिलाओं के उत्पीड़न के मामले में एंगेल्स व मार्क्स ने एक सर्वकालिक सिद्धांत विकसित किया, जो 1884 में *'दी ओरिजिन ऑफ फैमिली, प्राइवेट प्रॉपर्टी ऐंड दी स्टेट'* के तौर पर प्रकाशित हुआ। मार्क्स के निधन के बाद लिखे जाने के बावजूद यह एक संगठित प्रयास था। एंगेल्स ने एक ऐतिहासिक विश्लेषण विकसित किया, जिसमें महिलाओं के उत्पीड़न का स्रोत पितृवंशीय मर्यादा में है। उन्होंने स्पष्ट रूप से कहा कि एक कठोर विवाह प्रथा के आधार पर निर्मित परिवार में नैतिकता से कोई संबंध नहीं है। वे तर्क देते हैं कि एक विवाह से उत्पन्न पारिवारिक आदर्श का आधार मौलिक पाखंड है। शुरुआत में ही वे परिवार के बारे में कहते हैं, ''एक विवाह का यह विशिष्ट चरित्र पुरुषों के लिए नहीं, बल्कि केवल महिलाओं के लिए है।'' एंगेल्स आगे कहते हैं कि एक विवाह किसी भी तरह दोनों में से किसी भी व्यक्ति की निजी यौन-क्रिया के लिए उचित नहीं है। हर हालात में विवाह पहले ही की तरह वैवाहिक सुविधा ही रह जाता है। ''एक विवाह परिवार वह पहला प्रारूप है, जो नैसर्गिक नहीं, बल्कि आर्थिक परिस्थितियों के आधार पर बनता है।'' अर्थात, ''यह आदिम व प्राकृतिक समष्टिवाद पर निजी संपत्ति की जीत है।'' ''एंगेल्स का महिलाओं के उत्पीड़न पर आकलन है कि यह कई सदियों से जारी है और अभी भी कायम है।'' एंगेल्स के अनुसार, ''इसका स्रोत परिवार की पुनरुत्पादक भूमिका व समाज में आर्थिक इकाई के रूप में परिवार की भूमिका का मूल रूप है।''

एंगेल्स के साथ भी नोटबुक में उद्धृत अन्य गैर-अंग्रेजी उद्धरणों जैसी ही समस्या थी, परंतु इसमें विकल्प बहुत सीमित थे। थोड़ा समय लगाने पर ही *'दी ओरिजिन ऑफ दी फैमिली, प्राइवेट प्रॉपर्टी ऐंड दी स्टेट'* का सही अनुवाद मिल गया, जैसा कि मैंने पहले बताया कि 'सोशलिज्म यूटोपियन ऐंड साइंटिफिक' मेरे पास पहले से ही थी। दोनों पुस्तकें बहुत छोटी क्रमश: 217 और 139 पृष्ठों की थीं। भगत सिंह का संस्थागत रूप से परिवार व विवाह पर और मुख्य रूप से संपत्ति पर ध्यान केंद्रित था। *'यूटोपियन'* में से उन्होंने दो उद्धरण लिये, जबकि दी ओरिजिन से उन्होंने कई सारे उद्धरण लिये, जो उपरोक्त विषयों तक सीमित रहे। इनके अतिरिक्त दो उद्धरण राज्य की उत्पत्ति पर भी थे, आगे चलकर इन्हीं का परिणाम परिवार व संपत्ति के विकास के तौर पर सामने आता है।

श्लुसेलबर्ग का फिग्नर व मोरोजोव के बीच की कड़ी होने की ओर रहा मेरा झुकाव काम आया। मैं खोजता रहा और फिर मुझे मिली आई.पी. युवात्शेव की लिखी *'दी रशियन बेस्टाइल'*। इसके समर्पण में उन्होंने लिखा, ''खूबसूरत सोफिया गिंसबर्ग की स्मृति में, जिन्होंने किसी भी भद्र महिला के लिए मृत्यु से भी अधिक भयावह दुर्भाग्य से बचने के लिए श्लुसेलबर्ग के कैसमैट में आत्महत्या कर ली थी।'' इस पुस्तक के अनुवादक डॉ. ए.एस.रापोर्ट बताते हैं, ''इस पुस्तक के लेखक युवात्शेव उन चंद खुशनसीब लोगों में से हैं, जो श्लुसेलबर्ग व इसके बाद खदानों में रहते हुए पागल होने या मृत्यु का शिकार बनने से बच सके।'' यह यंत्रणा और पीड़ा की कथा है। ''यदी मौन व जड़ता जीवन का अंत कर सकती होतीं तो उन ठंडी व अंधेरी जीवित कब्र जैसी दीवारों के भीतर बार-बार ऐसा होता। उस वास्तविक यंत्रणा कक्ष से केवल मौत ही मुक्त करवा सकती थी।'' या बाद में जैसा पुश्किन लिखते हैं—

''हमारी रूह का हर कदम यहाँ
बीते सालों की याद करा जाता है।''

वेरा फिग्नर अपनी बेगुनाही व रोष को सबसे अच्छी तरह व्यक्त करती हैं, ''क्या मैं अब अपने एहसास बयान कर सकती हूँ? उन मसीहाई शहीदों की तरह, जो किसी दयालु भेड़ की तरह सबकुछ सहन करते थे; पर पिंजरे में बंद उन उग्र चीतों की भाँति जो सलाखों के पीछे तेज गति से घूमते हुए उन्हें अपनी छातियों व पंजों से फाड़कर मुक्त होने के लिए प्रयासरत थे।''

हालाँकि 'रशियन बेस्टाइल' फिग्नर की स्मारिकाएँ व विक्टर सर्ज की स्मारिका की साहित्यक श्रेणी में तो नहीं, परंतु वह केवल लेखक की नहीं, अपितु उनके अधिकांश श्लुसेलबर्ग साथियों की बात करती हैं। ये उनके कष्टों और अधिकांश मामलों में उनकी मौत का वर्णन करती हैं।

भगत सिंह में युवात्शेव के प्रति समानुभूति होगी, क्योंकि उस दौरान वे वैसी ही परिस्थितियों में थे, जिनमें आज से तीन दशक पूर्व युवात्शेव रहे थे। इन दोनों की परिस्थितियों के विवरण अलग हो सकते हैं, लेकिन वास्तविकता एक जैसी थी। उन दोनों ने ही भूख हड़ताल की थी, अपना गौरव बनाए रखने के लिए आंदोलन किया था और अपनी अंतिम साँस तक संघर्ष करने की शक्ति कायम रखी। इसलिए *'दी रशियन बेस्टाइल'* को पढ़ते समय उन्होंने उनके कष्टों व यंत्रणाओं को छोड़कर उस भाग से उद्धरण लिया, जो उन्हें उनके अस्तित्व की भावना का प्रतीक, निरंतर संघर्ष के संकल्प का सार महसूस हुआ होगा, कुछ ऐसा, जो उस उद्देश्य को अर्थ प्रदान कर के, जिसके लिए उन्होंने व उनके साथियों ने अपनी स्वतंत्रता व जान की बाजी लगा दी थी। प्रत्येक अध्याय की शुरुआत में फिग्नर, मोरोजोव, बायरन की वाणी में ऐसा ही स्मृति लेख या आदर्श-वाक्य है, उनकी कथात्मकता तथा इन्हें पढ़ने व एकत्रित करनेवालों के मन को और अधिक रोशन कर देता है। इसका कारण पीड़ा नहीं, बल्कि इस पीड़ा की सुगंध थी, ''इस गंध की वास्तविकता को केवल वही सूंघ सकता था, सत्य में यही जीवन की सुवास थी।''

फिग्नर, मोरोजोव को पूरा करने के दौरान मैं बहुत दूर तक निकल आया। इस कार्य में काफी समय लग गया, लेकिन इसे करने तथा पढ़ने व बारंबार पढ़ने से प्राप्त होनेवाला आनंद व संतोष अतुलनीय था। मैं हमेशा से ही पुस्तकों के प्रति आकृष्ट रहा हूँ, फिर चाहे वे किसी भी विषय की हों। इतने सारे संस्करणों, जिनमें निरंतर नवीन विचारों व सभी के बेहद महत्त्वपूर्ण होने पर भी उनके बीच से वास्तविक मायावी पुस्तक को चुनना, बताता है कि मेरा हमेशा से ही पुस्तकों के प्रति आकर्षण रहा है, फिर चाहे किसी भी विषय की हों। कोई भी खोई हुई पुस्तक अपनी अनुपस्थिति के कारण मूल्यवान हो जाती है और उसे खोजने के प्रयास आरंभ हो जाते हैं, लेकिन जैसा रिचर्ड वेंडर कहते हैं, ''संकलनकर्ता का जुनून निश्चय ही पीछा करना होता है, पूरा करना नहीं।'' इसलिए यह पूरे जोश के साथ जारी रहा।

'ए वर्ल्ड हिस्टरी फॉर दी वर्कर्स' का उप-शीर्षक उसे 'शुरुआत से ही पैतृक संपत्ति से वंचित किए गए व्यक्ति की कहानी' बताता है। इसमें यही है। अल्फ्रेड बार्टन लिखित यह 128 पृष्ठों की पुस्तिका श्रमिक वर्ग का नेतृत्व करनेवालों के लिए तुरत-संदर्भिका जैसी है। यह उन्हें दृष्टिकोण देने के अलावा, 'श्रमिकों को उनके इतिहास की जानकारी प्रदान' करने के लिए लिखी गई है। चूँकि इस पुस्तक का उद्देश्य ट्रेड यूनियन प्रमुखों से संवाद करना है, इसलिए इसमें विपरीत प्रकृति के कुछ दिलचस्प उद्धरण भी दिए गए हैं। भगत सिंह द्वारा इसमें से 7 उद्धरण लिये गए हैं, जो उनकी नोटबुक के पृष्ठ 42-45 तक बिखरे हुए हैं। उस पुस्तक के कुछ और नगीने पेश हैं।

> ''एक यूनानवासी ने फारसी गवर्नर को उत्तर देते हुए कहा, ''हेडार्नेस आप नहीं समझ रहे कि आप हमें क्या करने का सुझाव दे रहे हैं। आप गुलाम होने का अर्थ तो जानते हैं, लेकिन स्वतंत्रता की मधुरता के बारे में कुछ नहीं जानते। यदि आपने इसका स्वाद लिया होता, तो निश्चित ही आप हमसे इसके लिए भालों से नहीं, बल्कि कुल्हाड़ों द्वारा लड़ाई लड़ने को कहते।''
>
> ''550 ई.पू. में एक सहृदय राजकुमार सिद्धार्थ गौतम हुए थे, जिन्होंने जीवन जीने का एक नया मार्ग दिखाया, ''जीवन में क्षणभंगुर वस्तुओं की इच्छा मत रखो, वे कहते हैं कि सभी जीवित वस्तुओं से प्रेम करना ही वास्तविक धन-संपत्ति है।''

इन सातों उद्धरणों में भगत सिंह ने पुस्तक का संदर्भ केवल एक बार ही दिया और वह भी बर्टन की अपनी सूक्ति में। केवल इसी सूक्ति के कारण मैं इस पुस्तक को खोज पाया। इसे पढ़ने पर ही मुझे भगत सिंह द्वारा दिए गए लेखकों के नामवाले या अज्ञात उद्धरण लेखकों के नाम सहित इस पुस्तक में मिल गए। निम्नलिखित जैसे बिना संदर्भवाले उद्धरणों की पहेली सुलझाने में सचमुच बहुत मदद मिली।

''महान् लोग केवल इसलिए महान् हैं,
क्योंकि हम घुटनों पर बैठे हैं।
चलो हम भी उठ खड़े हों!''

''मैं एक मनुष्य हूँ, इसलिए मनुष्यता को प्रभावित करनेवाली हर चीज से मेरा सरोकार है।''

उपरोक्त वाक्य संक्षिप्त होने पर भी इतना गहरा है कि थोड़े ही शब्दों में भगत सिंह के प्रमुख ध्येय व उनके विरोध के कारणों को प्रकट करने की क्षमता रखता है।

नोटबुक के पृष्ठ 191 के हाशिए पर 6 पुस्तकों के नाम लिखे हैं। इस सूची का कुछ भी अर्थ हो सकता है। संभव है कि यह उनके द्वारा माँगी गई पुस्तकों की सूची हो या किसी के कहने पर उन्होंने ये पुस्तकें पढ़ने की इच्छा रखी हो। मैंने अनुमान लगाया कि उन्हें पढ़ने के लिए ये पुस्तकें मिल गई होंगी और मैंने शोध हेतु इनके भी नाम लिख लिये।

इनमें मेरा पहला स्वाभाविक चयन त्रोत्स्की की पुस्तक *'लिट्रेचर ऐंड रिवाल्यूशन'* थी। यह आलेख 1924 में रूस में संस्कृति व कला पर जारी बहस का हिस्सा था। इसका हाल ही में हुआ पुनर्मुद्रण इसके आज भी प्रासंगिक होने का प्रमाण है। इसे प्राप्त करने में अधिक कठिनाई नहीं हुई। इसे पढ़ना बहुत अच्छा अनुभव रहा, क्योंकि इससे बहुत सी चीजें स्पष्ट हो गईं। ''त्रोत्स्की ने तत्कालीन युग में घट रही राजनीतिक घटनाओं को समझने के लिए अपने समय के साहित्यिक रुझान का आकलन किया है।'' उनका कहना है कि किसी भी तरह के कलात्मक कार्यों का सबसे पहले उसके लिए निर्धारित

नियमों अर्थात 'कला संबंधी नियमों' के अनुसार आकलन करना चाहिए। तत्पश्चात् इसके किंतु-परंतु समझने के लिए मार्क्सवाद का उपयोग करना चाहिए, लेकिन इसे पढ़ने से मुझे अपने प्रोजेक्ट में कोई सहायता नहीं मिली, क्योंकि इसमें नोटबुक से संबंधित कुछ नहीं था।

मैं *'मकीव-ओ हारा'*, *'लेंसेंट लोटन'* तथा *'एंटोन कार्लग्रीन'* नहीं खोज सका, लेकिन मुझे *'रेने फुलॉप-मिलर'* तथा *'मैक्स ईस्टमैन'* की पुस्तकें मिल गईं। *मार्क्स व लेनिन, दी साइंस ऑफ रिवॉल्यूशन* का प्रकाशन भी 1927 में ही हुआ था। यह दो भागों में थी 'दी फिलॉसफी ऑफ मार्क्सिज्म' और 'दी साइंस ऑफ रिवॉल्यूश्नरी इंजीनियरिंग' और यह साथ ही 'रूस में क्रांतिकारी तानाशाही के निश्चित चरण' की आलोचना भी है।

मैक्स ईस्टमैन ने *'मासेज'* का संपादन किया था। इसके अलावा उन्होंने अपनी बहन के साथ सह-संस्थापक के तौर पर 'लिब्रेटर' नाम की राजनीति व कला से जुड़ी मौलिक पत्रिका निकाली। *'दी लिब्रेटर'* के पहले अंक में शामिल 'विलियम्स लॉयड गैरिसन' का एक उद्धरण नोटबुक में भी था, लेकिन वह इस पुस्तक से नहीं लिया गया था, साथ ही उस पुस्तक में और कोई उद्धरण भी नहीं था।

इस सूची में से केवल रेने फुलॉप-मिलर का योगदान था, जिसके बारे में हम आगे बात करेंगे।

इसके बाद मुझे स्कॉट नियरिंग की 'पावर्टी ऐंड रिचेज' मिली। इसका उप-शीर्षक 'अ स्टडी ऑफ दी इंडस्ट्रियल रिजाइम' था। प्रस्तावना में लेखक ने इसे उद्देश्यपूर्वक चुना गया बताया है, ''आज प्रत्येक व्यक्ति जानता है कि संसार पर औद्योगिक शक्ति का शासन है। 'रिजाइम' (शासन) शब्द का उपयोग उद्योगों की इसी हुकूमत या नेतृत्व का परिचायक है।'' आम जनता के भाग्य पर पूँजीवादी उद्योगों के इसी आधिपत्य ने भगत सिंह का ध्यान इस ओर आकर्षित किया और तब उन्होंने इस पुस्तक से पूँजीवादी शोषण को दरशानेवाले आँकड़ों को एकत्रित किया। 1909 में अपनी पी—एच.डी पूरी करने के बार नियरिंग राजनीतिक कार्यकर्ता, उग्रवादी अर्थशास्त्री, शिक्षक तथा बहुत सी पुस्तकों के लेखक व सह-लेखक बन चुके थे। ''पूँजीवाद पर उनके अतिवादी दृष्टिकोण और युद्ध ने उन्हें आगे बढ़कर सोशलिस्ट पार्टी व शांति आंदोलन में शामिल होने के लिए प्रेरित किया। अमेरिका के समृद्ध लोगों के साथ उनके इस संघर्ष ने अमेरिका में अतिवादी क्रियाओं में गंभीर बदलाव किए।''

'पावर्टी ऐंड रिचेज' में नियरिंग निष्कर्ष देते हैं—

> *''जब तक उद्योग केवल लाभ कमाने के लिए चलाए जाएँगे, तब तक डॉलर का महत्त्व मनुष्य से अधिक बना रहेगा। जब तक उद्योगों का परिचालन मुख्यत: लाभ कमाने के लिए होगा, तब तक उनका मुख्य कार्य सेवा प्रदान करना नहीं हो सकता। उद्योगों के लिए लाभ व जनतंत्र एक-दूसरे के बिल्कुल विपरीत हैं।''*

उद्धरणों का लेख व पन्ना क्रम मिलाने में कोई परेशानी नहीं हुई हालाँकि ज्यादातर मूल लेखन का भावनुवाद था।

'दी डिके ऑफ कैपिटलिस्ट सिविलाइजेशन' बिट्राइस व सिडनी वेब की 1923 में प्रकाशित हुई शुरुआती पुस्तक है। यह ''उद्योगों की पूँजीवादी प्रणाली तथा उसपर निर्भर समाज पर समाजवादी टिप्पणी है।'' वेब दंपती ने पता लगाया कि 'समाज के पूँजीवादी संगठन' में चार पृथक बुराइयाँ हैं; 'गरीबों की गरीबी', 'आमदनी में असमानता', 'निजी स्वतंत्रता में विषमता' तथा 'उत्पादन के साधनों के जनसाधारण के स्वामित्व का अलगाव।' यह पुस्तक मार्क्सवादी दर्शन की पूँजीवाद

जितनी ही आलोचना करती है, लेकिन फिर भी उन्होंने पूँजीवादी धोखाधड़ी को उजागर करने का श्रेय मार्क्स को दिया है। भगत सिंह ने पुस्तक की पृष्ठ संख्या 182 पर प्रस्तावना के अलावा शुरुआती पृष्ठों से कुछ सामग्री ली है। नोटबुक की पृष्ठ संख्या 123 पर प्रस्तुत अमेरिका व यू.के में आमदनी में असमानता संबंधी आँकड़े इसी पुस्तक से लिये गए हैं। यह इस पुस्तक की प्रस्तावना से लिया गया।

एक उद्धरण नोटबुक के पृष्ठ 37 पर था। दिलचस्प बात यह है कि नोटबुक में पृष्ठ संख्या 38 व 39 पर उल्लिखित जापानी छात्रों के समक्ष दिया गया रविंद्रनाथ टैगोर के भाषण का लंबा उद्धरण भी *'दी डिके ऑफ कैपिटलिस्ट सिविलाइजेशन'* से ही लिया गया है। टैगोर का यह व्याख्यान*'जापान-अ लेक्चर'* शीर्षक से मैकमिलन कंपनी, न्यूयॉर्क ने 1916 में प्रकाशित किया था।

सिडनी वेब का नाम इस नोटबुक में एक और पुस्तक *'इंग्लिश लोकल गवर्नमेंट'* के माध्यम से आया है; हालाँकि भगत सिंह ने इस पुस्तक से नहीं, बल्कि इसकी बर्नार्ड शॉ द्वारा लिखित प्रस्तावना से उद्धरण लिया है।

24 जुलाई, 1930 को भगत सिंह ने अपने मित्र जयदेव को पत्र लिखकर द्वारका दास लाइब्रेरी व पंजाब पब्लिक लाइब्रेरी से कुछ पुस्तकों के अलावा कुछ और पुस्तकें भेजने का आग्रह किया था। इस पत्र में उन्होंने बोर्स्टल जेल, लाहौर में बंद अपने साथियों के लिए भी कुछ पुस्तकें भेजने का आग्रह किया था। दिलचस्प बात है कि उन्होंने इन दसों पुस्तकों में से आठ नामों के साथ पुस्तकालय के वर्गीकरण/ कैटेलॉग संख्या का भी उल्लेख किया था—

1. मिलिटेरिज्म ले. कार्ल लिबखनेस्त- 320.4. एल 2
2. व्हाई मैन फाइट ले. बी. रसेल- 320.4 आर 2
3. सोवियत्स एट वर्क- 335 एल
4. कोलैप्स ऑफ टू इंटरनेशनल- 335 एल 5
5. लेफ्ट-विंग कम्यूनिज्म- 336 एल
6. म्यूचुअल एड ले. प्रिंस क्रोपोटकिन- 575 के 1
7. फील्ड्स, फैक्टरीज ऐंड वर्कशॉप्स- 331 के
8. सिविल वॉर इन फ्रांस, ले. मार्क्स
9. लैंड रिवॉल्यूशन इन रशिया 747.08 एल 2 तथा स्पाई (अप्टॉन सिनक्लेयर)

पत्र के आगामी हिस्से में उन्होंने बुखारिन लिखित 'थ्योरी ऑफ हिस्टॉरिकल मैटिरियलिज्म' भिजवाने का आग्रह किया। इस पुस्तक का पुस्तकालय वर्गीकरण संख्या न होने के कारण उन्होंने इसे विशेष रूप से पंजाब पब्लिक लाइब्रेरी, लाहौर से भिजवाने का आग्रह किया। लाइब्रेरी की वर्गीकरण संख्या ऐसी चीज नहीं है, जिसे आप स्मृति के आधार पर बता सकें। इससे स्पष्ट हो जाता है कि भगत सिंह के पास लाइब्रेरी की पुस्तक सूची थी, जिसमें से वर्गीकरण संख्या देखकर पुस्तक मँगवाना आसान रहता है। बाहरी दुनिया से उनका कितना संपर्क था या उन्हें ये पुस्तकें मिलीं या नहीं, इस बारे में हमें फिलहाल कोई जानकारी नहीं है। इस पत्र में मेरी विशेष रुचि नोटबुक में शामिल उद्धरणों से जुड़ी पुस्तकों को पहचानने में थी।

बर्ट्रेंड रसेल की भाँति लिबखनेस्त भी युद्ध का विरोध करनेवाले प्रमुख लोगों में से थे। कार्ल लिबखनेस्त की पुस्तक *'मिलिटेरिज्म ऐंड एंटी मिलिटेरिज्म'* पहली बार वर्ष 1907 में प्रकाशित हुई। इसे विशेष रूप से जर्मनी के यंग सोशलिस्ट मूवमेंट के लिए लिखा गया था। 23 अप्रैल, 1907 को इस पुस्तक पर प्रतिबंध लगा दिया तथा लिबखनेस्त को राजद्रोह के

आरोप में जेल में डाल दिया गया। निचली अदालत में इनका दिया गया भाषण सुनवाई की विशिष्ट प्राप्ति है।

1917 में बी.ड्ब्ल्यू. ह्यूबस्त, न्यूयॉर्क ने *'मिलिटेरिज्म'* नाम से इसका संक्षिप्त संस्करण प्रकाशित किया। नोटबुक में इसमें से कोई उद्धरण नहीं लिया गया है।

पीटर क्रोपोट्किन की *'फील्ड्स, फैक्टरीज ऐंड वर्कशाप्स ऑर इंडस्ट्री कंबाइंड विद् एग्रीकल्चर ऐंड ब्रेन वर्क विद् मैनुअल वर्क'* पहली बार 1898 में प्रकाशित हुई। इसमें उद्योगों व कृषि कर्म और दिमागी कार्य और हाथ के कार्य के बीच सामंजस्यपूर्ण संयोजन की बात की गई थी। भगत सिंह ने पीटर क्रोपोटकिन की एक और पुस्तक *'म्यूचुअल एड: ए फैक्टर ऑफ एवॉल्यूशन'* भी मँगवाई थी। क्रोपोटकिन का निष्कर्ष था कि बतौर जाति विकास करने व बचे रहने के लिए सहयोग व आपसी सहायता सबसे आवश्यक घटक हैं, लेकिन नोटबुक में इस पुस्तक से भी कोई उद्धरण नहीं लिया गया है।

'दी लैंड रिवॉल्यूशन इन रशिया' में लेनिन का भूमि के प्रश्न पर लेनिन का दिसंबर, 1918 को दिया गया व्याख्यान है। 1919 में दी इंडिपेंडेंट लेबर पार्टी, लंदन ने इसका प्रकाशन करवाया। इसमें रूसी सोवियत गणराज्य में भूमि से जुड़े दो मौलिक हुक्मनामों को परिशिष्ट के रूप में दिया गया था। 32 पेज की इस लघु पुस्तिका में लेनिन के युद्ध-पश्चात् की परिस्थितियों में भूमिगत संसाधनों व रूस के पुनर्निर्माण संबंधी विचार प्रकट किए गए थे।

रूसी क्रांति के कारण उत्पन्न होनेवाले सबसे महत्त्वपूर्ण दस्तावेजों में से एक *'दी सोवियत्स एट वर्क'* भी है। ''अपनी प्रभावशाली स्पष्टता व शांत स्वर के चलते यह पुस्तक सबसे विशिष्ट है।'' 48 पृष्ठोंवाली इस छोटी सी पुस्तक में लेनिन ने नए सोवियत गणराज्य के प्रबंधन पर बात की है। सर्वहारा शासन के सामने आनेवाली समस्याओं का उन्होंने पूरे खुलेपन व स्पष्टता सहित वर्णन किया है। इस मामले में उनका आकलन व विचार संभवत: आज भी प्रासंगिक हैं—

> *''अपने खाते सही व शुद्ध रखें, अपना व्यापार आर्थिक नियमों के आधार पर चलाएँ, समय नष्ट न करें, चोरी न करें, कार्यस्थल पर कड़ा अनुशासन बनाए रखें।'' जब पूँजीपति वर्ग शोषकों के रूप में अपने वर्चस्व को छिपाने के लिए इन नारों का उपयोग करता है तो सर्वहारा क्रांतिकारी इनका परिहासकर ठीक ही करते हैं, लेकिन अब पूँजीपतियों का तख्ता पलट देने के बाद यह हमारे लिए अत्यावश्यक व प्रमुख नारे होने चाहिए। आम जनता की कड़ी मेहनत के बाद इन नारों को वास्तविक बनाने से एक ओर जहाँ साम्राज्यवादी (केरेनस्की के नेतृत्ववाले) और साम्राज्यवादियों के साथ संघर्ष से बिगड़ी संपूर्ण राष्ट्र की स्थिति में सुधार होगा, वहीं इन नारों को वास्तविक धरातल पर उतारकर इन सिद्धांतों तथा नियमों के आधार पर समाजवाद की अंतिम जीत आवश्यक व अनिवार्य है।''*

इसी रुझानवाली लेनिन की एक अन्य पुस्तक 'लेफ्ट-विंग कम्युनिज्म : एन इंफेंटाइल डिसॉर्डर' को कम्युनिस्ट इंटरनेशनल की कार्यकारी समिति ने वर्ष 1920 के दौरान अंग्रेजी में प्रकाशित किया। 'दी इंफेंटाइल सिक्नेस ऑफ 'लेफ्टिज्म' इन कम्युनिज्म' शीर्षकवाली पुस्तक में लेनिन के लेख का उप-शीर्षक था *'अ पॉपुलर एक्सपोजिशन ऑफ मार्क्सिस्ट स्ट्रेटेजी ऐंड टेक्टिक्स'*, उनके जीवनकाल में यह किसी संस्करण का हिस्सा नहीं बन सकी। लेनिन ने मध्य मार्ग नहीं लिया। उन्होंने जोर देकर कहा कि साम्यवादियों को प्रत्येक राष्ट्र में 'वामपंथी' प्रवृत्ति के साथ संघर्ष करना होगा।

इस पत्र में लेनिन की अंतिम पुस्तक 'दी कोलैप्स ऑफ दी सेकेंड इंटरनेशनल' थी। ए. सिरनिर द्वारा अंग्रेजी में अनूदित इस पुस्तक का पहली बार प्रकाशन 'दी सोशलिस्ट लेबर प्रेस, ग्लासगो' ने किया था। 'सेकेंड इंटरनेशनल' यूरोपियाई राष्ट्रों की समाजवादी व प्रजातांत्रिक पार्टियों का समूह था। 1912 में बेसल सम्मेलन के दौरान हर तरीके से युद्ध के विरोध का निर्णय लिया गया था, लेकिन 1914 में युद्ध आरंभ होने पर सभी समाजवादी अगुआ अपनी-अपनी सरकारों के साथ खड़े हो गए, जिससे इंटरनेशनल टूट गया। ''दुनियाभर में सभी क्रांतिकारी इंटरनेशनलिस्ट अकेले पड़ गए। अक्तूबर 1917 में बोल्शेविकों की जीत के साथ ही परिस्थितियों में बदलाव आए और अलग-थलग पड़े इंटरनेशनलिस्ट को बहुत से श्रोता

मिल सके।'' लेनिन ने नवीन इंटरनेशनल की शुरुआत की और मार्च 1919 को तृतीय कम्युनिस्ट/इंटरनेशनल की संस्थापक कांग्रेस का पहला समागम मॉस्को में हुआ।

नोटबुक के पृष्ठ 50 पर 'II इंटरनेशनल' का एक उद्धरण है, लेकिन यह लेनिन की उपरोक्त किसी भी पुस्तक में से नहीं है, बल्कि भगत सिंह ने इसे मॉरिस हिलक्विट से लिया है, जिस पर हम आगे बाते करेंगे।

'दी सिविल वॉर इन फ्रांस: एड्रेस ऑफ दी जनरल काउंसिल ऑफ दी इंटरनेशनल वर्किंग क्लास मैंस एसोसिएशन', मात्र 35 पृष्ठोंवाली इस लघु पुस्तिका का पहली बार प्रकाशन जून, 1871 लंदन में हुआ था। इसके आगामी संस्करणों व अनुवादों में इसका जर्मन भाषा में अनुवाद करने वाले एंगेल्स ने इसमें और भी बहुत सी नई सामग्री जोड़ी। ''एंगेल्स ने पेरिस कम्यून के ऐतिहासिक महत्त्व तथा 'दी सिविल वॉर इन फ्रांस' में मार्क्स द्वारा किए गए इसके सैद्धांतिक सामान्यीकरण पर जोर दिया।'' निश्चित ही मार्क्सवादी सोचवालों के लिए पेरिस कम्यून ऐतिहासिक रूप से सैद्धांतिक महत्त्व रखता था। इस पुस्तक में से नोटबुक में कोई उद्धरण नहीं था।

अप्टॉन सिनक्लेयर का 'स्पाई' पहली बार 1922 में ग्रेट ब्रिटेन में प्रकाशित हुआ, लेकिन अमेरिका में इसका प्रकाशन *'100% : दी स्टोरी ऑफ अ पैट्रियॉट'* शीर्षक से हुआ। सिनक्लेयर के बारे में बर्नार्ड शॉ कहते हैं, ''वे सिनक्लेयर का सम्मान उपन्यासकार नहीं, बल्कि इतिहासकार के रूप में करते हैं। रिकॉर्ड व तथ्य अपने आप में इतिहास नहीं होते। वे इतिहास तभी बनते हैं, जब कोई कलाकार- कवि-दार्शनिक उस वास्तविक घटना के दुर्बोध कोलाहल से कोई तथ्य निकालकर उसे अपनी कहानी में ढाल लेता है।'' 'स्पाई' में उन्होंने कर्मचारी संगठन व उनके पूँजीपति मालिकों के बीच के तनावों को बढ़ाने के लिए कुछ असंबंधित घटनाओं को एक सूत्र में पिरो दिया है। भगत सिंह ने अपनी नोटबुक में 'स्पाई' से कोई उद्धरण नहीं लिया है।

भगत सिंह द्वारा मँगवाई गई अंतिम पुस्तकों में से एक है, निकोलाई बुखारिन लिखित *'हिस्टॉरिकल मैटीरियलिज्म : अ सिस्टम ऑफ सोशियोलॉजी'*। वर्ष 1925 में इसके तीसरे रूसी संस्करण का अंग्रेजी में अनुवाद किया गया, जिसे इंटरनेशनल पब्लिशर्स, न्यूयॉर्क ने प्रकाशित किया। बुखारिन हमेशा एक मार्क्सवादी विचारक व अर्थशास्त्री तथा कॉमिंटर्न का प्रमुख रहा। *'हिस्टॉरिकल मैटीरियलिज्म'* मार्क्सवादी समाजशास्त्र की एक लोकप्रिय पाठ्य पुस्तिका रही है, लेकिन एंटोनियो ग्राम्शी, जॉर्ज लुकास और लेनिन ने इसकी आलोचना की। उनके अनुसार बुखारिन की भौतिकवाद की यह कार्यप्रणाली उनके द्वारा बताई गई द्वंद्वात्मकता से अधिक, पूँजीपतियों के नैसर्गिक विज्ञान के निकट थी। बुखारिन का तर्क था, ''प्राकृतिक व सामाजिक विज्ञान की कार्य पद्धति व भविष्यकथन प्रणाली में भिन्नता होने के बावजूद वैज्ञानिक घटना के आधार पर सामाजिक क्रांति की भविष्यवाणी करना संभव है।'' लेनिन ने कहा कि समाज विज्ञान संबंधी श्रेणी का उपयोगकर बुखारिन एक कदम पीछे चले गए हैं। *'हिस्टॉरिकल मैटीरियलिज्म'* से भी कोई उद्धरण नहीं था।

भगत सिंह ने 1925 में प्रकाशित की गई मैल्कम डार्लिंग द्वारा लिखित 'दी पंजाब पीजेंट इन प्रॉस्पेरिटी ऐंड डेब्ट' की भी माँग की थी, जिसकी उस समय नजरबंद साम्यवादी नेता डॉ. आलम को जरूरत थी। लेकिन इस पुस्तक से भी नोटबुक में कोई उद्धरण नहीं लिया गया।

कुल मिलाकर भगत सिंह द्वारा जयदेव से माँगी गई पुस्तकों में से एक को छोड़कर किसी से उद्धरण नहीं लिया गया, लेकिन नोटबुक में मिला उद्धरण भी किसी अन्य स्रोत से लिया गया है।

पृष्ठ संख्या 183-190 के बीच के कुछ नोट्स व फ्रांसिसी क्रांति से जुड़े कुछ उद्धरण स्वयं भगत सिंह द्वारा लिखे गए हैं। इनमें कोई हवाला नहीं दिया गया है। बस केवल पृष्ठ 188 के एक उद्धरण पर छोटे अक्षरों में संक्षेप में कुछ लिखा है। शुरू करने के लिए बहुत सी पुस्तकें थी इनमें एडमंड बर्क की *'रिफ्लेक्शंस ऑन दी रिवॉल्यूशन इन फ्रांस'*, थॉमस

कार्लाइल की दो खंडोंवाली प्रसिद्ध पुस्तक *'दी फ्रेंच रिवॉल्यूशनः अ हिस्टरी'* तथा 1919 में नोस्टा वेबस्टर का शोध *'दी फ्रेंच रिवॉल्यूशन- अ स्टडी इन डेमोक्रेसी'* और 1789-1793 के बीच प्रकाशित हुई पीटर क्रोपोटकिन की *'दी ग्रेट फ्रेंच रिवॉल्यूशन'* प्रमुख थीं। इसके अलावा पढ़ने को और भी बहुत कुछ था, लेकिन मैं इन्हीं चार पर अपना ध्यान केंद्रित करना चाहता था। शुरुआत करने के लिए कोई संदर्भ नहीं था, इसलिए सभी पुस्तकों को आदि से अंत तक पढ़ने के अलावा और कोई चारा नहीं था। कार्लाइल से आरंभ करके क्रोपोटकिन पर अंत कर दिया, इन पुस्तकों से नोटबुक का कोई लिंक नहीं था। मैंने उन्हें ज्यों का त्यों छोड़ दिया। फिर कभी शुरू करने के लिए।

थॉमस पेन की *'राइट्स ऑफ मैन'* आज भी लोकप्रिय है और किसी भी अच्छे बुक स्टोर पर आसानी से मिल जाएगी। मेरे पास इसकी अलग-अलग समय पर खरीदी गई दो प्रतियाँ थीं, लेकिन मेरी समस्या संस्करण की थी। *'राइट्स ऑफ मैन'* दो खंडों की पुस्तक है, जो एक वर्ष के अंतराल पर प्रकाशित हुई थी। इसके पहले भाग के बहुत सारे संस्करण निकल चुके हैं, जिनमें भिन्न टाइप-सेट व ले-आउट में विभिन्न प्रस्तावना व परिशिष्ट हैं।

नोटबुक के पृष्ठ 14, 15, 16 पर विशिष्ट फोलियो नंबर लिखे हैं। इसलिए सही संस्करण बहुत आवश्यक था। बहुत से समकालीन संस्करण देखने के पश्चात् मैंने एवरीमैंस के लाइब्रेरी संस्करण पर काम आरंभ कर दिया, जिसकी प्रस्तावना जॉर्ज जैकब होलियोक ने लिखी थी।

पृष्ठ संख्या 14, 15, 16 पर दिए गए उद्धरणों को खोजने के लिए *'राइट्स ऑफ मैन'* को पढ़ते समय मुझे याद आया कि थॉमस पेन ने इस पुस्तक को एडमंड बर्क की 'रिफ्लेक्शंस ऑन दी रिवॉल्यूशन इन फ्रांस' के प्रतिउत्तर में आलोचना व फ्रांस की क्रांति के अध्ययन के तौर पर लिखा था। मैंने इतने चाव से पढ़ी जानेवाली पुस्तक *'राइट्स ऑफ मैन'* को फ्रांस की क्रांति से जुड़े उद्धरणों को खोजने में शामिल नहीं किया था। वास्तव में यह उद्धरण नहीं, बल्कि नोट्स, अंश या टीका है। यह टुकड़ों को जोड़ने जैसा था, लेकिन एक बार मिल जाने के बाद मैं नोटबुक की पृष्ठ संख्या 189 पर जा पहुँचा। इसका विषय, प्रसंग व शैली देखकर ये उद्धरण *'राइट्स ऑफ मैन'* के ही लगते थे, लेकिन वे इसमें नहीं थे। मैंने बहुत कोशिश की, लेकिन कोई लाभ नहीं हुआ।

इसके पेन के साहित्य में होने को लेकर सुनिश्चित होने के कारण मैं इसे उनकी अन्य पुस्तकों *'कॉमन सेंस'* और *'दी ऐज ऑफ रीजन'* में खोजने लगा। मेरे अनुसार निश्चित ही भगत सिंह की इन पुस्तकों में रुचि रही होगी, लेकिन यहाँ भी असफलता ही हाथ लगी। अब प्रश्न यह था कि इसे किसी दूसरी पुस्तक से लिया गया है या इसका संस्करण अलग है। अब मैं पेन की *'राइट्स ऑफ मैन'* शीर्षकवाली ऐसी पुस्तकों को खोजने लगा, जिनमें अतिरिक्त लेख भी मौजूद हों। एक बार फिर ऐसे बहुत से संकलित कार्य मिल गए, जिनमें पृष्ठ संख्या 189 का स्रोत पाठ मिल गया, लेकिन इस उद्धरण को खोजना कठिन बना रहा। पेन के इस उद्धरण का स्रोत खोजने के लिए मुझे बहुत सी पुस्तकें पढ़नी पड़ीं, लेकिन मुझे पूरा विश्वास था कि ऐसा कोई संस्करण अवश्य होगा, जिसमें ये दोनों पाठ मिल जाएँगे और जल्द ही वे मिल भी गए।

गलती मेरी ही थी, मैं स्वयं अपने बनाए नियमों का तत्परतापूर्वक पालन नहीं कर रहा था। कुछ फोलियो की पुनः जाँच करने के लिए मैंने फिर *'राइट्स ऑफ मैन'* उठाई और बिना तुलना का तनाव लिये उद्धरणों को खोजने हेतु होलियोक की लिखी प्रस्तावना पढ़ने लगा। पिछली बार पढ़ते समय छूटी सामग्री को खोजने की आस लिये मैं अपना ध्यान केंद्रितकर धीरे-धीरे पृष्ठ पलटने लगा। तभी मुझे वह मिल गई। प्रस्तावना के पृष्ठ-xi पर होलियोक ने पेन के कार्यों से ठीक वही उद्धरण दिया था। *'अ लैटर अड्रेस्ड टू दी अड्रेसर्स ऑन दी लेट प्रोक्लेमेशन'*। यह मिल जाना अच्छा लगा, लेकिन इससे अधिक खोज के दौरान सूक्ष्मता न रखना मेरी चिंता व खेद का कारण था। इससे मैं अत्यधिक श्रम करने से बच सकता था,

हालाँकि इसमें एक अच्छी बात यह रही कि मुझे बतौर बोनस *'कॉमन सेंस'* और *'दी ऐज ऑफ रीजंस'* जैसी कुछ अन्य पुस्तकें पुन: पढ़ने का अवसर भी मिल सका।

मेरा संघर्ष जारी था। मैं ऐसे मुकाम पर था, जहाँ मुझे दो रहस्यों को सुलझाना था, जो देखने में आसान लग रहे थे। नोटबुक के पृष्ठ 105-111 और 165-176 पर न्यायशास्त्र व राजनीतिक सिद्धांतों संबंधी नोट्स मौजूद थे। अन्य पुस्तकों के मुकाबले इन पुस्तकों को अधिक तात्त्विक स्थान दिया गया है। दोनों खंडों में उद्धृत उद्धरण मुख्यत: राज्य, राजनीति, सरकार, विधि, स्वतंत्रता, न्याय व सजा के इतिहास, उत्पत्ति व विकास के अलावा कुछ अन्य क्षेत्रों तक विस्तारित थे। उद्धरणों को देखकर प्रतीत होता था कि निश्चित ही इन्हें स्नातक छात्रों के लिए निर्मित पाठ्य पुस्तकों से लिया गया है। इन दोनों खंडों का लक्ष्य छात्रों को विभिन्न विचारकों व उनकी पद्धतियों व संकल्पनाओं से परिचित करवाना था। इनमें आवश्यकता को देखते हुए विभिन्न स्रोतों से ली गईं उक्तियाँ व उद्धरण बहुतायत में थे। इनमें से कुछ का उद्देश्य स्पष्टीकरण व विचारकों तथा उनके सिद्धांतों को दरशाने के अलावा लेखक के तर्क को आधार देना भी है।

अब तक मैंने केवल वे ही पुस्तकें देखी थीं, जो जब तक संभव हो, अपने पास घर में या पुस्तकालय में रखने के योग्य थीं, लेकिन पाठ्य पुस्तकें ऐसी नहीं होतीं। इन्हें केवल परीक्षा होने तक ही अपने पास रखा जाता है। यह बात लोगों व पुस्तकालयों, लगभग दोनों पर ही खरी उतरती है। इसके अलावा यहाँ भगत सिंह से भी कोई मदद नहीं मिलती, क्योंकि उन्होंने इन उद्धरणों के स्रोतों के संबंध में कोई सूचना नहीं दी है। वस्तुत: यह आसान काम नहीं था। मेरे दिमाग में कुछ पुस्तकों के नाम थे, लेकिन उनके अलावा और भी बहुत सी पुस्तकें थीं।

नोटबुक के पृष्ठ 17 पर अप्टॉन सिनक्लेयर की *'क्राई फॉर जस्टिस'* से उद्धरण था। नोटबुक के पृष्ठ 18 व 28 पर संक्षिप्त रूप से सी.जे लिखा था, जिसे मैंने *'क्राई फॉर जस्टिस'* समझ लिया। *'क्राई फॉर जस्टिस'* लंबे समय से मेरी इच्छा-सूची में शामिल थी। मैं सौभाग्यशाली रहा कि मुझे इसकी पुरानी, लेकिन बहुत अच्छी अवस्थावाली प्रति मिल गई।

पुस्तक का मुख्य पृष्ठ इसे *'एन एंथोलॉजी ऑफ दी लिट्रेचर ऑफ सोशल प्रोटेस्ट'* बताता है। सिनक्लेयर के अनुसार, इसमें सामाजिक अन्याय के खिलाफ संघर्ष हेतु आवाज उठानेवाले दार्शनिकों, कवियों, उपन्यासकारों, समाज सुधारकों व अन्य व्यक्तियों के लेख शामिल हैं। इसमें पच्चीस भाषाओं व लगभग पाँच हजार वर्ष का लेखन शामिल है। इसका प्राक्कथन जैक लंदन ने लिखा है।

सिनक्लेयर ने भूमिका में आशा जताई, ''संभव है कि यह पुस्तक दूसरों को भी वैसी ही लगेगी, जैसी मुझे लगती है। मैंने इसके साथ अपने जीवन के सबसे आनंदपूर्ण वर्ष बिताए हैं। आनंदपूर्ण इसलिए, क्योंकि इस दौरान मैं महान् व सच्चे लोगों के सान्निध्य में रहा। यदि इस पुस्तक की सामग्री आप पाठकों के लिए भी वैसी ही रही, जैसी मेरे लिए है तो आपको यह सार्थक लगेगी, मानने योग्य लगेगी, इससे प्रेम हो जाएगा, कदाचित रोने या अधिकांशत: प्रार्थना करने का मन करेगा, उदासी व तृष्णा का एहसास होगा और सबसे बढ़कर संकल्पशक्ति में वृद्धि होगी।'' सिनक्लेयर को आशा थी कि इसे अपने दैनिक जीवन का हिस्सा बनाकर पाठक इसके प्रति अति आसक्त हो जाएँगे। सिनक्लेयर का यह खोखला दावा नहीं था। *'क्राई फॉर जस्टिस'* का दायरा इतना विशाल व लुभावना था कि भगत सिंह ने इसे 'आराम से व बिना कोई भी अंश छोड़े' पढ़ डाला।

उपरोक्त तीनों उद्धरणों के साथ फोलियो दिए जाने से इन्हें खोजना कठिन नहीं था। नोटबुक में इन पृष्ठों के बीच बहुत सारे ऐसे उद्धरण भी थे, जिनमें केवल लेखक का नाम और फोलियो ही उल्लेखित था। मैंने वैसे ही 'सी.जे' में खोजा

तो पाया कि वे सभी फोलियो उसी में से थे। इससे इस पुस्तक की खोज व नोटबुक के साथ इसका मिलान करने के बहुत शानदार परिणाम हासिल हुए। कुछ चूक जाने के भय से मैंने यह कार्य तीन बार किया। मेरे लिए सिनक्लेयर का वादा सच साबित हुआ। यह सचमुच बहुत अच्छा अनुभव था। 'सी.जे.' के पृष्ठों पर वर्णित साहित्यिक नगीने व विरोध के स्वर नोटबुक के 22 पृष्ठों पर जहाँ-तहाँ बिखरे हुए थे। यह नोटबुक में किसी भी पुस्तक को प्राप्त सबसे अधिक पृष्ठ संख्या थी। इससे नोटबुक के पाठकों को रॉबर्ट जी. इंगरसोल, मार्क ट्वेन, जॉन स्टुअर्ट मिल, मैक्सिम गोर्की, वॉल्ट व्हिटमैन, हैनरिक इब्सेन, एम्मा गोल्डमैन, थॉमस पीटरसन, विलियम वर्ड्सवर्थ तथा अन्य उत्कृष्ट लेखकों को जानने का अवसर मिलता है।

मार्क्सवाद को अक्तूबर 1917 को मिली सफलता इसे भारतीय भूमि तक ले आई। उस समय भारत विश्वयुद्ध के दुष्परिणाम से संघर्ष करते हुए अपने शाही शासकों की बढ़ती यंत्रणाएँ व अलगाव झेल रहा था। इसलिए 'राजनीतिक कार्यक्रम' के रूप में प्रचारित हो गया। इस जागरण काल में किसी नए 'सांसारिक दृष्टिकोण' व 'सांस्कृतिक परिवर्तन' की कोई बात नहीं थी। भारतीय लोकाचार व सामाजिक वास्तविकताओं से जुड़ने की क्षमता के चलते यह बौद्धिकता की जगह राजनीतिक सक्रियता को आकर्षित करने लगा। किसानों व श्रमिकों को आकर्षित करने के अलावा बहुत से युवाओं को मार्क्सवाद द्वारा ही जनता का उद्धार होता दिखाई देता था।

निजी तौर पर भगत सिंह व उनके संगठन ने समाजवाद को अपना लिया था। उनका अधिकांश लेखन उनकी इस प्रतिबद्धता को उजागर करता है। उनकी यह नोटबुक भी इसी तथ्य का उदाहरण है। मार्क्स, एंगेल्स, लेनिन, त्रोत्स्की व अन्य मार्क्सवादी-लेनिनवादी व सोशलिस्ट विद्वानों ने अपनी उपस्थिति बखूबी दर्ज करवाई। हालाँकि रणनीति व कार्य-नीति के चलते मुख्य जोर लेनिन व त्रोत्स्की पर रहा। मैंने इन सभी उद्धरणों को क्रमानुसार लिखा और इन सभी को मोटे तौर पर उनके स्रोत पाठ से जोड़ दिया। हालाँकि नोटबुक की पृष्ठ संख्या 40- 41-42, 193 पर दिए गए मार्क्स के उद्धरण तथा पृष्ठ संख्या 46, 60, 64, 72, 120, 121 और 122 पर दिए गए लेनिन के उद्धरण के स्रोतों का कोई संकेत नहीं था, साथ ही इनके लेखकों का नाम भी नहीं था। कुछ मामलों में फोलियो नंबर थे, लेकिन लेखक और स्रोत नहीं लिखा था।

फिर भी थोड़े ही समय में अधिकांश उद्धरण पूरी तरह अपने मुख्य स्रोत के साथ जुड़ गए, लेकिन अब भी कुछ के रचनाकार अज्ञात थे।

पहले मार्क्स को देखते हैं—

1. नोटबुक पृष्ठ संख्या 40-41-42:
   —*'इंट्रोडक्शन टू कॉन्ट्रिब्यूशन टू दी क्रिटिक ऑफ हेगेल्स फिलॉसफी ऑफ राइट्स'*
2. नोटबुक पृष्ठ संख्या 65, 69:
   —*'कम्युनिस्ट मैनिफेस्टो'*
3. नोटबुक पृष्ठ संख्या 101:
   (i) *'दी कैपिटल'*
   (ii) *'दी ट्रायल ऑफ रेह्निश डिस्ट्रिक्ट कमेटी ऑफ डेमोक्रेसी'*
4. नोटबुक पृष्ठ संख्या 193:
   'रिवॉल्यूशन ऐंड काउंटर रिवॉल्यूशन इन जर्मनी'
5. पृष्ठ 190 व 191 के दो 'एक पंक्ति' के उद्धरण भी मार्क्स के प्रतीत होते हैं।
   (i) *'क्रिटिक ऑफ दी गोथा प्रोग्राम'*

(ii) *'दी थीसिस ऑन फ्यूअरबाख'*

लेनिन का योगदान अधिक है:

1. नोटबुक पृष्ठ संख्या 46, 61, 63, 64:
   'दी प्रोलिटेरियन रिवॉल्यूशन'
2. नोटबुक पृष्ठ संख्या 50:
   'कोलैप्स ऑफ II इंटरनेशनल'
3. नोटबुक पृष्ठ संख्या 60:
   'इंपीरियलिज्म: दी हाईएस्ट स्टेज ऑफ कैपिटलिज्म'
4. नोटबुक पृष्ठ संख्या 72:
   —त्रोत्स्की के *'लैसन ऑफ अक्तूबर'* में प्राप्त
5. नोटबुक पृष्ठ संख्या 120, 121, 122, विविध 15/1:
   —रिपोर्ट ऑफ सेवेंथ कांग्रेस ऑफ दी आर.सी.पी (बी) तथा कुछ अज्ञात हिस्सा

मूल स्रोत की कमोबेश जानकारी के बाद अब अगला कदम सही संस्करण को खोजना था। यह कार्य इतना दुष्कर व निराशाजनक था कि जिसका विवरण देना इस आलेख की सीमा से बाहर है। इसलिए मैं केवल परिणाम पर बात करूँगा।

मार्क्स के उद्धरणों के लिए भगत सिंह ने उनके मूल कार्यों का उपयोग नहीं किया। हालाँकि *'कम्युनिस्ट मैनिफेस्टो'* की मूल प्रति के उपयोग करने या न करने को लेकर मैं दुविधा में था। पृष्ठ 40, 41 और उसके बाद पृष्ठ 42 पर वर्णित मार्क्स के धर्म से जुड़े विख्यात उद्धरण जो *'इंट्रोडक्शन टू दी कॉन्ट्रिब्यूशन ऑफ दी क्रिटिक ऑफ हेगल्स फिलॉसफी ऑफ राइट्स'* पुस्तक से हैं, ओटो रुहले की *'कार्ल मार्क्स: हिज लाइफ ऐंड वर्क'* लिये गए थे। *'कम्युनिस्ट मैनिफेस्टो'* के लिए मैंने सैमुअल मूर द्वारा 1888 में किए गए अनुवाद का उपयोग किया। उन्होंने इसे 1848 के जर्मन संस्करण से अनूदित किया था और इस अंग्रेजी संस्करण की प्रस्तावना फेडरिक एंगेल्स ने लिखी थी। इसके अलावा सैमुअल मूर ने कैपिटल का भी प्रमुख हिस्सा अनूदित किया था।

'दी कैपिटल' से लिया गया इकलौता उद्धरण सिमखोविच की पुस्तक *'मार्क्सिज्म वर्सेस सोशलिज्म'* से उनके द्वारा दिए गए मार्क्स के हवाले से लिया था। इसी तरह नोटबुक के उसी पृष्ठ पर उद्धृत मार्क्स का अगला उद्धरण इसी पुस्तक के *'दी ट्रायल ऑफ रेह्निश डिस्ट्रिक्ट कमेटी ऑफ डेमोक्रेसी'* से लिया गया है।

नोटबुक के पृष्ठ 193 पर मार्क्स का राजद्रोह संबंधी उद्धरण 'रिवॉल्यूशन ऐंड काउंटर रिवॉल्यूशन इन जर्मनी' में से था। मैंने इसका मिलान उनकी बेटी ऐलेनॉर मार्क्स एवलिंग द्वारा संपादित 1896 के संस्करण से किया, लेकिन यह बिल्कुल अलग था। यह उद्धरण किसी अन्य स्रोत से लिया गया था, जिसे मैं आज तक नहीं खोज पाया हूँ।

उपरोक्त के अतिरिक्त पृष्ठ संख्या 190 व 191 पर दो-एक पंक्तिवाले उद्धरण मार्क्स की *क्रिटिक ऑफ दी गोथा प्रोग्राम'* और *'दी थीसिस ऑन फ्यूअरबाख'* से थे। मुझे पहले उद्धरण का स्रोत नहीं मिल सका, लेकिन दूसरा उद्धरण रेने फुलॉप-मिलर की *'दी माइंड ऐंड फेस ऑफ बोल्शेविज्म'* में है।

इस तरह संभवत: कम्युनिस्ट मैनिफेस्टो के अतिरिक्त मार्क्स का कोई भी उद्धरण उनके मूल स्रोत से नहीं लिया गया है। इसके अलावा अधिकांश मामलों में अनुवाद भी किसी अन्य लेखक द्वारा किया गया है। लेनिन के उद्धरणों के संबंध में भी कमोबेश यही सत्य है।

1918 में लिखी गई 'दी प्रोलिटेरियन रिवॉल्यूशन ऐंड रेनेगाडे कौत्स्की' नामक विवादास्पद पुस्तक को लेनिन ने कार्ल काउत्सकी द्वारा बोल्शेविकों पर किए बौद्धिक हमले के जवाब में लिखा था। ग्रेट ब्रिटेन की कम्युनिस्ट पार्टी ने तुरंत

ही इसका अंग्रेजी अनुवाद प्रकाशित कर दिया। इसका पुनः प्रकाशन मार्क्सियन एजुकेशनल सोसाइटी, डेट्रॉइट ने किया था। इसकी प्रस्तावना लिखते समय प्रकाशक ने इसके प्रकाशन का उद्देश्य 'ज्ञान ही शक्ति है' बताया, जिससे कोई कर्मचारी वंचित नहीं रहना चाहेगा। मेरे विचार से भगत सिंह ने अपनी नोटबुक के लिए लेनिन के केवल इसी मूल कार्य से उद्धरण लिया था। अन्य सभी उद्धरण अतिरिक्त स्रोतों से लिये गए हैं। सबसे अद्‌भुत बात कि इस पुस्तक के उद्धरण भी केवल इसी पुस्तक से नहीं लिये गए हैं।

नोटबुक के पृष्ठ 46 पर दिया गया, लेनिन का पहला उद्धरण *'प्रोलिटेरियन रिवॉल्यूशन'* में है, लेकिन इसे मॉरिस हिलक्विट की *'फ्रॉम मार्क्स टू लेनिन'* से लिया गया है। इसके अब तक बहुत से अनुवाद आ चुके हैं, लेकिन हिलक्विट ने निश्चित ही मूल रूसी संस्करण का उपयोग किया होगा। तत्पश्चात् पृष्ठ 63, 64 पर भी लेनिन के उद्धरण हैं। मजे की बात यह है कि पृष्ठ 60 पर उद्‌धृत लेनिन का उद्धरण उनकी पुस्तक *'इंपीरियलिज्म दी हाईएस्ट स्टेज ऑफ कैपिटलिज्म'* में उनकी अपनी लिखी प्रस्तावना में से है। पृष्ठ 72 पर दिया गया लेनिन का उद्धरण त्रोत्स्की की *'लेसंस ऑफ अक्तूबर'* में से उद्‌धृत किया गया है।

नोटबुक के पृष्ठ 120, 121, 122 व विविध के पृष्ठ 15 पर उद्‌धृत लेनिन के उद्धरणों का संबंध 6-8 मार्च, 1910 की *दी रिपोर्ट ऑफ एक्स्ट्रा ऑर्डिनरी सेवेंथ कांग्रेस ऑफ दी आर.सी.पी.(बी)* से था, लेकिन उद्धरण व रिपोर्ट के पाठ का मिलान नहीं हुआ, अर्थात इसे किसी अन्य अनुवादक द्वारा किए गए किसी दूसरे अनुवाद से लिया गया था। मुझे अभी तक यह लेख नहीं मिल सका था।

मार्क्स, एंगेल्स, लेनिन और त्रोत्स्की के मूल कार्यों में केवल चार पुस्तकों को ही पूरे विश्वास सहित भगत सिंह द्वारा उपयोग में लाया जाना कहा जा सकता है। एंगेल्स की *'दी ओरिजिन ऑफ दी फैमिली'*, लेनिन की *प्रोलिटेरियन रिवॉल्यूशन'*, त्रोत्स्की की 'लैसन ऑफ अक्तूबर 1917' और *'वेयर इज ब्रिटेन गोइंग'*, मार्क्स व एंगेल्स की *'कम्युनिस्ट मैनिफेस्टो'* तथा एंगेल्स की *'सोशलिज्म यूटोपियन ऐंड साइंटिफिक'* उसमें शामिल हो भी सकती हैं और नहीं भी। मार्क्स-लेनिन की वह चार पुस्तकें, जिनमें से मार्क्स-लेनिन के अधिकांश उद्धरण लिये गए हैं, उनका विवरण प्रस्तुत है—

1. रेने फुलॉप-मिलर अपनी पुस्तक 'माइंड ऐंड फेस ऑफ बोल्शेविज्म' की भूमिका में लिखते हैं, ''बोल्शेविकों ने दावा किया कि वे मानवीय प्रयासों के कल्पनातीत सभी लक्ष्य व उन सभी चीजों को, जिनके लिए विचारक कड़ी मेहनत करते हैं और जिनकी प्राप्ति के लिए शहीद अपना जीवन त्याग करते हैं अर्थात् मनुष्य जाति की ऋणमुक्ति व खुशी को तुरंत व बिना देरी किए पूरे कर सकते हैं। इनके सिद्धांत भविष्य के नए व बेहतर संसार की अस्पष्ट आशाओं पर नहीं, बल्कि बेहतर संसार की तुरंत व वास्तविक प्राप्ति का प्रत्यक्ष ज्ञान देते हैं।'' लेखक के अनुसार यह बहुत बड़ा दावा था, जिसपर ईमानदारी से विचार करने की आवश्यकता थी। बोल्शेववाद की ऐसी ही मानसिक व सांस्कृतिक आलोचना प्रस्तुत करना चाहते थे, इसलिए वे काफी लंबे समय तक मॉस्को में ही रहे। उन्होंने बढ़िया काम किया जैसा बर्ट्रेंड रसेल कहते हैं, ''उन्होंने बोल्शेववाद को केवल राजनीतिक या आर्थिक दृष्टिकोण से ही नहीं, बल्कि नई जीवन पद्धति या नए धर्म के व्यापक अर्थों में देखा।'' रसेल आगे कहते हैं, ''फुलॉप-मिलर पश्चिमी ढंग के सोशलिस्ट थे। इसलिए सोवियत प्रोजेक्ट से असहमत न होते हुए भी उन्होंने बोल्शेववाद को 'स्थानापन्न धर्म' का रूप देते हुए मार्क्सवाद का विलोम बना दिया।''

भगत सिंह ने फुलॉप-मिलर की पुस्तक का हवाला नहीं दिया है, लेकिन नोटबुक के पृष्ठ 191-192 पर उद्‌धृत उद्धरण इसी पुस्तक में से हैं, लेकिन पृष्ठ 191 पर मार्क्स का उद्धरण और पृष्ठ 192 पर बुखारिन का उद्धरण इस पुस्तक से नहीं है। भगत सिंह के व मेरे संस्करण के फोलियो नंबर अलग थे, इसलिए ये दोनों अलग संस्करण थे। मेरे पास इसका लंदन का संस्करण था, जिसमें जी.पी.पुटनान ऐंड संस, यू.एस.ए द्वारा 1927 में प्रकाशित संस्करण का संदर्भ था, जो मुझे

नहीं मिल सका। मेरे पास इसके बाद 1965 में यू.एस.ए में हार्पर ऐंड रो पब्लिशर्स, न्यूयॉर्क द्वारा प्रकाशित संस्करण था। इसका पाठ व फोलियो समान था, लेकिन परिशिष्ट अलग था। यह 1927 का पुन: प्रकाशित संस्करण था। यह संस्करण लंदन संस्करण के जैसा था। नोटबुक में पृष्ठ 192 पर सटीक फोलियो नंबर होने से निश्चित ही भगत सिंह का संस्करण अलग होगा या इसका कोई और स्रोत होगा, जो मुझे नहीं मिल सका।

2. सिमखोविच की पुस्तक 'मार्क्सिज्म वर्सेस सोशलिज्म' मार्क्स-एंगेल्स के उस कथन की आलोचना है, जहाँ उन्होंने सोशलिस्ट आंदोलनों की अनिवार्यता का कारण उन परिस्थितियों को बताया है, जिनका जनक पूँजीवाद और शक्ति व उत्पादन के संसाधनों का कुछ हाथों तक सीमित हो जाना कहा गया है। उन्होंने लिखा, ''मार्क्स की यह धारणा गलत थी कि उद्योगों के केंद्रीकरण व प्रबंधन के संकेंद्रण का परिणाम मध्यवर्ग के लुप्त होने और अंत में सारी पूँजी केवल कुछ लोगों के हाथों में सीमित होने के रूप में सामने आएगा।'' सिमखोविच कहते हैं, ''मार्क्सवादी सिद्धांतों ने दुनियाभर में समाजवाद को विकसित करने में जिस तरह सहायता दी है, इससे पहले कोई सिद्धांत नहीं कर पाया। यह एक ऐसी बेड़ी, जाल व गड्ढा है, जिससे बच निकलने का कोई तरीका नहीं है।''

भगत सिंह ने सिमखोविच का उद्धरण लेने की जगह उनके अभिकथन व सामग्री का एक पृष्ठ का नोट तैयार किया था, हालाँकि उन्होंने पृष्ठ 101 पर मार्क्स के दो उद्धरण दिए हैं तथा इसी पृष्ठ पर कैंपानेला की सांकेतिक कविता प्रस्तुत की है। ऐसा प्रतीत होता है कि इस 298 पृष्ठों की पुस्तक की भूमिका और पहले तीन अध्याय ही पढ़े थे।

3. जर्मन मार्क्सवादी ओटो रुहले, इंटरनेशनल पत्रिका के संस्थापक तथा कार्ल लिबखनेस्त, रोजा लक्जमबर्ग, फ्रांज मेहरिंग व अन्यों के साथ 'स्पार्टासिस्ट लीग' के सदस्य भी थे। लेनिनवाद पर उनकी विरोधाभासी स्थिति थी, जिसके चलते उनकी बोल्शेववाद से अदावत जारी थी। उन्होंने पश्चिम में बोल्शेववाद व फासीवाद में 'पूँजीवादी राज्य' व 'राज्य केंद्रित पूँजीवाद' की समान अवधारणा को देखते हुए उन दोनों ही की आलोचना की। उन्होंने कहा कि वैचारिक विचलन से अलग हटकर देखने पर सभी सामाजिक-आर्थिक प्रणालियाँ वास्तव में एक जैसी ही हैं। वे लेनिनवादी पार्टियों के साम्यवाद, पूँजीवादी लोकतंत्र और फासीवाद के हमेशा खिलाफ रहे।

ओटो रुहले ने 1928 में *'कार्ल मार्क्स: हिज लाइफ ऐंड वर्क्स'* लिखी थी। 1929 में इसका अंग्रेजी अनुवाद प्रकाशित हुआ। इससे पहले लिबखनेस्त ने मार्क्स की जीवनी (1901 में अनूदित) और एंगेल्स व लेनिन द्वारा लिखा उनका जीवन चरित्र प्रकाशित हो चुका था। रुहले ने उनके जीवन, कार्यों व उपलब्धियों को बतानेवाली अब तक की सबसे विस्तृत जीवनी लिखी थी। जो तत्कालीन विभिन्न वामपंथी विचारधाराओं के टकराव के वर्णन के कारण विवादास्पद भी रही। मार्क्स के बारे में ओटो रुहले कहते हैं, ''इन हालातों में भी उन्होंने अपने व बाद के समय के लिए भी ऐतिहासिक रूप से उमदा कार्य किया है। यही कारण है कि उन्होंने जिस श्रेणी के लोगों को अपने वर्तमान व भविष्य के जीवन के प्रति सचेत बनाने में मद्द दी थी। वे आज भी उनका एक महान् प्रतिभाशाली व्यक्ति के रूप में आदर करते हैं।'' भगत सिंह ने नोटबुक की पृष्ठ संख्या 40, 41, 42 पर उद्धृत मार्क्स के सभी उद्धरण इसी पुस्तक से लिये हैं। मुझे रुहले के बारे में कोई जानकारी नहीं थी, इसलिए उनका मिलना कठिन था। मार्क्स, एंगेल्स व लेनिन की जीवनी खोजते समय यह अनायास ही मेरे हाथ लग गई थी।

4. *'मार्क्स टू लेनिन'* एक छोटी सी 150 से कुछ ही अधिक पृष्ठोंवाली सैद्धांतिक पुस्तक है। इसके लेखक मॉरिस हिलक्विट, अमेरिका की सोशलिस्ट पार्टी के संस्थापक व प्रमुख थे। प्रस्तावना की शुरुआती पंक्तियों में हिलक्विट लिखते हैं, ''इस पुस्तिका का उद्देश्य वर्तमान समय के सोशलिस्ट आंदोलन की प्रमुख समस्याओं को स्पष्ट करना है।'' और यह

ऐसा करने में सफल भी रही। *'मार्क्स टू लेनिन'* को पढ़ने पर नोटबुक के पृष्ठ 46, 50 व 57 के बहुत से उद्धरण स्पष्ट हो गए। हिलक्विट के अपने शब्दों के इलावा लेनिन, काउत्सकी व बुखारिन के सभी उद्धरण इसी पुस्तक से लिये गए हैं। सैद्धांतिक पुस्तिका होने के नाते यह मार्क्सवादी व लेनिनवादी उद्धरणों व लेखक के सूत्रों से भरी पड़ी है। यह उन पुस्तकों में से है, जिनके भगत सिंह ने लेखकों के नाम, शीर्षक व फोलियो सभी बताए हैं। इसलिए काम केवल इस पुस्तक को खोजना मुश्किल था। यह उन पुस्तकों में से है, जिसे भगत सिंह ने पूर्णतया पढ़ा था। इस पुस्तक के अलावा नोटबुक में उपयोग हुई अन्य पुस्तकों में वे अपने साथियों को आगे की कारवाई की जानकारी देने हेतु रणनीति व युक्तियों की खोज करते थे। उनके अपने साथियों को दिए गए संदेश में 'दी प्लेटफॉर्म रीजोल्यूशन ऑफ दी कम्युनिस्ट इंटरनेशनल' से उद्धृत निम्नलिखित उद्धरण की ध्वनि सुनाई पड़ती है।

> *''एक ऐसा राष्ट्र, जहाँ पूँजीपति या क्रांति-विरोधी सामाजिक लोकतंत्र सत्ता में हो, वहाँ कम्युनिस्ट पार्टी को अपने वैध व अवैध कार्यों में सामंजस्य बनाए रखना सीखना होगा और यह वैध कार्य हमेशा अवैध पार्टी के प्रभावशाली नियंत्रण में रहने चाहिए।''*

भगत सिंह द्वारा पूरी तरह से पढ़ी गई पुस्तकों की सूची में वीर सावरकर लिखित हिंदू पद पदशाही भी थी। उन्होंने संभवत: इसे बार-बार पढ़ा होगा, क्योंकि सुखदेव की गिरफ्तारी के पश्चात् उनके गुप्त ठिकानों पर हुई छापामारी के दौरान जब्त हुई पुस्तकों में यह भी शामिल थी। सावरकर की एक और विख्यात पुस्तक 'दी हिस्टरी ऑफ दी वॉर ऑफ इंडियन इंडिपेंडेंस' वह पहली पुस्तक थी, जिसमें '1857 के विद्रोह' का हवाला दिया गया था। ब्रिटिश सरकार ने इसे 'पहले स्वतंत्रता संग्राम' की जगह 'सिपाही विद्रोह' का नाम दिया। पूरे ब्रिटिश शासनकाल में इस पुस्तक पर प्रतिबंध लगा रहा। छापे के दौरान इस पुस्तक की प्रतियाँ भी जब्त की गईं। जब सावरकर 'इंडिया हाउस' में रह रहे थे, उसी दौरान उनके उत्सुक अनुयायी व मित्र मदन लाल ढींगरा ने 1909 में सर कर्जन वाइली की हत्या कर दी थी। सावरकर ने ढींगरा को हीरो व शहीद की उपमा दी थी।

गदरकर्ताओं ने *इंडियन वॉर ऑफ इंडिपेंडेंस* का भारत में बड़े स्तर पर विद्रोह भड़काने के लिए उपयोग किया। उन्होंने इसका अनुवाद किया व 'गदर' नाम से धारावाहिक के रूप में प्रकाशित करते हुए इसे अपना मुखपत्र बनाया। 1920 से 1930 के दशक में क्रांतिकारियों के लिए सान्याल के 'बंदी जीवन' के अलावा यह भी बहुपठित रही। सावरकर को गिरफ्तार कर आजीवन कैद में सेलुलर जेल भेज दिया गया, लेकिन बाद में उन्हें सशर्त रिहाई देते हुए बाकी की सजा पूरी करने के लिए रत्नागिरी भेज दिया गया। वहाँ उन्होंने अपने वैचारिक ग्रंथों—'हिंदुत्व: हू इज अ हिंदू' तथा 'हिंदू पद पदशाही' की रचना की। उन्होंने अपना शेष जीवन इस नए मिशन के लिए काम करते गुजारा। हिंदुत्व के प्रति अपने झुकाव के बावजूद वे आजीवन अनीश्वरवादी व कट्टर राष्ट्रवादी रहे।

'हिंदू पद पदशाही' एक ऐतिहासिक कार्य है, जिसमें सावरकर ने महाराष्ट्र के पहले हिंदू साम्राज्य के रूप में मराठा साम्राज्य की उत्पत्ति की रूपरेखा प्रस्तुत की। 1925 में पहली बार प्रकाशित होने के बाद इसको कई बार पुन: प्रकाशित किया गया। 1971 में इसका चौथा संस्करण प्रकाशित हुआ, जिसमें इसके द्वितीय संस्करण से ली गई प्रकाशक की प्रस्तावना भी छापी गई। इसमें लिखा था, ''यह पुस्तक पहली बार मराठा इतिहास और उसके महान महत्त्व को राष्ट्रस्तरीय हिंदू दृष्टिकोण से विशिष्ट रूप में उभारती है।'' पुस्तक लिखी जाते समय लाला लाजपत राय ने टिप्पणी की थी, ''इसे कौशल से और अग्नि व प्रेम बरसाती जिह्वा से लिखा गया है।'' भूमिका लिखते समय सावरकर ने अपने मराठा इतिहास लेखन को विशुद्ध हिंदू

दृष्टिकोण से न्यायोचित ठहराते हुए पुस्तक में किसी भी मुसलमान हमवतन के लिए कोई दुर्भावना नहीं रखी है, ''अतीत के विद्वेष व झगड़ों पर वर्तमान में लड़ाई करना हास्यास्पद होने के साथ ही आत्मघाती भी है।''

पुस्तक के पहले भाग में उस युग की घटनाएँ व विवरण दिए गए हैं। दूसरे हिस्से में सावरकर की टिप्पणियाँ दी गईं हैं और इन्हीं टिप्पणियों में से भगत सिंह ने उद्धरण चुने हैं। उन्होंने यहाँ इतिहास नहीं, बल्कि उन युक्तियों को जगह दी है, जिनके बल पर मराठाओं ने उत्साह व विजय प्राप्त की थी। यह सावरकर द्वारा प्रसारित बलिदान, शहादत, उद्देश्य व सफलता का एक नवीन रिश्ता था।

1. *''बलिदान तभी पूजनीय है, जब सफलता के लिए प्रत्यक्ष या अप्रत्यक्ष, लेकिन तार्किक रूप से इसकी अनिवार्यता सिद्ध होती हो। जो बलिदान अंत में सफलता की ओर अग्रसर नहीं करता, वह आत्महत्या है और इसकी मराठा युद्धनीति में कोई जगह नहीं थी।''*
2. *''अप्रतिरोधी शहादत, जो करने में विफल रहती है; न्याय परायण व प्रतिरोधी शक्ति उसे कर डालती है तथा अत्याचारी को और अधिक हानि करने योग्य नहीं रहने देतीं।''*
3. *''धर्मांतरित होने की बजाय मार डाले जाओ''... (उस समय हिंदुओं के बीच यही पुकार प्रचलित थी), लेकिन रामदास उठ खड़े हुए और कहा, 'नहीं, ऐसे नहीं: धर्मांतरित होने से बेहतर है कि मार डाले जाओ' काफी है, लेकिन इससे भी अच्छा यह प्रयास करना है कि न तो मारे जाओ और न ही धर्मांतरित हो, बल्कि स्वयं हिंसक शक्तियों को मार डालो। यदि मृत्यु अनिवार्य हो, मारे जाओ, लेकिन जीत हासिल करने के लिए मारते हुए मरो, धर्म के लिए जीत हासिल करो।''*
4. *''हमारे युग की सबसे निराशाजनक बात यह है कि हमें बिना इतिहास बनाए इसे लिखना पड़ रहा है, बिना साहसिक क्षमता और अवसरों के उन वीरतापूर्ण गीतों को गाना पड़ रहा है, जिन्हें हम जीवन में कभी वास्तविक नहीं बना सके।''*

जब इन पंक्तियों में गहरे उतरकर इस अवतरण के गूढ़ विवरण की दीवानगी रच-बस जाती होगी तो निश्चित ही यह उन्हें ऊर्जान्वित कर देता होगा। भगत सिंह ने सावरकर की पुस्तक के दूसरे भाग की शुरुआत में दी गई थॉमस मूर की कविता 'गो वेयर ग्लोरी वेट्स दी' से कुछ छंद लिए हैं। संयोग से सावरकर ने भी संभवतः वही छंद किसी अन्य स्रोत से लिया है, हालाँकि उनके द्वारा 1925 से उपयोग किए गए इस पाठ में बहुत सी त्रुटियाँ है, जो आगामी संस्करणों में भी बिना सुधार किए जारी रहीं। सावरकर ने लिखा था :

''गो, फ्रीडम, हूज स्माइल्स वी शैल नेवर रीजाइन,
गो, टैल दी इनवेडर्स, दी डेंस,
'टिस स्वीटर टू ब्लीड फॉर एन ऐज ऐट दाय श्राइन
दैन टू स्लीप बट अ मिनट इन चेंस।''

भगत सिंह ने सावरकर को ज्यों का त्यों उद्धृत कर दिया, जबकि सही पाठ है :

'नो, फ्रीडम! हूज स्माइल वी शैल नेवर रीजाइन,
'गो, टैल अवर इनवेडर्स, दी डेंस,
'दैट्स स्वीटर टू ब्लीड फॉर एन ऐज ऐट दाय श्राइन,
दैन टू स्लीप बट अ मिनट इन चेंस!'

बर्ट्रेंड आर्थर रसेल को 1950 में साहित्य के लिए नोबल पुरस्कार मिला था। वे ब्रिटिश दार्शनिक, तर्कशास्त्री, गणितज्ञ व राजनीतिक कार्यकर्ता थे। वे अज्ञेयवादी व चर्चित स्तर तक नास्तिक थे। वे धर्म संबंधी अपने विचारों को अकसर प्रकट करते रहते थे। उनके निबंध *'हैज रिलीजन मेड यूजफुल कॉन्ट्रिब्यूशन टू सिविलाइजेशन'* में धर्म की कटु आलोचना की गई है। उन्हें अपने अज्ञेयवादी दृष्टिकोण के लिए जीवन भर कष्ट उठाने पड़े। अपने निबंध में रसेल ने कहा, "धर्म मुख्य रूप से एक सामाजिक प्रतिभास है। ईसाई धर्म के लिए सामाजिक व ऐतिहासिक दृष्टि से यीशु नहीं, बल्कि चर्च अधिक महत्त्वपूर्ण है।" उनका मानना था, "बौद्धिक ही नहीं, बल्कि नैतिक दृष्टि से भी धर्म हानिकारक होता है।" इस बात से उनका अर्थ था कि धर्म द्वारा सिखाए गए नैतिक कोड मनुष्य के आनंद के अनुकूल नहीं होते। वे कहते थे, "महिलाओं की समाज में संतोषजनक स्थिति नहीं है। इस बात को सबसे महत्त्वपूर्ण माना जाता है कि वे कठोर नैतिक संहिताओं का उल्लंघन न करें।" उनका कहना था "ईसाई आचार संहिता से गहरे में जुड़ी पाप की संकल्पना ने भी असाधारण नुकसान पहुँचाया है।" उन्हें धर्म पर बौद्धिक व नैतिक; दो तरह की आपत्ति थी। "बौद्धिक आपत्ति यह कि किसी भी धर्म को सत्य मानने का कोई ठोस कारण नहीं होता; नैतिक आपत्ति का कारण यह है कि धार्मिक बोध उस काल में सबसे अधिक था, जिस समय मनुष्य आज की तुलना में कहीं अधिक क्रूर था, इस अनंत अमानवीयता ने तत्कालीन नैतिक विवेक को पीछे छोड़ दिया।" नोटबुक के पृष्ठ 12 पर भगत सिंह ने रसेल के इस निबंध के पहले परिच्छेद से उद्धरण लिया है। यह निबंध पहली बार वर्ष 1929 में प्रकाशित हुआ।

भगत सिंह ने रसेल की एक और प्रसिद्ध पुस्तक 'प्रपोज्ड रोड्स टू फ्रीडम: सोशलिज्म, एनार्किज्म ऐंड सिंडिकैलिज्म' का भी उपयोग किया है। यह पहली बार 1919 में प्रकाशित हुई थी। जैसा कि पुस्तक के शीर्षक से ज्ञात हो जाता है कि इसका समाजवाद, अराजकतावाद तथा श्रमिकसंघवाद की संभावनाओं तथा मनुष्य जाति को उसकी अनंत यंत्रणा से उद्धार करने की शक्ति का आकलन करने हेतु अध्ययन किया जाता है। भगत सिंह ने कष्टों के बीच भी अपने आदर्शों को नहीं छोड़ा: "समाजवाद, अराजकतावाद व श्रमिकसंघवाद का नेतृत्व करनेवालों को प्राय: जेल, नजरबंदी व गरीबी का अनुभव करना ही होता है, वे इसे स्वयं स्वीकार करते हैं, क्योंकि वे अपना प्रचार कार्य नहीं छोड़ सके। अपने इस आचरण द्वारा वे उस आशा का प्रदर्शन करते हैं, जो केवल उनके लिए नहीं, बल्कि संपूर्ण मनुष्य जाति के लिए प्रेरणादायक सिद्ध होती है।" नोटबुक के पृष्ठ 62 पर उद्धृत रसेल का उद्धरण इसी पुस्तक से है।

रसेल का पहला उद्धरण इसी निबंध के प्रथम परिच्छेद से है और दूसरा उद्धरण *'रोड्स टू फ्रीडम'* की प्रस्तावना से है। संक्षेप में यह बताना कठिन है कि भगत सिंह ने रसेल के उद्धरण उनकी अपनी पुस्तकों से लिये हैं या उन्होंने इन्हें किसी अन्य स्रोत से लिया है। हालाँकि दूसरा विकल्प अधिक व्यवहार्य है। उन्होंने चाहे इसे रसेल की पुस्तक से न भी लिया हो तो भी भगत सिंह के निबंध 'व्हाई आई एम एन एथिस्ट' में रसेल की ही वाणी गुंजायमान होती है। जहाँ निबंध के इस अभिकथन में भगत सिंह की शब्दावली सकारात्मक है, वहीं रसेल ने अपनी 1926 में प्रकाशित हुई पुस्तक 'व्हाई आई एम नॉट ए क्रिश्चियन' में नकारात्मक वाक्यांश गढ़े हैं। उपरोक्त संदर्भित निबंध 'हैज रिलीजन मेड यूजफुल कॉन्ट्रिब्यूशन टू सिविलाइजेशन' इसी पुस्तक का हिस्सा है।

उद्धरणों के दो बड़े समूह अभी भी बाकी थे। इनमें से एक विधिशास्त्र से तो दूसरा राजनीतिक विचारों से संबंधित था। अब तक बनाई गई पुस्तकों की सूची से कोई परिणाम नहीं निकल रहा था। मैंने जी.डब्ल्यू पैटन, फ्रेडरिक पोलोक बार, थॉमस हैलेंड, क्रिस जेम्स फोस्टर, नॉर्मन फेटेर, जॉन सालमंड, जोसेफ स्टोरी, जेम्स ब्राइस, जॉन ऑस्टिन, जेम्स ड्विट एंड्रयू और कुछ अन्य लोगों का लेखन कार्य देखा था। इन दोनों खंडों को पढ़ने के बाद यह बात स्पष्ट हो गई कि नोटबुक में एकत्रित

सभी उद्धरण इतिहास तथा कानून, न्याय व राज्य की उत्पत्ति व विकास से जुड़े अध्यायों में ही होंगे। ये लेखकों द्वारा इस विषय को दी गई महत्ता के आधार पर प्रत्येक पुस्तक में 3-4 अध्याय तक सीमित होंगे। इनमें अंतर का कारण मुख्यत: लेखक की व्याख्या, योजना व उद्देश्य था। ये सभी पुस्तकें कानून के सिद्धांतों से जुड़ी थीं। मैंने विस्तृत तुलना के लिए नोटबुक से कुछ उद्धरणों और उनके बाद दिए गए स्रोत संकेतों को चुना। ये सभी लगभग 500 पृष्ठों से भी अधिकवाली भारी-भरकम पुस्तकें थीं, लेकिन मैं केवल संबंधित अध्यायों तक ही सीमित रहा। फिर भी छपी हुई पुस्तक के सीमित हिस्से में निश्चित अवतरण खोजना भी अपने आप में बड़ा कार्य है। एक-एककर मेरे सभी विकल्प समाप्त होते गए। वरिष्ठ वकीलों या कानून के शिक्षकों से चर्चा करने से कुछ अन्य विकल्प मिल सकते थे, लेकिन 1930 के पहले की इन पुस्तकों को प्राप्त करना टेढ़ी खीर थी। मेरा मन जॉन सालमंड व जॉन ऑस्टिन के आसपास ही घूम रहा था। इन दोनों में से भी जॉन सालमंड प्राथमिकता पर थे। इसलिए अन्य लेखकों को खोजने की जगह इन्हीं दो लेखकों के विभिन्न संस्करणों से खोज आरंभ की गई। स्रोत संकेतों के चलते इसमें सालमंड पर अधिक ध्यान केंद्रित था। जल्द ही मैं जो देखना चाहता था, वह दिखाई देने लगा।

जॉन सालमंड एक वकील तथा शिक्षाविद् थे। वे न्यूजीलैंड में सॉलिसिटर जनरल व सुप्रीम कोर्ट के जज के पद पर कार्य करते थे। एक कानूनी विचारक के रूप में वे अंतरराष्ट्रीय स्तर पर जाने-माने व्यक्ति थे। वर्ष 1902 में उन्होंने एक मौलिक लेख, *'ज्यूरिस्प्रूडेंस: ऑर दी थ्योरी ऑफ लॉ'* पेश किया। इसने संसार भर में कानून के बहुत से विद्यार्थियों व न्यायविदों को प्रभावित किया और इस तरह यह स्कूल ऑफ लॉ के रूप में स्थापित हो गया। ज्यूरिस्प्रूडेंस में उनके इससे पहले 1893 में प्रकाशित हुआ कार्य *'फर्स्ट प्रिंसिपल्स ऑफ ज्यूरिस्प्रूडेंस'* भी शामिल था। इस पुस्तक की रचना का अपना उद्देश्य स्पष्ट करते हुए उन्होंने '*ज्यूरिस्प्रूडेंस*' के दूसरे संस्करण में लिखा कि, उन्होंने इसे अपनी कानूनी शिक्षा को वैज्ञानिक आधार देने की इच्छा रखनेवाले छात्रों के लिए लिखा है, लेकिन इस पुस्तक की विषयवस्तु केवल शिक्षा देने से कहीं आगे है। उनके द्वारा असीमित विकास करने से कानून विज्ञान ने गैर-आध्यात्मि रुख अख्तियार करते हुए कानून विज्ञान को कानून के सामान्य सिद्धांतों का व्युत्पन्न बना दिया था।

सालमंड के लिए कानून का प्रबंधन करना कानून के अधिकार क्षेत्र में आता है। उनका कहना था कि राज्य का प्रमुख कार्य 'स्थिति बनाए रखना' 'न्यायिक संस्थापना, 'अधिकार सुरक्षा', व 'गलत का प्रतिकार करना' है।

''संस्थागत गणतंत्र में कानून वह ज्ञान व न्याय है, जिसका काम उन लोगों को आधिकारिक दिशा प्रदान करना है, जिन्हें गणतंत्र ने अपने न्यायिक कार्यों का भार सौंपा है।'' जब किसी आधुनिक व सभ्य राज्य में न्यायालय के समक्ष कोई मुकदमा पेश किया जाता है तो उसमें निश्चित ही कानून के अनुसार न्याय किया जाता है, लेकिन यह मुख्यत: व अनिवार्यत: केवल कानून का पालन नहीं, बल्कि न्याय होना चाहिए··· न्याय ही परिणाम है, कानून केवल उस तक पहुँचने का साधन व माध्यम है और परिणाम तक पहुँचने के लिए इस साधन का संदर्भ रूप में परिभाषित होना अनिवार्य है।''

''इस तरह कानून न्याय है जो राज्य की आवाज में व्यक्ति से संवाद करता है।'' यह राज्य, कानून, न्याय व सजा का आपसी रिश्ता और इनके पीछे का दर्शन था जो भगत सिंह के विचार का विषय था।

जॉन विलियम सालमंड का 19 सितंबर, 1924 को निधन हो गया। तब तक '*ज्यूरिस्प्रूडेंस*' के सात संस्करण प्रकाशित हो चुके थे। इसका दूसरा संस्करण 1907 में; चौथा संस्करण 1913 में और सातवाँ संस्करण 1924 में ही आया। विद्वानों ने सभी संस्करणों के पाठ को लगभग स्वतंत्र पाठ के रूप में अपनाया, क्योंकि यदि सालमंड को कुछ अप्रासंगिक या उससे आगे की बात लिखनी होती तो वे प्राय: संस्करणों के पाठ में परिवर्तन करने की जगह सामग्री जोड़ देते या उस पूरे अध्याय को हटा देते थे। इससे मेरी कठिनाई और बढ़ गई।

मैंने दूसरा, चौथा और सातवाँ संस्करण प्राप्त किया। इनका उद्धरण के पाठ के साथ मिलान करने से चौथे व सातवें संस्करण से कुछ-कुछ मिलान हुआ, लेकिन इन्हें यहाँ से नहीं लिया गया था।

फिर 'जिन खोजा तिन पाइयाँ' की तर्ज पर यह मुझे मिल गया। इसे आठवें संस्करण से लिया गया था, जो सालमंड की मृत्यु के पश्चात् सी.ए.डब्ल्यू मैनिंग के संपादन में 1930 में प्रकाशित हुआ। इसमें सभी घटक मिल गए थे।

अंततः '*ज्यूरिस्प्रूडेंस*' को पूरा करना संतुष्टि का एहसास लेकर आया। मैं भाग्यवान रहा, लेकिन क्या यह सिर्फ भाग्य का ही कमाल था? आज जब मैं इसपर विचार करता हूँ तो मुझे बिना थके सूत्र का पीछा करने के दृढ संकल्प, परिरक्षण व अटलता का परिणाम लगता है। सालमंड के दो संस्करणों की तुलना करते समय मुझे इनमें किए गए परिवर्तन का एहसास तो था, लेकिन उनका ठीक-ठीक पता लगाने के लिए इन्हें पूरी तरह से पढ़ना आवश्यक था। अगला संस्करण देखने पर ये परिवर्तन और अधिक स्पष्ट हो गए थे। मेरे पास मौजूद सातवाँ अंतिम संस्करण नोटबुक के बहुत करीब होने के बावजूद इनमें कुछ अंतर था। मैं इसे वहीं छोड़कर आगे बढ़ सकता था, लेकिन मैंने ऐसा किया नहीं। मैंने जॉन सालमंड के बारे में जानकारी की तो पता चला कि उनकी 1924 में मृत्यु हो गई थी। इसलिए इससे आगे कोई संस्करण होने की उम्मीद धुँधली पड़ गई। मैंने फिर जाँच की। पता चला कि 1957 में इसका ग्यारहवाँ संस्करण ग्लैनविली विलियम्स के संपादन में प्रकाशित हुआ। अब निश्चित उद्देश्य होने से '*ज्यूरिस्प्रूडेंस*' के 1924 के बाद से लेकर 1930 के पहले तक के संपादित संस्करण खोजने थे। काम बस बनने ही वाला था।

नोटबुक में पृष्ठ 165-176 तक के उद्धरण राजनीतिक विचारोंवाली किसी पुस्तक से थे। इसकी विषयवस्तु उद्धरण से अधिक नोट्स के जैसी थी, लेकिन नोट्स भी पंक्तियों व उक्तियों को जोड़कर व चुनकर बनाए गए हैं, जो एक विशिष्ट शैली की नोटबुक बन गई है, जिसमें मूल लेखक की सामग्री का बहुत उत्तम चयन व प्रबंधन हुआ है।

ऐसे लोकप्रिय व एक समय पठनीय रहे लेखकों की सूची '*ज्यूरिस्प्रूडेंस*' से बहुत लंबी थी। मैंने थोड़े ही समय में इन्हें ज्यूरिस्प्रूडेंस की भाँति प्रतिबद्ध तरीके से पढ़ा। इनमें आर.जी. गेटेल स्टीफन लीकॉक, एस. एमॉस, सी.ई.एम. जॉड, जी.एच. सेबिन, जे.आर. सीले, आर.एन. गिलक्रिस्ट, जेम्स विल्फोर्ड गार्नर व कुछ अन्य शामिल थे। मैं अपने चयन के कारण नहीं, बल्कि अपने प्रयास व संसाधनों की कमी के चलते सीमित हुआ था। सैद्धांतिक रूप से यह कठिन नहीं था, क्योंकि उस समय भी राजनीति विज्ञान व्यापक स्तर पर पढ़ा जानेवाला विषय था और देश में मौजूद पुस्तकों को पहचानना मुश्किल नहीं था, लेकिन मेरे लिए ऐसा नहीं था। महान् विचारकों की कुछ लोकप्रिय उक्तियों के अतिरिक्त मुझे ऐसा कुछ नहीं मिला, जिसे मैं नोटबुक में से या संभावित मान सकूँ। अंततः मैंने इसे स्वयं से कुछ अधिक संसाधनयुक्त व्यक्ति के लिए छोड़ दिया।

नोटबुक के कुछ उद्धरण संसार के महान् विचारकों व साहित्य से लिये गए थे, हालाँकि इन रचनाकारों व उनकी उक्तियों के पाठ मिल गए थे, लेकिन भगत सिंह ने इन्हें जिन संभावित पुस्तकों से लिया था, उनकी पहचान नहीं हो पा रही थी। संभवतः उन्होंने इन उद्धरणों की मूल पुस्तकों का अध्ययन नहीं किया होगा।

1. नोटबुक के पृष्ठ 16 पर दिए गए एक उद्धरण को भगत सिंह ने *'गिव मी लिबर्टी ऑर डैथ'* शीर्षक दिया था। उन्होंने इसका श्रेय पैट्रिक हेनरी को दिया। हेनरी अमेरिकी अधिवक्ता, राजनीतिज्ञ व जाने-माने वक्ता थे। उन्होंने स्टैंप ऐक्ट, 1765 का विरोध किया था। सैम्युल एडम्स व थॉमन पेन के साथ ही हेनरी को भी स्वतंत्रता के लिए संघर्ष करनेवाले अमेरिकी क्रांति के सबसे प्रभावशाली राजनेता के रूप में सम्मान दिया जाता है। उन्हें 23 मार्च, 1775 को रिचमंड, वर्जीनिया के हाउस ऑफ बर्गीसेस में दिए गए भाषण में कहे, 'गिव मी लिबर्टी, ऑर गिव मी डेथ' के लिए याद किया जाता है।

''सर्वज्ञ ईश्वर, समझ लीजिए! मुझे नहीं पता कि बाकी लोग इस बारे में क्या सोचते हैं; लेकिन मुझे या तो स्वतंत्रता दें और या फिर मुझे मृत्यु दे दीजिए!''

इस भाषण के ये शब्द हेनरी के निधन के अठारह वर्ष बाद पहली बार *'स्कैचिज ऑफ लाइफ ऐंड कैरेक्टर ऑफ पैट्रिक हेनरी'* में प्रकाशित हुए। पैट्रिक हेनरी अमेरिका के सबसे सम्मानित व याद किए जानेवाले राजनेताओं में से हैं। उनके नाम पर कई स्कूलों, कॉलेजों, स्थानों, जिलों व नौकाओं के नाम रखे जाते हैं।

हेनरी के भाषण के इस हिस्से का उद्धरण कई बार दिया जाता है और ये हर कहीं दिखाई दे जाते हैं। भगत सिंह ने अपनी नोटबुक में इसे जहाँ से लिया था, उसे खोजा नहीं जा सका।

2. नोटबुक के पृष्ठ 25 पर उद्धृत 'फाइट फ्रॉर फ्रीडम' शीर्षक कविता को भगत सिंह ने वड्र्सवर्थ से लिया है। यह कविता वड्र्सवर्थ के अधिकांश संकलित व संपूर्ण साहित्य में उपलब्ध है। 1811 में लिखी यह कविता पहली बार 1815 में *'पोयम्स'* में प्रकाशित हुई। भगत सिंह ने यह कविता को कहाँ से ली थी, इसका अंदाजा नहीं लगाया जा सका। संपूर्ण साहित्य के किसी खंड या विशिष्ट कार्यों में से एक कविता को चुनना उनकी शैली नहीं थी।

3. इस कल्पना के सही होने पर इसे अन्य उद्धरणों में भी उपयोग किया जा सकता था। हमारे पास नोटबुक के पृष्ठ 38, 103 व 116 पर दिए गए रविंद्रनाथ टैगोर के साहित्य से जुड़े ऐसे ही 3 उद्धरण थे। इनमें से पहले में सिडनी वेब के *'डिके ऑफ कैपिटलिस्ट सिविलाइजेशन'* और तीसरे में केसेन्लिंग की *'बुक ऑफ मैरिज'* का हवाला था। लाला लाजपत राय ने इसे वहाँ से अपनी पुस्तक में लिया था और भगत सिंह ने इसे लालाजी की पुस्तक से लिया था। दूसरा उद्धरण बहुत गंभीर व व्यावहारिक था। यह गांधारी ने धृतराष्ट्र से कहा था, ''कष्ट के प्रति संवेदनहीन न्यायाधीश अपना न्यायाधीश होने का अधिकार खो देता है।'' यह *'दी मदर्स प्रेयर'* नाटक का संवाद है, जिसे कवि ने अपने संकलन *'फ्यूजिटिव'* में स्थान दिया था। (यह बहुत छोटा नाटक है, इसलिए संभव है कि यह और भी कई संकलनों का हिस्सा रहा हो) इसलिए इसे किसी खास पुस्तक से जोड़ा जाना संभव नहीं था।

4. जैसे लेखक के रूप में केवल रविंद्रनाथ टैगोर का ही नाम दिया गया है, उसी तरह नोटबुक के पृष्ठ 28 पर दो कविताओं के छंदों के साथ क्रमशः थॉमस कैंपबेल व आर्थर क्लॉग का नाम दिया गया है। थॉमस कैंपबैल स्कॉटिश कवि थे, जिन्होंने अन्य कार्यों के अलावा 'देशभक्तिपूर्ण युद्ध गीत' भी लिखे थे। वे 'न्यू मंथली मैगजीन' के संपादक रहे। वे वॉल्टर स्कॉट, हेनरी ब्रॉगम तथा फ्रांसिस जैफ्री आदि के समकालीन थे। उद्धरण में दिया गया छंद उनकी कविता *'मैन ऑफ इंग्लैंड'* के अंतिम परिच्छेद से है। यह उनके काव्य संकलन में प्रकाशित हुआ था, लेकिन भगत सिंह ने यह उद्धरण कहाँ से लिया था, यह ज्ञात नहीं हो सका।

5. आर्थर हग क्लॉग अंग्रेजी कवि थे, जिन्हें 19वीं शताब्दी के सबसे दूरंदेशी कवि होने का सम्मान हासिल है। वे प्रायः अपने समय के लोकप्रिय धर्मों व सामाजिक विचारों के विरुद्ध लिखते थे। उद्धृत छंद उनकी कविता *'पेश्चिरा'* से है, जो उनके संकलित साहित्य के खंड II 'पोयम्स ऐंड प्रोज रिमेंस' में शामिल है। इस कविता का एक अन्य छंद है—

यू सेड (ओ नॉट इन वेन यू सेड):
''हेस्ट, ब्रदर्स, हेस्ट, व्हाइल येट वी मे:
दी हावर्स एब फास्ट ऑफ दिस वन डे,
व्हाइल ब्लड मे येट बी नोबली शेड।''

क्लॉग के समकालीन व्यक्ति उन्हें 'अधचला सिक्का' मानते हैं, क्योंकि उनका पद्य साहित्य में से अधिकांश उनके जीवनकाल में कभी प्रकाशित नहीं हुआ। आर्थर क्लॉग के नाम की कोई पुस्तक नहीं मिली।

6. इसी तरह नोटबुक के पृष्ठ 104 पर उद्धृत एडमंड बर्क का उद्धरण उनकी पुस्तक, *'रिफ्लेक्शंस ऑन दी रिवॉल्यूशन इन फ्रांस'* में से था, लेकिन यह पुस्तक प्राप्त नहीं हो सकी।

7. फ्रांस के आत्मज्ञान में दिदरो विश्वकोश एक बड़ी उपलब्धि है। दिदरो के अनुसार इसका लक्ष्य 'विचार करने के सामान्य तरीके को बदलना' और 'विचार करने की विशिष्ट प्रणाली' विकसित करना था। 1751-1772 के बीच इसके 32 खंड प्रकाशित हो चुके थे। वे अपने समय से बहुत आगे थे। दिदरो का मानना था कि भावी पीढ़ी उनके प्रयासों के लिए उनकी आभारी रहेगी, ''किसी दार्शनिक के लिए भावी पीढ़ी वैसी ही होती है, जैसी किसी धार्मिक व्यक्ति के लिए 'दूसरी दुनिया' है।'' भगत सिंह ने दिदरो की इस उक्ति को सोशल कॉन्ट्रैक्ट के निकट ही लिखा है, लेकिन यह उसमें से नहीं है। मैं इससे संबंधित कोई पुस्तक नहीं खोज पाया।

दिदरो विश्वकोश फ्रेंच में लिखा गया था। गैर-फ्रेंचभाषी विद्वान इसमें से जरूरत भर के हिस्से को अनूदित कर लेते थे। हाल ही में इसे अंग्रेजी में अनूदित करनेवाली स्वैच्छिक परियोजना की शुरुआत हुई है।

8. टेनीसन सबसे अधिक उद्घृत किए जानेवाले अंग्रेजी कवियों में से एक हैं। 'दी चार्ज ऑफ दा लास्ट ब्रिगेड' की रचना 1854 में हुई थी। अखबार में छपा एक युद्ध समाचार और उसकी एक पंक्ति 'समवन हैड ब्लंडर्ड' विश्व की सबसे प्रसिद्ध युद्ध कविता का आधार बन गई। कविता ऐसे शुरू होती है—

''बढ़े चलो लाइट ब्रिगेड!'
क्या कोई जवान घबराया है?
जिनसे हैं, सब सैनिक अनजान
लेकिन एक व्यक्ति ने गलती कर दी;
उन्हें जवाब नहीं देना है,
उन्हें कारण नहीं लेना है,
उन्हें बस करना है या मरना है,
मौत की उस घाटी के भीतर,
छह सौ वीर घुड़सवार।

भगत सिंह ने नोटबुक में पूरी कविता उद्धृत की है, लेकिन इसका स्रोत नहीं मिल सका, लेकिन उन्होंने पूरी कविता क्यों दी है? इसका कारण सहानुभूति है या प्रशंसा। कविता में हुए बदलाव प्रत्यक्ष हैं। यह भगत सिंह ने किया या प्रतिलिपि बनाते हुए सहज ही हो गया यह, निश्चित नहीं है।

9. नोटबुक के पृष्ठ 111 (तीसरा उद्धरण) पर दो पंक्तियों का उद्धरण है। हालाँकि इसे 'ज्यूरिस्प्रूडेंस' के बीच रखा गया है, लेकिन यह इस पुस्तक में से नहीं है। इसे जेफ्री ड्रेग की 1885 में प्रकाशित पुस्तक *'दी क्रिमिनल कोड ऑफ दी जर्मन एम्पायर'* में से लिया गया है। उसी जगह उद्धृत एक और उद्धरण जज सीवॉल द्वारा 1692 में दिए गए जाइल्स कोरी के फैसले में से लिया गया है। यह भी भगत सिंह द्वारा उपयोग की गई 'ज्यूरिस्प्रूडेंस' पुस्तक में से नहीं है। न्यायशास्त्र से जुड़े नोट्स के बीच लिखे ये उद्धरण उन्होंने कहाँ से लिये थे, इसकी जानकारी नहीं हो सकी, लेकिन उन्हें नोट्स के बीच लिखना, उनकी सूक्ष्म दृष्टि का परिचायक है, बिल्कुल ऐसा जैसे किसी पेंडेंट का नग। ऐसे बहुत उद्धरणों को लिखने के लिए सही स्थान चुनने में उनकी कुशाग्रता, विषम मामलों को सँभालने की उनकी क्षमता को दरशाती है। जाइल्स कोरी के फैसले ने आपराधिक न्यायशास्त्र की निष्ठुरता व पाशविकता को उजागर कर दिया। खोजने पर पाठकों को ऐसे और भी कई उदाहरण मिल जाएँगे।

10. ''स्वतंत्रता के लिए संघर्षरत राष्ट्र अपनी सबसे बेहतरीन व शानदार अवस्था में होता है।'', नयनतारा सहगल ने

कहा और कविता में यह संवेदना देशभर की हर भाषा में अच्छी तरह व्यक्त हुई। यद्यपि इस कार्य में उर्दू शायरी श्रेष्ठ है। लोगों के सामूहिक मानस में ऐसे सैकड़ों लोकप्रिय शेर सन्निहित हैं, जो यूँ तो कभी प्रकाशित नहीं हुए और अगर हुए भी तो जल्द ही जब्त कर लिये गए। इनमें से अधिकांश के लेखक अज्ञात हैं। अन्य स्वतंत्रता सेनानियों की भाँति भगत सिंह व उनके साथी भी ऐसी कविताओं को पढ़ने और उन्हें संकलित करने में रुचि रखते थे। ऐसे ही कुछ शेयर नोटबुक में जगह पा गए हैं, जिनका रोमन लिप्यंतरण किया गया है। कुछ के साथ उनके शायरों के नाम भी उल्लेखित हैं।

इनका महत्त्व इससे भी दिखता है कि इन उर्दू शेरों को दो फुलस्केप शीटों पर छोटे-छोटे अक्षरों में लिखा गया है। इनमें से कुछ शेर गालिब व इकबाल जैसे प्रसिद्ध शायरों के हैं तो कुछ अज्ञात हैं। जगमोहन के अनुसार, स्वतंत्रता आंदोलन की खलबली में खोए उनकी खूबसूरत हस्तलिपि में लिखे ये शेर भगत सिंह ने अपने अंतिम दिन तक फाँसीघर में अपने पास ही रखे थे। इन शेरों व इनके अलावा नोटबुक के अन्य सभी शेरों के रोमन व देवनागरी में अनुलेखन का दुष्कर कार्य श्री टी.एन. राज ने किया है। ये दोनों पृष्ठ नोटबुक में परिशिष्ट के रूप में दिए गए हैं। जहाँ कहीं भी शायर का नाम मिल सका, श्री राज ने उसका उल्लेख किया है। सुधी पाठकों के लिए इसमें दिए शेरों से जुड़ी संपूर्ण गजलों को खोजना सार्थक सिद्ध होगा।

उद्धरणों का एक और ग्रुप है, जिनमें संदर्भ अर्थात लेखक का नाम नहीं दिया गया है। ऐसे ही कुछ उद्धरणों में नोटबुक के पृष्ठ 111 पर—

> ''मेरी शक्ति उत्पीड़ितों से उत्पन्न शक्ति है, मेरा साहस हताशा से उत्पन्न साहस है।''
>
> इसी तरह नोटबुक के पृष्ठ 111 पर एक पंक्ति में लिखा है—
>
> ''बहुत से दार्शनिकों के विचार से सजा एक आवश्यक बुराई है।''
>
> नोटबुक में विविध-6 पृष्ठ पर भी दो पंक्ति का एक ऐसा ही स्रोतरहित उद्धरण है—
>
> ''संसार की सभी वस्तुओं की तुलना की जाए तो वे सभी इच्छाओं में वृद्धि करती हैं, केवल आत्मज्ञान द्वारा ही शांति और आनंद की प्राप्ति संभव है।''

नोटबुक के पृष्ठ 124 पर ऐसे उद्धरणों में सबसे पेचीदा उद्धरण मौजूद है—

> ''आज जीवन का उद्देश्य मन को नियंत्रित करना नहीं, बल्कि इसे सामंजस्यपूर्वक विकसित करना है, मृत्यु के बाद मोक्ष पाना नहीं, बल्कि यहाँ इसी धरती पर इसका सबसे बेहतर ढंग से उपयोग करना है। सत्य, सौंदर्य व अच्छाई पर केवल चिंतन करना नहीं, बल्कि दैनिक जीवन में इन्हें वास्तव में अनुभव करना होगा; सामाजिक प्रगति केवल कुछ लोगों की उन्नति तक ही सीमित नहीं, बल्कि सभी लोगों को समृद्ध बनाना है। आध्यात्मिक स्वतंत्रता या विश्व बंधुत्व तभी हासिल किए जा सकते हैं, जब सामाजिक, राजनीतिक व औद्योगिक जीवन में उपलब्ध अवसरों में समानता हो।''

यह नोटबुक का लेखों, मीडिया, पुस्तकों व ऑनलाइन पटल पर सबसे अधिक उद्धृत किया जानेवाला उद्धरण है। इसे प्राप्त लोकप्रियता प्रशंसनीय है। इसका व्यापक स्वीकरण, अभिव्यक्ति की सहजता तथा उद्देश्य की स्पष्टता पाठक को सहज ही मंत्रमुग्धकर मोहपाश में बाँध लेती है। पाठकों को यह किसी मंत्र जैसा लगता है। मैं इन प्रेरणाप्रद पंक्तियों के रचनाकार से मिलना चाहता था, लेकिन शब्दों के संसार में वे कहीं खो गए हैं। भगत सिंह ने इस उद्धरण को नोटबुक में पूरा एक पृष्ठ देते हुए उसपर और कुछ नहीं लिखा है, लेकिन उन्होंने इसके रचनाकार का नाम नहीं दिया। मैंने इसके एक-एक शब्द को कई-कई बार पढ़ा। ये कुछ कहना चाहते हैं। ये किसी ऐसी उदार आत्मा के विचार हैं, जो मानव जीवन की बेहतरी में अटूट विश्वास रखती है। इसके बारे में मैं यही कह सकता हूँ।

□

2
नोटबुक के इतिहास का अध्ययन

"मैं अकसर कल्पना करता हूँ, हर व्यक्ति में ऐसा रहस्य छिपा होता है,
जिसे जान लेने पर, हम वह क्या करता व सोचता है, इसे समझ सकते हैं।"

—*डब्ल्यू. बी. यीट्स*

12 सितंबर, 1929 को सेंट्रल जेल, लाहौर के अज्ञात अधिकारी ने शहीद भगत सिंह को एक 'फाइल नोटबुक' दी। लाल आवरण वाली इस नोटबुक का निर्माण भारती भवन बुकसेलर्स ऐंड पब्लिशर्स, लाहौर ने किया था। जैसा कि शीर्षक से ज्ञात होता है कि यह फाइल व नोटबुक दोनों ही थी। उपरोक्त अज्ञात जेल अधिकारी द्वारा पहले पन्ने पर यह भी प्रमाणित किया गया था कि इस फाइल नोटबुक में 202 शीटें (404 पृष्ठ) थे, यह नोटबुक की तरह जिल्दबंद नहीं, बल्कि लंबे धागे से बँधी हुई थीं। इनमें 21 × 16 सेंटीमीटर आकार के बड़े सफेद सादा कागज थे, जिनमें प्रत्येक पृष्ठ के ऊपर दाएँ कोने पर काले रंग से पृष्ठ संख्या छपी थी। नोटबुक के अभीष्ट उपयोगकर्ता का नाम प्रथम पृष्ठ के शीर्ष पर लिखा था, लेकिन अभी इसके बारे में और भी बहुत कुछ जानना बाकी है।

13 सितंबर, 1929 को ठीक अगले दिन, सेंट्रल जेल व बोर्स्टल जेल, लाहौर में हवा, उम्मीद से कुछ अधिक नम हो गई थी। लंबी वार्त्ता व तकरार के बाद उनके पाँच साथियों ने अपनी भूख हड़ताल तोड़ दी थी, लेकिन यह तूफान से पहले की शांति थी। शरीर व आत्मा के बीच की लंबी लड़ाई के बाद एक बजकर पाँच मिनट पर जतिंद्रनाथ दास ने अपनी अंतिम साँस ली। ऐसे ही आशा व निराशा के दौर में भगत सिंह ने अपनी नोटबुक के पहले पृष्ठ पर लिखा, *"मेरी शक्ति उत्पीड़ितों से उत्पन्न शक्ति है, मेरा साहस हताशा से उत्पन्न साहस है।"* यह उत्पीड़ितों का ही साहस ही है, जो उन्हें स्वतंत्र करता है जिसे पाउलो फ्रेरे, 'उत्पीड़ितों का शिक्षणशास्त्र' में कहते हैं। यह उत्पीड़ितों की शक्ति ही नहीं, बल्कि चिह्न भी था, जिसके चलते भगत सिंह ने इस नोटबुक के 140 पृष्ठ लिख डाले।

अपने केस में अनुमान से पहले ही निर्णय आ जाने की आशंका के चलते 16 सितंबर, 1930 को भगत सिंह ने अपने छोटे भाई कुलबीर सिंह को पत्र लिखा कि कुछ ही दिनों में फैसला सुना दिया जाएगा तथा उन्होंने उनसे जेल से अपनी पुस्तकें, कागजात, बरतन व कपड़े आदि ले लेने को कहा, जिसे वे जेल के डिप्टी सुप्रिंटेंडेंट के पास जमा करवानेवाले थे, क्योंकि तब तक उनकी मुलाकात पर रोक लग गई थी। अतः इसे हम नोटबुक लिखने की अंतिम तारीख मान सकते हैं। 12 सितंबर, 1929 से 16 सितंबर, 1930 के बीच के एक वर्ष व चार दिन तक नोटबुक भगत सिंह के पास ही थी। भगत सिंह के भतीजे जगमोहन सिंह का दावा है कि 7 अक्तूबर, 1930 को उन्हें काल-कोठरी भेजने के बाद उनके बाकी सामान के साथ यह नोटबुक भी उनके परिवार को सौंप दी गई थी। इससे बीस दिन से कुछ अधिक का अंतराल बढ़ जाता है।

वहीं प्रो. के.सी. यादव का भगत सिंह के अपनी फाँसी से ठीक पहले यह नोटबुक अपने पिता को देने का दावा भी अपने आप में महत्त्वपूर्ण है। प्रो. यादव कहते हैं—

> *"भगत सिंह की फाँसी के पश्चात् उनके बाकी सामान के साथ यह नोटबुक भी उनके पिता सरदार किशन सिंह को सौंप दी गई। सरदार किशन सिंह के निधन के बाद यह नोटबुक (भगत सिंह के अन्य दस्तावेजों के साथ) उनके (सरदार किशन सिंह के) पुत्र श्री कुलबीर सिंह को प्राप्त हुई। हैरानी की बात है कि 1981 में रूसी विद्वान डॉ. एल.वी.मित्रोखिन द्वारा इस नोटबुक की मौजूदगी का खुलासा किए जाने तक आम जनता को इसकी मौजूदगी के महत्त्व का कोई ज्ञान नहीं था।"*

यदि ऐसा है, तो भगत सिंह के पास इस नोटबुक के रहने के समय को और आगे बढ़ाना होगा, लेकिन प्राप्त सुबूतों के विपरीत होने के कारण ऐसा होने की संभावना बहुत कम है। वहीं जगमोहनजी का दावा अधिक विश्वसनीय प्रतीत होता है।

नोटबुक के पृष्ठों पर केवल दो तिथियाँ हैं। पहली किसी अज्ञात व्यक्ति द्वारा इसकी शुरुआत की तारीख 12 सितंबर, 1929 और दूसरी पृष्ठ 65 व 67 पर, जहाँ 12 जुलाई, 1930 को बी.के. दत्त ने हस्ताक्षर किए थे। पृष्ठ 67 पर भगत सिंह ने इन हस्ताक्षरों को बी.के. दत्त के सेंट्रल जेल, लाहौर जाने से चार दिन पूर्व करवाने की पुष्टि की है। इसका यह अर्थ हुआ कि यद्यपि बी.के. दत्त के हस्ताक्षरों के नीचे 12 जुलाई, 1930 की तारीख पड़ी है, लेकिन भगत सिंह ने यह नोट 16 जुलाई की उस शाम को लिखा है, जब बी.के. दत्त वहाँ से जानेवाले थे। तत्पश्चात्, 17 जुलाई, 1930 को बी.के. दत्त की बहन प्रमिला को लिखे पत्र में उन्होंने गत दिवस दत्त के वहाँ से जाने का उल्लेख किया है। इन तारीखों के अलावा ऐसा कोई क्रम नहीं है, जिससे नोटबुक के किसी लेख या 'किसी भी हिस्से' के किसी समय विशेष पर लिखे जाने की पुष्टि हो सके, ना ही इसके किसी भी लेख को बाहर घट रही घटनाओं के आधार पर समय-सीमा में बाँधा जा सकता है। इस तरह कमल की भाँति, यह नोटबुक भगत सिंह के हाथों में देश के चारों कोनों में घट रही उथल-पुथल की घटनाओं से अछूती व पूरी तरह प्रतिरक्षित रही। इस तरह ये पृष्ठ कभी भी उस ऐतिहासिक रिकॉर्ड का हिस्सा नहीं बन सके, जिसे भगत सिंह ने अपने साथियों के साथ मिलकर अपने रक्त व जीवन से लिखा था।

लेकिन 16 सितंबर, 1930 या उसके कुछ समय बाद आखिरी बार उपयोग हुई यह नोटबुक इतने समय बाद कई युगों तक उभरते-डूबते अपने प्रशंसकों तक कैसे पहुँच गई, यह एक लंबी कहानी है, जिसमें बहुत से मोड़ व घुमाव आते हैं। रहस्यपूर्ण होने पर भी यह अधिक पेचीदा नहीं है।

ज्ञात विवरण के अनुसार रूसी विद्वान लियोनिड मित्रोखिन ने सबसे पहले इस नोटबुक की चर्चा अपनी 1981 में प्रकाशित पुस्तक, 'लेनिन इन इंडिया' में की थी। इसके अलावा 1968 में जी.एस. देओल की पुस्तक 'पीपल्स पाथ' में इसका उल्लेख मिलता है। प्रो. चमन लाल को नेहरू स्मृति संग्रहालय एवं पुस्तकालय में इसकी प्रतिकृति देखने का अवसर मिला था, वहीं श्री भूपेंद्र हूजा को इसकी प्रतिकृति गुरुकुल कांगड़ी विश्वविद्यालय, हरिद्वार के कुलपति श्री बलभद्र भारती से प्राप्त हुई, जिन्हें यह गुरुकुल इंद्रप्रस्थ, फरीदाबाद के अध्यक्ष व प्रबंधक स्वामी शक्ति वेश ने दी थी। श्री भूपेंद्र हूजा के मार्गदर्शक प्रयासों की बदौलत इस नोटबुक का लिप्यंतरण हुआ व 1994 में इसका पहला संस्करण प्रकाशित हुआ। तत्पश्चात् इन्हीं के लिप्यंतरण व टीका का आगामी विभिन्न संस्करणों व अनुवादों में लगभग शब्दश: उपयोग किया गया। 1930 से लेकर 1994 में नोटबुक के पहली बार प्रकाशित होने में चौंसठ वर्ष लग गए। चौंसठ वर्ष के इस लंबे समय में लगभग तीन पीढ़ियाँ गुजर गई होंगी, लेकिन इसके प्रकाशन में इतना लंबा समय क्यों लगा?

जैसा पहले बताया गया है कि भगत सिंह ने अपने छोटे भाई कुलबीर सिंह को अपनी पुस्तकें, दस्तावेज व अन्य निजी वस्तुएँ ले जाने को कहा था, जो वे डिप्टी जेल सुप्रिंटेंडेंट के पास छोड़नेवाले थे। यह 16 सितंबर, 1930 की बात है। जेल नोटबुक व अन्य सभी पुस्तकें, कागजात व सामान 16 सितंबर, 1930 से लेकर 7 अक्तूबर, 1930 के बीच या 23 मार्च, 1931 के पूर्व किसी समय सेंट्रल जेल, लाहौर से बाहर निकला होगा। इसके बाद यह परिवार में ही किसी-न-किसी के पास रहा। यह बात निर्विवाद है।

हैंगिंग ऑफ भगत सिंह पुस्तक शृंखला के लेखक व संपादक श्री मलविंदर जीत सिंह वड़ैच ने 12 अप्रैल, 2009

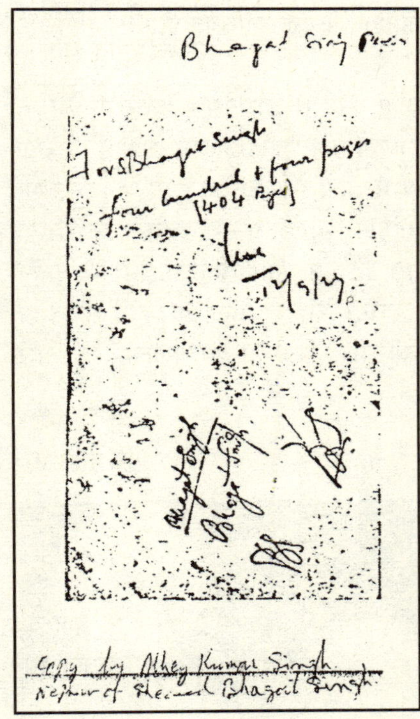

को नोटबुक से जुड़ी अन्य बातों पर चर्चा करने के लिए अभय सिंह संधू से मुलाकात की। अभय सिंह संधू, भगत सिंह के उन्हीं छोटे भाई कुलबीर सिंह के पुत्र हैं, जिन्हें उन्होंने सेंट्रल जेल, लाहौर से अपना सामान एकत्रित करने के लिए लिखा था। अभय सिंह बताते हैं, ''1930 में जेल प्रांगण से निकलने के बाद से नोटबुक हमारे परिवार के पास है। अन्य दस्तावेजों/लेखों के भरे बक्से में यह नोटबुक भी मेरे पिता कुलबीर सिंह व चाचा कुलतार सिंह के साथ सहारनपुर आ गई। बँटवारे के बाद वे खटकर कलाँ आ गए। चारों भाई कुछ समय तक महालों (पंजाब) में रुके। तत्पश्चात् उन्होंने उत्तर प्रदेश के सहारनपुर व बाजपुर में जमीन खरीद ली। मेरे पिता कुलबीर सिंह और चाचा कुलतार सिंह सहारनपुर में रहने लगे, जबकि मेरे बाकी दो चाचा रजिंदर सिंह व रणबीर सिंह बाजपुर में निवास करने लगे। जहाँ बाकी सब सहारनपुर में रह रहे थे, मेरी सबसे बड़ी चाची ने बाजपुर में ही रहने का फैसला किया। बाद में मेरे पिता पहले दिल्ली और फिर उसके बाद फरीदाबाद आ गए। मेरे पिता कुलबीर सिंह फिरोजपुर के विख्यात व्यक्तियों में से थे। उन्होंने वहाँ से लोकसभा का चुनाव लड़ा और एक सत्र के लिए जनसंघ की ओर से विधान सभा (1962-67) के सदस्य भी रहे।''

नोटबुक के बारे में बात करते हुए वे बताते हैं कि यह हमेशा से हमारे परिवार में ही रही है। केवल एक-दो बार यह किसी अन्य रिश्तेदार के यहाँ गई थी, जैसे कि लुधियाना में रहनेवाले जगमोहन सिंह के पास।

हाल ही में हुई बातचीत में अभय सिंह संधू ने मुझे बताया कि उन्हें अन्य पुस्तकों व दस्तावेजों के बारे में या उनमें क्या था, कोई जानकारी नहीं है। वे बस इतना जानते हैं कि उनके परिवार के पास इस नोटबुक समेत जो कुछ भी था, उनकी प्रतिलिपी उन्होंने 1980 में नेहरू स्मृति संग्रहालय एवं पुस्तकालय (एन.एम.एम.एल), दिल्ली को सौंप दी थी। एन.एम.एम.एल के रिकॉर्ड के मुताबिक उन्हें यह नोटबुक अप्रैल 1981 में प्राप्त हुई थी। एन.एम.एम.एल ने नोटबुक को सुरक्षित रखने के उद्देश्य से इसे माइक्रोफिल्म करवाया और इसे कटने-फटने से बचाने के लिए लेमिनेट करवा दिया। अभय सिंह ने नोटबुक की और भी प्रतिलिपियाँ होने की बात बताई। इनमें से एक प्रतिलिपि उसी वर्ष, भारतीय राष्ट्रीय अभिलेखागार को भी दी गई थी। उनके पिता सरदार कुलबीर सिंह का 1983 में निधन हो गया। एक वर्ष पहले 1982 में उन्होंने पाकिस्तान की यात्रा कर लाहौर में पंजाब अभिलेखागार में खोज की। वहाँ से वे अपने साथ कुछ और कागज ले आए। अगस्त, 1984 में अपने पिता की पहली पुण्यतिथि पर उन्होंने इस नोटबुक की एक प्रतिलिपि इंद्रप्रस्थ गुरुकुल के स्वामी इंद्रवेश को दी थी। यह प्रतिलिपि स्वयं अभय सिंह संधू ने उन्हें दी थी और इसके प्रथम पृष्ठ पर उनके हस्ताक्षर मौजूद हैं। [ऊपर अभय सिंह के दस्तखत काला नोटबुक का पन्ना देखें] यह वर्ष 1984 की बात है। आश्रम के अंदरूनी संघर्ष के चलते स्वामीजी की हत्या हो गई, तत्पश्चात् नोटबुक की यह प्रतिलिपि कुछ समय बाद जयपुर पहुँच गई। इसी बीच एक और महत्त्वपूर्ण घटना घटी। इसके बारे में अभय सिंह बताते हैं, ''लियोनिड मित्रोखिन, जो रूसी इंफॉर्मेशन सेंटर, 25 बाराखंभा रोड, कनॉट प्लेस, दिल्ली में काम करते थे, वे मेरे पिता से मिलने आए। वे मेरे तायाजी भगत सिंह के बारे में जानने को बहुत उत्सुक थे। मेरे पिता ने उन्हें अपने पास मौजूद सभी कागजात दिखाए। इनमें वह नोटबुक भी थी। मित्रोखिन ने नोटबुक में विशेष रुचि ली, हालाँकि मुझे अब ठीक से याद नहीं, लेकिन उन्होंने उसके बारे में एक सोवियत

प्रकाशन, जिसका नाम शायद सोवियत लैंड था, में लेख लिखा। इसी लेख में मित्रोखिन ने एक सोवियत पोत का भी जिक्र किया, जिसका नाम शहीद भगत सिंह के नाम पर रखा गया था।''

इस बात की पुष्टि श्री दर्शन सिंह ने भी की। वे श्री मित्रोखिन के मातहत काम करते थे और इस घटना से सुपरिचित थे। मुझसे चर्चा के दौरान उन्होंने बताया कि ओडिशा बंदरगाह के एक पुराने जहाज का नाम शहीदे आजम के नाम पर रखा गया था। उसका चित्र व लेख सोवियत लैंड के अलावा पंजाबी सहित 18 भारतीय भाषाओं में प्रकाशित हुआ था। इन सभी प्रकाशनों के प्रभारी स्वयं दर्शन सिंह ही थे। दर्शन सिंह ने ही 1981 में श्री मित्रोखिन लिखित पुस्तक लेकिन इन इंडिया का अलाइड पब्लिशर्स, दिल्ली से प्रकाशन सुलभ करवाया। उन्होंने और जानकारी देते हुए बताया कि डॉ. मित्रोखिन को कुलबीर सिंह के पास यह नोटबुक और अन्य दस्तावेजों होने का संकेत संभवत: देवेंदर सिंह से मिला था। इसी संकेत के बल पर वे फरीदाबाद पहुँच गए। दर्शन सिंह के मुताबिक इस दौरान उन्होंने कुलबीर सिंह से बहुत बार मुलाकात की और कुलबीर सिंह भी बहुत बार उनके ऑफिस आए थे।

प्रो. मलविंदर जीत सिंह वड़ैच, माता विद्यावती और प्रो. जगमोहन सिंह (1964)

भगत सिंह की बहन बीबी अमर कौर के पुत्र जगमोहन सिंह गुरु नानक इंजीनियरिंग कॉलेज, लुधियाना में पहले छात्र और फिर शिक्षक रहे हैं। वे उस दौरान वहाँ समाज विज्ञान पढ़ानेवाले मलविंदर जीत सिंह वड़ैच के प्रथम छात्रों में से थे। जगमोहन सिंह पढ़ने के बहुत शौकीन थे। उस समय भी उनके पास बहुत सारी पुस्तकें हुआ करती थीं। उनका अध्ययन व दिलचस्पी अपने महान् मामा जितनी ही गंभीर व गहरी थी। उनकी नानी बीबी विद्यावती (भगत सिंह की माताजी) सहारनपुर व बाजपुर में भरा-पूरा परिवार होने के बावजूद खटकर कलाँ (भगत सिंह का पैतृक गाँव) में ही रहती थीं। वे कभी-कभी लुधियाना भी आया करती थीं। जगमोहन की रुचियाँ भी मलविंदर जीत जैसी ही थीं। जल्दी ही दोनों ने साथ-मिलकर 'युवक केंद्र' की स्थापना की, जिसने अपना पहला संक्षिप्त जानकारी पत्रक (लीफलेट) 1 नवंबर, 1966 को प्रकाशित किया। 1 नवंबर, 1913 को इसी दिन अमेरिका में गदर अखबार की शुरुआत हुई थी। इस संक्षिप्त जानकारी पत्रक में माता विद्यावती की ओर से पंजाब के युवकों से अपील की गई थी। (अगले पन्ने पर तसवीर देखें)

उन दिनों पंजाब के विश्वविद्यालयों व कॉलेज कैंपस में उग्र वामपंथ का बोलबाला था। इन दोनों के साथ मलविंदर जीत के भतीजे राजेंद्र सिंह चीमा भी उनके साथियों में से थे, जो आगे चलकर पंजाब के एडवोकेट जनरल बने। उन्हीं दिनों मालीवंदर सिंह व जगमोहन सिंह ने स्वतंत्रता आंदोलन व गदर आंदोलन से जुड़े पत्रों व दस्तावेजों को एकत्रित करना आरंभ कर दिया था। उन्होंने क्रांति व गदर आंदोलनों के जीवित नायकों से मुलाकात की व उनके साथ फोटो खिंचवाई और इसके विवरणों को प्रकाशित करवाया और प्रदर्शनियाँ भी लगाईं। उन्होंने 1969 से 1973 के बीच 'कौमी लहर' नामक पत्रिका का भी प्रकाशन किया। उन दिनों भगत सिंह की नोटबुक व अन्य सभी कागजात जगमोहन सिंह के पास थे। उसी

SHAHEED BHAGAT SINGH'S MOTHER

Sends a

Message to Indian Youth

On Bhagat Singh's arrest a photograph of Shaheed (Martyr) Kartar Singh Sarabha was recovered from him. He always carried this photo in his pocket. Very often Bhagat Singh would show me that photograph and say, "Dear mother, this is my Hero, Friend and Companion." Shaheed Kartar Singh was one of the youngest martyres of 1914—15 Ghadar Movement.

While at home Bhagat Singh used to hum this Panjabi couplet.

Seva desh di jindriye bari aukhi,
galan karnian dher sukhalian ne.
Jinhan desh seva wich per paya,
unhan lakh musiban jhalian ne.

(*Hard is the path of patriotism, easy enough uttering of speeches. those who follow, the path of service to Motherland, have to bear countless torments.*)

Then he would tell that these were the favourite lines of Kartar Singh Sarabha.

Whenever Bhagat Singh came home he always had his pocket full of books. Often I would mildly pull him up for spoiling his pockets with these books. "What is all this ?" I used to ask him. He used to explain with a smile that the books were about martyres and patriots. Some of them were Indians and others hailed from Ireland, Italy and Russia.

My dear children ! You, too, should make a deep study of the life and experiences of the patriots. Only then you can find out the correct path of life according to the present circumstances.

My blessings "Become Patriots" —Vidya Wati

YOUTH CENTRE

C/o Smt. Vidyawati, Mother of Shaheed Bhagat Singh V.& P.O. Khatkar Kalan, Distt. Jullundur (Panjab

दौरान उन्होंने नोटबुक का लिप्यंतरणकर अपने हाथ से उसकी प्रतिकृति तैयार की। [सेंट्रल जेल से बाहर निकलने के बाद यह नोटबुक की पहली प्रतिकृति बनाई गई थी।] कुछ समय बाद इसकी जीरॉक्स भी की गई।

पत्रिका का प्रकाशन बंद होने के बाद भी जगमोहन ने पत्र व दस्तावेज एकत्रित करना जारी रखा। वे भगत सिंह के बहुत से जीवित साथियों के संपर्क में आए और इसके लिए उन्होंने दूर-दूर तक की यात्रा की, लेकिन उनकी यह दिलचस्पी व उत्साह सामग्री के प्रकाशन जैसे ठोस परिणाम में परिवर्तित नहीं हो सका, जबकि तब तक वे इनमें से बहुत से दस्तावेजों का पंजाबी में अनुवाद कर छोटी पुस्तिकाओं व पत्रिकाओं में क्रमांक के रूप में प्रकाशित करवाने में सफल रहे थे। इसी काल में उन्होंने शिव वर्मा की पुस्तक 'संस्मृतियाँ' का पंजाबी में अनुवाद किया। 23 मार्च, 1976 को जगमोहन ने अमरजीत चंदन के साथ मिलकर 68 पृष्ठ की छोटी पुस्तिका का प्रकाशन किया। इसे अमृतसर से पंजाबी में प्रकाशित हुई बलराज साहनी यादगारी घरेलू पुस्तकमाला के साथ प्रकाशित किया गया, जिसमें शहीदे आजम व उनके कुछ साथियों के पत्र व लेख प्रकाशित किए गए। इन्हें कमोबेश 1973 में बंद हो चुकी 'कौमी लहर' के विभिन्न अंकों से लिया गया था। इस खंड की अहस्ताक्षरित प्रस्तावना में संपादक ने इन दस्तावेजों-संकलनों के पहली बार किसी भी भारतीय भाषा में प्रकाशित होने का दावा किया था। अन्य संस्थानों को यह कार्य करने में चूकने पर उनकी निंदा करते हुए उन्होंने लिखा—

> *''इन दस्तावेजों का संपादन व प्रकाशन निजी प्रयास से हुआ है। यह उन क्रांतिकारी दलों व संस्थाओं के लिए बहुत शर्म की बात है, जो जनता के बीच इनका नाम लेकर कामयाब हुए हैं।''*

आगे वे लेनिन का हवाला देते हुए कहते हैं, ''उत्पीड़ित वर्ग को शांत करने के लिए अभिजात शासक शहीदों का नाम अपने फायदे में उपयोग करते हैं और उनके प्रभामंडल का उपयोगकर उन्हें बेजान स्थिति में छोड़ देते हैं।'' भगत सिंह की स्मृति के साथ भी यही हुआ। जगमोहन व मलविंदर जीत के साथ हुई बहुत सी चर्चा-परिचर्चा में यह उदात्त भावना सामने आई कि उनकी मुख्य रुचि शहीदे आजम व अन्य नायकों के संदेश व विचारों को पंजाबी युवाओं तक पहुँचाना था। अधिकांश ऐतिहासिक दस्तावेज अंग्रेजी में थे, वहीं कुछ हिंदी, पंजाबी व उर्दू में भी थे। इसलिए अब केवल इन सबको पंजाबी में अनूदित करना ही एक रास्ता था। इनका अनुवाद करना बहुत श्रमसाध्य व धीमा कार्य था। उन दिनों संसाधन भी सीमित ही हुआ करते थे। इसलिए उन्होंने स्वयं को छोटी पुस्तिकाएँ व बुकलेट प्रकाशन तक ही सीमित रखा।

कुछ वर्ष बाद जगमोहन भगत सिंह व उनके साथियों से जुड़ा पंजाबी भाषा में समुचित खंड निकालने में सक्षम हो गए। भगत सिंह के इतने पत्रों

To point out the mistakes of Karl Marx:—70

... And it certainly looks as if Trotsky belongs to what Germans called the school of "real politics" and was as innocent as Bismarck of any ideology at all. And it is therefore rather curious to note that even Trotsky is not revolutionary enough to say that Marx had made a mistake; but feels obliged to devote a ... to the task of exegesis that is proving that the sacred books meant something quite different from what they said.

(Preface to The Lessons of October 1917 by Trotsky
Preface by A. Susan Lawrence.)

Voice of The people:— The gods we know have all ruled in the main, by indifference of the people; they have always been gods of a minority of this or that faction of the country which is politically conscious. But when the giant wakes he will have his way, and all that matters in the world is whether he will wake in time.

Preface

जगमोहन नोट बुक लिखने वाले पहले व्यक्ति थे। यह उनके हाथ से कॉपी किए गए पृष्ठ का प्रतिकृति है। उन्होंने नोट बुक की शैली को बनाए रखने की कोशिश की

और दस्तावेजों का किसी भी भाषा में पहली बार संकलन किया गया था। यह अपनी पहले से छप रही बुकलेट से काफी बड़ा था। इस खंड का प्रकाशन सहयोगी प्रयासों से ही संभव हो सका। दस मित्रों ने सुखदर्शन नत के नेतृत्व में मिलकर धन एकत्रित करने व प्रकाशन का कार्य किया। इनका उद्देश्य इसे बेहद कम कीमतवाले संस्करण के रूप में प्रकाशित करना था, जिससे कि यह अधिक-से-अधिक लोगों तक पहुँच सके। उन्होंने 'पीपल बुक सेंटर', मोगा को केंद्र बनाया और 'रैडिकल पब्लिकेशन' के तहत 1984 में इसका पहला खंड तैयार कर लिया, जिसका मई, 1985 को लोकार्पण किया गया। पुस्तक के इस संस्करण की बेहद जानकारीपूर्ण प्रस्तावना में भगत सिंह के विचारों का आकलन किया गया था, लेकिन इसमें उस नोटबुक का कोई जिक्र नहीं था, जिस नोटबुक की सबसे पहली प्रतिलिपि जगमोहन के पास मौजूद थी। [पिछले पढ़ने पर फोटो देखें]

शहीदे आजम के कागजात में मौजूद जेल नोटबुक पर सबसे पहले जगमोहन का ध्यान गया, लेकिन उन्होंने इसे प्रकाश में लाने का अपनी ओर से कोई प्रयास नहीं किया, या जैसा कि मलविंदरजी ने मुझे स्पष्ट रूप से बताया था कि उन दिनों उन्हें वह नोटबुक अधिक महत्त्वपूर्ण नहीं लगी। उस दौरान उनका पूरा ध्यान शहीदे आजम के लेखों व उनके कार्यों पर ही केंद्रित था अन्यथा वे सहज ही इसे अपनी पुस्तिकाओं व पत्रिका में स्थान दे सकते थे। संभवत: नोटबुक को अपना सही कद्रदान नहीं मिला था या फिर अभी उसका समय नहीं आया था।

उस समय एक व्यक्ति और था, जिसके पास लिखने का कौशल और दस्तावेजों की कद्र होने के साथ ही नोटबुक के बारे में जानकारी और उस तक पहुँच हासिल थी। वे थीं, शहीदे आजम की भतीजी व उनके छोटे भाई कुलतार सिंह की पुत्री वीरेंद्र सिंधु (अरोड़ा)। वे शहीदे आजम के बारे में लिखनेवाली परिवार की सबसे पहली सदस्या थीं। उनकी लिखी जीवनी, *'युगदृष्टा भगत सिंह और उनके मृत्युंजय पुरखे'* निजी कागजातों व पारिवारिक स्मृति के आधार पर लिखा गया निर्णायक दस्तावेज था। उन्हें अपनी दादी, चाचाओं व चाचियों से बहुत सी कहानियाँ सुनने का अवसर मिला था। परिवार में उपलब्ध सभी दस्तावेज और पत्र इत्यादि भी उनके पहुँच में थे। इसी के आधार पर उन्होंने स्वतंत्रता सेनानियों की तीन पीढ़ियों के जीवन व काल का ताना-बाना बुना था। 1968 में प्रकाशित हुई उनकी इस पुस्तक को आज भी भगत सिंह के संबंध में प्रामाणिक कार्य माना जाता है। यह वही समय था, जब जगमोहन व मलविंदर पूरी सक्रियता सहित शहीदों के कार्यों को प्रकाशित करने में जुटे हुए थे। चंडीगढ़ के अपने पिछले दौरे में जब वीरेंद्र भाषा विभाग, पंजाब द्वारा आयोजित एक समारोह में उपस्थित थीं तो मुझे उनके साथ इस नोटबुक कर चर्चा करने का अवसर मिल गया। उन्होंने मुझे बताया कि भारत-पाक के विभाजन के पश्चात् उन्हें खटकर कलाँ जाना पड़ा, जहाँ से 1950 में वे लोग सहारनपुर चले गए। उस समय वे अपने जीवन को नए सिरे से व्यवस्थित कर रहे थे। उन्होंने स्नातकोत्तर के बाद शिक्षा विषय में डिग्री ली। 1968 में उनका विवाह हुआ और वे यूनाइटेड किंग्डम चली गईं। उस दौरान वे बेहद व्यस्त रहीं। उनके पास अपनी पुस्तक पूरी करने में उपयोग होनेवाली पुस्तकों के अतिरिक्त कोई और कागज या पुस्तकें आदि याद नहीं हैं। तत्पश्चात् उन्होंने 1974 में प्रकाशित हुए पत्रों व दस्तावेजों का संकलन *'पत्र और दस्तावेज'* और उसके बाद 1977 में शहीदों के जीवन चरित्र का संकलन, *'मेरे क्रांतिकारी साथी'* प्रकाशित हुईं। नोटबुक के बारे में उन्हें केवल इतना ही याद है कि वह उनके परिवार के पास थी और उन्होंने अपने लेखन कार्य में इसका उपयोग नहीं किया है।

परिवार में से अब तक केवल दो लोगों—जगमोहन सिंह व वीरेंद्र सिंधु ने ही अपने माताजी व तायाजी के बारे में कुछ लिखने में रुचि दरशाई है। परिवार को अच्छी तरह जाननेवाले लोगों का कहना है कि सब भाई बहनों में ये दोनों सबसे

निकट थे और उनकी एक समान रुचि होने के कारण ऐसा होना स्वाभाविक भी था। वीरेंद्र सिंधु की पुस्तकें बहुत पहले (1968,1974, 1977) में प्रकाशित होने के बावजूद जगमोहन ने दूरी को पाट लिया। अपनी पुस्तक में उन्होंने बहुत से नए स्रोतों का भी उपयोग किया, लेकिन इसमें सबसे अजीब यह है कि दो दशक तक अपने प्रिय मामाजी के बारे में लिखने के बावजूद वे नोटबुक के बारे में पूर्णत: चुप क्यों रहे। हालाँकि वीरेंद्र जेल नोटबुक के उपयोग से इनकार करती हैं, लेकिन फिर भी उनकी पुस्तक से ऐसे संकेत मिलते हैं कि उन्हें कम-से-कम इसकी विषयवस्तु की जानकारी अवश्य थी। उदाहरण के लिए 'युगदृष्टा भगत सिंह' में पृष्ठ 227 पर वे लिखती हैं, ''काल-कोठरी में गोर्की, मार्क्स, उमर ख्य्याम, एंगेल्स, ऑस्कर वाइल्ड, जॉर्ज बर्नार्ड शॉ उनके साथी रहे।'' इन सब विशिष्ट लोगों के नाम एक साथ केवल जेल नोटबुक में ही आए हैं। वे आगे लिखती हैं, ''उन दिनों वे रूसी क्रांति के तरीकों व परिणाम को समझने के लिए लेनिन को बहुत गंभीरता सहित पढ़ रहे थे, वे रात-दिन बस पढ़ते ही रहते। इससे मुझे समझ आया, जब औपनिवेशिक सरकार उन्हें मिटा डालने के प्रयास में थी, उस समय वे राष्ट्र के लिए 'अमृत फल' तैयार कर रहे थे।'' पुस्तक की इन पंक्तियों को पढ़कर आश्चर्य होता है कि आखिर किस कारण ने उन्हें उस नोटबुक का उल्लेख करने से रोक लिया, जिसके आधार पर उन्होंने ये पंक्तियाँ लिखी थीं।

उनके परिवार के अतिरिक्त ऐसे और भी बहुत से लोग थे, जो उस नोटबुक के बारे में जानते थे। वे इसकी विषयवस्तु से भी परिचित थे, क्योंकि नोटबुक लिखने की यह प्रक्रिया उनके लिए कोई नई बात नहीं थी। भगत सिंह ऐसा लंबे समय तक करते रहे थे। 7 मई, 1929 को प्रेम दत्त के घर से जब्त की गई वस्तुओं में वस्तु संख्या 27 प्रेम दत्त द्वारा अंग्रेजी, हिंदी और संस्कृत में हस्तलिखित प्रतिकृति 'पॉलिटिकल ओड्स' थी। इसमें 342 पृष्ठ थे। प्रेम दत्त ने स्पेशल मेजिस्ट्रट श्रीकृष्ण की अदालत में सरकारी गवाह बने जैगोपाल पर भरी अदालत में चप्पल फेंकी थी, ये सेंट्रल जेल, लाहौर में भी थे और बाद में पंजाब यूनिवर्सिटी में इतिहास के प्रोफेसर के पद पर कार्य किया। तत्पश्चात् उन्नीस सौ साठ के दशक के अंतिम वर्षों में वे अमेरिका चले गए। हालाँकि उनमें लिखी विषय वस्तु के बारे में तो कुछ नहीं कहा जा सकता परंतु भगत सिंह और उनके साथियों के लगभग हर ठिकाने से जहाँ पर भी पुलिस ने छापे मारे कोई-न-कोई नोट बुक बरामद हुई है। इस खंड में संकलित विविध नोट्स में भगत सिंह ने 'श्री जयदेव कपूर के नोट्स' का संदर्भ दिया है। अपनी पढ़ी गई किसी भी पुस्तक से अपनी मनमर्जी की किसी भी सामग्री पर नोट्स लिखना उन सभी की नहीं तो कुछ की आदत अवश्य थी। इसलिए दोनों जेलों में बंद उनके सभी साथियों को नोटबुक की जानकारी थी, बल्कि 12 जुलाई, 1930 को सेल नंबर 137 सेंट्रल जेल में बटुकेश्वर दत्त ने इस नोटबुक के पृष्ठ 65-67 पर अपने हस्ताक्षर किए थे। शहीदों के अतिरिक्त वे सभी स्वतंत्रता मिलने के बहुत वर्ष बाद तक सक्रिय रहे थे। उनमें से अधिकांश एक-दूसरे व उनके परिवारों के साथ संपर्क में रहे। उनमें से कुछ ने लेखन कार्य भी किया, लेकिन उनमें से किसी ने कभी भी शहीदे आजम की नोटबुक की कोई चर्चा नहीं की। इस मुद्दे पर परिवार के लोगों की भाँति वे सब भी चुप रहे, हालाँकि वे उनके जेल में खूब पुस्तकें पढ़ने तथा भगत सिंह द्वारा कथित तौर पर लिखित चार पुस्तकों पर खूब चर्चा करते रहे हैं।

---

* इस पुस्तक के अंग्रेजी संस्करण को अंतिम रूप देते हुए लेखक के पास सिंधु की इस पुस्तक की प्रति नहीं थी। जो कि बाद में प्राप्त हो पाई। यह संस्करण भारतीय ज्ञानपीठ प्रकाशन द्वारा वाराणसी में 1968 में प्रकाशित किया गया था। इस पुस्तक के आरंभ में तसवीरों का एक समूह है और उनमें से एक जेल नोटबुक के पृष्ठ 19 की प्रतिकृति है। प्रतिकृति का शीर्षक उस तसवीर को बस भगत सिंह की अंग्रेजी में अपने हाथों से लिखे एक नमूने के रूप में प्रस्तुत करता है। वैसे ही जैसे उनकी उर्दू में लिखी एक चिट्ठी की प्रतिकृति को जोड़ा गया है, जो उन्होंने अपने छोटे भाई को लिखी थी। इस प्रकार उनके पास इस पुस्तक को लिखते समय जेल-नोटबुक उपलब्ध था, लेकिन ऐसा नहीं लगता कि वह इसे अधिक प्रामाणिकता देना चाहती थीं। फिर भी संस्करण जेल नोटबुक को पहली बार लोगों के सामने लाता है। यह भी दिलचस्प है कि अन्य प्रकाशकों के माध्यम से प्रकाशित उनकी पुस्तक के अगले संस्करणों में किसी भी प्रकार का कोई चित्र नहीं दिखता और इस कारण उस नोटबुक का एकमात्र पृष्ठ, जो सबके सामने आया था, वह फिर से गुमनामी में खो गया।

लेकिन जैसा पॉल ऑस्टर ने कहा है, ''इस संसार में कुछ भी निश्चित नहीं है। कोई घटना जब होनी होती है अचानक व अनायास ही घट जाती है।''

इसका श्रेय पूरी तरह से लुधियाना में रहनेवाले इतिहासकार डॉ. जी.एस. देओल को जाता है, जिन्होंने इस नोटबुक व इसकी विषयवस्तु की जानकारी दी। जून 1968 में 'पीपल्स पाथ' में प्रकाशित अपने आलेख, *'शहीद भगत सिंह: दी ग्रेट रिवॉल्यूशनरी'* के अंतिम परिच्छेद में वे लिखते हैं—

''भगत सिंह ने विविध विषयों का गहराई से अध्ययन किया था। वे अधिक-से-अधिक सीखना चाहते थे। जेल में रहते हुए भी वे प्रत्येक विषय की पुस्तकें मँगवाया करते थे। उन्हें किसी भी पुस्तक को पढ़ते समय उसमें से नोट्स बनाना पसंद था। जेल में रहते हुए उन्होंने एक नोटबुक तैयार की थी जिसमें लगभग 200 पृष्ठ थे। इसमें उन्होंने पूँजीवाद, समाजवाद, राज्य की उत्पत्ति, साम्यवाद, धर्म, समाजशास्त्र, भारत से संबंधित तथ्य, फ्रांस की क्रांति, मार्क्सवाद, सरकार का गठन, परिवार व अंतरराष्ट्रीयवाद जैसे विभिन्न विषयों पर नोट्स बनाए थे, जो उनकी विविधतापूर्ण रुचि को दरशाता है। इस तरह भगत सिंह एक जानकार व्यक्ति थे, जिन्होंने वॉल्टेयर, रूसो, विक्टर ह्यूगो, गोर्की, मार्क्स, लेनिन और बहुत से अन्य क्रांतिकारी लेखकों का गहराई से अध्ययन किया था। भगत सिंह राष्ट्र के थे व राष्ट्र के हैं। यदि वह नोटबुक प्रकाशित होती है तो यह उस शहीद का उचित स्मारक होगा।''

'पीपल्स पाथ' वामपंथी पत्रिका थी, जिसकी बौद्धिक वर्ग तक पहुँच थी। इससे कुछ विद्वानों में कौतूहल जागा, लेकिन उतनी ही जल्दी यह शांत भी हो गया।

यह वह समय था, जब पंजाब का राजनीतिक परिदृश्य नए मार्ग पर चल पड़ा था। 1967 के बाद नक्सलवाद जड़ पकड़ते हुए औपचारिक वामपंथी आंदोलन की जगह लेने लगा। लुधियाना का पी.ए.यू और गुरु नानक इंजीनियरिंग कॉलेज इसके गढ़ माने जाते थे। कुछ नक्सलियों की 'कार्रवाइयों' ने राज्य को आंदोलित कर दिया। तब सरकार बदली। 1970 में प्रकाश सिंह बादल ने पंजाब में गठबंधन सरकार बनाई और मुख्यमंत्री बन गए। अश्विनी कुमार पंजाब पुलिस के महानिरीक्षक थे। उन दिनों राज्य में चारों ओर आतंक का राज था। पंजाब में वैचारिक प्रतिद्वंद्वियों को हटाने के लिए नकली 'मुठभेड़ों' की शुरुआत हो गई थी। कट्टरपंथी असंतोष अदृश्य और या फिर भूमिगत हो गया था। हर तरह के सक्रियतावाद के कस-बल ढीले पड़ गए थे। मलविंदर सिंह इसे समझाने के उद्देश्य से बताते हैं कि उन दिनों भगत सिंह का चित्र रखनेवालों (जिसे उन्होंने बड़ी संख्या में बाँटा था) और उनका लिखा कुछ भी रखनेवालों को पुलिस पकड़ ले जाती थी। हवा में डर नहीं, बल्कि खौफ कायम था। इसलिए उन्होंने अपनी प्रदर्शनियों व सक्रियता को विराम दे दिया। 1973 आने तक उन्होंने अपनी पत्रिका का प्रकाशन बंद कर दिया था। जगमोहन पुलिस द्वारा परिवार की निरंतर निगरानी तथा राज्य पुलिस के आसूचना (इंटेलिजेंस) अधिकारियों की पूछताछ, जिनमें से कुछ वाकई हास्यास्पद थीं, से जुड़ी कहानियाँ सुनाते हैं, लेकिन पंजाब और देश के कुछ अन्य राज्यों के अलावा दुनिया में और स्थानों पर भी ऐसा ही कुछ हो रहा था। छात्रों के अशांति फैलाने और राज्य द्वारा उनका दमन करने की घटनाएँ हुईं। नक्सलवादी आंदोलन को बलपूर्वक नष्ट करने के लिए कोई भी आधुनिक राज्य जो कुछ भी करता, पंजाब ने भी वही किया। अपने कुल जीवनकाल में नक्सलवादी आंदोलन ज्यादा कुछ हासिल नहीं कर सका, लेकिन इसने पंजाब को तब तक हुए लाभ से वंचित कर दिया। जल्दी ही इनके द्वारा उत्पन्न रिक्तता को आतंकवाद ने पूरित कर दिया। यहाँ यह स्पष्ट कर देना ठीक रहेगा कि नक्सलवादियों और आतंकवादियों, दोनों ने ही कमोबेश भगत सिंह को प्रतीकवाद के रूप में उपयोग तो किया, लेकिन किसी ने भी उनके आदर्शों व विचारों का परिपालन

नहीं किया। इस तरह 1980 के दशक का समापन हुआ, लेकिन इसके बाद भगत सिंह व पंजाब के अन्य शहीदों में लोगों की रुचि पुनः जाग्रत् हो गई। ऐसा देश के अन्य हिस्सों, विशेष रूप से हिंदी पट्टी में भी दिखाई देने लगा। इससे कई नए प्रकाशनों की उपस्थिति व स्वीकार्यता बढ़ने लगी।

ऐसी ही एक शानदार घटना 23 मार्च, 1981 को घटी, जो संयोग से भगत सिंह की 50वीं पुण्यतिथि थी। पंजाब सरकार ने जिला नवाँशहर के खटकर कलाँ में भगत सिंह के संग्रहालय का उद्घाटन किया। यह उनका पैतृक स्थान है, जहाँ उनका परिवार भारत के विभाजन के बाद आकर दोबारा बसा था। मलविंदर के पास उस संग्रहालय से जुड़ी बहुत सी मधुर स्मृतियाँ हैं। 23 मार्च, 2003 को जब भारत के तत्कालीन राष्ट्रपति श्री अब्दुल कलाम आजाद उस संग्रहालय के दौरे पर आए थे तो मलविंदर ने उनके गाइड की भूमिका निभाई थी। मलविंदर सिंह संग्रहालय को उत्कृष्ट बनाने में कुलतार सिंह, बीबी अमर कौर व जगमोहन सिंह के योगदान को भी याद करते हैं। जैसा कि आगे बात करेंगे, इस संग्रहालय में नोटबुक के दो मूल पृष्ठों को भी जगह दी गई है। (नोटबुक के पृष्ठ 110 पर लिखी टिप्पणी देखिए)

1984 आने तक फरीदाबाद में परिवार के पास रखी मूल नोटबुक के अलावा इसकी चार अन्य शुद्ध प्रतियाँ तैयार हो चुकी थीं। इनमें पहली हस्तलिखित (व प्रतिकृति) प्रति जगमोहन सिंह के पास लुधियाना में थी। दूसरी प्रति, एन.एम.एम.एल, दिल्ली में थी। तीसरी प्रतिकृति प्रति भारतीय राष्ट्रीय अभिलेखागार, दिल्ली में तो चौथी व अंतिम प्रति गुरुकुल इंद्रप्रस्थ, तुगलकाबाद, फरीदाबाद में थी।

पहला खुलासा गुरुकुलवाली प्रति से हुआ। भूपेंद्र हूजा ने नोटबुक के पहले प्रकाशित संस्करण के संपादक के तौर पर इसकी प्रस्तावना में लिखा—

''उन दिनों विभिन्न वर्गों के लोगों के बीच विशेष रूप से पंजाब व उत्तर भारत में संदेह, भय व तनाव बढ़ता जा रहा था। ऐसे समय सांप्रदायिक सद्भाव व सामंजस्य कायम करने के उद्देश्य से जयपुर में हिंदुस्तानी मंच की स्थापना की गई। इस मंच की स्थापना 23 मार्च को भगत सिंह के शहीदी दिवस पर हुई। इसकी शुरुआती बैठकों में मेरे बड़े भाई, जी.बी. कुमार हूजा (पूर्व सरकारी अधिकारी तथा बाद में डीम्ड विश्वविद्यालय गुरुकुल कांगड़ी, हरिद्वार के कुलपति) ने हमें बताया कि उनके पास भगत सिंह की लिखी एक 'डायरी है', जो उन्हें कुछ वर्ष पूर्व गुरुकुल इंद्रप्रस्थ, निकट दिल्ली में निरीक्षण के दौरान प्राप्त हुई थी। इसका अब तक प्रकाशन नहीं हुआ था, लिहाजा मंच ने इसे पुस्तक के रूप में प्रकाशित करने का निर्णय लिया।''

यह इस नोटबुक को प्रकाशित करने का सबसे पहला प्रयास था, लेकिन जैसा की हूजाजी ने बताया कि संसाधनों की कमी के चलते यह प्रोजेक्ट परवान नहीं चढ़ सका।

लेकिन इस कहानी का एक और रुख है। हूजा के अनुसार—

''हमारी इस अनिर्णय की स्थिति के बीच डॉ. भरतिया को एक स्थानीय विद्वान डॉ. द्विवेदी ने इन नोट्स की एक और टाइप की हुई प्रतिलिपि दी। उन्हें यह प्रति मॉस्को पुस्तकालय/लेखागार में मिली और वे उसकी फोटोस्टेट प्रति घर ले आए। मिलान करने पर हमने पाया कि 'मॉस्को प्रति' का पाठ शब्दशः गुरुकुलवाली प्रति जैसा ही था। टाइप हुए संस्करण से हमें प्रेस हेतु कॉपी तैयार करने में लगनेवाले अतिरिक्त समय, ऊर्जा व तैयारी में लगनेवाले धन की बचत हो सकी।''

अब मॉस्को प्रति के बाद पहले से मौजूद पाँच प्रतिलिपियों में एक और जुड़ने से इनकी संख्या छह हो गई, लेकिन यह वहाँ आई कहाँ से? इसके स्रोत के तौर पर दिमाग में केवल एक ही नाम आया डॉ. मित्रोखिन। 1988 में प्रकाशित हुई

अपनी पुस्तक *'लेनिन ऐंड इंडियन फ्रीडम फाइटर्स'* में डॉ. मित्रोखिन कहते हैं—

> *''कुछ वर्ष पहले मैं उनके एक भाई कुलबीर सिंह के घर गया था`` मैं वहाँ विशेष रूप से भगत सिंह के जेल में लिखे नोट्स तथा उनके द्वारा पढ़ी गई पुस्तकों का संक्षिप्त विवरण और उनमें से लिये गए उद्धरणों को देखने गया था। 1968 में एक इतिहासकार जी. डील (जी.एस. देओल) ने अपने लेख में 200 पृष्ठों की नोटबुक होने का उल्लेख किया था।''*

अपने दस पृष्ठ के लेख *'कॉम्प्रीहेंडिंग लेनिंस आइडिया इन अ प्रिजन सेल'* में उन्होंने इसमें प्रदत्त सामग्री की प्रकृति व उसके लेखकों के बारे में संक्षिप्त विवरण दिया। उन्होंने इस नोटबुक से बहुत सारे उद्धरण दिए। इसकी सामग्री को उद्धृत करते समय उन्होंने या तो भगत सिंह के सहयोगियों और या मार्क्सवाद से प्रमाण दिए। मार्क्स, एंगेल्स या लेनिन के उद्धरणों में उन्होंने नोटबुक की जगह उनके संकलित कार्यों का उपयोग किया, लेकिन डॉ. मित्रोखिन ने 1981 में प्रकाशित हुई अपनी पुस्तक 'लेनिन इन इंडिया' के शामिल अपने लेख, 'लास्ट डेज ऑफ भगत सिंह' में इन नोटबुक का विपुलता से उपयोग करते हुए उद्धरणों के माध्यम से अपनी परिकल्पनाओं को आधार दिया है। नोटबुक की मौजूदगी के बारे में वे लिखते हैं—

> *''सरदार कुलबीर सिंह ने मुझे अपने बड़े भाई भगत सिंह के जेल में लिखे नोट्स को पढ़ने व प्रतिलिपि बनाने का अवसर दिया, उन्होंने अपने भाई के जीवन व कार्यों से जुड़ी बहुत सारी विशिष्ट सामग्री एकत्रित कर रखी है, जिसका गहराई से अध्ययन किया जाना आवश्यक है`` उनके अतिरिक्त मैं भगत सिंह के एक और भाई कुलतार सिंह से भी मिला।''*

उनका यह रुख उनके 1988 के उस रवैये से बिल्कुल अलग है, जहाँ वे नोटबुक को केवल देखने भर की बात करते हैं। डॉ. मित्रोखिन ने यह नहीं बताया कि उन्होंने नोटबुक से कितनी सामग्री ली है, लेकिन इससे इस अज्ञात रूसी पुस्तकालय/लेखागार में यह 'मॉस्को प्रति' डॉ. मित्रोखिन प्रदत्त होने की संभावना और बलवती हो जाती है। दर्शन सिंह का विवरण भी इसी का समर्थन करता है। मित्रोखिन का उपरोक्त वक्तव्य दरअसल न्यूनोक्ति है, क्योंकि उनके व कुलबीर सिंह के बीच गहरे व दीर्घकालीन संबंध रहे हैं, क्योंकि डॉ. मित्रोखिन बहुत सौहार्दपूर्ण, प्रभावशाली व बहुत प्रेरणाप्रद व्यक्ति थे, ऐसा लगता है कि उन्होंने कुलबीर सिंह को उनके पास रखी नोटबुक व अन्य सभी कागजों को डॉ. मित्रोखिन के साथ साझा करने के लिए मना लिया था, लेकिन इसपर अभी और खोज होना बाकी है।

नोटबुक को पुस्तक के रूप में प्रकाशित करने में आनेवाली संसाधनों की कमी को पूरा करने के लिए भूपेंद्र हूजा ने इसे अपनी पत्रिका 'इंडियन बुक क्रॉनिकल' में शृंखला के रूप में प्रकाशित किया। उन्होंने मार्च 1991 में इसकी प्रस्तावना व पूर्व-भूमिका का प्रकाशन किया। इस तरह इस पूर्व-भूमिका के साथ ही नोटबुक आधी शताब्दी या दशक की घटनारहित यात्रा के बाद पुनः जारी हो गई। हूजा अंततः सभी बाधाओं को पार करने में सफल रहे और वर्ष 1994 में उन्हें जेल नोटबुक के प्रथम प्रकाशक होने का गौरव प्राप्त हुआ।

'हूजा संस्करण' की एक और खास बात है। इसमें वे 1991 में प्रकाशित हंसराज रहबर की पुस्तक *'भगत सिंह ऐंड हिज थॉट'* का उल्लेख करते हैं। हूजा लिखते हैं—

> *''पुस्तक में एक या दो जगह उन्होंने उल्लेख किया है कि नोटबुक के प्रथम पृष्ठ पर लिखा उर्दू शेर उनकी मानसिक स्थिति को प्रतिबिंबित करता है।*
>
> *कुरा-ए-खाक है गर्दिश में तपिश से मेरी,*
> *मैं वो मजनूं हूँ, जो जिंदा में भी आजाद रहे।*

(यह पृथ्वी स्वतंत्रता के तेजतर्रार आग्रह की गरमी से घूम रही है। मैं मजनूं हूँ, जो जेल में कैद रहते हुए भी आजाद हूँ।)

यह उल्लिखित करना आवश्यक है कि उनके पास भगत सिंह की नोटबुक की जो प्रति पहुँची थी, उसमें प्रथम पृष्ठ पर यह शेर दर्ज नहीं था। संभव भूलवश छूट गया होगा…''

लेकिन यह भूल नहीं थी। दरअसल हूजा और यहाँ तक कि मॉस्कोवाली प्रति भी अधूरी ही है।

यह सच है कि नोटबुक में यह पृष्ठ है और यह आज तक अंग्रेजी, हिंदी या अन्य किसी भी भाषा के संस्करण में प्रकाशित नहीं हुआ था, क्योंकि इन संस्थानों के पास जो प्रतियाँ थीं, उनमें यह पृष्ठ था ही नहीं। जल्दी ही यह बात सामने आ जाएगी।

यह तो स्पष्ट ही है कि हूजा ने इस प्रतिलिपित प्रति को द्वितीयक स्रोत से प्राप्त किया था। इसमें प्रथम पृष्ठ पर भगत सिंह का नाम व पृष्ठ 67 पर उनके हस्ताक्षर के अतिरिक्त इसके भगत सिंह की नोटबुक होने का और कोई संदर्भ नहीं था। हूजा बंधु, देओल या मित्रोखिन के लेखों या मूल प्रति के जयपुर से मात्र 200 किलोमीटर दूर फरीदाबाद में कुलबीर सिंह के पास मौजूद होने से बिल्कुल अनजान थे। वे इसकी प्रामाणिकता व पुष्टि के लिए यहाँ-वहाँ देखने लगे। डॉ. चमन लाल द्वारा इसकी एक प्रति एन.एम.एम.एल में भी होने का संदर्भ इसका एक और प्रमाण था। यह तो घबरा देनेवाली बात ही थी कि आपके हाथ में कागजात हैं, आप इन्हें प्रकाशित करनेवाले हैं, आपने एक राज्यपाल से इसके लिए प्राक्कथन लिखने का निवेदन कर दिया है, जबकि इसकी प्रामाणिकता को लेकर आप अभी भी सशंकित हैं और इसके लिए किसी द्वितीय या तृतीय स्रोत पर निर्भर हैं! परंतु फिर भी प्रकाशन करने का हौसला करना यह हूजा साहिब का साहस व विश्वास ही था।

जगमोहन सिंह ने अपनी पहली पुस्तक की प्रस्तावना में इसके प्रकाशन को व्यक्तिगत प्रयास बताया था। यहाँ भी नोटबुक का प्रकाशन कार्य परिवार या किसी संस्था की सहायता लिये बिना पूरी तरह व्यक्तिगत प्रयासों से किया जा रहा था। जगमोहन कम-से-कम शहीद के परिवार से थे और उन्हें अपने पास मौजूद सामग्री के प्रति भी कोई संदेह नहीं था, लेकिन हूजा बंधुओं को ऐसी कोई सुविधा नहीं थी। वे केवल अपने दृढ विश्वास के बल पर ही प्रकाशन को अग्रसर हो गए थे। इन सबके बावजूद, उन्होंने नोटबुक के साथ ही डॉ. कमलेश मोहन के 'भगत सिंह- दी मैन ऐंड हिज आइडियोलॉजी' लेख और भगत सिंह के साथ शिव कुमार की अपनी पुस्तक के लिए लिखी प्रस्तावना (जिसपर हम आगे चर्चा करेंगे) को लेख के रूप में प्रकाशित कर दिया।

कुछ समय तक नोटबुक का केवल 'हूजा संस्करण' ही मैदान में रहा। स्व-प्रकाशित होने के कारण इसका अधिक प्रसार नहीं हो सका। मुझे इसकी प्रति 1997 में इसके प्रकाशन के तीन वर्ष बाद प्राप्त हुई। 1999 में सत्यम वर्मा ने अपना हिंदी अनुवाद, राहुल फाउंडेशन (परिकल्पना प्रकाशन) लखनऊ से प्रकाशित करवाया। यह 'हूजा संस्करण' का अनुवाद था, जिसमें परिशिष्ट में शिव वर्मा का लेख और जय देव कपूर का पत्र दिया गया था। इसमें 'हूजा संस्करण' के अतिरिक्त आलोक रंजन का लेख तथा 1990 में प्रगति प्रकाशन, मॉस्को द्वारा प्रकाशित 'लेनिन और भारत' में से डॉ. मित्रोखिन का पूर्व-प्रकाशित लेख भी था। 'लेनिन और भारत' इससे पहले प्रकाशित हुई 'लेनिन इन इंडिया' का हिंदी अनुवाद थी। सत्यम वर्मा ने अपनी पुस्तक को 'एक महान् विचार यात्रा का दुर्लभ साक्षी' शीर्षक दिया। इस पुस्तक की समस्त सामग्री व टिप्पणियाँ पूर्णत: हूजा से प्रतिलिपित थीं। इसमें आलोक रंजन द्वारा की गई कटु टिप्पणी सबसे दिलचस्प थी। उन्होंने

मित्रोखिन के लेख से भूपेंद्र हूजा द्वारा 1994 में प्रकाशित पुस्तक तक इस नोटबुक के इतिहास की खोज की थी। उन्होंने भगत सिंह के परिवार पर इस राष्ट्रीय खजाने को छिपाने व लोगों को उस महान् शहीद की विरासत के प्रति अँधेरे में रखने का आरोप लगाया। उन्होंने भारतीय विद्वानों की ओर से मोरचा सँभालते हुए लिखा—

''क्या यह विडंबना नहीं है कि भगत सिंह की नोटबुक पर पहला शोधपूर्ण लेख रूसी विद्वान मित्रोखिन की 1981 में प्रकाशित पुस्तक में सामने आया। चाहे कुछ हो जाए, इससे इतिहासकार अपनी गैरजिम्मेदारी व लापरवाही से बच नहीं सकते, जो इतिहास का उपयोग ऐसी अनमोल विरासत को लोगों तक पहुँचाने की जगह केवल अपनी प्रोफेसरी को आगे बढ़ाने में करते हैं, लेकिन उनके ऐसा करने का क्या कारण है? वे केवल इतिहास का अंधानुकरण करते हैं। इस तरह वे कैसे इतिहास बना सकेंगे?''

स्पष्ट है इस टिप्पणी में नोटबुक से जुड़े बहुत से तथ्यों को अनदेखा कर दिया गया है। अंततः यह परिवार का ही प्रयास था, जिसके चलते नोटबुक प्रकाश में आ सकी। 'सत्यम संस्करण' मूलतः 'हूजा संस्करण' पर ही आधारित था और परंतु सत्यम की टिप्पणी का प्रभाव भी महसूस किया गया। उसका मित्रोखिन के लेख से कोई संबंध नहीं था।

सत्यम के हिंदी अनुवाद ने जल्द ही नोटबुक के पहले पंजाबी अनुवाद की राह प्रशस्त कर दी। सर्जित तलवार ने नरभिंदर तथा नरेश के साथ मिलकर 1999 में ही इसका पंजाबी संस्करण पेश कर दिया। इसका प्रकाशन तारक भारती प्रकाशन, बरनाला (एक प्रतिबद्ध तर्कवादी प्रकाशक) ने किया। सर्जित तलवार का यह अनुवाद बिना किसी जुड़ाव-घटाव के 'सत्यम के संस्करण' का शब्दशः अनुवाद था। इसलिए इसमें इसके स्रोत संस्करण की सभी कमियाँ मौजूद होने के अलावा अनुवाद का अनुवाद होने से उत्पन्न त्रुटियाँ भी शामिल थीं।

सत्यम के हिंदी संस्करण के पश्चात् जयपुर से बहुत से हिंदी संस्करण प्रकाशित हुए। वर्ष 2002 में राज पब्लिशिंग हाउस, जयपुर से वेद स्वरूप नीरज और ज्ञान कौर की *'भगत सिंह की जेल डायरी'* शीर्षक से एक पुस्तक प्रकाशित हुई।

इसके बाद एक और पंजाबी संस्करण प्रकाशित हुआ। पंजाबी विश्वविद्यालय, पटियाला के प्रोफेसर डॉ. राजेंद्र पाल सिंह ने 2005 में लोकगीत प्रकाशन, चंडीगढ़ से एक नया पंजाबी अनुवाद प्रकाशित करवाया। उन्होंने इसकी 'हूजा संस्करण' व 'सत्यम संस्करण' पर आधारित संक्षिप्त व्याख्या पेश की। उन्होंने जगमोहन सिंह का भी आश्रय लिया, लेकिन इस संस्करण में भी अपने मूल संस्करण जैसे विगत संस्करणों की भाँति बहुत सी गलतियाँ थीं। उन्होंने भगत सिंह की विचारधारा के संदर्भ में नोटबुक की संक्षिप्त प्रस्तावना लिखी। इस संस्करण में गत सभी संस्करणों से विशिष्ट बात यह थी कि इसमें नोटबुक के पहले दो पृष्ठ भी दिए गए थे, जो इससे पहले के किसी संस्करण में नहीं थे। इसके अतिरिक्त इसमें परिशिष्ट के तौर पर 'विविध उद्धरण' भी दिए गए थे, जिनके स्रोत का खुलासा बाद में जगमोहन सिंह ने किया।

इस संस्करण की एक और खूबी इस संस्करण के लिए जगमोहन सिंह द्वारा लिखी गई भूमिका थी। जैसा कि पहले बताया गया है कि जगमोहन सिंह भगत सिंह की बहन बीबी अमर कौर के पुत्र थे। उन्होंने पाठकों को नोटबुक की विषयवस्तु व इसके महत्त्व से परिचित करवाने के अतिरिक्त इसमें भगत सिंह की पुस्तकों व पुस्तकें पढ़ने पर भी विस्तार सहित चर्चा की। वे इस बारे में इसलिए बता सके, क्योंकि और किसी के भी पास जगमोहन जितनी विस्तृत जानकारी नहीं थी। वे युवावस्था से ही भगत सिंह की पुस्तकों का विश्लेषण व व्याख्या कर रहे थे। इसलिए उन्होंने ऐसी बहुत सी बातों का खुलासा किया, जो उनके अतिरिक्त नोटबुक के किसी भी संस्करण या अनूदित कृति में मौजूद नहीं थी। वे लिखते हैं—

''भगत सिंह की जेल नोटबुक ऐसा दस्तावेज है, जो उनकी अध्ययनशीलता के अलावा उनके नोट्स को यथाक्रम संकलित करने के प्रयासों की भी जानकारी देता है तथा इसके द्वारा हमें उनके अपने तर्क को बल देने के तरीकों को

समझने में भी मदद मिलती है।''

''मैंने वर्ष 1965 में इस नोटबुक का अध्ययन किया था। उस समय यह मेरे मामा शहीद भगत सिंह के छोटे भाई सरदार कुलतार सिंह के पास थी। उस समय मैंने इसकी एक हस्तलिखित प्रतिलिपि भी बना ली थी। मेरे देखे इसके (नोटबुक के) पहले दो पृष्ठ वर्ष 1976 में सामने आने के पूर्व खटकर कलाँ में सुरक्षित रखे थे। 1968-1975 के बीच इसके पहले पृष्ठ की फोटोस्टेट प्रति बड़े पैमाने पर बाँटी गई थी। इसी फोटोस्टेट प्रति को देखने के बाद लोगों को नोटबुक के अस्तित्व की जानकारी मिली। तत्पश्चात् यह नोटबुक मेरे दूसरे मामा सरदार कुलबीर सिंह के पास पहुँच गई। उस समय यह बहुत खराब हालत में थी। इसके संरक्षण हेतु इसे नेहरू स्मृति संग्रहालय, नई दिल्ली को सौंप दिया गया। वहाँ इसे माइक्रोफिल्म किया गया। इसके अलावा पहले दो पृष्ठों को छोड़कर इस पूरी प्रति को लैमिनेट भी किया गया। आज इसकी मूल प्रति उनके पुत्र श्री बाबर सिंह के पास है। बाद में बुक क्रॉनिकल, जयपुर के संपादक श्री भूपेंद्र हूजा ने इसे प्रकाशित करवाया और इसी के आधार पर इसके हिंदी अनुवाद का लखनऊ से प्रकाशन हुआ।''*

इसके बाद वे राजनीतिक बंदियों के हालात सुधारने तथा अच्छे भोजन, पुस्तकों व अखबारों जैसी अन्य सुविधाओं हेतु शहीदे आजम के संघर्ष और इसके परिणामस्वरूप जतिन दास के शहीद होने का विवरण देते हैं। तत्पश्चात् सरकार ने बंदियों की बहुत सी माँगें स्वीकार कर ली थीं।

''12 सितंबर, 1929 को माँगें मान लेने के प्रतीक स्वरूप यह नोटबुक भगत सिंह को सौंपी गई। 7 अक्तूबर, 1930 को फैसला आने के दिन तक यह नोटबुक उनके पास ही रही। नोटबुक मिलने के पूर्व शहीद भगत सिंह अलग तरह की फुलस्केप शीटों पर नोट्स लिख रहे थे। वर्ष 1965 में मैंने उनके छोटे भाई सरदार रणबीर सिंह के पास से इनकी भी प्रतिलिपि बनाई। उन नोट्स को पहली बार इस पुस्तक में पेश किया जा रहा है। इस लिखित सामग्री को पहली बार इस पुस्तक में दिया जा रहा है।''

वे आगे कहते हैं—

''यह नोटबुक लाल रंग के मोटे फीते से बँधी थी, जिसे कवर पर लगे फ्लैप द्वारा लॉक भी किया जा सकता था।''

जगमोहन सिंह एक छोटी सी दिलचस्प कहानी सुनाते हैं, जो उन्हें उनके मामा कुलतार सिंह ने सुनाई थी—

''जेल में भगत सिंह के पास पुस्तकें भेजने की सुविधा मिलने के बाद उनके लिए रोजाना बहुत सी पुस्तकें आने लगीं। जेल सुप्रिंटेंडेंट को उन सब की जाँच करनी पड़ती थी। एक दिन उन्होंने भगत सिंह से कहा, 'भगत सिंह आप ये सारी पुस्तकें कैसे पढ़ लेते हैं? हम तो इन्हें जाँच हेतु खँगालने में ही थक जाते हैं।'' भगत सिंह ने उत्तर दिया, 'पढ़ना छोड़िए, आप इस पृष्ठ पर जो कुछ भी लिखा है, उससे जुड़ा कोई भी सवाल कर सकते हैं?'''

इस घटना का श्रीमती वीरेंद्र सिंधु ने अपने पुस्तक में भी उल्लेख किया है, हालाँकि यह अतिरंजित प्रतीत होती है। जेल के नियमानुसार इतनी अधिक पुस्तकें नहीं दी जा सकतीं। फिर चाहे नियमों में कितनी भी छूट दी गई हो। इनकी संख्या इतनी अधिक नहीं हो सकती। बंदियों को सीमित संख्या में पुस्तकों के उपयोग की अनुमति दी जाती है। इससे संबद्ध नियम कहता है—

---

* आजकल उनके बेटे यादविंदर सिंह संधु

656 (1) कैदियों के उपयोग हेतु सभी जेलों में पुस्तकालय बनाए जाएँ तथा इस पुस्तकालयों के उपयोग संबंधी नियमावली उस कक्ष में भी लगाई जाए, जहाँ यह पुस्तकालय बनाया गया हो।

(2) अच्छा व्यवहार करनेवाले सभी शिक्षित कैदियों को रविवार व बाकी दिनों में आराम के समय ये पुस्तकें पढ़ने की अनुमति होगी; ये पुस्तकें जेल के पुस्तकालय या जेल के बाहर का कोई भी व्यक्ति प्रदान कर सकता है। इन्हें पढ़ने या मँगवाने हेतु सुप्रिंटेंडेंट की अनुमति हर बार आवश्यक है।

(3) प्रत्येक कैदी सुप्रिंटेंडेंट की अनुमति से अपने पास एक या अधिक या पूर्ण धार्मिक प्रकृति की पुस्तकें रख सकता है।

(4) पुस्तक के उपयोग की अनुमति जिस कैदी को मिली है, उसके अतिरिक्त अन्य कोई कैदी उसका उपयोग नहीं कर सकता।

(5) सुप्रिंटेंडेंट अपनी इच्छानुसार उचित कारण होने पर किसी भी कैदी को इस नियम के तहत दी गई सुविधा वापस ले सकता है।

उपरोक्त स्वत: स्पष्ट नियमों से साफ पता चलता है कि उन हालातों में सबसे अच्छा और सबसे बुरा क्या हो सकता था।

जगमोहन की प्रस्तावना नोटबुक के खोए हुए दो पृष्ठों, विविध पृष्ठ, जो नोटबुक का हिस्सा न होते हुए भी नोटबुक की सामग्री में शामिल हैं, परिवार में नोटबुक का आवागमन तथा इसकी पहली प्रति किस तरह बनाई गई थी जैसी कई पहेलियाँ सुलझा देते हैं।

बाद के प्रकाशनों में से प्रोफेसर चमन लाल के दो थे। उन्होंने अंग्रेजी व हिंदी संस्करण एक साथ प्रकाशित किए। अंग्रेजी संस्करण का प्रकाशन 'लेफ्ट वर्ड बुक्स', दिल्ली ने किया और हिंदी संस्करण व अन्य साहित्य का प्रकाशन 'पब्लिकेशंस डिवीजन' दिल्ली ने किया। अंग्रेजी संस्करण सीधा 'हूजा संस्करण' के पुनर्प्रकाशन जैसा था। प्रस्तावना के साथ ही इस संस्करण में भगत सिंह द्वारा लिखित सामग्री भी शामिल थी। संपादक के अनुसार इससे पाठक को नोटबुक को और बेहतर ढंग से समझने में मद्द मिलेगी। पुराने प्रकाशनों में से शहीद भगत सिंह व उनके साथियों को फाँसी होने से संबंधित दो खबरें व एक संपादकीय को भी भगत सिंह से जुड़ी नई सामग्री के तौर पर परिशिष्ट में दिया गया। इस संस्करण के बारे में प्रो. चमन लाल कहते हैं—

''संपादक सुधंवा देशपांडे ने हूजा की मूल टिप्पणियों को फिर से पढ़ा, उसकी त्रुटियों में सुधार किया और इसकी कमियों को पूरा किया। निश्चित ही वर्तमान संस्करण पाठ सामग्री की दृष्टि से मानक बन गया है''

गुणगान के इन शब्दों के बावजूद यह संस्करण लगभग शब्दश: हूजा संस्करण का पुनरुत्पादन था, जिसमें उसकी सभी त्रुटियाँ व कमियाँ ज्यों की त्यों थीं। इनमें प्रस्तावना में शामिल हूजा की टिप्पणी 'मॉस्को प्रति' से ली गई प्रतीत होती थी। इसके अतिरिक्त प्रस्तावना में एक-दो अन्य दिलचस्प चीजें भी थीं। नोटबुक में रूसी विद्वत्ता के संबंध में प्रो. चमनलाल का कहना था—

''नोटबुक के भारत में विख्यात होने से बहुत पहले सोवियत विद्वान एल.वी. मित्रोखिन ने इस संबंध में अपनी पुस्तक 'लेनिन ऐंड (इन) इंडिया' में विस्तार सहित चर्चा की थी, जिसका हिंदी संस्करण 1990 में प्रकाशित हुआ। इसमें

मित्रोखिन ने 'दी लास्ट डेज ऑफ भगत सिंह' शीर्षक से पूरा अध्याय, ए.वी. रेकोव का लेख, 'भगत सिंह ऐंड हिज आइडियोलॉजिकल लीगेसी' (1971) के अलावा उसी वर्ष लिखा मित्रोखिन का अपना लेख, 'दी बुक्स रीड बाय भगत सिंह' दिया है, जो जेल नोटबुक के कुछ शुरुआती अध्ययनों में से है। इन सोवियत विद्वानों ने भगत सिंह की विचारधारा को तटस्थ भाव से लेते हुए उन्हें मार्क्सवादी परंपरा से जोड़ दिया।''

ए.वी. रेकोव का लेख, 'भगत सिंह ऐंड हिज आइडियोलॉजिकल लीगेसी' और मित्रोखिन का लेख, 'दी बुक्स रीड बाय भगत सिंह' 1971 में प्रकाशित हुए और ये दोनों ही रूसी भाषा में थे। इन्हें नोटबुक का शुरुआती अध्ययन कैसे कहा जा सकता है, जबकि उस समय मित्रोखिन इसकी उपस्थिति से भी अनजान थे, इसका खुलासा वे स्वयं करते हैं—

''मेरी पुस्तक में 'दी बुक्स विच भगत सिंह रीड' शीर्षक से एक पूरा अध्याय है। 'इंडिया ऑन लेनिन' इस साहसी व्यक्ति के जेल जीवन को समर्पित है, लेकिन आज एक दशक बीतने के बाद मुझे एक नए दस्तावेज की जानकारी मिली, जिसे उनके भाई कुलबीर सिंह ने सहृदयता सहित मुझे दिखाया है।''

मॉस्को में 1971 में सामने आई मित्रोखिन की यह पुस्तक निश्चित ही कुछ ही समय पूर्व लिखी गई होगी, जबकि 1978-80 में सरदार कुलबीर सिंह से हुई मुलाकात में उन्हें नोटबुक की मौजूदगी की जानकारी हुई थी। इस तरह उनके तथा रेकोव के कार्यों को किसी भी तरह नोटबुक से जुड़ा नहीं कहा जा सकता। उन्होंने नोटबुक का उल्लेख सरदार कुलबीर सिंह से मुलाकात के बाद अपने लेख 'दी लास्ट डेज ऑफ भगत सिंह' में किया था, जो 1981 में और इसका हिंदी अनुवाद 1990 में प्रकाशित हुआ। इस लेख का संक्षिप्त रूप में प्रकाशन 1988 में हुआ, जिसकी हमने पहले बात की थी। इस दृष्टि से डॉ. चमनलाल की रूसी विद्वान (विद्वानों नहीं) द्वारा सबसे पहले नोटबुक का अध्ययन किए जाने की बात सही है, लेकिन यह कहना कि भारतीय जनता को इसकी जानकारी उनसे प्राप्त हुई, सच नहीं है, क्योंकि इसके बारे में सबसे पहले डॉ. जी.एस. देओल ने वर्ष 1968 में ही लिख दिया था, जो मित्रोखिन से पूरे 13 वर्ष पहले की घटना है। वस्तुत: दूसरे शब्दों में हम कह सकते हैं कि डॉ. मित्रोखिन को इसकी सूचना जी.एस. देओल से मिली थी और बाद में ऐसा ही मित्रोखिन ने भी किया।

इस अनायास ध्यानाकर्षण का एक और लाभ यह हुआ कि इसके बाद नोटबुक की प्रतिलिपियाँ एन.एम.एम.एल, एन.ए.आई और गुरुकुल तक पहुँच सकीं। सबसे महत्त्वपूर्ण बात यही कि भूपेंद्र हूजा को मित्रोखिन के नोटबुक संबंधी अध्ययन या लेख की कोई जानकारी नहीं थी तथा न ही उन्हें भगत सिंह से जुड़े रूसी विद्वानों के बारे में कुछ पता था और न हो वे डॉ. जी.एस. देओल के बारे में कुछ जानते थे। न तो उनके इस अग्रणी कार्य का निर्देशन किसी विद्वान के हाथ में था और न ही इसके पीछे कोई विचारधारा काम कर रही थी। उनके कार्य का हेतु केवल उत्साह ही था, जो अनायास बिना किसी डिजाइन या योजना के घटित हो गया।

नोटबुक से परिचित होने पर डॉ. चमन लाल कहते हैं—

''इस पुस्तक के लेखक ने जेल नोटबुक की पांडुलिपि को पहली बार 1984 में एन.एम.एम.एल में देखा था। एन.एम.एम.एल ने इसे भगत सिंह के छोटे भाई कुलबीर सिंह से शर्त पर प्राप्त किया था कि किसी को इस की प्रकाशित करने की इजाजत नहीं दी जाएगी। तत्पश्चात् मैंने हिंदी पत्रिकाओं में जेल नोटबुक के बारे में लिखना आरंभ किया।''

उनके इस कथन में एक विसंगति है। उनके द्वारा 1986 में संयुक्त संपादित [वीरेंद्र सिंधु सहित] हिंदी पुस्तक *'भगत सिंह और उनके साथियों के दस्तावेज'* की प्रस्तावना में डॉ. चमन लाल ने किसी भी संदर्भ में नोटबुक का कोई जिक्र नहीं किया, जबकि यह हमेशा से ही उनकी सह-संपादिका के परिवार में मौजूद थी। इसके बाद 23 मार्च, 1989 को इस पुन: प्रकाशित संस्करण की प्रस्तावना में उन्होंने नोटबुक के न केवल एन.एम.एम.एल, दिल्ली में होने का उल्लेख किया, बल्कि

उसके अब तक प्रकाशित न होने पर हैरानी भी प्रकट की! वे इसके अप्रकाशित रह जाने का कारण पाठकों से पूछ रहे थे! इसका सीधा अर्थ है कि चमन लालजी को नोटबुक के अस्तित्व की जानकारी 1986 से 1989 के बीच हुई। यही स्थिति उनकी जगमोहन सिंह के साथ सह-संपादन में 1987 में प्रकाशित एक अन्य हिंदी पुस्तक, 'भगत सिंह और उनके साथियों के दस्तावेज' में भी थी। इसकी प्रस्तावना में नोटबुक से संबंधित कोई जानकारी नहीं थी, जबकि 1991 के पुन: प्रकाशन की प्रस्तावना वही थी, जो इनकी एक अन्य पुस्तक में थी। इसलिए 2007 में प्रकाशित हुई नोटबुक के 'लेफ्ट वर्ड' संस्करण में उनका एन.एम.एम.एल में नोटबुक का एम.एस.एस. 1984 में देखने का दावा उचित प्रतीत नहीं होता।

नोटबुक के अंग्रेजी संस्करण के प्रकाशन में भूपेंद्र हूजा के योगदान की चर्चा करते हुए चमन लाल ने लिखा—

''यह बात बहुत हास्यास्पद है कि भगत सिंह की नोटबुक अंग्रेजी में है और हूजा द्वारा संपादित पुस्तक भी अंग्रेजी में ही है। इसके फौरन बाद नोटबुक का हिंदी व कुछ अन्य भारतीय भाषाओं में अनुवाद हुआ और वह यहाँ-वहाँ प्रकाशित होने लगी।''

यह समझना कठिन है कि भगत सिंह के इतने महत्त्वपूर्ण कार्य के भारतीय भाषाओं में अनुवादित व प्रकाशित होने में 'हास्यास्पद' क्या है, जबकि डॉ. चमन लाल स्वयं 1989 से इस पुस्तक के अप्रकाशित होने का रोना रो रहे थे। इसके अतिरिक्त जब भगत सिंह का बाकी अंग्रेजी साहित्य भारतीय भाषाओं में अनुवाद कर उपलब्ध करवाया जा सकता है तो नोटबुक पर यह रोक क्यों हो और वह भी तब, जब स्वयं चमन लाल का हिंदी अनुवाद उसी वर्ष अगले ही संस्करण में पेश हो चुका हो। इसके अतिरिक्त उनके 'यहाँ-वहाँ प्रकाशित होने लगी' कहने का क्या अर्थ है। अपनी प्रस्तावना के अंतिम परिच्छेद में उन्होंने लाहौर में भगत सिंह स्मारक के न होने पर असंतोष जताया है, लेकिन एक शहीद के लिए इससे बेहतरीन स्मारक क्या होगा कि उनके विचारों व आदर्शों को उसी भाषा में लिपिबद्ध किया जाए, जो उनका पहला प्यार रही थी और जिसमें उन्होंने भी बहुत खूबसूरत साहित्य रचना की है या संभवत: इसके पीछे ईर्ष्या या द्वेष या ऐसा अतिक्रमण का भाव रहा होगा, जिसे चमन लाल अपना शाश्वत अधिकार मान बैठे थे और यह केवल उन्हीं प्रकाशकों को प्राप्त हो सकता है, जो उनकी पुस्तकें प्रकाशित करें।

इसके अतिरिक्त उनकी 'रूसी विद्वानों' से संबंधित टिप्पणी भी 'सत्यम संस्करण' से गृहीत प्रतीत होती है, क्योंकि उनके पास भी मित्रोखिन का 1981 का कार्य उपलब्ध नहीं था। इसलिए दोनों में एक जैसी गलती है।

चमन लाल ने अपने अंग्रेजी व हिंदी संस्करणों के बाद मराठी (2009), बंगाली (2012) और कुछ संक्षिप्त रूप में उर्दू (2010) संस्करण भी निकाले। उस वर्ष (2007) भगत सिंह के भतीजे व कुलबीर सिंह के पुत्र बाबर सिंह ने 'दी भगत सिंह फाउंडेशन' के संरक्षण में विख्यात इतिहासकार प्रो. के. सी. यादव के साथ मिलकर इसका एक बड़े प्रारूपवाला संस्करण निकाला। इस संस्करण में वर्तमान में श्री बाबर सिंह के पास मौजूद मूल नोटबुक की प्रतिलिपियाँ भी थीं। यह संकलन में रखने हेतु बहुत खूबसूरती से बनाया गया संस्करण था।

कुलबीर सिंह के दूसरे पुत्र अभय संधू ने पंजाबी व हिंदी भाषा में क्रमश: पंजाब सरकार (2007) व हरियाणा सरकार (जुलाई 2008) के साथ मिलकर दो संस्करण पेश किए। ये नि:शुल्क संस्करण थे, जिन्हें लोगों के बीच मुफ्त बाँटा जाना था। बाद में अभय संधू ने दो बड़े प्रारूपवाले संस्करण निकाले, जिनमें से एक हिंदी (2011) और दूसरा पंजाबी (2011) में था। वे इसे अपने पुत्र अभितेज (अभितेज का गत वर्ष हिमाचल में एक सड़क दुर्घटना में देहांत हो गया) के साथ मिलकर 'सरदार कुलबीर सिंह मेमोरियल फाउंडेशन' के संरक्षण में निकाल रहे हैं।

इस बीच जगमोहन सिंह ने अपने पिछले संस्थान शहीद भगत सिंह शोध समिति के साथ ही शहीद भगत सिंह संस्थान [shaheedbhagatsingh.org] की भी स्थापना करने के अतिरिक्त नोटबुक व इसके साथ ही बहुत सारे पत्र व दस्तावेज ऑनलाइन कर दिए हैं। वे अपने इस वेब पोर्टल पर नियमित रूप से फोटोग्राफ व ऐसी ही अन्य सामग्री पेश करते रहते हैं। निश्चित ही इससे नोटबुक के और अधिक प्रचार में पूरी सहायता मिलेगी।

उपरोक्त घटनाक्रम के बीच राजशेखर व्यास ने प्रवीण प्रकाशन, दिल्ली से 2008 में *'भगत सिंह की जेल डायरी'* प्रकाशित करवाई तथा उन्होंने इसे विभिन्न साहित्यिक कार्यों के तीन खंडवाले संकलन *'मैं भगत सिंह बोल रहा हूँ'* में भी प्रकाशित करवाया।

इस तरह इसके अब तक 7 भाषाओं में 17 संस्करण व उनके पुन:प्रकाशन के अतिरिक्त अभी और भी बहुत से संस्करण आनेवाले हैं। यह 1994-2014 के बीच के 20 वर्षों में हासिल की गई सराहनीय उपलब्धि है। प्रो. चमन लाल ने पंजाबी के अलावा सभी भाषाओं में एकाधिक संस्करणों का योगदान दिया है। नोटबुक की देर से उपलब्धता के पारिवारिक व शहीद की विरासत के स्वामित्व से लेकर विद्वानों की सरासर लापरवाही जैसे कई कारण हैं, वहीं संयोगवश यह ऐसे समय में देशभर में शहीदों के जीवन के प्रति दिलचस्पी उत्पन्न कर रही है, जिस समय नई पीढ़ी के भारतीय अपने खुद के आदर्शों की तलाश में हैं।

नोटबुक के प्रकाशन से पहले की सभी घटनाओं की एक-दूसरे से तुलना का कोई साधन नहीं है, लेकिन अंतत: यह दो वर्गों में बँट गई; पहली जगमोहनवाली प्रति, जिसके बारे में जी.एस. देओल ने उल्लेख किया, तत्पश्चात् इसके परिणामस्वरूप डॉ. मित्रोखिन सरदार कुलबीर सिंह से मिले और इस बारे में अपनी पुस्तक में लिखा। दूसरा 'गुरुकुल' वर्ग है, जिसका परिणाम 'हूजा संस्करण' और इसके बाद अन्य अंग्रेजी व भारतीय भाषाओं के संस्करण रहे। निश्चित ही यदि भूपेंद्र हूजा द्वारा लिप्यंतरण हेतु उपयोग की गई 'मॉस्को प्रति' से वे उसके स्रोत मित्रोखिन तक पहुँच जाते हैं तो दोनों वर्ग एक बिंदु पर पहुँच जाते हैं। फिर भी इस बात में कोई संदेह नहीं कि प्रसंगवश इसका प्रकाशन करनेवाले व्यक्ति या समूह में भगत सिंह के प्रति जुनून था तथा इसके प्रकाशन में परिवार या किसी भी संस्थान का ठोस या संस्थागत प्रयास नहीं था। एक बार भूपेंद्र हूजा द्वारा प्रकाशित होने के बाद इसके 7 भाषाओं में 17 संस्करण जनता के सामने आ गए। इसे ऐसे भी कह सकते हैं कि 'हूजा संस्करण' ने नोटबुक को लोगों तक पहुँचाने का द्वार खोल दिया। अन्य सभी ने केवल इसका अनुसरण ही किया है। इससे यह बात भी स्पष्ट हो गई कि ऐसे 'राष्ट्रीय खजाने' को इतने लंबे समय तक अँधेरे में रखने का इसके रखवालों का निर्णय सरासर गलत था। जरा कल्पना कीजिए कि स्वतंत्रता मिलने के बाद से अब तक इसके कितने संस्करण व अनुवाद छप चुके होते।

भारत की बाकी सभी सामाजिक व राजनीतिक संस्थाओं की भाँति भारतीय वाम ने भी स्वतंत्रता/क्रांतिकारी आंदोलन के नायकों को मार्क्सवादी-लेनिनवादी विचारधारा में समाहित करने का प्रयास किया है। रशियन प्रोपेगंडा हमेशा से भारत के स्वतंत्रता/क्रांतिकारी आंदोलन में लेनिन को समाहित करने का निरंतर प्रयास करता रहा है। जैसा कि पूर्व में अक्तूबर क्रांति के बाद भारत में लेनिन व बोल्शेववाद की ओर रुझान में बढ़ोतरी दिखाई दी। भारतीय भाषाओं के प्रकाशन ने बहुत से अनुवाद, पुस्तिकाएँ व जीवनी प्रकाशित कीं। डॉ. मित्रोखिन ने इस विषय पर सराहनीय शोध किया। उन्होंने कुछ क्रांतिकारियों से मुलाकात कर देशभर से सामग्री/साहित्य एकत्रित किया। उन्होंने व अन्य बहुत से लोगों ने रूसी दूतावास के सूचना प्रसार कार्यक्रम के तहत बहुत सी पुस्तकें, पत्रिकाएँ व लेख प्रकाशित किए। इतिहास में डॉक्टरेट कर चुके डॉ. मित्रोखिन यू.एस.एस.आर. दूतावास में सूचना विभाग के उप निदेशक थे। उन्होंने भारत में 1964-69 और 1974-79 तक दो बार कार्य किया। उनके सहकर्मियों के अनुसार वे दस्तावेजों व अन्य शोध सामग्री के संकलन हेतु सदा उत्साहित रहते

थे, जिनका उन्होंने वापस लौटने के पश्चात् अपने लेखन कार्य में उपयोग करना था, लेकिन वापस लौटने के बाद वे अधिक सक्रिय नहीं रहे और उनका कोई भी कार्य ध्यान में नहीं आया। उनके भारत में बहुत से लोगों के अतिरिक्त भगत सिंह के परिवार के साथ भी घनिष्ठ संबंध बन गए थे। इसके अलावा उनके साथ गई सामग्री का क्या हुआ, यह ज्ञात नहीं हो सका। शोक! अब उनका निधन हो चुका है।

1970 में देवेंद्र कौशिक के साथ मिलकर लेनिन की जन्म शताब्दी पर प्रकाशित हुई मित्रोखिन की पुस्तक, जिसका प्राक्कथन तत्कालीन प्रधानमंत्री श्रीमती इंदिरा गांधी ने लिखा था, अन्य कारणों से चर्चा में रही। इसमें लेनिन पर भारत के मशहूर व्यक्तियों के लेखों के अतिरिक्त समकालीन प्रेस में लेनिन से जुड़ी सामग्री को संकलित किया गया था। इसमें भगत सिंह द्वारा 8 मई, 1931 के *'अभ्युदय'* में लिखा, *'फॉलो लेनिनिस्ट टेक्टिक्स ऐंड स्ट्रेटेजी'* भी शामिल था। निश्चित ही इसे हिंदी से पुन: अनूदित किया गया होगा। इसे भगत सिंह के विभिन्न संकलनों में उपलब्ध लेख, 'टू यंग पॉलिटिकल वर्कर' से लिया गया था।

इस काल की कुछ अन्य पुस्तकें हैं—

1. 'लेनिन : हिज इमेज इन इंडिया', देवेंद्र कौशिक, मित्रोखिन, विकास, 1970।
2. 'भगत सिंह ऐंड हिज आइडियोलॉजिकल लीगेसी' लेखक. ए.वी. रेकोव, द्वारा 'एशियन ऐंड अफ्रीकन रिपब्लिक्स', खंड I, 1971 (रूसी)।
3. 'इंडिया ऑन लेनिन', एल.वी. मित्रोखिन, मॉस्को पृ.सं. 124-130 (रूसी), 'दी बुक्स व्हिच भगत सिंह रेड', 1971।
4. 'लेनिन इन इंडिया', एल.वी. मित्रोखिन, अलाइड, दिल्ली, 1981।
5. सोवियत लैंड 1981 के भारतीय भाषाओं के संस्करण में लेख।
6. 'कॉम्प्रिहेंडिंग लेनिंस आइडिया इन अ प्रिजन सेल', 'एल.वी. मित्रोखिन' द्वारा 'लेनिन ऐंड इंडियाज फ्रीडम फाइटर्स', पंचशील पब्लिशर्स, नई दिल्ली, 1988।
7. 'भगत सिंह के अंतिम दिन' लेखक. एल.वी. मित्रोखिन द्वारा 'लेनिन ऐंड भारत', प्रगति प्रकाशन, मॉस्को (हिंदी), 1990।

नोटबुक की बात करें तो इसकी बाह्य अवस्था का उल्लेख करना उचित होगा। इसके उथल-पुथल भरे इतिहास की भाँति कालांतर में नोटबुक की बाह्य अवस्था भी बहुत खराब हो गई थी। नम उपोष्णकटिबंधीय जलवायु ने अपना असर दिखा दिया था! आधी सदी से अधिक के प्रकाश, उष्णता व आर्द्रता, नमी, धूल, मिट्टी व मनुष्य के स्पर्श ने इसकी स्थिति को तेजी से खराब कर दिया। इसके तीनों कोने घिस व फटकर क्षतिग्रस्त हो गए थे। इस स्थिति को पृष्ठों की प्रतिलिपि में भी देखा जा सकता है। इसे और खराब होने से बचाने के लिए एन.एम.एम.एल. दिल्ली भेज दिया गया। इसे और घिस-पिसकर खराब होने से बचाने के लिए सभी पृष्ठों को लैमिनेट कर दिया गया। खटकर कलाँ में रखे दोनों पृष्ठ ट्रीट नहीं हो सके। इस संस्करण में लैमिनेशन पूर्व की पुरानी प्रति का विशेष उपयोग किया गया है। इनपर खराब होने के सभी चिह्न स्पष्ट देखे जा सकते हैं। कुछ स्थानों पर पृष्ठ इतने अधिक खराब हैं कि ये अगले पृष्ठ तक फैल गए हैं। सौभाग्यवश कुछ पृष्ठों पर नीचे की कुछ पंक्तियों को छोड़कर बाकी लिखित सामग्री को कोई क्षति नहीं पहुँची है। सभी 404 पृष्ठ अक्षुण्ण,

* अंग्रेजी संस्करण आने के पश्चात एकता प्रकाशन, हिसार से हिंदी में और अभीजीत भालेराव के अनुवाद और यादविंदर सिंह संधु के सहयोग से जीवनरंग प्रकाशन, मुंबई से मराठी (2016) संस्करण आ चुके हैं।

स्पष्ट व पूर्णत: पढ़ने योग्य हैं, लेकिन प्रतिलिपि को देखकर इतना स्पष्ट हो जाता है कि इनकी स्थिति वास्तव में खराब थी और देरी करना अपूरणीय क्षति का कारण हो जाता।

नोटबुक संबंधी विवरण की अनुपलब्धता से इसकी कुल पृष्ठ संख्या भी भ्रम का कारण बन गई थी। हूजा ने अपने संस्करण के अंतिम पृष्ठ पर इस ओर इशारा किया है। उन्होंने कहा कि पृष्ठ संख्या 289 और 303 पर कोई प्रविष्टि नहीं है। इसके आगे वे फुटनोट में लिखते हैं—

''नोटबुक के अंतिम पृष्ठ पर भगत सिंह के हस्ताक्षर व तारीख लिखी है (पहले पृष्ठ की भाँति), जिससे नोटबुक की सप्लाई/रसीद की पुष्टि हो सके। शीर्ष (प्रथम पृष्ठ) पर उल्लेखित पृष्ठों की संख्या 404 है, लेकिन हमारे पास केवल 304 पृष्ठ हैं (रबर स्टैंप संख्यांकित), बाकी बचे 100 पृष्ठों के बारे में न तो कोई सूचना है और न ही हिसाब। क्या इन्हें कहीं और उपयोग करने के लिए निकाल लिया गया था? साथ ही हम यह भी देख सकते है कि भगत सिंह ने कुछ अंतराल छोड़ते हुए केवल 145 पृष्ठों पर ही नोट्स दर्ज किए हैं।''

उपरोक्त बताई गई परिस्थिति पूर्णत: त्रुटिपूर्ण है, क्योंकि गुरुकुल से प्राप्त हूजा की प्रति में नोटबुक के केवल लिखित पृष्ठों की ही प्रतिलिपि शामिल थी और उनके पास मूल से सत्यापित करने का कोई तरीका नहीं था। इसलिए उन्होंने अपनी रिक्तता को भरने हेतु अद्‌भुत अटकलबाजी का सहारा लिया, लेकिन दुर्भाग्यवश नोटबुक की मूल प्रति में आरंभ से 404 पृष्ठों तक सभी मौजूद थे। केवल उन दोनों के अलावा जो खटकर कलाँ में थे। श्री नूरुल होदा, जिन्होंने वर्ष 2008-09 में सुप्रीम कोर्ट में 'दी ट्रायल ऑफ भगत सिंह' शीर्षक से प्रदर्शनी लगाई थी, को नोटबुक की मूल प्रति को देखने का सौभाग्य हासिल हुआ था। उन्होंने स्वयं नोटबुक के सभी पृष्ठों की जाँच की थी, जहाँ यह काँच के शो-केस में प्रदर्शित होने से पहले अछूती रखी थी।

इसके अतिरिक्त जैसा कि उपरोक्त उद्धरण में बताया गया है, पृष्ठ 303 पर भगत सिंह के वैसे कोई हस्ताक्षर नहीं थे। जहाँ तक रबर स्टैंप संख्यांकन की बात है, निश्चित ही यह एन.एल.एल.एम. ने इसकी मूल प्रति से प्रतिलिपि बनाते समय किया होगा, क्योंकि कई स्थानों पर खराब होने से मुद्रित पृष्ठ संख्या लुप्त हो गई थी। इन रबर स्टैंप लिखित पृष्ठ संख्याओं को आप 'अभय संधू के संस्करण' में देख सकते हैं। सरदार कुलबीर सिंह द्वारा उपलब्ध करवाई गई सभी प्रतियाँ एन.एल.एल.एम. प्रति से प्रतिलिपित की गई थीं, जिनपर उन्होंने रबर स्टैंप से चिह्नांकन किया था। बहुत से संपादकों ने बिना किसी सत्यापन के 'हूजा नोट्स' का नकल किया था। यह तथ्यों के विकृत व बारबार दोहरा होने का प्रमुख उदाहरण है।

शुरुआती परिच्छेद में एक अज्ञात व्यक्ति का जिक्र है, जिसने भगत सिंह को यह नोटबुक प्रदान की थी। उपलब्ध जानकारी के अनुसार वह जेल का कोई अधिकारी था। हूजा संस्करण में एक टिप्पणी इसका इस तरह खुलासा करती है—

''नोटबुक को खोलते ही उसके प्रथम (शीर्ष) पृष्ठ पर एक टिप्पणी है''' 'भगत सिंह के लिए चार सौ चार पृष्ठ (404) पृष्ठ''' 'इसके अलावा यहाँ कुछ हस्ताक्षर व 12/9/29 तारीख लिखी है। यह संबद्ध जेल अधिकारी द्वारा की गई यथायोग्य प्रविष्टि है, जो बताती है कि यह कॉपी भगत सिंह को इस तारीख पर दी गई।''

निम्नलिखित टिप्पणी जेल प्रक्रिया का और अधिक खुलासा करती है, इसके अनुसार—

जेल नियमावली/प्रक्रियाओं के जानकार अच्छी तरह जानते होंगे कि जब भी कोई कैदी लेखनीय सामग्री आदि

माँगता है तो जेल प्रबंधन नोटबुक की शुरुआत से अंत तक के सभी संबंधित तथ्यों को समान रूप से दर्ज करता है। कैदी/अपराधी भी लेखनीय सामग्री को प्राप्त करने की पुष्टि करते हुए उसपर हस्ताक्षर करता है। इस केस में भी इसी प्रक्रिया का पालन किया गया" (नोटबुक के अंत में भी, भगत सिंह के हस्ताक्षर व 12/9/29 की तारीख लिखी है।)

यह ऐसी निर्धारक व निर्णायक कथन है, जो स्पष्ट कर देता है कि जेल नियमावली/ प्रक्रिया के तहत कैदी द्वारा माँगी गई किसी भी तरह की लेखनीय सामग्री को देने के पूर्व जेल अधिकारी उसकी शुरुआत व अंत में कैदी के साथ ही स्वयं भी हस्ताक्षर करते थे। यह एक सच्चा व स्पष्ट कथन प्रतीत होता है, लेकिन इसमें एक और प्रश्न खड़ा होता है। यह लेखनीय सामग्री किस तरह की थी, क्या यह बद्ध कॉपी थी या कोई रजिस्टर या नोटबुक होती थी या इसमें लिखने से जुड़ी सभी तरह की सामग्री हुआ करती थी? इस तरह खुले पन्ने लेखनीय सामग्री की परिधि में आते हैं और इसलिए उनपर उपरोक्त नियम व प्रक्रियाएँ लागू नहीं होतीं। इसके अलावा ऐसे सबूतों की भी कमी नहीं है, जो यह बताते हों कि उनके पास ऐसी बहुत सी शीटें थीं। वे विभिन्न विभागों में याचिकाएँ लगाने, प्रेस व मीडिया को पत्र व लेख लिखने के अलावा इसका बहु-स्तरीय उपयोग करते थे, जिनमें से कुछ प्रत्यक्ष तो कुछ गुप्त रूप से लिखी जाती थीं।

जेल नियमावली का नियम 557(A), खंड XVI में लेखनीय सामग्री के संबंध में लिखा है—

> 555-A (1) लेखनीय सामग्री के तहत आरोपियों, विचाराधीन कैदियों व कैदियों को निश्चित संख्या में डाक पोस्टकार्ड व डाक टिकट मुहैया करवाए जाएँगे।
> (2) नियमों के दायरे में अनुज्ञा प्राप्त अतिरिक्त पत्रों का डाक व्यय कैदियों को स्वयं उठाना होगा।
> (3) सभी पत्र सुप्रिंटेंडेंट द्वारा दिए गए समय में ही लिखने होंगे। पत्र लेखन के लिए सप्ताह का कोई सा भी दिन, विशेषकर रविवार या गुरुवार निश्चित किया जा सकता है।

इस तरह जेल नियमावली का उद्‌देश्य लेखनीय सामग्री-पत्र व उनके लेखन तक ही सीमित था। अन्य नियम कैदियों के लिखे पत्रों की प्राप्ति व प्रेषण के नियमन हेतु थे। पत्रों के अलावा पुस्तकों व अखबार के उपयोग की भी कुछ सीमाएँ थीं। भगत सिंह व उनके साथियों ने इन्हीं की बेहतर उपलब्धता के लिए जेल व राज्य प्रबंधन के साथ लंबी लड़ाई लड़ी और इससे कुछ सकारात्मक परिणाम हासिल किए, लेकिन 'पंजाब की जेल संचालन व प्रबंधन नियमावली' में लिखित 1160 विस्तृत नियमों व उनके अनेक उप नियमों व 21 परिशिष्टों में ऐसे किसी नियम या प्रक्रिया का उल्लेख नहीं है, जिसके तहत जेल अधिकारियों के कैदियों को कोई नोटबुक या रजिस्टर या किसी भी तरह का लेखनीय पृष्ठ देने के पूर्व उसे हस्ताक्षरित, सत्यापित या प्रमाणित करना होगा और इसपर कैदियों के भी हस्ताक्षर लेने होंगे। इसके अलावा, बिना पदनाम व आधिकारिक मुहर के जेल के किसी भी अधिकारी द्वारा हस्ताक्षरित कोई भी कागज आधिकारिक पुष्टि या किसी भी आधिकारिक दायित्व/प्रक्रिया या नियम की पूर्ति नहीं करता।

मैंने इस विषय पर कुछ सेवानिवृत्त व कार्यरत जेल अधिकारियों से बात की। इन सभी ने ऐसे किसी भी आदेश, नियम या प्रक्रिया की जानकारी होने से इनकार किया। हालाँकि उन्होंने जेल प्रबंधन द्वारा स्थानीय स्तर पर ऐसा कोई नियम बनाने की संभावना भी जताई, लेकिन उन्होंने इस बात पर हामी नहीं भरी कि नोटबुक या लिखने के कागज प्रदान करने पर किसी तरह के प्रतिबंध की आवश्यकता रही होगी। उनका मानना था कि सुरक्षा कारणों से कागज व नोटबुक तो नहीं, लेकिन लिखने के उपकरणों की नुकीली निब को हथियार के तौर पर उपयोग करने की संभावना के चलते इन्हें प्रतिबंधित किया जा सकता है। इससे यह स्पष्ट हो जाता है कि परिस्थितियों को देखते हुए नियम न होने की सूरत में किसी भी आदेश/काररवाई/प्रक्रिया का निर्माण किया जा सकता है। नोटबुक जेल में लिखी गई थी और यह नोट इसके प्रथम पृष्ठ पर है। इस मामले में दो और दो को जोड़कर देखना बहुत सरल है। मुमकिन लगने के कारण गत 20 वर्षों में नोटबुक के

सभी संपादक इसे वेदवाक्य मानकर शब्दश: दोहराते आ रहे हैं।

यहाँ एक और मुद्दे पर चर्चा करना आवश्यक है। यह अपराधी की जेल पहचान से जुड़ा नियम 480 (खंड-XI) है।

(1) प्रत्येक अपराधी को प्रवेश रजिस्टर में दर्ज उसकी प्रविष्टि के अनुसार क्रमांक संख्या दी जाती है; प्रत्येक जेल में यह क्रमांक संख्या 1 से 10,000 तक होती है।

(2) कैजुअल (आकस्मिक) कैदी को संक्षेप में कैस: क्लास (श्रेणीबद्ध) व हैबिचुअल (आदतन) कैदियों को क्लास व हैब की संज्ञा दी जाती है।

(3) किसी भी आधिकारिक संवाद के दौरान अपराधी को उसके क्रमांक व श्रेणी अनुसार संज्ञा के बाद उसका नाम लिखकर संबोधित किया जाता है। उदाहरण—"अपराधी संख्या 359 कैस: इशर सिंह।"

नियम संख्या 480 के तहत जेल प्रबंधन भगत सिंह को निम्नलिखित तरीके से संबोधित करता—

(क्रमांक) कैस : भगत सिंह।

भगत सिंह द्वारा 17 जून, 1929 को मियाँवाली जेल से जेल प्रबंधन को पत्र लिखा गया था। भगत सिंह ने इसमें वस्तुत: अपना जेल क्रमांक (117) लिखते हुए हस्ताक्षर किए हैं। इसी तरह जेल प्रबंधन ने पत्र में उन्हें 'श्री भगत सिंह, निर्वासन कैदी' लिखकर संबोधित किया है। जेल प्रबंधन के साथ अपने कुछ अन्य पत्र व्यवहार में भगत सिंह ने स्वयं को दोषी-विचाराधीन कैदी भी लिखा है अर्थात इस नियम का बहुत सख्ती से तो नहीं, लेकिन पालन अवश्य किया जाता था, लेकिन इस नोटबुक के प्रथम पृष्ठ पर उन्हें संबोधित करने का ढंग देखिए—

फॉर एस. भगत सिंह

यहाँ 'एस' सरदार व श्री दोनों के लिए हो सकता है, जो किसी भी वरिष्ठ या सम्मानित व्यक्ति को संबोधित करने का भारतीय तरीका है। जरा विचार करें कि जेल प्रबंधन में से कौन उन्हें इतने सम्मानजनक ढंग से संबोधित करेगा या संभव है कि यह कोई जेल अधिकारी नहीं, बल्कि उनका कोई शुभेच्छु/ मित्र रहा हो, जिसने अपने हस्ताक्षर कर उनके पास यह नोटबुक भेजी थी, लेकिन इसपर लिखी कुल पृष्ठ संख्या से यह आधिकारिक प्रतीत होता है। इन सभी मामलों को समझाने व संतुष्ट करनेवाला कोई स्पष्टीकरण अभी तक नहीं मिल सका है। इसके अलावा मुझे संदर्भ रूप से ऐसा और भी कोई मामला नहीं मिला, जहाँ कैदी द्वारा उपयोग की जानेवाली नोटबुक पर जेल अधिकारी ने हस्ताक्षर किए हों। ब्रिटिश जेलों में बहुत सारे क्रांतिकारी व स्वतंत्रता सेनानी बंद थे, वे सब भी रचनाकार्य में जुटे हुए थे, लेकिन जहाँ तक मुझे ज्ञात है, ऐसा और कहीं देखने में नहीं आया।

वैसे भी नियम केवल आधार तैयार करते हैं, इनका अनुपालन सुप्रिंटेंडेंट के हाथ होता है, जो प्रत्येक व्यक्ति व स्थान पर निर्भर करता है। जेल में सभी नियमों व प्रक्रियाओं का अंतिम निर्णायक जेल सुप्रिंटेंडेंट होता है, इसलिए हम यह नहीं जान सकते कि भगत सिंह को कौन सी व किस हद तक सुविधाएँ प्रदान की गई थीं। समकालीन रचनाओं के अभाव में, जिनका स्रोत उनके बहुत से साथी व मित्र, सुरक्षा समिति के सदस्य, वकील, राजनीतिक व सामाजिक कार्यकर्ता, पत्रकार, जेल अधिकारी या जेल के अन्य कर्मचारी, पुलिसकर्मी, शासकीय कर्मचारी तथा साथी कैदियों जैसे सैकड़ों लोग हो सकते थे, इसमें से अधिकांश निश्चित ही निरंतर उनके संपर्क में रहे होंगे, ले देकर हमारे पास भगत सिंह का अपना लेखन ही रह जाता है जो इस मामले में हमारी ज्यादा सहायता नहीं करता है।

3

नोटबुक के लेखों को समझना

प्रस्तावना के इस भाग में पुस्तक से जुड़ी विशेषताएँ बताने के अतिरिक्त इसे जिस तरह व्यवस्थित किया गया और विवरण दिया गया है। नोटबुक में बहुत सी नई सामग्री जोड़ी गई है, जिसकी व्यवस्था इस प्रकार है :

1. भगत सिंह द्वारा उपयोग की गई पुस्तकें

इस प्रस्तावना के अंत में 'पुस्तक-सूची' दी गई है। इस सूची में उन सभी पुस्तकों को शामिल किया गया है, जिनसे नोटबुक में उद्धरण लिये गए हैं। दूसरे शब्दों में कहें तो ये वे संभावित पुस्तकें हैं, जिनका भगत सिंह ने नोटबुक में उपयोग किया हो सकता है। इस सूची में प्रत्येक प्रविष्टि के साथ ही उस पुस्तक से जुड़ी संपूर्ण संदर्भिका जानकारी दी गई है और उसके ठीक नीचे कोष्ठकों में नोटबुक की वे पृष्ठ संख्याएँ लिखी हैं, जहाँ इनका उल्लेख हुआ है। इसके अतिरिक्त किसी पुस्तक से जुड़ी कोई अन्य प्रासंगिक जानकारी होने पर उसे उल्लिखित स्थल पर प्रदान किया गया है। अनिर्धारित स्रोतोंवाले उद्धरणों की सूची अंत में दी गई है। यह सूची लेखक क्रम में है।

2. लापता पृष्ठ

नोटबुक के लापता पृष्ठों को जोड़ने से यह पूर्ण हो गई है। हालाँकि नोटबुक के पृष्ठ 2, 3, 4 को क्रम और इन पृष्ठों पर लिखित सामग्री को व्यवस्थित करने का कोई सटीक तरीका नहीं था, लेकिन सहूलियत के लिए खटकर कलाँ में मौजूद पृष्ठों को पृष्ठ 3 व 4 पर जोड़ा गया है।

इसी नोटबुक के जैसे दो और पृष्ठ हैं, जो देखने में भगत सिंह के लिखे प्रतीत होते हैं, लेकिन उनके मूल के संबंध में कोई जानकारी नहीं है, लेकिन इन पृष्ठों की विषयवस्तु कमोबेश नोटबुक की विषयवस्तु से मिलती-जुलती सी है। इन दो पृष्ठों को परिशिष्ट 4 पर रखा गया है इनके स्रोत व प्रामाणिकता का कोई दावा नहीं है। इन्हें केवल उत्सुकतावश जोड़ा गया है। जहाँ तक उद्धरणों की खोज की बात है, इनके साथ भी नोटबुक जैसा ही व्यवहार किया गया है। इनको नोटबुक का भाग नहीं माना जा सकता।

3. पृष्ठांकन

संपूर्ण नोटबुक में मूल जैसा ही पृष्ठांकन किया गया है। इसमें जहाँ बाईं ओर मूल नोटबुक और दाईं ओर उसका प्रतिलेखन है, वहीं प्रत्येक पृष्ठ पर 'मूल नोटबुक पृष्ठ संख्या' भी दी गई है। प्रत्येक मूल पृष्ठ के तुरंत बाद उसका प्रतिलेखन दिया गया है। जैसा कि पहले बताया गया है कि भगत सिंह ने 404 पृष्ठों में से मात्र 140 पृष्ठों का ही उपयोग किया है तथा शेष सभी पृष्ठ रिक्त हैं। इन्हें इसी तरह दरशाया गया है। पहले व अंतिम पृष्ठ को चित्रण व दृश्य प्रभाव की दृष्टि से रिक्त रखा गया है। इस पुस्तक द्वारा निराधार अटकलों को विराम देना इसका एक अन्य दिलचस्प पहलू है। प्रतिलिखित पृष्ठ अर्थात दाईं ओरवाले पृष्ठ पर फोलियो लिखे हैं। इनमें पहले मूल नोटबुक पृष्ठ संख्या (पृष्ठ के बाएँ शीर्ष पर) और इसके बाद (पृष्ठ के दाएँ शीर्ष पर) पुस्तक की वर्तमान पृष्ठ संख्या दी गई है। नोटबुक की मूल पृष्ठ संख्या अछूती व दृष्ट होने से पृष्ठ के चित्र में भी दिखाई दे रहे हैं। अनुक्रमणिका या प्रस्तावना में प्रस्तुत सभी संदर्भ नोटबुक के मूल पृष्ठों से लिये गए हैं।

4. विविध उद्धरण

जैसा कि पहले बताया गया है, खुले पृष्ठों पर लिखे उद्धरणों को नोटबुक के अंत में विविध उद्धरणों के रूप में

जोड़ा गया है। नोटबुक के फोलियो नंबर विविध खंड में भी यथाक्रम जारी रहेंगे। ये सभी उद्धरण जारी फोलियो नंबर में उल्लिखित हैं। चूँकि ये उद्धरण 12 फुलस्केप खुले पृष्ठों से लिये गए हैं, इसलिए इनका प्रतिलेखन पृष्ठ-दर-पृष्ठ नहीं है। जगमोहन ने सभी नोट्स की प्रतिलिपि बनाने में 27 पृष्ठों का उपयोग नहीं किया था, जबकि इस पुस्तक में ये नोट्स 15 पृष्ठों तक विस्तारित हैं। इन प्रतिलिखित पृष्ठों के बाद जगमोहन के हस्तलिखित पृष्ठ भी दिए गए हैं।

5. उर्दू शेर

कुछ शेर नोटबुक में हैं तो कुछ विविध उद्धरणों में मौजूद हैं। तत्पश्चात् पूर्ववर्ती चर्चा के अनुसार जगमोहन प्रदत्त दो और फुलस्केप पृष्ठ हैं। इनकी मूल तसवीरों व प्रतिलेखन परिशिष्ट I और II शीर्षक से हैं। जहाँ कहीं भी संभव हो सका शेर के लेखक का नाम दिया गया है।

6. खोज में प्राप्त पुस्तकें

जैसा कि पहले बताया गया है, भगत सिंह व उनके साथियों के छिपने के स्थानों व घरों पर छापे के दौरान बहुत सी पुस्तकें जब्त की गई थीं। परिशिष्ट III में पुलिस द्वारा कोर्ट में दी गई जब्त पुस्तकों की सूची है। यह बहुत लंबी सूची है, जिसे जितना संभव रहा, उतना संशोधित/अद्यतन रखा गया है। यह उनकी व्यापक अध्ययनशीलता का प्रमाण है।

''बहुत अधिक अध्ययनशील शब्दशः उद्धरण इसलिए नहीं दे पाता, क्योंकि उसने बहुत कुछ पढ़ रखा होता है।'' नोटबुक के लगभग सभी उद्धरणों का इसके मूल पाठ से मिलान किया गया है, हालाँकि नोटबुक की सभी टिप्पणियाँ केवल उद्धरण ही नहीं हैं, इनमें से कुछ लेख वास्तव में टीका या केवल नोट्स मात्र हैं। भगत सिंह ने इनमें से अधिकांश को इधर-उधर किया है, कई के साथ खेला है और कई बार वे इन्हें सावधानी से उद्धृत नहीं कर पाए हैं।

प्रतिलेखन व प्रतिलिखित पाठ की प्रक्रिया को स्पष्ट रूप से समझने के लिए पाठकों का ध्यान निम्न बिंदुओं की ओर आकर्षित करना चाहूँगा—

1. सामान्यतः, प्रतिलिखित पाठ मूल स्रोत पाठ के अनुरूप है। यदा-कदा अज्ञात स्रोत जैसी सूचनाएँ दी गई हैं।
2. उद्धरण के अनुपस्थित/छोड़े गए शब्दों को मूल स्रोत से पूरा किया है, लेकिन इसकी सूचना नहीं दी गई है।
3. वर्तनी, व्याकरण व विराम चिह्नों की प्रत्यक्ष त्रुटियों को मूल के अनुसार सुधारा गया है और इसकी सूचना नहीं दी गई है।
4. सर्वनाम व क्रिया में मूल के अनुसार मामूली बदलाव किए गए हैं और इसकी सूचना नहीं दी गई है।
5. लगभग सभी शीर्षक व उपशीर्षक भगत सिंह ने स्वयं दिए हैं। इसलिए इनमें कोई बदलाव न करते हुए इन्हें यथावत रखा गया है।
6. जहाँ भी उद्धृत सामग्री में कुछ कमी महसूस की गई, वहाँ पूर्ण उद्धरण दिया गया है।
7. जहाँ भी भगत सिंह के नोट्स हैं या उन्होंने किसी उद्धरण का संक्षिप्त करण किया है तो उसे वैसा ही रखा गया है। परंतु जहाँ भी उन्होंने किसी स्त्रोत से अपने नोट्स में पूरा उद्धरण लिया है तो उद्धरण मूल स्त्रोत का अनुसरण करता है।
8. अप्राप्य उद्धरणों के अतिरिक्त सभी उद्धरणों का निम्न प्रारूप में संपूर्ण संदर्भ दिया गया है—

   (अ) भगत सिंह के उद्धरण पूर्ण रूप से दिए गए हैं।

(ब) लेखक के कार्यों व उनके संबंध में अज्ञात सभी जानकारियों को {} मध्य कोष्ठक में दिया गया है।

(स) हमारे द्वारा दी गईं पृष्ठ संख्या [ ] दीर्घ कोष्ठक में दिए गए हैं, जबकि भगत सिंह द्वारा उद्धृत पृष्ठ संख्या कोष्ठक में नहीं दी गई हैं।

9. 'अज्ञात स्रोत' उद्धरण तीन प्रकार के हैं—

(अ) जहाँ लेखक व लेख दोनों के संबंध में कोई जानकारी नहीं है।

(ब) जहाँ लेखक व लेख की जानकारी हो, लेकिन भगत सिंह के स्रोत की जानकारी न हो या संदिग्ध होने पर सूचना दी गई है।

(स) जहाँ लेख व लेखक ज्ञात हो, लेकिन अनुवादक, संपादक या संस्करण की जानकारी न होने पर सामान्यत: सूचित किया गया है।

10. भगत सिंह द्वारा रिक्त छोड़े गए पृष्ठों का संकेत दिया गया है।

11. भगत सिंह की प्रति व प्रतिलिखित पाठ में तुलना करने पर अंतर दिख सकता है, जिसे सूचित नहीं किया गया है।

उदाहरण के लिए, नोटबुक के पृष्ठ 107 का दूसरा उद्धरण ब्लैकस्टोन का है, अब भगत सिंह के हस्तलिखित व मूल स्रोत प्रदत्त प्रतिलेखन की पाठ सामग्री की तुलना कीजिए। भगत सिंह ने 'कॉम्प्रीहेंसिव' (व्यापक) शब्द छोड़ दिया है तथा 'रेशनल ऑर इर्रेशनल' (तर्कसंगत या तर्कहीन) तथा 'एनिमेट ऐंड इनएनिमेट' (चेतन और अचेतन) का शब्दानुक्रम भी उलट दिया है। ऐसा ही हेर-फेर नोटबुक के पृष्ठ 108 पर भी दिखाई देता है। सचेत पाठक भगत सिंह द्वारा किए गए ऐसे बहुत से सूक्ष्म परिवर्तनों को समझ जाएँगे। कई बार वे इसे पूर्णत: अपने शब्दों प्रयुक्त करते हैं, उदाहरण के लिए नोटबुक के पृष्ठ 108 का यह उद्धरण देखिए, ''आदेशात्मक कानूनों के लिए समाज में सकारात्मक नैतिकता का होना आवश्यक है।'' यह किसी पुस्तक में से नहीं, बल्कि इसी पृष्ठ की विषयवस्तु पर आधारित है।

भगत सिंह द्वारा लिखित अब तक की संकलित व संपादित सामग्री के आधार पर इसे मोटे तौर पर चार वर्गों में बाँटा जा सकता है—

1. राज्य, प्रबंधन, जेल प्राधिकारियों व अदालतों को लिखी याचिकाएँ व नोटिस।
2. अदालतों में दिए बयान।
3. अपने मित्रों, साथियों, कॉमरेड्स, मीडिया को संबोधित तथा घोषणापत्र, पैंफलेट, नोटिस, कार्यक्रम तथा राष्ट्रीय व अंतरराष्ट्रीय दोनों ही स्तर के नेताओं से संबंधित लेखन।
4. निबंध, लेख, जीवनी लेखन, राष्ट्रीय व अंतरराष्ट्रीय आंदोलनों संबंधी लेखन।
5. परिवार व मित्रों को लिखे निजी पत्र।

इसमें से कई रचनाओं की विषयवस्तु एक जैसी हो सकती है, लेकिन मोटे तौर पर इसका यह विभाजन उचित है। हालाँकि उनकी रचनाएँ 1924 में उनके निबंध, 'दी प्रॉब्लम ऑफ पंजाब्स लैंग्वेज ऐंड स्क्रिप्ट' से पहली बार जनता के सामने आईं। तत्पश्चात् उन्होंने क्रांतिकारियों व आंदोलनों से जुड़े और भी लेख लिखे, जो 1926 से लेकर 1928 तक प्रकाशित होने के बाद 1928 में बड़ी मात्रा में प्रकाशित हुए। उनका अंतिम पत्रकारिता संबंधी कार्य 'चाँद' पत्रिका के नवंबर 1928 के 'फाँसी अंक' में दिखाई दिया। 6 अप्रैल, 1928 को भगवती चरण वोहरा द्वारा प्रकाशित किया गया नौजवान भारत सभा का घोषणापत्र उनका संभवत: सबसे पहला और 'यंग पॉलिटिकल वर्कर्स' को संबोधन अंतिम राजनीतिक लेखन था। उनके राज्य व अदालतों को संबोधन सहित सभी लेखन कार्य की विषयवस्तु स्पष्ट रूप से साम्राज्यवाद के खिलाफ, मेहनतकशों की आजादी हेतु क्रांति की अलख जगाने और समानता व न्याय पर आधारित समाज के निर्माण के झंडे के तहत

प्रचार करना था। वे अपने इस चयनित मार्ग पर अडिग रहे, परंतु उनकी नोटबुक उपरोक्त में सी किसी वर्ग में नहीं आती। न तो यह किसी व्यक्ति विशेष के लिए है और न ही किसी प्रचार का माध्यम है, बल्कि यह उन्हें खुद को संबोधित है तथा इसमें उनका अपना लिखा कुछ नहीं है। तो फिर इसका महत्त्व व प्रशंसकों के बीच इसकी लोकप्रियता का क्या कारण है?

आगामी परिच्छेद में सर्वनाम के रूप में 'वे' शब्द का उपयोग भले ही सटीक न हो, लेकिन सुविचारित अवश्य है, क्योंकि अधिकांश रचनाओं का लेखकत्व किसी व्यक्ति विशेष को नहीं दिया गया, फिर चाहे इन्हें किसी ने भी लिखा हो और इस तरह यह एक सामूहिक कार्य जैसा है, जिसमें वे भी बराबर के भागीदार हैं। यहाँ तक की अदालतों में पेश हुए उनके हस्ताक्षरित बयानों पर भी उनका विशिष्ट लेखकत्व नहीं है। 'असेंबली बम मामले' में सेशन कोर्ट के सम्मुख दिया उनका ऐतिहासिक बयान इसका अपवाद है। माना जाता है कि इस बयान की मुख्य रूपरेखा असेंबली में जाने से पहले ही तैयार कर ली गई थी, लेकिन जेल नोटबुक में ऐसा कुछ नहीं है। यह विशिष्ट तौर पर भगत सिंह की अपनी है। जेल नोटबुक के पंजाबी अनुवाद की प्रस्तावना में राजेंद्र पाल सिंह कहते हैं, "जेल नोटबुक का महत्त्व इस दृष्टि से बढ़ जाता है कि यह उस बाधा के परे है, जहाँ उनकी अपनी अधिकांश रचनाएँ छद्म नामों या अज्ञात के तौर पर लिखने से उनका लेखकत्व अस्पष्ट है, जिस कारण उनकी प्रामाणिकता भी संदिग्ध हो जाती है।" लेकिन जेल नोटबुक की संपूर्ण हस्तलिखित पांडुलिपि मौजूद होने के अलावा अब सार्वजनिक भी हो चुकी है। जैसा कि पहले कहा गया है कि उनका संपूर्ण रचना कार्य उनके विचारों व सिद्धांतों के योजनाबद्ध प्रचार का हिस्सा था, जो उन मामलों में उनके सार्वजनिक पक्ष को प्रतिबिंबित करता था। उनके बहुत थोड़े से निजी पत्रों के अलावा उनका संपूर्ण साहित्य इसी प्रकृति का है। इसके विपरीत, जेल नोटबुक में दर्ज सामग्री विशेष रूप से उनकी व्यक्तिगत व निजी दिलचस्पी, अनवरत एकालाप व लाहौर सेंट्रल जेल के सेल नंबर 137 की चारदीवारी के भीतर के मौन को प्रतिध्वनित करती है या यह भी संभव है कि यह उनके जीवन व अपने आसपास के संसार को समझने का तरीका रहा हो।

"....और मैं कुछ चीजें समझना चाहता हूँ,
जिससे तुम्हारे आगे सच्चा साबित हो सकूँ।
मैं अपने को मानता हूँ,
एक ऐसा चित्र,
जिसे मैं इस तरह लंबे समय से नजदीक से देख रहा हूँ,
जैसे वह मुझे अंततः समझ आनेवाली कोई उक्ति हो,
जैसे मेरे रोजाना उपयोग आनेवाली सुराही हो,
जैसे मेरी माँ का चेहरा,
जैसे पानी का जहाज,
जो मुझे लेकर उमड़ते तूफान के बीच से गुजर जाता है।"

—रेनर मारिया रिल्के

नोटबुक से जुड़ी ऐसी और भी बहुत सी चीजें हैं, जिनके चलते इसके कुछ पहलुओं को स्पष्ट करना अनिवार्य है। इसमें नोटबुक लिखते समय को उनकी सोच, इसके लिए उनके द्वारा चयनित पुस्तकें व अन्य सामग्री तथा इसे लिखने के पीछे का उनका उद्देश्य विशद विषय हो जाने से इस लेख की सीमा से बाहर की वस्तु है। पिछले पृष्ठों में अधिकांश मामलों पर चर्चा होने के बावजूद कुछ संक्षिप्त टिप्पणियों की संभावना मौजूद है।

नोटबुक पर काम करते हुए एक लंबा समय, लगभग एक दशक बीत चुका है। मैं रात-दिन इस कार्य में डूबा रहा।

निश्चित ही इसने मस्तिष्क को कई स्तरों पर प्रभावित किया है। पढ़ना व अनुभव करना ये दोनों ही कार्य मस्तिष्क के समान स्नायविक क्षेत्र को उत्प्रेरित करते हैं। अत: इतने गहरे व निरंतर अध्ययन से मस्तिष्क भावनात्मक के अलावा बौद्धिक और यहाँ तक कि शारीरिक रूप से भी प्रभावित हुआ। कई बार मुझे इस कार्य की उपयोगिता या इसके व्यर्थ व समय खराब होने की दुविधा ने भी जकड़ा। ऐसा केवल मेरे साथ ही नहीं था, मेरे मित्र भी नोटबुक के प्रति मेरी उन्मत्त स्थिरता पर प्रश्न करते, हालाँकि मेरा समर्थन करनेवालों की संख्या मेरी आलोचना करनेवालों से कम नहीं थी, लेकिन मन तब भी दुविधाग्रस्त ही रहा। संशय के बादल घिरते ही हमेशा छँट जाते और मैं अपने प्रयासों को निरंतर व कई बार और अधिक केंद्रित होकर जारी रखता। मैं इसमें नए अर्थों को प्रकट व आरोपित करता रहा। इस तरह मैं नोटबुक की बहुत सी खासियतों को सामने लाया, जो अन्यथा अनदेखी ही रह जातीं। पाठक इसके संबंध में अपनी जानकारीपूर्ण राय बना सकते हैं, लेकिन एक बात मैं पूरे दावे के साथ कह सकता हूँ कि इसे पढ़ने से पाठकों को एक या अनेक अर्थों में लाभ होगा।

नोटबुक को बारंबार पढ़ना और इसके विविध संस्करणों, विचारों व विभिन्न रचनाओं में इसके संबंध में पढ़ने से मेरे मन में बहुत से प्रश्न उठ खड़े हुए। जब मैं अपने मित्रों व सहकर्मियों के साथ इस नोटबुक पर चर्चा करता तो वे भी बहुत से प्रश्न पूछते थे।

सामान्यत: इनमें उन्होंने यह नोटबुक क्यों लिखी, प्रश्न अवश्य पूछा जाता है। इसके जितने प्रश्नकर्ता, उतने ही उत्तर हो सकते हैं। सच कहें तो इसका कोई विशिष्ट उद्देश्य दिखाई नहीं देता। यदि कोई है तो वह प्रत्यक्ष नहीं है। इसकी विषयवस्तु का पैटर्न तथा इससे संबंधित विषयवस्तु की मात्रा तथा इन दोनों पैटर्न के बीच के रिश्ते द्वारा इसके उद्देश्य का संप्रेषण या वर्णन होना चाहिए, जोकि दिखाई नहीं पड़ता। यदि हम गरीबी, स्वतंत्रता, न्याय, उत्पीड़न, सत्य, जीवन, विवाह व ऐसे ही अन्य मानवीय या आदर्शवादी विचारों या धारणाओं जैसे बड़े मुद्दों को देखना चाहते हैं तो हमें इसके व्यवहार्य व सार्थक अंश बड़ी मात्रा में मिल जाएँगे, लेकिन फिर इस व्यापक समूह में शामिल नहीं होनेवाले और जो सार्थक इकाई बनने के लिए बेहद न्यून हैं, उनके लिए हमें एक ऐसा पैटर्न नमूदार करना होगा, जिसे हम किसी उद्देश्य से बाँध सकें।

नोटबुक के मित्रोखिन से लेकर विभिन्न संपादकों तथा भगत सिंह पर लिखनेवाले बहुत से स्तंभकारों व अन्य लेखकों के विचार, कथन व अन्वेषण बहुतायत में हैं। इन सभी ने नोटबुक के उद्देश्य और विशेषताओं पर बहुत कुछ लिखा है, जिसपर हम पहले भी चर्चा कर चुके हैं, लेकिन हम इन्हें अतिरंजना या अतिशयोक्ति की संज्ञा देते हुए नोटबुक के सार्थक अध्ययन से विमुख या इससे भी बुरा कि उनके द्वारा छोड़े गए इस दस्तावेज से उनकी वामपंथी विरासत तय करने का प्रयास कह सकते हैं। वे सभी विद्वान केवल इसकी सतह से फेन ही पा सके हैं। उन्होंने ऊपर-ऊपर से कुछ नाम देखे, कुछ पंक्तियाँ पढ़ीं और अपने आडंबरपूर्ण व सुस्पष्ट निर्णय पर पहुँच गए। यहाँ मैं ऐसा ही एक उद्धरण बताता हूँ। यू.एस.एस.आर दूतावास के सूचना विभाग में 1966-1992 तक वरिष्ठ संपादक के पद पर कार्य कर चुके व अपने इलाके के जाने-माने विद्वान डॉ. प्रेम सिंह 13 जून, 2010 को *पंजाबी ट्रिब्यून* में लिखते हैं—

> *''जेल में रहते हुए भगत सिंह ने क्रांतिकारी- राजनीतिक साहित्य का गहन अध्ययन किया था, उनकी जेल डायरी को देखकर यह बात स्पष्ट हो जाती है। उन्हें जो भी पुस्तक मिली, उन्होंने उसे पढ़ डाला। इस तरह उन्होंने पूँजीपति राजनेताओं व सामाजिक वैज्ञानिकों का लिखा बहुत सा अंग्रेजी साहित्य पढ़ा और उसमें से नोट्स भी बनाए।''*

उपरोक्त कथन नोटबुक को स्पष्ट व उचित दृष्टिकोण प्रदान करता है। समस्या केवल यही है कि यह जाँच करने पर खरा नहीं उतरता और न ही कोई दावा इसे प्रामाणिक बनाता है। नोटबुक से जुड़े अब तक सामने आए लगभग सभी लेखों व साहित्य में ऐसी ही अतिरंजित उक्तियाँ व्यक्त की गई हैं, बल्कि डॉ. प्रेम सिंह का अनुमान उन सभी विशेषताओं का प्रतीक है, जो नोटबुक में कहीं नहीं मिलतीं। दरअसल हुआ यह कि लगभग सभी टिप्पणीकारों ने नोटबुक व उनके

अन्य साहित्य तथा नोटबुक जिन हालातों में लिखी गई, उनका स्वतंत्र अध्ययन करने की बजाय बाकी सबको देखते हुए अपनी कहानियों में उस अनुसारी नए और भारी भरकम शब्दों में नया रूप दे दिया और सहज ही अन्य लोगों के विचारों को अपनी पसंद व रुझान के मुताबिक अधिक आलंकारिक बना लिया।

यह केवल एक बार की बात ही नहीं रही, यह अजस्र प्रवाह की तरह जारी रहा, जिसमें कभी-कभी कोई नई व आकर्षक बात जोड़ दी जाती। हाल ही में, 'दी संडे एक्सप्रेस मैगजीन' के एक लेख 'इन डिफेंस ऑफ दी रिवॉल्यूशनरी' में सुनयना कुमार ने भगत सिंह पर प्रो. चमन लाल का लेखन पढ़ने के बाद उनके हवाले से लिखती हैं, ''उन्होंने जेल में 400 से भी अधिक पुस्तकें मँगवाईं और कैद में रहते हुए खूब लेखन कार्य किया।'' अब तक दिए गए प्रमाणों के अनुसार यह कैसे संभव हो सकता है ? यहाँ तक कि इतिहास के गंभीर विद्वान भी नोटबुक के मोहक जादू से बच नहीं सके। अग्रणी विज्ञान इतिहासकार व विचारक प्रोफेसर एस. इरफान हबीब, भगत सिंह व उनके साथियों के कार्यों के सैद्धांतिक आयाम पर लिखी व 2007 में पहली बार प्रकाशित हुई अपनी बेहतरीन पुस्तक *'टू मेक दी डेफ हीयर: आइडियोलॉजी ऐंड प्रोग्राम ऑफ भगत सिंह ऐंड हिज कॉमरेड्स'* में लिखते हैं—

> *''भगत सिंह की जेल डायरी हमें उनके भीतर बतौर मार्क्सवादी तेजी से बढ़ रही परिपक्वता का गहन बोध कराती है। उन्होंने मार्क्स, एंगेल्स, लेनिन, त्रोत्स्की, बाकुनिन, प्रिंस क्रोपोटकिन और यहाँ तक कि डार्विन, बर्ट्रेंड रसेल आदि के कार्यों को विस्तार सहित उद्धृत किया है।''*

लेकिन अब तक हुई चर्चा में इसका कोई प्रमाण नहीं मिलता, वहीं उनकी पुस्तक के परिशिष्ट-अ में शामिल पुस्तकें व लेखकों में इनकी अधिकता, विशेष रूप से कार्ल मार्क्स की 'कैपिटल' को इस सूची में शीर्ष पर देखते हुए भी यही सत्य प्रतीत होता है।

यद्यपि इसमें एक दिलचस्प साक्ष्य पी.ए.के. 19 भी है। वर्ष 2006 में जस्टिस भगवान दास अन्य प्रमाणों के साथ ही इसे भी पंजाब अभिलेखागार, लाहौर से लाए थे। पी.ए.के. 19 क्रमांकवाला यह साक्ष्य एक पुस्तक सूची है, जिसके अंत में किसी 'टिंक्चर' [देखें पृष्ठ 452] की प्रविष्टि भी शामिल है, लेकिन ऐसा प्रतीत होता है कि इस साक्ष्य को क्रमांक देने में कोई भूल हुई है, क्योंकि 26 जुलाई, 1930 को ट्रिब्यूनल के समक्ष इसी क्रमांक से कोई और साक्ष्य प्रस्तुत किया गया था। इस क्रम संख्या का उपयोग सहारनपुर पुलिस ने एच.एस.आर.ए. मुख्यालय पर छापे के दौरान किया था। यहाँ से उन्होंने शिव वर्मा, जयदेव कपूर और गया प्रसाद को गिरफ्तार किया था। इस साक्ष्य सूची के क्रमांक 22 पर कार्ल मार्क्स की 'कैपिटल' (लोकप्रिय संस्करण) का नाम लिखा है। जब्त की गई पुस्तकों की भीड़ में 'कैपिटल' एक अन्य पुस्तक मात्र ही है। इससे प्रोफेसर हबीब की भगत सिंह के जेल में रहते हुए 'कैपिटल' पढ़ने की बात साबित नहीं होती। हाँ, यह अवश्य हो सकता है कि उन्होंने इसे जेल से बाहर रहते हुए पढ़ा हो। उस समय 'कैपिटल' का *'दी पीपल्स मार्क्स; ऐब्राइज्ड पॉपुलर एडिशन ऑफ दी थ्री वॉल्यूम्स ऑफ 'कैपिटल'* के भिन्न शीर्षक से लोकप्रिय संस्करण आता था। इसका प्रकाशन 1921 में इंटरनेशनल बुक शॉप लिमिटेड, लंदन ने तथा इसका संपादन जुलियन बोरचार्ड्ट और अनुवाद स्टीफन एल.ट्रास्क ने किया था।

इस प्रस्तावना में ड्ब्ल्यू.बी. येट्स की 'आइडियाज ऑफ गुड ऐंड ईविल' में से एक उद्धरण है, जिसे भाग-II के आरंभ में अभिनंदन-लेख के रूप में दिया गया है। संभवत: पाठकों ने इसे अवश्य देखा होगा और यदि नहीं देखा है, पुन: पीछे जाकर इसे पढ़ना लाभप्रद रहेगा। इस उद्धरण को पढ़ने के बाद इस सामग्री का अध्ययन करने से उत्पन्न प्रभाव के चलते इसके भगत सिंह द्वारा पढ़े जाने का मिथक उत्पन्न होना स्वाभाविक है, लेकिन इस मिथक की शुरुआत यहाँ उल्लिखित लोगों द्वारा नहीं, बल्कि इससे बहुत पहले उनकी शहादत के साथ ही आरंभ हो गई थी, बल्कि यदि हम उनकी पहचान

बनी किसी वस्तु या कार्य की बात करें, तो बम, पिस्तौल, हैट व फाँसी से अधिक मत इस सर्वसुलभ 'पुस्तक' को प्राप्त हो जाएँगे। इसलिए येट्स के शब्दों में कहें तो मिथक होने पर भी यह 'पुस्तक', ''हमें उनके कार्यों व विचारों को समझने में मदद देती है।'' यह बहुत बड़ी बात है, लेकिन नोटबुक के संदर्भ में यह खरी उतरती है।

नोटबुक की जानकारी पर फिर नजर डालें, तो इसमें 404 पृष्ठ हैं, जिनमें से 140 पृष्ठ भरे व शेष सभी पृष्ठ रिक्त हैं। मौजूदा पुस्तक में विविध पृष्ठ के अंतर्गत 12 फुलस्केप शीटें जोड़ी गई हैं, जो इससे पहले किसी और संस्करण में नहीं थीं और पहली बार इस पुस्तक में दी जा रही हैं। नोटबुक में 100 रचनाकारों का प्रतिनिधित्व है, वहीं विविध पृष्ठों में 18 रचनाकारों के नाम उल्लिखित हैं। इनके अतिरिक्त 13 ऐसे उद्धरण हैं, जिनके लेखक अज्ञात हैं। कुल मिलाकर नोटबुक में 35 पुस्तकों और विविध पृष्ठों में 11 पुस्तकों ने योगदान दिया है। एक पुस्तक व 4 लेखक इन दोनों ही भागों में हैं। कुल 12 पुस्तकों में से मात्र एक-एक उद्धरण ही लिया गया है व 6 अन्य से प्रत्येक में से केवल दो उद्धरण लिये गए हैं। बाकी बची 28 पुस्तकों ने तीन या अधिक उद्धरणों का योगदान दिया है। यदि लेखकों की बात करें तो कुल 112 (दोनों भागों के लेखकों को समायोजित करते हुए) में से 75 के केवल एक-एक उद्धरण हैं। 37 लेखकों के एक से अधिक उद्धरण हैं और इनमें से 10 के मात्र दो उद्धरण हैं। इन सब में से 27 लेखक व 28 पुस्तकों में से दो से अधिक उद्धरण लिये गए हैं। यदि 165-176 पृष्ठों के राजनीतिक विचारों को एक मानते हुए गणना करने पर वैयक्तिक उद्धरणों, अंशों व नोट्स की संख्या 260 से थोड़ा अधिक हैं। यदि विचारकों की संख्या पर ध्यान न देते हुए इन नोट्स के लेखकों का रचनाकार एक ही लेखक को मान भी लिया जाए तो भी इनकी संख्या काफी अधिक है, जबकि ज्यूरिस्प्रूडेंस नोट्स में उद्धृत विचारकों की अलग गणना की गई है।

यदि हम नोटबुक में उपस्थित विचारकों, लेखकों और साहित्यकारों पर दृष्टि डालें तो यह मानवीय विकास और विचारों का हजारों वर्षों का दृष्यपटल प्रस्तुत करते हैं और अब नोटबुक में सुशोभित है। भगत सिंह ने सभी लेखकों की मूल पुस्तकों को नहीं पढ़ा था। परंतु उनके द्वारा मूल रूप से पढ़े गए लेखक कम थे और उन्होंने यह उद्धरण अन्य स्रोतों से लिये हैं। यह विद्वानों के लिए भ्रम का कारण बन जाता है क्योंकि वे विचारकों और लेखकों के जमघट को नोटबुक के पृष्ठों पर बिखरा देखते हैं और अपने लिए 'उपयोग हेतु तैयार' निर्णय ले लेते हैं। प्रतीत होता है कि उन्होंने निम्न पुस्तकों में से कुछ का गहन व कुछ का सामान्य अध्ययन किया है—

1. दी ओरिजिन ऑफ दी फैमिली, प्राइवेट प्रॉपर्टी ऐंड दी स्टेट-एंगेल्स, 2. प्रोलिटेरियन रिवॉल्यूशन-लेनिन, 3. लेसंस ऑफ अक्तूबर, 1917-त्रोत्स्की, 4. वेयर इज ब्रिटेन गोइंग-त्रोत्स्की, 5. कार्ल मार्क्स: हिज लाइफ ऐंड वर्क्स-रुहले, 6. पॉवर्टी ऐंड रिचेज-नियरिंग, 7. वर्ल्ड हिस्टरी फॉर वर्कर्स-बार्टन, 8. मार्क्स टू लेनिन-हिलक्विट, 9. मार्क्सिज्म वर्सेस सोशलिज्म-सिमखोविच, 10. दी रशियन बैस्टील-युवात्शेव, 11. राइट्स ऑफ मैन-पेन, 12. सोशल कॉन्ट्रैक्ट-रूसो, 13. ऐमिली-रूसो, 14. दी आयरन हील-लंदन, 15. जॉन बुल्स अदर आइस्लैंड ऐंड मेजर बारबरा-शॉ, 16. मैन ऐंड सुपरमैन-शॉ, 17. क्राई फॉर जस्टिस-सिनक्लेयर, 18. ज्यूरीस्प्रूडेंस-सालमांड, 19. हिंदू पद पदशाही-सावरकर, 20. इंडियन अनरेस्ट-शिरोल, 21. इंडिया ओल्ड ऐंड न्यू-शिरोल, 22. इंडिया ऐज आई नो इट-ओ' डायर, 23. अनहैप्पी इंडिया-लाला लाजपत राय, 24. साइमन कमीशन रिपोर्ट।

उपरोक्त पुस्तकों को इन आंतरिक प्रमाणों के आधार पर चुना गया है कि उनके द्वारा इन्हें पूरी तरह या आंशिक रूप से पढ़ने के बावजूद नोटबुक के 80 प्रतिशत नोट्स इन्हीं में से हैं। इन 24 पुस्तकों का मोटे तौर पर मार्क्सवादी-

लेनिनवादी (1-10), पश्चिमी विचार (11-13), साहित्य व पद्य संग्रह (14-17), कानून (18), भारत (19-24) में वर्गीकृत किया जा सकता है।

मार्क्सवादी-लेनिनवादी पुस्तकों में क्रमांक संख्या 1, 2, 3, 4 और 6 संभवतः पूरी तरह पढ़ी गई होंगी, जबकि इस समूह की बाकी पुस्तकों से लिये गए उद्धरण सामान्यतः अन्य स्रोतों से लिये गए हैं। पश्चिमी विचारोंवाले दूसरे समूह की पहली दो पुस्तकों (11-12) को संभवतः पूरी तरह, जबकि तीसरी पुस्तक ऐमिली को थोड़ा सा पढ़ा गया है। तीसरे समूह में शामिल तीनों पुस्तकें (14-16) संभवतः पूरी तरह पढ़ी गई हैं, जबकि भारत समूह (19-24) में से साइमन कमीशन रिपोर्ट के शुरुआती 22 पृष्ठों के अलावा बाकी सभी को पूरी तरह से पढ़ा गया है। इसके बाद आता है 17वें क्रमांक का पद्यांश संग्रह, जिसकी प्रकृति जहाँ-तहाँ से आनंद लेने हेतु पढ़ने की होती है, इसका गहराई से अध्ययन नहीं किया जाता, बल्कि यह उद्धरण चुनने की शैली बताती है, इन्हें पुस्तक से एक बार में कहीं से भी ले लिया गया है। नोटबुक के कुल उद्धरणों का 10 प्रतिशत इसी में से लिया गया है। जैसा कि पहले बताया गया है, ज्यूरिस्प्रूडेंस (18) से नोटबुक के 11 पृष्ठ लिखे गए हैं, जबकि संभवतः इसके 3 अध्याय ही पढ़े गए हैं। बाकी सभी पुस्तकों का नगण्य सा ही योगदान है।

जबकि अब तक माना जाता था कि—

1. वे गंभीरतापूर्वक अध्ययन कर रहे थे और उन्होंने उन पुस्तकों के खंड पर खंड पढ़ डाले, जो उन्हें जेल में सैकड़ों की संख्या में प्राप्त होती थीं।
2. वे मार्क्स, एंगेल्स, लेनिन, त्रोत्स्की व अन्य मार्क्सवादी-लेनिनवादी लेखकों का बहुत गहराई से अध्ययन कर रहे थे।
3. उन्होंने बहुत गंभीरता सहित उद्धरणों को नोटबुक में अति व्यवस्थित पद्धति से विद्वानों के अध्ययन हेतु दर्ज की थीं।
4. उन्होंने अपने केस में बचाव हेतु कानून का अध्ययन किया।
5. वे चार पुस्तकें लिख रहे थे, जिसके लिए उन्होंने इन पुस्तकों में से नोट्स व पांडुलिपि एकत्रित करने इन्हें श्रीमती लज्जावती को सौंप दिया, जिन्होंने इसे गंभीरता से नहीं लिया और यह अगली पीढ़ी तक नहीं पहुँच सकी।

लेकिन ये दावे तथ्यों पर खरे नहीं उतरते, क्योंकि अब तक प्राप्त प्रमाण इनके समर्थन में नहीं हैं।

उदाहरण के लिए, अपने केस में बचाव के लिए कानून के अध्ययन का दावा भ्रामक है। वे ज्यूरिस्प्रूडेंस पढ़ रहे थे, कुछ नियम विशेष से नहीं, बल्कि कानून, न्याय व राज्य तथा उनके विकास से सैद्धांतिक व दार्शनिक रूप से जुड़े होने के कानून की समीक्षा से जुड़े थे, वहीं दूसरी ओर अदालतों में उपयोग होनेवाले कानून ऐसे रूढ़ नियम हैं, जो तथ्यपरक परिस्थितियों के आधार पर न्यायशास्त्र में दिए अधिनियमों, दृष्टांत, परिपाटी व कानूनी सिद्धांत के अनुसार कार्य करते हैं। इस पुस्तक के अध्ययन से उन्हें न्यायशास्त्र की जानकारी हो सकती थी, लेकिन इससे उन्हें अपने केस में कोई सहायता नहीं मिल सकती थी। वैसे भी उनका अपने को बचाने का कोई इरादा नहीं था। हमने उनके मार्क्सवादी-लेनिनवादी विशद अध्ययन की पहले भी चर्चा की है। इसी प्रकार इतनी विविध विषय-संबंधित स्वल्प सामग्री 'हिस्टरी ऑफ रिवॉल्यूशनरी मूवमेंट इन इंडिया' के काम का आधार नहीं बन सकती। उन्होंने संभवतः और भी पुस्तकें लिखी होंगी, लेकिन निश्चित ही नोटबुक उनका आधार बनने योग्य नहीं है। यहाँ हम पढ़ने व अध्ययन के

बीच के अंतर की व्याख्या करते हुए उसकी परिभाषा देंगे कि यह किसी भी अकादमिक विषय से संबंधित जानकारी प्राप्त करने में उसपर दिए गए ध्यान या समय की मात्रा (ऑक्सफोर्ड शब्दकोश) होती है, लेकिन यहाँ पढ़ने का उद्देश्य केवल उसे समझना ही होना चाहिए। यह सुनिश्चित प्रतीत होता है कि नोटबुक को लिखने के पीछे उनका कोई अकादमिक उद्देश्य नहीं था और न ही वे कुछ साबित करने के लिए उनका अध्ययन कर रहे थे, लेकिन फिर उन्होंने यह नोटबुक लिखने के कार्य में इतना अधिक समय क्यों लगाया?

नोटबुक लिखने का यह समय उनके लिए निर्णायक काल था। वे इतिहास बनाने की कगार पर थे। एक अपरिहार्य शहादत। रूपरेखा शनैः-शनैः आकार लेते हुए किंवदंती बनने के निकट थी, लेकिन उनका घटता समय, उनका चुनाव, उनकी क्षमता, उनके सँजोए गए आदर्श, उनका अपने लोगों के लिए परिश्रमपूर्वक बुना गया इंद्रधनुष का सपना उन्हें कभी-कभी आत्मनिरीक्षण के ओर लिए जोर देता था। इसके लिए आपकी नसें लोहे की होनी चाहिए, आपका आत्मविश्वास व इच्छाशक्ति चट्टान से भी अधिक मजबूत हो, आपका संकल्प और आपका साहस हिमालय से भी ऊँचा होना चाहिए। इसके बावजूद आप लगातार सतानेवाले संदेह से नहीं बच सकते, जो बारंबार आपके किसी-न-किसी आदर्श पर चोट करता है। ऐसे अँधियारे पल में केवल आस्था ही आपका हाथ थामे रहती है। ऐसी पुस्तकें भी सहारा होती हैं। एक पुस्तक व पाठक के बीच का रिश्ता सबसे विशिष्ट, अनूठा व बहुआयामी होता है। माना जाता है कि मुश्किल घड़ियों में अच्छी पुस्तकें दिलासा देते हुए उमड़ती भावनाओं को काबू करने में मदद देती हैं। जैसा कि ऊपर बताया गया है कि ऐसा उनके साथ भी बहुत बार हुआ। वे परिपूर्ण जीवन को निरंतर तलाशनेवाले स्वप्नदर्शी व उत्साह से लबरेज व्यक्ति थे। उनमें भी हम सब जैसी ही भावनाएँ व चिंताएँ थीं। अपने छोटे भाई कुलतार को लिखे अंतिम पत्र में उन्होंने पिछली मुलाकात में उनके आँसुओं को देख अपनी पीड़ा की बात लिखने के साथ ही उनके शिक्षा, स्वास्थ्य व भविष्य के प्रति चिंता जताई। अपने परिवार को लिखे पिछले पत्रों में भी उन्होंने इसी तरह की चिंता व्यक्त की थी। इसके अलावा उन्होंने अपने भाई-बहनों के साथ न रह पाने व उनके अनिश्चित भविष्य से जुड़ी अपना व्यथा बताई। यह उनका छोटा सा व्यक्तिगत जीवन था। उनकी नोटबुक भी ऐसी ही है। उन्होंने हमारी चर्चा का हेतु बनी नोटबुक व इस तथ्य को स्वयं स्पष्ट कर दिया। जैसा कि पहले कहा था कि इसे दोहराना मद्दगार साबित होगा।

उन्होंने अपने कॉमरेड्स व देशवासियों के बीच प्रचार के उद्देश्य से लिखे गए अपने सभी कागजात, लेख व अन्य पांडुलिपियों को स्पष्ट निर्देशों के साथ अपनी निकटस्थ विश्वासी श्रीमती लज्जावती को सौंपने का इंतजाम कर दिया था। इनमें से कुछ अपने इस उद्देश्य की पूर्ति करते हुए प्रकाशित हुए, लेकिन कुछ दुर्भाग्यवश अगली पीढ़ी तक नहीं पहुँच सके। उन्होंने यह लेखन कार्य सार्वजनिक उपयोग के लिए ही किया था।

वहीं दूसरी ओर उन्होंने निजी कागज, पुस्तकें व नोटबुक तथा अन्य सामग्री परिवार को सौंप दी। इसलिए वे अपने निजी व सार्वजनिक लेखन के बीच पहले ही स्पष्ट विभाजन कर गए थे। अगर इस बात को सही मानते हुए हम नोटबुक को उनकी निजी संपत्ति मान लें तो इसके आसपास निर्मित होता यह भवन बिना भरभराए गिर जाएगा। इससे परिवार द्वारा इसे साझा करने के प्रति अरुचि व इसे इतने लंबे समय तक अपने पास रखे रखने का कारण स्पष्ट हो जाता है, लेकिन जैसे पहले ही चर्चा हुई है कि उनका यह निर्णय गलत था। वहीं दूसरी ओर नोटबुक को इसमें विचारधारा की मौजूदगी के लादे गए बोझ से मुक्त करने के बाद भी यह रचना उनके जीवन के अंतिम दिनों को जानने-समझने की दृष्टि से महत्त्वपूर्ण है। इसमें उनके व्यक्ति व व्यक्तित्व के अलावा उनके दिमाग में क्या चल रहा था और वे हमारे व अपने बारे में जो कहना चाहते हैं, उसकी शानदार झलक व अंतर्दृष्टि दिखाई देती है।

एक प्रश्न, जो लगातार पूछा जाता रहा है, वह भगत सिंह के राजनीतिक विचारों, रणनीति व कौशल के विकास में नोटबुक के योगदान से जुड़ा है। हाथ कंगन को आरसी क्या। जेल के लेखन में उनके राजनीतिक विचारों के विकास की झलक मिल जाती है। यह उनके राजनीतिक लेखन में असेंबली बम केस के दौरान अदालत में दिए उनके बयान में प्रकट हुई *'पिस्तौल व बम की संस्कृति'* से उनके सुविचारित अपसरण के बाद की अत्यधिक स्थिरता के अलावा कारावास के प्रभाव, नवीन अनुभव व सतत चर्चा-परिचर्चा से उत्पन्न अनिवार्य परिपक्वता भी दिखाई देती है, बल्कि असेंबली में बम फेंकने के लिए चुने जाने के साथ ही वे विश्व पटल पर अपनी लंबी छलाँग के लिए कमर कस चुके थे। विख्यात इतिहासकार व आधुनिक भारतीय इतिहास के दिग्गज डॉ. बिपिन चंद्र इस बारे में काफी पहले लिख चुके हैं, बल्कि डॉ. बिपिन चंद्र संभवत: वे पहले विद्वान हैं, जिन्होंने 1920 के क्रांतिकारी आंदोलन की वैचारिक रूपरेखा बयान करते हुए बहादुर युवाओं से जुड़ी लोकप्रिय जनश्रुति की समीक्षाकर इसे नवीन दृष्टिकोण प्रदान किया है। उन्होंने अपने मौलिक लेख, 'दी आइडियोलॉजिकल डेवलपमेंट ऑफ दी रिवॉल्यूशनरी टैररिस्ट इन नॉर्दर्न इंडिया इन दी 1920' को नवंबर, 1968 में 'सोशलिज्म इन इंडिया' सेमिनार के दौरान पढ़ा था। इसमें उन्होंने उनके संघर्ष की अभिधारणा, समाज व राजनीति में बदलावों का उनका लक्ष्य, वे जैसी सामाजिक व्यवस्था व स्थिति बनाना चाहते थे तथा उन्होंने बौद्धिक स्तर की उपलब्धियों और अंतत: उनकी कमियों को प्रकट किया है। डॉ. बिपिन चंद्र उनके दृष्टिकोण व संगठन की सीमाओं तथा उन आंदोलनों के बिना कुछ खास हासिल किए कुम्हलाने के बावजूद क्रांतिकारी चेतना के अक्षुण्ण रहने की चर्चा करते हैं। उनके विचारों में हुए विकास की खोज करते हुए वे दो टूक कहते हैं—

> ''सबसे पहले तो इस विचार को छोड़ना आवश्यक है कि क्रांतिकारी विचारों में बड़ा परिवर्तन होने का कारण कारावास में गुजारा समय और मुख्यत: जेल में रहने के दौरान मिले गंभीर अध्ययन के अवसर का परिणाम है। भगत सिंह ने अपने विगत अध्ययन व विचारों द्वारा जेल जीवन के शुरुआती दौर में ही मूल विचारधारा का निर्माण किया और वे 1929 के पूर्व काल में इस संबंध में बहुत अधिक प्रगति कर चुके थे।''

वे जेल में प्राप्त नए अनुभव लेने के साथ ही अपने साथियों के साथ की गई चर्चा पर कहते हैं, ''इस बात से इनकार नहीं किया जा सकता कि क्रांतिकारियों के विचारों में नए अनुभवों, अध्ययन या चर्चा द्वारा अनवरत विकास होता रहता है।'' ऐसा जेल के भीतर व बाहर दोनों जगह होना संभव है। डॉ. बिपिन चंद्र, *'दी फिलासफी ऑफ दी बॉम्ब'* को उनकी सबसे परिपक्व रचना मानते हैं। परंतु यह जेल के बाहर लिखी गई थी।

भगत सिंह के साथी रहे शिव वर्मा ने अपने विश्लेषणात्मक लेख, 'आइडियोलॉजिकल डेवलपमेंट ऑफ दी रिवॉल्यूशनरी मूवमेंट- फ्रॉम चापेकर टू भगत सिंह' में इस दृष्टिकोण का पूरी तरह समर्थन किया है। बिपिन चंद्र के ठीक डेढ़ दशक बाद अपनी पुस्तक *'सिलेक्टिड राइटिंग्स ऑफ भगत सिंह'* की प्रस्तावना के लिए लिखा गया यह लेख, जैसा कि पहले बताया गया है कि भूपेंद्र हूजा की पुस्तक में भी शामिल था। उनके सोशलिज्म के ओर बढ़ते कदमों व उपलब्धियों की खोज करते हुए वे कहते हैं—

> ''इन सभी कमियों व सीमाओं के बावजूद उनके अल्पकालिक दौर की समीक्षा में उनके खाते में कई बहुत सी महत्त्वपूर्ण व सकारात्मक उपलब्धियाँ हैं। नौजवान भारत सभा, लाहौर का घोषणापत्र (1928), भगत सिंह व बी.के. दत्त द्वारा असेंबली बम केस में मुकदमे के लिए तैयार किया गया बयान (1929), कांग्रेस के लाहौर सेशन के दौरान वितरित किए गए एच.एस.आर.ए. के घोषणा पत्र (दिसंबर 1929) तथा *दी फिलॉसफी ऑफ बॉम्ब (जनवरी 1930)* उस दौर का सबसे अच्छी तरह प्रतिनिधित्व करते हैं।''

उपरोक्त उल्लिखित में से दो लेख उनके नोटबुक लिखने से पहले और अन्य दो जेल से बाहर लिखे गए हैं। सर्वत्र 'वाइ आय एम एन ऐथिस्ट' में दिए गए ज्यादातर तर्क उनके 'कीर्ति' के दिनों से आए थे। भगत सिंह हमेशा से ही नोट्स या पुस्तकों का उपयोग करके नहीं, बल्कि अपनी स्मृति के आधार पर लिखते थे। इस बात का प्रमाण उनके जेल व उससे बाहर के लेखन में दिखाई देता है। बस केवल 'कीर्ति' में लिखे कुछ लेखों में ऐसा है, जहाँ उन्होंने सीधे उद्धरण दिए हैं।

वे क्रांतिकारी थे। उनकी क्रांति उनमें मौजूद मनुष्यता की पुष्टि करता है, लेकिन अन्य देशवासियों की तरह वे केवल भविष्य के लिए ही नहीं, बल्कि वर्तमान से जुड़े स्वप्न भी देखते थे और इसी के लिए उन्होंने अपना जीवन बलिदान किया। लेकिन जैसा कामू कहते हैं, ''उन्होंने अपने कल के लिए अपना आज कुरबान कर दिया। उनमें यह 'सच्ची उदारता' किसी विचारधारा के प्रति नहीं बल्कि संपूर्ण मानव जाति की मुक्ति के लिए थी।'' उनकी ऐसी विरासत को पोषित व संरक्षित रखने पर जोर देते हुए कामू कहते हैं, ''मनुष्य के जिस हिस्से को मात्र उसका विचार नहीं माना जा सकता, उसे उसकी प्रकृति का आवेशपूर्ण हिस्सा समझना चाहिए।'' कामू क्रांतिकारियों की प्रत्यक्ष नकारात्मकता को अनुत्पादक बताते हुए भी कहते हैं, ''इसमें गूढ़ रूप से सकारात्मकता यह है कि यह मनुष्य के उस हिस्से को प्रकाशित करती है, जिसे बचाए रखना आवश्यक है।''

उनके आंतरिक प्रभामंडल की यह खोज की स्वत: शोध अब तक आस्था के आधार पर जारी रही। इसने उस काल के निरंतर बदलते परिवेश के सृजन में और देखी-अनदेखी दोनों ही तरह के स्थानों व पुस्तकों, व्यक्ति व व्यक्तित्व और इसके साथ ही सत्य व मिथक के संयोजन में सहायता की है। जीवन का आधार बनने पर पुस्तक अस्तित्व का हिस्सा हो जाती है। भगत सिंह के लिए पुस्तक का साथ विशेषज्ञता की खोज नहीं, बल्कि ऐसी भाषा की तलाश करना था, जो उनके जीवन के अर्थ या वे आपको अपने जीवन के बारे में जो कुछ भी बताना चाहते थे, उसे स्पष्ट कर सकें।

3 मार्च, 1931 को अपने छोटे भाई कुलतार सिंह को संबोधित एक आवेशपूर्ण पत्र में उन्होंने इकबाल और वाजिद अली शाह को उद्धृत करते हुए लिखा, ''*हौसला रखना। और क्या*··(*लिखूँ?*) ···*शेर में क्या कहूँ सुनो।*''

इस एक पंक्ति में वे स्वयं से दो प्रश्न करते हैं कि

मैं इससे अधिक और क्या लिखूँ?

मैं इससे अधिक और क्या कहूँ?

और इसके तुरंत बाद वे उत्तर देते हुए कहते हैं, ''*सुनो*''!

उनका यह 'सुनो' हमें आह्वान देता है कि वे जो कुछ भी लिख सकते थे, वह उन्होंने लिख दिया और उन्होंने वह सब बता दिया जो वे बताना चाहते थे, अब सिर्फ उसे सुनना रह गया है, उनकी इस पुकार पर ध्यान देना है, जो संसार भर के उत्पीड़ितों की मुक्ति के आह्वान की पुकार है।

नोटबुक उनकी हम तक पहुँची अंतिम रचना है। जो उनकी हस्तलिखित है और संपूर्ण है, नोटबुक के शब्दों द्वारा उन्होंने अपने गहन विचार, निरंतर पठन व अपनी आसन्न दुनिया के साथ लगातार हुई बातचीत के बाद अपने दिमाग में गुंजायमान बेहतर दुनिया के सपने को हमारे साथ साझा किया है। उनके द्वारा तैयार किया गया समावेशी व न्यायोचित संसार का खाका वर्तमान समय के लिए उपयुक्त है। नोटबुक में उन्होंने अपने उठाए असंख्य सवालों में कुछ के उत्तर स्वयं दिए हैं तो कुछ हम पर छोड़ दिए हैं।

सार रूप में नेक्रासोव कहते हैं—

''मेरा वादा है,
अगर तुम मुझसे
किसी अहम प्रश्न का
गंभीर उत्तर चाहोगे,
पूर्ण सच्चाई व तर्क सहित,
जो नाटकीय या उपहासपूर्ण न हो,
तो तुम्हें वह मिल जाएगा!''

—*एन.ए. नेक्रासोव*

चंडीगढ़ हरीश जैन
दिनांक : 23 मार्च, 2016

□

पुस्तक सूची

यह उन पुस्तकों की सूची है, जिनका भगत सिंह ने इस नोटबुक हेतु संभावित अध्ययन किया था—कोष्ठकों में लिखित क्रमांक मूल नोटबुक की पृष्ठ संख्या, विविध उद्धरणों और निश्चित पृष्ठ पर उनकी स्थिति को दरशाता है।

अल्फ्रेड बार्टन, 'वर्ल्ड हिस्टरी ऑफ वर्कर्स', दी लेबर पब्लिशिंग कं. लि., टेविस्टॉक स्क्वायर, लंदन, 1922
(नोटबुक पृष्ठ : 42/2, 43, 44, 45)

बेंजामिन बार्र लिंड्से ऐंड वेनराइट् इवांस, 'रिवोल्ट ऑफ दी मॉडर्न यूथ', बोनी ऐंड लिवरराइट, यू.एस.ए., मई, 1926
(नोटबुक पृष्ठ : विविध : 2/1, 2/2, 2/3)

बर्नार्ड शॉ, 'जॉन बुल्स अदर्स आइलैंड ऐंड मेजर बारबरा', ब्रेंटोस पब्लिकेशंस, न्यूयॉर्क, 1908
(नोटबुक पृष्ठ : विविध : 4/1, 3/2, 4/2, 4/3, 5)

बर्नार्ड शॉ, 'मैन एंड सुपरमैन', ब्रेंटानोज पब्लिकेशन, न्यू यॉर्क, मई 1904, पुनर्मुद्रण मई 1913
(नोटबुक पृष्ठ : 6/2, 6/3, 7/1, 7/2, 7/3, 7/4, 8/1, 9/2, 14/2)

बर्नार्ड शॉ, 'प्रीफेस टू इंग्लिश प्रिजन', लॉन्गमैन ग्रीन ऐंड कं. लंदन, 1922
(नोटबुक पृष्ठ : विविध : 9/1)

बर्ट्रेंड आर्थर विलियम रसेल, 'हैज रिलिजन मेड यूजफुल कॉन्ट्रिब्यूशंस टू सिविलाइजेशन: एन एग्जामिनेशन ऐंड अ क्रिटिसिज्म', वॉट्स ई. कं., 1930; हाल्डरमैन जूलियस पब्लिकेशंस, 1929। बाद में लेखक ने इस लेख को अपनी 1936 में प्रकाशित हुई पुस्तक 'वाइ आई एम नॉट अ क्रिश्चियन' में भी शामिल किया।
(नोटबुक पृष्ठ : 12/4)

बर्ट्रेंड आर्थर विलियम रसेल, 'प्रपोज्ड रोड टू फ्रीडम: सोशलिज्म, अनार्किज्म ऐंड सिंडिकेलज्म, जार्ज ऐलेन ऐंड अनविन लि. लंदन, 1918
(नोटबुक पृष्ठ : 62/3)

चार्ल्स डिकंस, 'दी पिक्विक पेपर्स', ड्ब्ल्यू, ए. टाउंसऐंड ऐंड कं. न्यूयॉर्क, 1861
(नोटबुक पृष्ठ : विविध : 1/1)

इवेलिन जॉन रगल्स-ब्राइस, 'दी इंग्लिश प्रिजन सिस्टम', मैकमिलन ऐंड कं. लि., लंदन, 1921
(नोटबुक पृष्ठ : विविध : 13/1, 13/2)

फ्योदोर दोस्तोवस्की 'दी हाउस ऑफ डेड', इसकी प्रस्तावना जुलियस ब्रामार्ट ने लिखी थी, जे.एम. डेंट ऐंड संस लि. लंदन।
(नोटबुक पृष्ठ : 118/2)

फ्रेडरिक एंगेल्स, 'दी ओरिजिन ऑफ दी फैमिली, प्राइवेट प्रॉपर्टी ऐंड दी स्टेट', अनुवादक अर्नेस्ट उंटरमन, चार्ल्स एच. केर्र, शिकागो, 1902
(नोटबुक पृष्ठ : 6/2,7, 8, 9, 10, 11/3, 11/4, 12/1)

फ्रेडरिक एंगेल्स, 'सोशलिज्म, यूटोपियन ऐंड साइंटिफिक', चार्ल्स एच. केर्र ऐंड कंपनी, शिकागो, 1918
(नोटबुक पृष्ठ : 4/2, 6/1)

आई.पी. युवात्शेव, ए.एस. रोप्पोर्ट (अनु.), 'दी रशियन बेस्टाइल ऑर दी श्लुसेलबर्ग फोर्ट्रेस', चैट्टो ऐंड विंड्स, लंदन, 1909
(नोटबुक पृष्ठ : 29/2, 29/3, 30, 31, 32)

जैक लंदन, 'दी आयरन हील', ग्रॉसेट ऐंड डनलेप पब्लिशर्स, न्यूयॉर्क, 1908, 1917
(नोटबुक पृष्ठ : 47/2, 47/3, 50/3, 51, 52, 53, 54)

जीन जैक्स रूसो, 'एमिली या एजुकेशन, अनुवादक बारबरा फॉक्सले, जे.एम.डेंट ऐंड संस, लंन, ई.पी. डुतारे कं. न्यूयॉर्क, 1921
(नोटबुक पृष्ठ : 117, 119, 190/2)

जीन जैक्स रूसो, 'आइडियल एंपायर्स ऐंड रिपब्लिक्स', 'सोशल कॉन्ट्रैक्ट', ईम. एच. वाइस ऐंड कं. पब्लिशर्स, न्यूयॉर्क, 1901, एम. वॉल्टर डुन, वाशिंगटन ऐंड लंदन, 1901
(नोटबुक पृष्ठ : 118/1, 176/3, 178, 179, 180, 181, 182)

जॉन लुबॉक, 'दी प्लेजर्स ऑफ लाइफ', मैकमिलन ऐंड कं. लि. लंदन, 1897
(नोटबुक पृष्ठ : विविध : 6/1, 8/2)

जॉन सालमंड, 'ज्यूरिस्प्रूडेंस', सी.ए.ड्ब्ल्यू. मैनिंग (संपा.) (1) स्टीवेंस ऐंड हायंस, लंदन, 1913। तीसरा संस्करण (2) स्वीट ऐंड मैक्सवेल लि. लंदन, 1930, आठवाँ संस्करण
(नोटबुक पृष्ठ : 105, 106, 107, 108, 109, 110, 111, 112, 113, 114, 115)

कार्ल मार्क्स और फ्रेडरिक एंगेल्स, 'कम्युनिस्ट मैनिफेस्टो', संपादन व टीका फ्रेडरिक एंगेल्स, चार्ल्स एच. केर्र ऐंड कंपनी, शिकागो, 1906
(नोटबुक पृष्ठ : 65, 69)

लाला लाजपत राय, 'रिफ्लेक्शंस ऑन दी पॉलिटिकल सिचुएशन इन इंडिया', 1915 (पुस्तक में लिखी एक टिप्पणी के अनुसार इसे सितंबर माह में लिखा व जापान में प्रकाशित किया गया था। यह स्व-प्रकाशन था)
(नोटबुक पृष्ठ : 12/2)

लाला लाजपत राय, 'अनहैप्पी इंडिया', बन्ना पब्लिशिंग कं., कलकत्ता, 1928
(नोटबुक पृष्ठ : 13, 116/1, 116/2, 116/3)

लियोन त्रोत्स्की , 'वेयर इज ब्रिटेन गोइंग', प्रस्तावना एच.एन. ब्रेल्सफोर्ड, जॉर्ज एलन ऐंड अनविन लि. लंदन, 1926
(नोटबुक पृष्ठ : 55, 56, 57)

लियोन त्रोत्स्की , 'लेसंस ऑफ अक्तूबर, 1917', दी लेबर पब्लिशिंग कं. लि., लंदन 1925, ड्ब्ल्यू.सी.आई.
(नोटबुक पृष्ठ : 64/2, 64/3, 70, 71, 72, 73, 74)

माइकल ओ 'डायर, 'इंडिया ऐज आई न्यू इट', कांस्टेबल ऐंड कंपनी, लंदन, 1925
(नोटबुक पृष्ठ : 284, 285)

मॉरिस हिलक्विट, 'मार्क्स टू लेनिन', दी हैनफोर्ड प्रेस, न्यूयॉर्क, 1917
(नोटबुक पृष्ठ : 46, 47/1, 50/1, 50/2, 50/3, 50/4, 57/4)

ओलीवर गोल्डस्मिथ, 'दी विकर ऑफ वेक्फील्ड', जे.एम.डेंट ऐंड संस. लि. लंदन और ई.पी.डुटॉन ऐंड कं. न्यूयॉर्क, फरवरी, 1908, पुनर्मुद्रण जुलाई, 1913
(नोटबुक पृष्ठ : विविध : 10/4, 10/5, 11/1)

उमर खय्याम, 'रुबाइयाँ' एडवर्ड फिट्जगेराल्ड (प्रथम संस्करण अनुवादक), जॉर्ज जी. हार्प ऐंड कं. लि. 39-41 पार्कर स्ट्रीट किंग्सवे, लंदन 1890, रुबाइयाँ, फिट्जगेराल्ड अनुवाद, टी.एन. फॉलिस, एडिनबर्ग, 1905
(नोटबुक पृष्ठ : 11/1, 11/2)

उमर खय्याम, 'रुबाइयाँ', रिचर्ड ले गैलिनी, जॉन लेन दी बॉडले हेड, न्यूयॉर्क, 1902
(नोटबुक: विविध : 2/2)

ओटो रुहले, 'कार्ल मार्क्सः हिज लाइफ ऐंड वर्क्स', दी वाइकिंग प्रेस, न्यूयॉर्क, 1928. अनुवादक, ईडन और सिडेर पॉल
(नोटबुक पृष्ठ : 40, 41, 42/1)

रामानंद चटर्जी, 'टूवार्ड्स होम रूल-I', (तीसरा संस्करण), मॉडर्न रिव्यू ऑफिस, कलकत्ता, 1921
(नोटबुक पृष्ठ : 12/3)

रेने फुलॉप मिलर, 'दी माइंड ऐंड फेस ऑफ बोल्शेविज्म', चिसविक प्रेस, लंदन, जून, 1927
(नोटबुक पृष्ठ : 191/2, 192)

स्कॉट नियरिंग, 'पॉवर्टी ऐंड रिचेज: ए स्टडी ऑफ दी इंडस्ट्रियल रेजाइम', दी जॉन सी. विंस्टन कंपनी, फिलाडेलफिया, पी.ए. 1916
(नोटबुक पृष्ठ : 58, 59, 60/1, 60/2, 63/1)

सिडनी वेब, 'दी डिके ऑफ कैपिटलिस्ट', तृतीय संस्करण, दी फेबियन सोसाइटी, वेस्टमिनिस्टर तथा जॉर्ज एलन ऐंड अनविन लि. 1923
(नोटबुक पृष्ठ : 37, 38, 39, 123)

साइमन कमीशन (इंडियन स्टैच्युअरी कमीशन), वॉल्यूम 1, 1930, रिपोर्ट ऑन इंडियन कॉन्स्टीट्यूशनल रिफॉर्म्स।
(नोटबुक पृष्ठ : 286, 287, 288)

थॉमस पेन, 'दी राइट्स फॅर मैन', प्रस्तावना जॉर्ज जैकब होलियोक, जे.एम. डेंट ऐंड संस लि. लंदन व टोरंटो तथा ई.पी. डुटोन ऐंड कं. लि. न्यूयॉर्क
(नोटबुक पृष्ठ : 14, 15, 16/1, 183, 184, 185, 186, 187, 188, 189, 190/1)

अप्टॉन सिनक्लेयर, 'ब्रास चेक', यूनिवर्सिटी ऑफ इलेनॉइस प्रेस, शिकागो, 1919, पुनर्मुद्रण 1928 (नवम् संस्करण)
(नोटबुक पृष्ठ : 36)

अप्टॉन सिनक्लेयर, 'दी क्राइ फॉर जस्टिस', दी जॉन सी. विंस्टन कंपनी पब्लिशर्स, फिलाडेलफिया, 1915, लेखक जैक लंदन हेतु
(नोटबुक पृष्ठ : 16/3, 17/1, 17/2, 17/3, 18, 19, 20, 21, 22, 23, 24, 25/1, 28/3, 28/4, 29/1, 32/4, 33, 34, 35, 48, 49, 103/1)

अप्टॉन सिनक्लेयर, 'ऑयल' यूनिवर्सिटी ऑफ केलिफॉर्निया प्रेस लि. लंदन, इंग्लैंड, 1926
(नोटबुक पृष्ठ : विविध : 1/2)

अप्टॉन सिनक्लेयर, 'दी प्रॉफिट्स ऑफ रिलीजन', पासाडेना, कैलिफोर्निया, 1918
(नोटबुक पृष्ठ : विविध : 2/5)

वैलेंटाइन शिरोल, 'इंडिया ओल्ड ऐंड न्यू', मैकमिलन ऐंड कं. लंदन, 1921
(नोटबुक पृष्ठ : 277, 282/2, 283/1, 283/2, 283/3)

वैलेंटाइन शिरोल, 'इंडियन अनरेस्ट', मैकमिलन ऐंड कं. लंदन, 1910
(नोटबुक पृष्ठ : 273, 274, 275, 276, 278, 279, 280, 281, 282/1)

वीर सावरकर, 'हिंदू पद पदशाही'
(नोटबुक पृष्ठ : 103/3, 103/4, विविध : 11/2, 11/3, 11/4, 11/5, 12/1)

व्लादिमीर जी. सिमखोविच, 'मार्क्सिज्म वर्सेस सोशलिज्म', विलियम्स ऐंड नॉरगेट कं. लंदन
(नोटबुक पृष्ठ : 101, 102)

वी.एल. लेनिन, 'दी प्रोलिटेरियन रिवॉल्यूशन ऐंड काउत्सकीदी रेनेगाडे' दी मार्क्सिस्ट एजुकेशनल सोसाइटी, डेट्रॉइट, मिच, डेट एन.डी.
(नोटबुक पृष्ठ : 61, 62/1, 64/1)

डब्ल्यू.एम. थेयर, 'फ्रॉम लॉग केबिन टू वाइट हाउस', जेम्स एच. अर्ले पब्लिकेशंस, बोस्टन, 1881
(नोटबुक पृष्ठ : विविध : 10/1)

अज्ञात स्रोत
(नोटबुक पृष्ठ : 2, 4/1, 27, 30, 121/1, 122, 124, 165–176. विविध : 6/2, 14/5)

[पाठक देखेंगे कि उपरोक्त छियालीस पुस्तकों में से बारह पुस्तकें विशेष रूप से विविध उद्धरणों से और एक पुस्तक दोनों ही वर्गों में शामिल है।]

□

फाइल नोटबुक

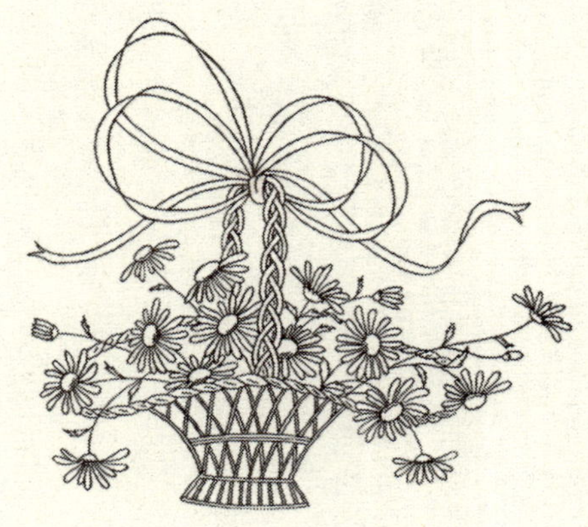

भारती भवन
बुकसेलर्स ऐंड पब्लिशर्स
लाहौर

For S. Bhagat Singh
four hundred & four pages.
[404 Pages]

12/9/29

Bhagat Singh
Bhagat Singh
BS

"Lover, lunatic and poet are made of the same stuff"

Inductive = from particular to general.
Deductive = from general to particular

Centrifugal = tending from the centre.
Centripetal = tending to the centre

"My strength is the strength of the oppressed; my courage is the courage of determination"

[illegible]

"Money is the honey of mankind"

(मूल नोटबुक पृष्ठ संख्या-2)

पृष्ठ 2 रिक्त है

''प्रेमी, पागल व कवि सब एक ही मिट्टी के बने होते हैं।''*

विवेचनात्मक: विशेष से सामान्य बनाना
निगमनात्मक: सामान्य से विशेष बनाना
अपकेंद्री: केंद्र के विपरीत झुकाव होना
अभिकेंद्री: केंद्र की ओर झुकाव होना

*'' मेरी शक्ति उत्पीड़ितों से उत्पन्न शक्ति है, मेरा साहस हताशा से उत्पन्न साहस है।''***

कुर्राह-ए-खाक है, गर्दिश में तपिश से मेरी
*मैं वो मजनूं हूँ, जो जिंदान में आजाद रहा।***

(धूल का प्रत्येक कण मेरी गरमी से आंदोलित है, मैं वह दीवाना हूँ, जो जेल में रहते हुए भी मुक्त हूँ।)

मनुष्य जाति के लिए धन शहद के समान है।
फ्योदोर दोस्तोवस्की
[क्राइम ऐंड पनिशमेंट]

*यह भगत सिंह की अपनी टीका है, मूल उद्धरण है;
''दी ल्यूनेटिक, दी लवर ऐंड दी पोएट
आर ऑफ इमेजिनेशन ऑल कॉम्पैक्ट।''
अ मिडसमर नाइट्स ड्रीम! (अंक 5, दृश्य 1)
—शेक्सपीयर

**** अज्ञात स्रोत**

इस व अगले पृष्ठ की सामग्री आज तक किसी संस्करण में शामिल नहीं हुई है। यह पृष्ठ (1, 3, 4) खटकर कलाँ संग्रहालय में मौजूद हैं।

Currency Rates of various countries :—

Rouble (Russian Coin) [Silver] = 100 copecks = 2 Sh. $1\frac{1}{2}$ d.
Crown Silver = 5 shilling
1 Lira (Italian) = 1 Franc {Divided into 100 centesimi} = $9\frac{1}{2}$ d.
Mark [English coin now quite out of use was worth 13 Sh. 4 d.]
Mark [German coin existing and in use} = 1 Sh. 4 d.
Drachma = Greek Coin

Agnosticism = The idea that we can know nothing of God.

"Agnosticism might be tolerated, but materialism is utterly inadmissible, (in England)". "Engels."

(मूल नोटबुक पृष्ठ संख्या- 4)

विभिन्न राष्ट्रों की मुद्रा दर

रूबल (रूसी सिक्का) [चाँदी] = 100 कोपेक = 2 शिलिंग 1½ डी.

क्राउन सिलवर = 5 शिलिंग

1 लिरा = 1 फ्रेंक (100 सेंटियम के बराबर)

= 9½ डी.

मार्क [ब्रिटिश सिक्का, अब चलन से बाहर 13 शिलिंग. 4 डी.]

मार्क [जर्मन सिक्का, वर्तमान में प्रचलित] = 1 शिलिंग. 4 डी.

ड्रैचमा= ग्रीक सिक्का*

अज्ञेयवाद = हम ईश्वर के बारे में कुछ नहीं जानते का विचार

अज्ञेयवाद को सहन किया जा सकता है, लेकिन भौतिकवाद पूर्णतः अस्वीकार्य है (इंग्लैंड में)

(फ्रेडरिक एंगेल्स की पुस्तक
दी इंट्रोडक्शन ऑफ सोशलिज्म,
यूटोपियन ऐंड साइंटिफिक से,
अनुवादक, एडवर्ड एवेलिंग पृ.सं. 13)

*स्रोत व संदर्भ ज्ञात नहीं, पृष्ठ 3 पर लिखित नोट देखिए

f

Land measurements:—

Carman 20 hectares = 50 acres. i.e. 1 hectare = $2\frac{1}{2}$ acr[es]

(मूल नोटबुक पृष्ठ संख्या- 5)

भूमि पैमाइश

जर्मन 20 हेक्टेयर = 50 एकड़ अर्थात 1 हेक्टेयर = 2½ एकड़*

I

Freedom from Poverty

The "freedom of property" . . . as far as the small capitalists and peasant-proprietors are concerned, became "freedom from property."

Marriage itself remained, as before, the legally recognized form, the official cloak of prostitution. . . .

[Soc. Scientific and Utopian]

——— : o : ———

Mental Bondage

"An eternal being created human society as it is today and submission to 'superiors' and 'authority' is imposed on the 'lower' classes by divine will." This suggestion, coming from pulpit, platform and press, has hypnotised the minds of men and proves to be one of the strongest pillars of exploitation."

{Translator's Preface to Origin of the Family}

*(मूल **नोटबुक** पृष्ठ संख्या- 6)*

संपत्ति की मुक्ति

यदि हम छोटे पूँजीपतियों व कृषक स्वामियों की बात करें तो उनके लिए… 'संपत्ति की मुक्ति' 'संपत्ति से मुक्ति' बन गई है।*

विवाह अपने आप में, पहले ही कि भाँति, वेश्यावृत्ति का वैध स्वीकृत रूप या आधिकारिक आवरण बना हुआ है।**

(फ्रेडरिक एंगेल्स की पुस्तक दी इंट्रोडक्शन ऑफ सोशलिज्म,
यूटोपियन ऐंड साइंटिफिक से,
अनुवादक, एडवर्ड एवेलिंग [पृ.सं. 54-56])

मानसिक गुलामी

''एक शाश्वत ईश्वरीय सत्ता ने मानव समाज को वैसा बनाया है, जैसी वह आज है तथा 'श्रेष्ठतर' व 'सत्ता' की दैवीय इच्छा को 'निम्न' वर्गों पर लागू किया जाता है।'' विभिन्न उपदेशकों, मंचों व प्रेस की ओर से दिया जानेवाले इस संदेश ने व्यक्ति के मन को सम्मोहित कर रखा है और यह शोषण के सबसे मजबूत स्तंभों में से एक है।

दी ओरिजिन ऑफ दी फैमिली में अनुवादक द्वारा भूमिका से
(प्राइवेट प्रॉपर्टी ऐंड दी स्टेट [पृ.सं.5],
ले. फ्रेडरिक एंगेल्स, अनुवादक, अर्नेस्ट उंटरमन)

---

*संपूर्ण उद्धरण है

*अब स्पष्ट हो गया है कि सामंती बेड़ियों से 'संपत्ति की मुक्ति' वास्तविकता में मूलतः छोटे पूँजीपतियों और छोटे भू-स्वामियों का अपनी छोटी सी संपत्ति को बेचने की स्वतंत्रता को इन बड़े पूँजीपतियों व जमींदारों के साथ कठिन प्रतिस्पर्धा में बड़े शासकों द्वारा कुचला जाना है। जहाँ तक छोटे **पूँजीपतियों व** कृषक स्वामियों की बात है, उनके लिए यह 'संपत्ति से मुक्ति' साबित होगा।*

***संपूर्ण उद्धरण है*

विवाह अपने आप में, पहले ही कि तरह वेश्यावृत्ति का वैध स्वीकृत रूप या आधिकारिक आवरण बना हुआ है, बल्कि इसकी मदद से व्याभिचार की फसल और फल-फूल रही है।

The Origin of the Family
by Engels.

Morgan was the first to make an attempt at introducing a logical order into the history of primeval society.

He devides it into three main epochs:—

1. Savagery 2. Barbarism. 3. Civilization

1. Savagery re-divided into three stages.

1. Lower 2. middle 3. Higher.

1. Lower Stage of Savagery:—

Infancy of human race. (1) Living in trees. (2) Fruits, nuts and roots serving as food. (3) The formation of articulated speech is the principal result of that period.

2. Middle Stage:—

Venison = animal flesh taken in hunting

1. Fire discovered. 2. Fish being used food. 3. Hunting stone implements invented. 4. cannibalism comes into existance.

3. Higher Stage:—

1. Bow and arrow. No pottery. 2. Village settlements. 3. Timber used for building. 4. Cloth weaver.

Bow and arrows were for the stage of savagery what the iron sword was for barbarism and the fire arm for civilization the weapon of supremacy.

(मूल नोटबुक पृष्ठ संख्या- 7)

परिवार की उत्पत्ति

ले. फ्रेडरिक एंगेल्स

मोर्गन वह पहले व्यक्ति थे, जिन्होंने आदिम समाज के इतिहास को तर्कसंगत क्रम में प्रस्तुत करने का प्रयास किया है। उन्होंने इसे तीन युगों में बाँटा है—

(1) असभ्यता, (2) बर्बरता, (3) सभ्यता

1. असभ्यता: इसे पुन: तीन अवस्थाओं में बाँटा गया है—

(1) निम्नतर; (2) मध्य; (3) उच्चतर

1. **असभ्यता का निम्नतर अवस्था :** 1) मानव जाति की शैशवावस्था। पेड़ों पर निवास। 2) फल, गिरिफल व कंदमूल का आहार। 3) सुसंगत बोली का विकास इस काल की प्रमुख उपलब्धि थी।
2. **मध्य अवस्था :** 1) अग्नि की खोज, 2) मछली का आहार में शामिल होना, 3) शिकार हेतु पत्थर के औजारों का विकास, 4) नरमांस भक्षण की शुरुआत।
3. **उच्चतर अवस्था :** 1) धनुष बाण, 2) मिट्टी के बरतनों का उपयोग बंद, 3) ग्रामीण उपनिवेशण, 3) निर्माण में लकड़ी का उपयोग, 4) सिले हुए कपड़े।

असभ्य अवस्था में धनुष व बाण वैसे ही थे, जैसे बर्बरता की अवस्था में लोहे की तलवार और सभ्यता की अवस्था में आग्नेयास्त्र हथियार प्रधान रहे हैं।

(वही. पृ.सं. 27-29)

जारी…

*वेनिसन = शिकार से प्राप्त पशु का मांस

2. Barbarism:—

1. Lower Stage:—

1. Introduction of pottery. At first wooden pots were covered with layers of earth, but afterwards earthen pots were discovered.
2. Human races divided into two distinct classes. (1) Eastern who tamed animals and ~~grew~~ had grain. (2) Western who had only 'corn'

2. Middle Stage:—

1. (a) Western hemisphere i.e. in America they grew food plants, (cultivation and irrigation, and baked bricks for house-building.
(b) Eastern:— They domesticated animals, for milk and flesh. No cultivation in this stage yet.

3 Higher Stage:—

(1) melting of iron ore
(2) Invention of letter script and its utilization for writing records.
This stage is richer in inventions. This is the period of Greek heroes.
(3) Iron ploughshare drawn by animals to grow corn on a larger scale.
(4) Clearing of forests; and iron axe and iron spade used.
(5) Great attainments:— (1) Improved iron tools, (2) the bellows (3) hand mill (4) Potter's wheel, (5) Preparation of oil and wine (6) fashioning metals (7) wagon and chariot (8) Ship building.

(मूल नोटबुक पृष्ठ संख्या- 8)

1. निम्नतर अवस्था

1. कुम्हार कार्य आरंभ। इससे पहले लकड़ी के बरतनों पर मिट्टी की परत चढ़ाई जाती थी, लेकिन बाद में मिट्टी के बरतनों का आविष्कार कर लिया गया।
2. मानव जाति का दो पृथक् वर्गों में विभाजन—
   (अ) पूर्वी, पशुपालक व कृषि कार्य करनेवाले
   (ब) पश्चिमी, जिनके पास केवल 'मकई' थी।

2. मध्य अवस्था

1. मध्य अवस्था का दो पृथक् वर्गों में विभाजन—
   (अ) **पश्चिमी गोलार्द्ध :** अर्थात अमेरिका में वे खाद्यान्न उगाते थे (जुताई व सिंचाई) तथा घर बनाने हेतु **ईंटें पकाते थे।**
   (ब) **पूर्वी :** दूध व मांस हेतु पशुपालन करते थे। इस अवस्था में कृषि कार्य की शुरुआत नहीं हुई थी।

3. उच्चतर अवस्था

1. कच्चे लोहे को गलाना
2. दस्तावेज लेखन हेतु अक्षर लिपि का विकास व उपयोग। इस अवस्था में बहुत से आविष्कार हुए। यह यूनानी नायकों का काल था।
3. पशुओं द्वारा खींचे जानेवाले हल के फल द्वारा बड़े पैमाने पर मकई की खेती करना।
4. जंगलों की कटाई, लोहे की कुल्हाड़ियाँ व कुदालों का उपयोग।
5. महत्त्वपूर्ण उपलब्धियाँ :
   (i) **लोहे के उन्नत** औजार, (ii) **धौंकनी,**
   (iii) **दस्ती-चक्की,** (iv) **कुम्हार का** चाक,
   (v) तेल व शराब निकालना, (vi) **धातुओं को** आकार देना,
   (vii) वैगन व रथ, (viii) **जहाज निर्माण,**

(वही.[पृ.सं.29-33]) जारी

9. Artistic Architecture, 10. Towns and forts built.
11. Homeric Epochs and Entire mythology.

With these attainments Greeks enter the third stage the 'Civilization'.

To sum up:—

1. Savagery — time of predominating appropriation of finished natural products; human ingenuity invents mainly tools useful in assisting this appropriation.

2. Barbarism:— time of acquiring knowledge of cattle raising, of agriculture and of new methods for increasing the productivity of nature by human agency.

3. Civilization:— Time of learning a wider utilization of natural products, of manufacturing and of art.

"We have, then, three main forms of the family corresponding in general to the three main stages of human development.

1. For savagery, group marriage
2. For barbarism the pairing family
3. For civilization, monogamy supplemented by adultery and prostitution. Between the pairing family and monogamy, in the higher stage of barbarism, the rule of men over female slaves and polygamy is inserted.

pp. 90

(मूल नोटबुक पृष्ठ संख्या- 9)

(i) **कलात्मक वास्तु,**
(ii) **शहर व किलों** का निर्माण,
(iii) होमर के महाकाव्य व संपूर्ण पौराणिक कथाएँ।

इसी के साथ यूनानवासी तीसरी अवस्था—'सभ्यता' तक पहुँचते हैं।

संक्षेप में

1. **असभ्यता :** यह मुख्य रूप से तैयार प्राकृतिक उत्पादों के विनियोजन तथा मानवीय बुद्धि द्वारा विशेष रूप से सहायक सिद्ध होनेवाले उपयोगी औजारों का आविष्कार करने का काल रहा।
2. **बर्बरता :** यह मुख्य रूप से पशुपालन, कृषि तथा मानव सहायता द्वारा प्राकृतिक उत्पादन में वृद्धि की नई पद्धतियों का ज्ञान प्राप्त करने का काल रहा।
3. **सभ्यता :** यह मुख्य रूप से प्राकृतिक उत्पादों, निर्माण व कला के व्यापक उपयोग को सीखने का काल रहा।

(फ्रेडरिक एंगेल्स की 'दी ओरिजिन ऑफ दी फैमिली, प्राइवेट प्रॉपर्टी ऐंड दी स्टेट' में से
दी प्री हिस्टॉरिक स्टेजिस ऑफ कल्चर में से उद्धृत
[पृ.सं. 27-34] अनुवादक, अर्नेस्ट उंटरमन)

इस तरह हमें मानव विकास की तीन मुख्य अवस्थाओं जैसे परिवार के तीन मुख्य रूप मिल जाते हैं।

1. **असभ्यता काल में :** समूह विवाह
2. **बर्बरता काल में :** युग्म परिवार
3. **सभ्यता काल में :** एकनिष्ठ विवाह के साथ ही व्यभिचार और वेश्यावृत्ति। युग्म परिवार व एकनिष्ठ विवाह के बीच की स्थिति, उच्च अवस्थावाली बर्बरता, दासियों पर पुरुषों का शासन और बहु-पत्नी का आरंभ।

(फ्रेडरिक एंगेल्स की 'दी ओरिजिन ऑफ दी फैमिली,
प्राइवेट प्रॉपर्टी ऐंड दी स्टेट' पृ.सं. 90,
अनुवादक, अर्नेस्ट उंटरमन)

जारी...

~~But it says~~

Defects of marriage

Especially a long engagement is in nine cases out of ten a perfect training school of adultery. PP. 91

Socialist Revolution and marriage Institution!

We are now approaching a social revolution, in which the old economic foundations of monogamy will disappear just as surely as those of its complement prostitution. Monogamy arose through the concentration of considerable wealth in one hand, a man's hand — and from the endeavour to bequeath this wealth to the children of this man to the exclusion of all others. This necessitated monogamy on the woman's, but not on the man's part. Hence this monogamy of women in no way hindered open or secret polygamy of men. !—:

Now the impending social revolution will reduce this whole care of inheritance to a minimum by changing at least the overwhelming part of permanent and inheritable wealth — the means of production — into social property. Since monogamy was caused by economic conditions, will it appear when these causes are abolished?

PP. 91

(मूल नोटबुक पृष्ठ संख्या- 10)

विवाह के दोष

लंबे वैवाहिक संबंधों में विशेषतः दस में से नौ मामले व्यभिचार के सर्वोत्तम प्रशिक्षण केंद्र बन जाते हैं।

(वही, पृ.सं. 91, फ्रेडरिक एंगेल्स)

समाजवादी क्रांति व विवाह संस्था!

अब हम एक ऐसी सामाजिक क्रांति की ओर अग्रसर हो रहे हैं, जिसके परिणामस्वरूप एकनिष्ठ विवाह का पुराना आर्थिक आधार इसकी अनुपूरक, वेश्यावृत्ति की भाँति पूरी तरह से लुप्त हो जाएगा। एकनिष्ठ विवाह का आरंभ विपुल धनराशि के एक ही व्यक्ति या पुरुष के हाथ में आने और इस धनराशि को वसीयत में किसी अन्य की नहीं, बल्कि विशेष रूप से अपनी संतान के लिए छोड़ने के उद्यम के परिणामस्वरूप हुआ। इस विवाह में एकनिष्ठता पुरुष के लिए नहीं, बल्कि केवल स्त्री के लिए महत्त्वपूर्ण थी। इसलिए स्त्रियों का यह एकनिष्ठ विवाह पुरुषों के प्रत्यक्ष या परोक्ष बहुपत्नीत्व में कोई बाधा नहीं बना। आसन्न सामाजिक क्रांति स्थायी या विरासती समृद्धि के अधिकांश हिस्से अर्थात उत्पादन के साधनों को सामाजिक संपत्ति बना देगी, जिससे विरासती संपत्ति संबंधी चिंता न्यून हो जाएगी। चूँकि एकनिष्ठ विवाह का कारण आर्थिक परिस्थितियाँ थीं, तो क्या इन परिस्थितियों के समाप्त होने पर इस कारण का उन्मूलन हो जाएगा?

(वही. पृ.सं. 91 फ्रेडरिक एंगेल्स)

"Ah, my Beloved, fill the Cup that Clears
To-day of past Regrets and future Fears—
To-morrow?— Why, To-morrow I may be
Myself with Yesterday's Sev'n thousand Years.

— : o : —

Here with a Loaf of Bread beneath the Bough,
A Flask of Wine, a Book of verse - and Thou
Beside me singing in the Wilderness—
And Wilderness is Paradise enow.

— : o : — "Umar Khayyam"

State :— The State presupposes a public power of coersion seperated from the aggregate body of its members. (Engels) PP.116

Origin of State :— .... Degeneration of the old feuds between tribes to regular mode of excisting by systematic plundering on land and sea for the purpose of acquiring cattle, slaves and treasures. In short wealth is praised and respected as the highest treasure, and the old gentile institutions are abused in order to justify the forcible robbery of wealth. Only one thing was missing: an institution that not only secured the newly acquired property of private individuals against the communistic traditions of the gens, that not only declared as sacred the formerly so despised private property and represented the protection of this sacred property as the highest purpose of human society, but that also stamped the gradually developing new forms of acquiring property, of constantly increasing wealth with the universal sanction of the society. An institution

P.T.O.

[illegible] author

(मूल नोटबुक पृष्ठ संख्या- 11)

आह, माय बीलव्ड, फिल दी कप दैट क्लीयर्स,
टू-डे ऑफ पास्ट रिग्रेट्स ऐंड फ्यूचर फियर्स

टू-मारो? - वाय, टू-मारो आई मे बी,
माइसेल्फ विद् येस्टरडेस सैवन थाउजेंड ईयर्स।

उमर खय्याम (रुबाई XX)
अनुवादक, एडवर्ड फिट्जगेराल्ड (प्रथम संस्करण) पृ.सं. 39

हेयर विद दी लोफ ऑफ ब्रेड बिनथ दी बॉग,
अ फ्लास्क ऑफ वाइन, ए बुक ऑफ वर्स- ऐंड दोउ

बिसाइड्स मी सिंगिंग इन दी वाइल्डरनेस-
ऐंड वाइल्डरनेस इज पैरेडाइस नाउ।

वही. उमर खय्याम, (रुबाई XI पृ.सं. 31)

राज्य

राज्य अपने सदस्यों के सामूहिक निकाय से पृथक अवपीड़न की सार्वजनिक शक्ति की पूर्वधारणा है।

(फ्रेडरिक एंगेल्स की 'दी ओरिजिन ऑफ दी फैमिली,
प्राइवेट प्रॉपर्टी ऐंड दी स्टेट' के इरोक्यूओइस जेंस
[पृ.सं. 115-116]से उद्धृत, अनुवादक, अर्नेस्ट उंटरमन)

राज्य की उत्पत्ति

कबीलों की पशु, दास व धन-संपत्ति की व्यवस्थित लूट के लिए जमीन व समुद्र में अस्तित्व बनाए रखने के लिए हमेशा से जारी रहनेवाली पुरानी लड़ाइयाँ समाप्त हो गईं। संक्षेप में कहें तो धन-संपत्ति को ही सबसे बड़ा खजाना माना जाने लगा और धन-संपत्ति को बलपूर्वक लूट को सही ठहराने के लिए प्राचीन गैर-यहूदी संस्थानों की निंदा होने लगी। इसमें केवल एक चीज की कमी थी; एक ऐसे संस्थान की आवश्यकता थी, जो न केवल निजी व्यक्तियों की हाल ही में प्राप्त की गई संपत्ति की रक्षा करे और ऐसी पूर्व में निजी संपत्ति को तिरस्कृत माननेवाली पवित्र समझी गई वंशगत साम्यवादी परंपराओं का विरोध करने के अलावा उसे मानव समाज के सर्वोत्तम उद्देश्य के रूप में प्रस्तुत करते हुए उनकी संपत्ति की सुरक्षा करने के अतिरिक्त संपत्ति के अधिग्रहण के इस नए व निरंतर विकसित होते प्रारूप के कारण निरंतर बढ़ रही धन-संपत्ति पर सामाजिक सार्वभौमिक स्वीकार्यता की मुहर भी लगाए। एक ऐसा संस्थान

जारी…

Origin of the State:— | that lent the character of perpetuity not only to the newly rising division into classes, but also to the right of the possessing classes to exploit and rule the non-possessing classes.

And this institution was found. The State arose. pp 129—130.

Definition of a Good Government } "Good government can never be a substitute for self-government."

"Henry Campbell Bannerman"

"We are convinced that there is only one form of Government, whatever it may be called, namely where the ultimate control is in the hands of the people" "Earl of Balfour"

Religion } "My own view of religion is that of Lucretius. I regard it as a disease born of fear, and as source of untold misery to the human race. I can not however deny that it has made some contributions to civilization. It helped in early days to fix the calendar and it caused the Egyptian priest to chronicle eclipses with such care that in time they became able to predict them these two services I am prepared to acknowledge, but I do not know of any other." Bertrand Russ..

(मूल नोटबुक पृष्ठ संख्या-12)

जो न केवल नए उभरते वर्ग विभाजन को स्थायित्व का चरित्र दे, साथ ही अधिकार प्राप्त वर्गों को अधिकारहीन वर्गों के शोषण व शासन का अधिकार प्रदान करे।

अंततः ऐसा संस्थान मिल ही गया। तत्पश्चात् राज्य की स्थापना हुई।

(फ्रेडरिक एंगेल्स की दी ओरिजिन ऑफ दी फैमिली,
प्राइवेट प्रॉपर्टी ऐंड दी स्टेट के ग्रेसियन जेंस
[पृ.सं. 129-130 से उद्धृत, अनुवादक, अर्नेस्ट उंटरमन)

एक अच्छी सरकार की परिभाषा

''अच्छी सरकार कभी भी स्व-शासन का विकल्प नहीं हो सकती।''

हेनरी कैंपबेल बैनरमैन (लाला लाजपत राय की पुस्तक
'रिफ्लेक्शंस ऑन दी पॉलिटिकल सिचुएशन इन इंडिया'
से उद्धृत)

''हमें पूर्ण विश्वास हो गया है कि सरकार का केवल एक ही रूप है, चाहे इसे किसी भी नाम से क्यों न पुकारा जाए, इसका मूल नियंत्रण जनता के हाथ में होता है।''

अर्ल ऑफ बालफोर [आर्थर जेम्स ब्रिटिश प्रधानमंत्री (1902-05)
रामानंद चटर्जी के संकलन 'टुवाड्‌र्स होम रूल I'
[पृ.सं. 1] से उद्धृत]

धर्म

धर्म के संबंध में मेरे विचार लुक्रेटियस जैसे ही हैं। मैं इसे भय से उत्पन्न रोग और मनुष्य जाति के अकथित कष्टों का स्रोत मानता हूँ, हालाँकि मैं संस्कृति में इसके योगदान से इनकार नहीं करता। आरंभिक दिनों में इसी की बदौलत पंचांग का निर्माण हुआ, इसी के चलते मिस्र के पादरी ग्रहण के कालक्रम को इतनी सावधानी से देखने लगे कि जल्द ही वे इसकी भविष्यवाणी भी करने लगे। मैं इन दोनों सेवाओं को स्वीकार करने के लिए राजी हूँ, लेकिन बाकी सबके बारे में मैं ऐसा नहीं कर सकता।

बर्ट्रेंड आर्थर विलियम रसेल
(अपनी पुस्तक, 'हैज रिलीजन मेड यूजफुल कॉन्ट्रिब्यूशन टू सिविलाइजेशन?'
[आरंभिक परिच्छेद])

Benevolent Despotism.

Montague Chelmsford called the British Government a 'benevolent despotism' and according to Ramsay Macdonald, the Imperialist leader of the British Labour Party, in all attempts to govern a country by a 'benevolent despotism', the governed are crushed down. They become subjects who obey, not citizens who by act. Their literature, their art, their spiritual expression go.

Govt of India.

Rt. Hon'ble Edwin S. Montagu, Secretary of State for India, said in the House of Commons in 1917:—

"The Government of India is too wooden, too iron, too inelastic, too antediluvian, to be of any use for modern purposes. The Indian Govt. is indefensible."

British Rule in India.

Dr. Rutherford's words:—

"British Rule as it is carried on in India is the lowest and most immoral system of government in the world — the exploitation of one nation by another."

Liberty & English people.

"The English people love liberty for themselves. They hate all acts of injustice, except those which they themselves commit. They are such liberty-loving people that they interfere in the Congo and cry 'Shame' to the Belgians. But they forget their heels are on the neck of India."

An Irish Author

(मूल नोटबुक पृष्ठ संख्या- 13)

उदार स्वभाव

मॉन्टेगो-चेम्सफोर्ड ने ब्रिटिश सरकार को 'उदार स्वभाव' वाला बताया है, जबकि ब्रिटिश लेबर पार्टी के साम्राज्यवादी नेता रामसे मैक्डोनाल्ड के अनुसार, 'उदार स्वभाव' सहित राष्ट्र पर शासन करने का प्रयास करनेवाले सभी शासक कुचल दिए गए। वे कार्य करनेवाले नागरिक नहीं रहे, बल्कि आदेशों को पालन करनेवाले दास बन गए। उनका साहित्य, उनकी कला, उनकी आध्यात्मिक अभिव्यक्ति सब तिरोहित हो गई।''

(रामसे मैक्डोनाल्ड की पुस्तक 'अवेकनिंग ऑफ इंडिया'
[पृ.सं. 213] से लाला लाजपत राय की पुस्तक 'अनहैप्पी इंडिया',
पृ.सं. 427 पर उद्धृत)

भारत सरकार

रिटा. माननीय एडविन एस. मॉन्टेगो, भारत के राज्यमंत्री ने जुलाई 1917 को हाउस ऑफ कॉमंस में बयान दिया—

''भारत सरकार किसी भी आधुनिक उद्देश्य के उपयोग की दृष्टि से बहुत कठोर, लौह सदृश, लोचरहित, रूढ़िवादी है। भारत सरकार बचने योग्य नहीं है।''

एडविन एस. मॉन्टेगो
(लाला लाजपत राय की उपरोक्त पुस्तक [पृ.सं. 432-433]
से उद्धृत) ब्रिटिश रूल इन इंडिया

डॉ. रुथफोर्ड लिखते हैं—

''भारत में ब्रिटिश शासन जिस तरह कार्य कर रहा है, वह दुनियाभर में किसी भी सरकार की सबसे अनैतिक कार्यप्रणाली है—यह एक राष्ट्र द्वारा दूसरे राष्ट्र का शोषण है।''

(वही उद्धरण । [पृ.सं. 436] लाला लाजपत राय
'मॉडर्न इंडिया' के चैप्टर 'दी कॉन्स्टीट्यूशन ऑफ इंडिया',
पृ.सं. 77 से लिया गया
लेखक वी.एच रदरफोर्ड)

स्वाधीनता व अंग्रेज

''अंग्रेज स्वयं स्वाधीन रहना पसंद करते हैं। वे सभी तरह के अन्यायपूर्ण कृत्यों से घृणा करते हैं, सिवाय उनके, जो स्वयं उन्होंने किए हों। वे इतने स्वाधीनता-प्रिय लोग हैं कि कांगो में दखल देने पर उन्होंने बेल्जियाइयों से कहा, 'शर्म करो!''लेकिन वे यह भूल गए कि उन्होंने स्वयं भारत की गरदन को अपनी ऐड़ी के नीचे दबा रखा है।''

एक आयरिश लेखक को (कांगो अत्याचार पर लाला लाजपत राय ने
उपरोक्त पुस्तक में [पृ.सं. 437 पर] रेव. जे.टी. संडरलैंड के लेख,
'आर दी ब्रिटिश फिट टू रूल इंडिया' से) उद्धृत किया है।

Mob Retaliation

. . . Let us therefore examine how men came by the idea of punishing in this manner.

They learn it from the Governments they live under, and retaliate the punishment they have been accustomed to behold. The heads stuck upon spikes, which remained for years upon Temple Bar, differed nothing in the horror of the scene from those carried about upon spikes at Paris; yet this was done by the English Govt. It may perhaps be said that it signifies nothing to a man what is done to him after he is dead; but it signifies much to the living; it either tortures their feelings or hardens their hearts, and in either case it instructs them how to punish when power falls into their hands.

✓ Lay then the axe to the root, and teach Governments humanity. It is their sanguinary punishments which corrupt mankind. . . . The effect of those cruel spectacles exhibited to the populace is to destroy tenderness or excite revenge; and by the base and false idea of governing men by terror instead of reason, they become precedents.

[Rights of Man. PP. 32, T. Paine]

(मूल नोटबुक पृष्ठ संख्या- 14)

भीड़ का प्रतिरोध

चलिए अब हम देखते हैं कि व्यक्ति को इस तरह सजा देने का विचार किस तरह आया।

उन्होंने इसे अपने पर शासन कर रही सरकार से सीखा है। उन्होंने प्रतिरोध स्वरूप वही सजा दी, जिसे वे देखने के अभ्यस्त रहे हैं। वर्षों तक टेंपल बार के बाहर टँगे रहनेवाले सिर कहीं से भी पेरिस में बर्छियों पर टँगे सिरों के दृश्य से अलग नहीं थे, जबकि यह अंग्रेज सरकार ने ही किया था। संभवतः कहा जा सकता है कि व्यक्ति की मृत्यु के बाद उसके साथ कुछ भी किया जाना महत्त्वपूर्ण नहीं रखता; लेकिन यह जीवित लोगों के लिए अवश्य महत्त्वपूर्ण है; यह या तो उनकी भावनाएँ आहत करेगा और या फिर उनके हृदय पत्थर जैसे कठोर बना देगा। दोनों ही मामलों में इससे वे यह सीख जाएँगे कि अपने हाथ में शक्ति आने के बाद उन्हें दूसरों को किस तरह सजा देनी है।

इसे दूर करने के लिए सीधे जड़ पर प्रहार करते हुए सरकार को मानवत्ता का पाठ पढ़ाना होगा। उनका यह रक्तमय दंडविधान मनुष्य जाति को दूषित कर रहा है···जनता के बीच इन क्रूर दृश्यों का प्रदर्शन करने का परिणाम उनकी करुणा को समाप्त कर 'प्रतिशोध' की मात्रा को बढ़ा रहा है। सरकार में बैठे लोगों का तर्क के स्थान पर आतंक के असत्य विचार को आधार बनाना उनके लिए उदाहरण बन जाता है।

'राइट्स ऑफ मैन', (भाग I, पृ.सं. 31)–32
लेखक—थॉमस पेन

Monarch and Monarchy :—

It was not against Louis XVI, but against the despotic principles of government, that the Nation revolted. The principles had not their origin in him, but in the original establishment, many centuries back; and they were become too deeply rooted to be removed, and the Augean stable of parasite and plunderers too abominably filthy to be cleansed, by anything short of a complete revolution. When it becomes necessary to do a thing, the whole heart and soul should go into the measure, or not attempt it.... The Monarch and the Monarchy were distinct and seperate things; and it was against the person or principles of the former, that the revolt commenced and the Revolution has been carried.

PP. 19.

: o :

Natural & Civil rights

Man did not enter enter into society to become worse than he was before, but to have those rights better secured. His natural rights are the foundation of all his civil rights.

Natural rights are those which appertain to man in right of his existance. (intellectual - mental etc.

Civil rights are those that appertain to man in right of his being a member of society.

PP. 44

: o :

(मूल नोटबुक पृष्ठ संख्या- 15)

राजा व राजशाही

राष्ट्र की यह क्रांति लुई XVI के विरुद्ध नहीं, बल्कि सरकार के निरंकुश सिद्धांतों के विरोध में थी। ये सिद्धांत अपनी मूल अवस्था में नहीं थे, इनकी मूल संस्थापना कई सदियों पहले हुई थी। इनकी जड़ें इतनी गहरी हो गई थीं कि उन्हें उखाड़ा नहीं जा सकता था। इस ऑगियन अस्तबल में इतने परजीवी व लुटेरे थे कि इसे साफ करना बहुत घिनौना व गंदा कार्य था। ऐसा पूर्ण [व सार्वभौमिक] क्रांति से कम द्वारा नहीं किया जा सकता था। जब ऐसा करना अनिवार्य हो जाए, तो इसे पूरे हृदय व आत्मा से करना चाहिए; या इसके लिए प्रयास ही न करें···राजा व राजशाही बहुत अलग व पृथक हैं। यह विरोध किसी [राजशाही द्वारा स्थापित तानाशाही के खिलाफ था] व्यक्ति या राजा के सिद्धांतों के खिलाफ नहीं था। बस विद्रोह भड़का और इसने क्रांति का रूप ले लिया।

('राइट्स ऑफ मैन', भाग I, पृ.सं. 18)-19
ले.—थॉमस पेन

प्राकृतिक व नागरिक अधिकार

मनुष्य के समाज में प्रवेश का कारण उसका पहले से भी अधिक निकृष्ट होना नहीं, बल्कि अपने अधिकारों को अधिक सुरक्षित बनाना था। उसके प्राकृतिक अधिकार ही उसके सारे नागरिक अधिकारों की आधारशिला हैं।

प्राकृतिक अधिकार वे हैं, जो मनुष्य के जीने के अधिकार, (बौद्धिक-मानसिक आदि) से सरोकार रखते हैं।

नागरिक अधिकार वे हैं, जो मनुष्य को समाज का एक सदस्य होने से सरोकार रखते हैं।

('राइट्स ऑफ मैन', भाग I) पृ.सं. 44
(ले.—थॉमस पेन)

6

King's Salary:—

It is inhuman to talk of a million sterling a year, paid out of the public taxes of any country, for the support of an individual, whilst thousands who are forced to contribute thereto, are pining with want and struggling with misery. Govt. does not consist in a contrast between prisons and palaces, between poverty and pomp; it is not instituted to rob the needy of his mite and increase the wretchedness of the wretched.

P. 204

"Give me liberty or death"

"It is in vain, sir, to extenuate the matter. Gentlemen may cry, peace, peace — but there is no peace. The war is actually begun. The next gale that sweeps from the North to our ears the clash of resounding arms. Our brethren are already in the field. Why stand we here idle? What is it that gentlemen wish? What would they have? Is life so dear or peace so sweet as to be purchased at the price of chains and slavery. Forbid it, almighty God! I know not what course others may take. as for me, give me liberty or death."

Patrick Henry.

Right of Labour.

"Whoever produces anything by weary labour, does not need a revelation from heaven to teach him that he has a right to the thing produced."

Robert G. Ingersoll

(मूल नोटबुक पृष्ठ संख्या- 16)

राजा का वेतन

किसी एक व्यक्ति के भरण-पोषण हेतु किसी राष्ट्र के लिए टैक्स के रूप में प्रतिवर्ष एक मिलियन स्टर्लिंग देने की बात करना और भी अमानवीय हो जाता है, जब इसमें योगदान के लिए मजबूर किए जानेवाले लोग स्वयं अपनी इच्छाओं में कटौती करते हुए गरीबी से संघर्ष कर रहे हों। सरकार जेलों व राजमहलों, गरीबी व शान-शौकत के बीच विषमता उत्पन्न नहीं करती; इसका गठन गरीबों की कमाई लूटने और दुखियारों के दुःख में वृद्धि करने के लिए नहीं हुआ है।

('राइट्स ऑफ मैन', भाग II) पृ.सं. 204
(ले.—थॉमस पेन)

मुझे स्वतंत्रता दो या मृत्यु

महोदय, मामले को हलका करना बेकार है। सज्जन पुरुष, शांति, शांति की टेर लगा सकते हैं, लेकिन शांति इस तरह हासिल नहीं होती। युद्ध तो वस्तुतः शुरू भी हो चुका है! उत्तर से उठनेवाली अगली तीव्र आँधी शस्त्रों की टंकार को हमारे कानों तक पहुँचा रही है! हमारे भाई-बंधु पहले ही युद्धक्षेत्र में पहुँच चुके हैं! तो फिर हम यहाँ जड़ होकर क्यों खड़े हैं, यह सज्जनतापूर्ण इच्छा क्या है, उन्हें क्या चाहिए, क्या उन्हें जीवन इतना प्यारा है, या शांति इतनी मधुर लगती है कि वे उसे बेड़ियों व दासता की कीमत पर भी खरीदने को तैयार हैं?

हे सर्वशक्तिमान ईश्वर, इन्हें रोको! मैं नहीं जानता कि बाकी सब किस मार्ग पर चलेंगे, लेकिन जहाँ तक मेरी बात है, मुझे स्वतंत्रता दो या मृत्यु!

('गिव मी लिबर्टी ऑर गिव मी डैथ', 23 मार्च, 1775)
लेखक—पैट्रिक हेनरी
(सेंट जान चर्च, रिचमंड, वर्जीनिया में दिया गया भाषण)*

श्रमिक का अधिकार

जो भी व्यक्ति कठिन श्रम द्वारा जिस भी वस्तु का उत्पादन करता है, तो उसे यह बताने के लिए किसी आसमानी आकाशवाणी की आवश्यकता नहीं है कि उस उत्पादित वस्तु पर उसी का अधिकार है।

('सम मिस्टेक्स ऑफ मोजेज')
लेखक—रॉबर्ट जी. इंगरसोल
(क्राई फॉर जस्टिस, [पृ.सं. 264], अप्टॉन सिनक्लेयर)

---

* भगत सिंह का स्रोत ज्ञात नहीं

"We consider it horrible that people should have their heads cut off, but we have not been taught to see the horror of life-long death which is inflicted upon a whole population by poverty and tyranny." Mark Twain

Anarchists:

". . . . The Anarchists and the apostles of insurrection are also represented; and if some of the things seem to the reader the mere unchaining of furies, I would say, let him not blame the faithful anthologist, let him not blame even the writer — let him blame himself, who has acquiesced in the existence of conditions which have driven his fellowmen to extremes of madness and despair."

Upton Sinclair - Preface 19
Cry for Justice

The old labourer:

". . . He (the old labourer out of employment) was struggling against age, against nature, against circumstances; the entire weight of society, law and order pressed upon him to force him to lose his self-respect and liberty. . . . He knocked at the doors of the farms and found good in man only — not in law and order, but in individual man alone."

Richard Jefferies. 80?

(मूल नोटबुक पृष्ठ संख्या- 17)

''हमें लोगों के सिर कटते देखना भयावह लगता है, लेकिन हमें उस मृत्यु तक जीवनपर्यंत जारी रहनेवाली गरीबी व उत्पीड़न जैसी भयावहता के बारे में कुछ नहीं बताया जाता, जिससे संपूर्ण आबादी पीड़ित है।''

मार्क ट्वेन की रचना ('अ कॉनिक्टिकट यैंकी इन किंग आर्थर्स कोर्ट'
के दी टू 'रीगंस ऑफ टेरर') का भाष्य
(क्राई फॉर जस्टिस, [पृ.सं. 265] अप्टॉन सिनक्लेयर)

अराजकतावादी

अराजकतावादियों व विद्रोह उत्प्रेरकों का अपना प्रतिनिधित्व है; यदि पाठकों को कुछ चीजें केवल उद्‌गार लगती हैं, तो मैं कहना चाहूँगा कि इसका दोष केवल संग्रहकर्ता लेखक पर ही नहीं लगाया जा सकता, इसका दोष स्वयं व्यक्ति पर जाता है, जिसने अपने साथियों को पागलपन व निराशा की सीमा पर ले जाते देख मौजूदा परिस्थितियों की ओर से आँखें फेर लीं।

भूमिका, 'क्राई फॉर जस्टिस, पृ.सं. 19
अप्टॉन सिनक्लेयर

वृद्ध श्रमिक

वह (बेरोजगार हो चुका वृद्ध श्रमिक) * अपनी उम्र, प्रकृति व परिस्थितियों से जूझ रहा होता है; पूरे समाज, कानून व व्यवस्था का सारा जोर उसे उसकी आत्म-सम्मान व स्वतंत्रता को खो देने हेतु दबाव बनाने पर है। सभी दरवाजे खटखटाने के बाद उसे अंततः अच्छे व्यक्ति मिल ही जाते हैं, लेकिन उसे कानून और व्यवस्था में नहीं, बल्कि निजी व्यक्तियों में प्राप्त होते हैं।

('एन ऐजिड लेबर' से)
रिचर्ड जैफ्रीस (क्राई फॉर जस्टिस) पृ.सं. 30

---

*कोष्ठक में लिखा पाठ भगत सिंह का है

Poor Labourers:

"... And we, the men who braved this task, were out-casts of the world. A blind fate, a vast merciless mechanism, cut and shaped the fabric of our existence. We were men despised when we were most useful, rejected when we were not needed, and forgotten when our troubles weighed upon us heavily. We were the men sent out to fight the spirit of the wastes, rob it of all its primeval horrors, and batter down the barriers of its world-old defences. Where we were working a new town would spring up some day; it was already springing up; and then, if one of us walked there, "a man with no fixed address," he would be taken up and tried as a loiterer and vagrant."

{From Children of the Dead End
by Patrick MacGill.
C.J. 48.

Morality:

"Morality and religion are but words to him who fishes in gutters for the means of sustaining life, and crouches behind barrels in the street for shelter from the cutting blasts of a winter night."

Horace Greeley. 128

Hunger

"It is desirable for a ruler that no man should suffer from cold and hunger under his rule. Man can not maintain his standard of morals when he has no ordinary means of living."

Kenko Hoshi Buddhist Monk
of Japan 14th Century
P. 135

(मूल नोटबुक पृष्ठ संख्या- 18)

गरीब श्रमिक

हम, इस कार्य का बीड़ा उठानेवाले दुनिया में सबसे निराले हैं। अंधे भाग्य व एक विशाल निष्ठुर तंत्र ने हमारे अस्तित्व के आवरण में कतरब्योंत कर दी है। हमें उस समय तुच्छ समझा गया, जब हम सबसे अधिक उपयोगी थे। आवश्यकता होने पर भी हमें अस्वीकृत किया जाता रहा तथा हम पर समस्याओं का बोझ बढ़ते ही हमें भुला दिया गया। हम वे लोग हैं, जिनकी पुरानी मोरचाबंदी को कमजोर करने के बाद व्यर्थ मानते हुए आदिम भयावहता से लड़ने के लिए बलपूर्वक भेजा गया है। हम जहाँ काम करते हैं, एक दिन वहाँ नया शहर बस जाएगा; बल्कि वह शहर आकार भी लेने लगा है। बाद में जब हम जैसे 'बेघर लोग' वहाँ कदम रखेंगे तो उन्हें सिरफिरा व आवारा कहते हुए आड़े हाथों लिया जाएगा।

पैट्रिक मैकगिल की 'चिल्ड्रन ऑफ दी डेड ऐंड' से
'क्राई फॉर जस्टिस' पृ.सं. 48

नैतिकता

अपना जीवन चलाने के लिए गटर में उतरनेवालों और सर्द रातों की तीखी लहर से बचने हेतु सिर छिपाने के लिए सड़क पर रखे पाइपों में उकडूँ बैठनेवाले लोगों के लिए नैतिकता व धर्म केवल शब्द मात्र ही हैं।

हॉरेस ग्रीले
('क्राई फॉर जस्टिस') पृ.सं. 128

भूख

प्रत्येक शासक को यह सुनिश्चित करना चाहिए कि उसके राज्य में कोई भी व्यक्ति भूख और सर्दी से पीड़ित न रहे। जीवनयापन के सामान्य साधन भी न होने पर व्यक्ति के लिए नैतिकता के सामान्य मानक बनाए रखना कठिन हो जाता है।

केंको होशी, 14वीं शताब्दी में जापान के बौद्ध साधु
(क्राई फॉर जस्टिस पृ.सं. 135)

Freedom :—

Men! whose boast it is that ye
Come of fathers, brave and free,
If there breathe on earth a slave,
Are ye truly free and brave?
If you do not feel the chain
When it works a brother's pain,
Are ye not base slaves indeed,
Slaves unworthy to be freed?

Is true Freedom but to break
Fetters for our own dear sake,
And, with leathern hearts, forget
That we owe mankind a debt?
No! True Freedom is to share
All the chains our brothers wear,
And, with heart and hand, to be
Earnest to make others free!

They are slaves who fear to speak
For the fallen and the weak;
They are slaves who will not choose
Hatred, scoffing and abuse,
Rather than in silence shrink
From the truth they needs must think;
They are slaves who dare not be
In the right with two or three.

"James Russell Lowell"

9.189

— : • : —

(मूल नोटबुक पृष्ठ संख्या- 19)

मुक्ति

मनुष्य! जो गर्वोक्ति सहित स्वयं को वीर व मुक्त पितरों की संतान बताते हैं, लेकिन धरा पर गुलाम के रूप में श्वास लेते हैं, क्या वे सचमुच मुक्त या वीर हो सकते हैं? यदि वे बेड़ियों का अनुभवकर अपने भाइयों के कष्ट महसूस नहीं करते, तो क्या वे ऐसे अधम गुलाम नहीं, जो दासता से मुक्त होने योग्य नहीं हैं।

क्या सच्ची मुक्ति है तोड़ना, केवल अपने बंधनों को और कठोर हृदय रखते हुए भूल जाएँ कि मनुष्यता का हमपर कर्ज है? नहीं! वास्तविक मुक्ति साझा करने में है, वह बोझ जो हमारे भाई उठा रहे हैं। पूरे हृदय से साथ मिलकर, जोश सहित हम सबको मुक्त कर सकते हैं!

वे लोग गुलाम हैं, जो आवाज उठाने से डरते हैं। कमजोरों व अभागों के लिए; वे लोग गुलाम हैं, जो नहीं चुनते घृणा, उपहास व अपमान को, इसकी बजाय वे चुपचाप सिकुड़े हुए विचारार्थ सत्य से आँखें मूँदे रहते हैं; वे लोग गुलाम हैं, जिनमें साहस नहीं कि कम, लेकिन सही व्यक्तियों का पक्ष ले सकें।

ले. जेम्स रसेल लोवेल ('फ्रीडम' से)
(क्राई फॉर जस्टिस) पृ.सं. 189

Full many a gem of purest ray serene
The dark unfathomed caves of ocean bear;
Full many a flower is born to blush unseen,
And waste its sweetness on the desert air.

: o :

Invention:

Hitherto it is questionable if all the mechanical inventions yet made have lightened the day's toil of any human being.

J. S. Mill P. 199

: o :

Alms: "There is no one on earth more disgusting and repulsive than he who gives alms. Even as there is no one so miserable as he who accepts them."

Maxim Gorky.
P. 204

: o :

Liberty:

Those corpses of youngmen,
Those martyrs that hang from the gibbets—
those hearts pierced by the grey lead,
Cold and motionless as they seem, live elsewhere
with unslaughter'd vitality.

They live in other youngmen, O kings!
They live in brothers again ready to defy you!
They were purified by death— they were taught
and exalted.

(मूल नोटबुक पृष्ठ संख्या- 20)

शुभ्र निर्भर आभायुक्त रत्नों की भरमार है
सागरों की अथाह गुफाओं के अंधकार में
हैं खिले बहुतेरे पुष्प लज्जालु व दृष्टि से ओझल,
वृथा होती मधुरता यूँ मरुस्थल की बयार में।

ले. थॉमस ग्रे
('ऐलीगी रिटन इन अ कंट्री चर्चयार्ड' से
'क्राई फॉर जस्टिस' [पृ.सं. 191])

आविष्कार

यह प्रश्न अब तक बरकरार है कि क्या अभी तक हुए यांत्रिक आविष्कार मनुष्य के दैनिक कार्यों को सरल बना पाए हैं।

जॉन स्टुअर्ट मिल
(क्राई फॉर जस्टिस') [पृ.सं. 199]

भिक्षा

"धरती पर भिक्षा देनेवालों से अधिक तिरस्करणीय व घृणास्पद और कोई नहीं है और उनसे भी अधिक अधम वह व्यक्ति है, जो इसे स्वीकार करता है।"

मैक्सिम गोर्की (की 'फोमा गोर्डिएफ' से)
(क्राई फॉर जस्टिस') पृ.सं. 204

स्वतंत्रता

वे मृत देह युवाओं की, वे शहीद, जो फाँसी के फंदे पर झूल गए, वे हृदय, जो भूरे सीसे से बिंध गए, उदासीन व जड़ से दिखते हैं, जो धड़क रहे किसी अवध्य जीवन शक्ति से।

हे राजन! यह किसी अन्य युवा में जीवित होगी। यह पुन: किसी बंधु में जाग्रत् होकर तुम्हें चुनौती देगी! मृत्यु उन्हें पवित्र कर देगी, वे अधिक ज्ञानवान व प्रबुद्ध होंगे।

जारी···

Not a grave of the murder'd for freedom,
but grows seed for freedom, in its turn to bear se[ed]
which the wind carry afar and re-sow, and the
rains and the snows nourish.
Not a disembodied spirit can the weapons of tyran[ts]
let loose,
But it stalks invisibly over the earth, whispering
counselling, cautioning.

P. 268 "Walt Whitman"

Free Thought:—

"If there is anything that cannot bear free thought let it crack."

Wendell Phillips 271

State:—

"Away with the state! I will take part in that revolution. Undermine the whole conception of a state, declare free choice and spiritual kinship to be the only all important conditions of any union, and you will have the commencement of a liberty that is worth something."

Henrick Ibsen. 273

Oppression:—

"Surely oppression maketh a wise man mad."

P. "278"

(मूल नोटबुक पृष्ठ संख्या- 21)

स्वतंत्रता के लिए मरनेवालों की समाधि नहीं बनती, बल्कि उनपर स्वतंत्रता की फसल लहलहाती है, जो पुन: बीज बनती है और हवाएँ उन्हें सुदूर प्रदेशों में पुन: बो देती है और वर्षा व बर्फ उसका पोषण करती है।

इस देहमुक्त आत्मा को किसी आतंकी का हथियार छू भी नहीं सकता, वे अप्रत्यक्ष रूप से धरती पर निर्बाध, फुसफुसाते, सलाह देते व सावधान करते भ्रमण करते रहेंगे।

वॉल्ट विट्मैन रचित ('यूरोप: दी 72 एक 73 ईयर्स ऑफ दीज स्टेट्स')
(क्राई फॉर जस्टिस') पृ.सं. 268-(69-70)

कॉमरेड सिंग्नार्वेलू ने 1925 में कम्युनिस्ट सम्मेलन के पूर्व दिए गए अपने भाषण में यह कविता उद्धृत की थी।

मुक्त चिंतन

''जो भी चीज मुक्त चिंतन को सह न सके, उसे ध्वस्त हो जाने दो।''

विंडेल फिलिप्स
('क्राई फॉर जस्टिस') पृ.सं. 271

राज्य

राज्य को समाप्त करना है! मैं इस क्रांति में भाग लूँगा। राज्य की समूची अवधारणा को नष्ट कर दो, किसी भी संबंध में मुक्त चयन व आत्मिक बंधुता को एकमात्र सबसे महत्त्वपूर्ण शर्त घोषित कर दो और तब तुम्हें वह स्वतंत्रता हासिल हो सकेगी, जिसमें कोई सार्थकता होगी।

हेनरिक इबसन रचित ('रियल लिबर्टी' से)
(क्राई फॉर जस्टिस') पृ.सं. 273

उत्पीड़न

उत्पीड़न निश्चित ही एक समझदार व्यक्ति को भी पागल बना देता है।

('ऐक्कलीसियास्टेस' से
'क्राई फॉर जस्टिस') पृ.सं. 278

Martyr:—

The man who flings his whole life into attempt, at the cost of his own life, to protest against the wrongs of his fellow-men, is a saint compared to the active and passive upholders of cruelty and injustice, even if his protest destroys other lives besides his own. Let him who is without sin in society cast the first stone at such an one. P. 281

: o :

Lower Class

While there is a lower class, I am in it.
While there is a criminal element, I am of it.
While there is a soul in jail, I am not free.

Eugene B. Debs.

144

One against all:— [Charles Fourier 1772-1837]

The present social order is a ridiculous mechanism, in which portions of the whole are in conflict and acting against the whole. We see each class in society desire, from interest, the misfortune of the other classes, placing in every way individual interest in opposition to public good. The lawyer wishes litigation and suits, particularly among the rich; the physician desires sickness. (The latter would be ruined if everybody died without disease as the [illegible] would the farmer if all quarrels were settled by arbitration.) The soldier wants a war, which will carry off half of his comrades and secure him promotion; the undertaker wants burials; monopolist and forestallers want famine, to double or treble the price of grain; the architect, the carpenter, the mason, want conflagration, that will burn down a hundred houses to give activity to their branches of business.

P. 202

(भूल नोटबुक पृष्ठ संख्या- 22)

शहीद

जिस व्यक्ति ने अपने साथियों पर हो रही बेइनसाफी के विरोध में अपना पूरा जीवन, यहाँ तक कि अपनी जान भी दाँव पर लगा दी हो, वह ऐसे लोगों की तुलना में कहीं अधिक बड़ा संत है, जो सक्रिय या निष्क्रिय रूप से क्रूरता व अन्याय का समर्थन करते हों। समाज में से उसे पहला पत्थर वही मार सकता है, जिसने कभी पाप न किया हो।

('पॉलिटिकल वायलेंस', एम्मा गोल्डमैन द्वारा लिखित एक अराजकतावादी पैंफलेट।
अप्टॉन सिनक्लेयर ने इसका लेखकत्व एम्मा गोल्डमैन के
स्थान पर 'अज्ञात लेखक' बताया है)
('क्राई फॉर जस्टिस') पृ.सं. 280

निम्न वर्ग

जब तक निम्न वर्ग है, मैं उन्हीं में से हूँ।
जब तक आपराधिक तत्त्व हैं, मैं उनके लिए हूँ।
जब तक एक भी आत्मा बंधन में है, तब तक मैं भी मुक्त नहीं हूँ।

ले. यूजीन वी. डेब्स ('अ सेंटीमेंट ऑन सोशल रिफॉर्म' से)
('क्राई फॉर जस्टिस') पृ.सं. 144

अनेक के विरुद्ध एक

वर्तमान सामाजिक व्यवस्था एक हास्यास्पद तंत्र है, जिसमें पूर्णता के सभी धड़ें आपस में संघर्ष करती हुई पूर्णता के ही विरुद्ध हो गई हैं। हम समाज के प्रत्येक वर्ग में इच्छाओं, लाभ, अन्य वर्गों के लिए दुर्भाग्य, सार्वजनिक लाभ की जगह निजी हित को प्रमुख मानते हुए देखते हैं। वकील चाहते हैं कि मुकदमे व मुकदमेबाजी, विशेष रूप से समृद्ध लोगों के बीच हमेशा जारी रहें। वहीं चिकित्सकों को रोग पसंद हैं। (यदि सब लोग बिना बीमारी से मरने लगें तो चिकित्सक बरबाद हो जाएँगे। इसी तरह यदि मध्यस्थ सभी विवादों को सुलझा दें तो वकीलों का भी यही हाल हो) सैनिक ऐसा युद्ध चाहता है, जिससे उसके आधे साथी खेत रहें, ताकि उसकी तरक्की सुनिश्चित हो सके। अंत्येष्टि कर्म करनेवाले शवों की प्रतीक्षा में हैं तो मुनाफाखोर और जमाखोर अकाल की कामना करते हैं, जिससे वे अनाज का मूल्य दोगुना या तिगुना कर सकें। वास्तुकार, बढ़ई, मिस्त्री सभी अग्निकांड के इच्छुक हैं, जिसमें सैकड़ों घर स्वाहा हो जाएँ और उन्हें अधिक-से-अधिक काम मिल सके।

(चार्ल्स फोरियर लिखित 'ईच अगेंस्ट ऑल' से)
('क्राई फॉर जस्टिस') पृ.सं. 202

New gospel

"Society can overlook murder, adultery or swindling; it never forgives the preaching of a new gospel." p.327 Frederic Harrison

---

Tree of liberty

The tree of liberty must be refreshed from time to time with the blood of patriots and tyrants. It is its natural manure.

Thomas Jefferson. 332

Chicago Martyrs:—

Say, then, that the man erred grievously; if his error had been ten times as great, it ought to have been wiped from human recollection by his sacrifice . . . .

Granted freely that their idea of the best means of making a protest was utterly wrong and impossible, granted that they went not the best way to work. But who was it that drove them into attack against the social order as they found it? They and thousands of other men that stood with them were not bad men, nor depraved, nor bloodthirsty, nor hard hearted, nor criminal, nor selfish, nor crazy. Then what was it that evoked a complaint so bitter and deepseated. . . . . No one ever contemplated the simple fact that men do not band themselves together to make a protest without the belief that they have something to protest about, and that in any organized state of society a widespread protest is something for grave inquiry.

Charles Edward Russell. 333.

(मूल नोटबुक पृष्ठ संख्या- 23)

नए सिद्धांत

समाज किसी हत्या, व्याभिचार या ठगी को तो नजरअंदाज कर देता है, लेकिन वह किसी नए सिद्धांत के प्रचार को क्षमा नहीं कर सकता।

फ्रेडरिक हैरिसन
('क्राई फॉर जस्टिस') पृ.सं. 202

स्वतंत्रता का वृक्ष

स्वतंत्रता के वृक्ष को समय-समय पर देशभक्तों व उत्पीड़कों के रक्त से सींचा जाना आवश्यक है। यही इसकी प्राकृतिक खाद है।

थॉमस जेफरसन
('क्राई फॉर जस्टिस') पृ.सं 332

शिकागो के शहीद

व्यक्ति की गलती चाहे, जितनी भी बड़ी क्यों न हो, वह गलती चाहे दस गुना अधिक बड़ी क्यों न हो, उसका बलिदान मानव स्मृति से उसे सदा से लिए मिटा देता है।

मान लेते हैं कि उनके द्वारा प्रतिरोध का सबसे बेहतरीन समझा गया तरीका पूरी तरह से अनुपयुक्त व असाध्य था; यह भी मान लेते हैं कि उन्होंने अपना काम अच्छी तरह से नहीं किया, लेकिन ऐसा क्या था, जिसने उन्हें अपनी वर्तमान सामाजिक व्यवस्था पर हमला करने के लिए मजबूर कर दिया? वे तथा उनके पक्ष में खड़े हजारों लोग बुरे, भ्रष्ट, रक्त पिपासु, पत्थर दिल, अपराधी, स्वार्थी या मूर्ख नहीं हैं, तो फिर उनके इतने तीखे व गहरे प्रतिवाद का क्या कारण था?

इस बात पर आज तक किसी ने गौर नहीं किया कि ये लोग बिना किसी धारणा के विरोध करने हेतु एकत्रित नहीं हुए हैं, उनके पास इसका कोई कारण अवश्य है। किसी भी संगठित समाज में व्यापक विरोध होने पर उसकी गहन छानबीन की आवश्यकता होती है।

चार्ल्स एडवर्ड रसेल ('दीज शिफ्टिंग सींस' से)
('क्राई फॉर जस्टिस') पृ. 333-[34]

26 Will of A Revo...

"I also wish my friends to speak little or not at all about me, because idols are created when men are praised, and this is very bad for the future of the human race. Acts alone, no matter by whom committed, ought to be studied, praised or blamed. Let them be praised in order that they may be imitated when they seem to contribute to the common weal; let them be censured when they are regarded as injurious to the general well being, so that they may not be repeated.

I desire that on no occasion, whether near or remote, nor for any reason whatsoever, shall demonstrations of a political or religious character be made before my remains, as I consider the time devoted to the dead would be better employed in improving the condition of the living, most of whom stand in great need of this."

Will of Francisco Ferrer.
Spanish educator 1859-1909
Executed after the Barcelona riots by a plot of his clerical enemies.

Charity:—

"Come follow me", said Jesus Christ to the rich young man... To stay in his own set and invest his fortune in work of charity, would have been comparatively easy. Philanthropy has been fashionable in every age. Charity takes the insurrectionary edge off of poverty. Therefore the philanthropic rich man is a benefactor to his fellow magnates, and is made to feel their gratitude, to him all doors of fashion swing. He denied the legitimacy of alms-giving as a plaster for the deep-lying sore in social tissue... Philanthropy as a substitute for justice — he would have none of it...

(मूल नोटबुक पृष्ठ संख्या- 24)

क्रांतिकारी की वसीयत

मैं चाहता हूँ कि मेरे मित्र मेरे बारे में बहुत कम या बिल्कुल बात न करें, क्योंकि व्यक्ति का गुणगान उसे देवता बना देता है, जो मनुष्य जाति के लिए भविष्य के लिए यह बहुत बुरा होता है। पूरे मन से काम करें, फिर चाहे यह किसी के लिए भी किया जाए, इसकी जाँच हो, सराहना हो या आक्षेप लगें। जहाँ लोकहित में इसके योगदान की सराहना हो तो वहीं सार्वजनिक हित को चोट पहुँचाने पर इसकी निंदा भी अवश्य होनी चाहिए, जिससे इसकी पुनरावृत्ति न हो।

मेरी इच्छा है कि मेरी समाधि के निकट या दूर, किसी भी कारण से किसी भी तरह का धार्मिक या राजनीतिक प्रदर्शन न किया जाए, क्योंकि मेरा मानना है कि किसी मृत व्यक्ति पर समय व्यर्थ करने से कहीं अच्छा उन जीवित लोगों की परिस्थितियों में सुधार करना है, जिन्हें इसकी अत्यंत आवश्यकता है।

'दी विल ऑफ फ्रेंसिस्को फेरर' के (इम्मॉरटेलिटी) से
('क्राई फॉर जस्टिस' [पृ.सं. 336])
स्पेनिश शिक्षक व उग्र सुधारवादी, 1859-1909,
जिन्हें उनके तुच्छ विरोधियों ने बार्सिलोना दंगों के दौरान षड्यंत्र बनाकर मार डाला था।

दान

''मेरे पीछे आओ'', (ईसा मसीह ने एक धनी युवक से कहा) * उसके लिए अपने घर में रहते हुए सौभाग्य हेतु दान करना तुलनात्मक रूस से अधिक सहज था। परोपकार प्रत्येक युग में प्रचलित रहा है। दान द्वारा दरिद्रता को दूर किया जा सकता है। ऐसा परोपकारी धनी व्यक्ति अपने साथी धनिकों पर उपकार करता है, जिससे वे उसके कृतज्ञ हो जाते हैं। इस तरह यह चलन बन जाता है··· वे समाज में गहरे दबी समस्याओं की लीपा-पोती हेतु न भिक्षा-दान से इनकार करते हैं और न ही वे परोपकार को न्याय का विकल्प बनाने को तैयार हैं।

जारी···

---

*कोष्ठक में लिखे गए शब्द भगत सिंह के हैं।

Charity is twice cursed — it hardens him that gives and softens him that takes. It does more harm to the poor than exploitation, because it makes them willing to be exploited. It breeds slavishness which is moral suicide. The only thing Jesus would permit a swollen fortune to do was to give itself to revolutionary propaganda, in order that swollen fortunes might be forever after impossible . . .

Bouck White — Clergyman
P. 353 Born 1874 U.S.A.

Fight for Freedom

The power of armies is a visible thing
Formal, and circumscribed in time and space;
But who the limits of that power shall trace
Which a brave people into light can bring
Or hide, at will, — for freedom combating
By just revenge inflamed? No foot may chase,
No eye can follow, to a fatal place
That power, that spirit, whether on the wing
Like the strong wind, or sleeping like the wind
Within its awful caves — from year to year
Springs this indigenous produce far and near;
No craft this subtle element can bind,
Rising like water from the soil, to find
In every nook a lip that it may cheer.

{W. Wordsworth.}

(मूल नोटबुक पृष्ठ संख्या- 25)

दान दोहरा अभिशप्त है, यह दान करनेवाले को अभिमानी व दान प्राप्त करनेवाले को कमतर बना देता है। गरीबों के लिए यह शोषण से भी अधिक हानिप्रद है, क्योंकि यह उनको शोषित होने का इच्छुक बना देता है। यह दासता को जन्म देता है, जो नैतिक आत्महत्या के बराबर है। इसलिए यीशु धन एकत्रित करने के लिए केवल क्रांतिकारी प्रचार के मार्ग को स्वीकार करते हैं, क्योंकि इससे धन एकत्रित करना हमेशा के लिए असंभव हो जाएगा।

बक व्हाइट ('दी कॉल ऑफ दी कारपेंटर' से)
पादरी, जन्म 1870 अमेरिका
('क्राई फॉर जस्टिस') पृ.सं. 353- [54]

स्वतंत्रता का समर

सेना की शक्ति प्रत्यक्ष वस्तु है, औपचारिक तथा देश व काल में बँधी हुई, लेकिन शक्ति की उस सीमा को कौन जान सकता है, जिसे साहसी लोग प्रकाश में लाते या छिपाए रखते हैं और इच्छा होने पर स्वतंत्रता के संघर्ष हेतु, परंतु क्रांति की आग भड़के, तो इसे रोका नहीं जा सकता, न ही कोई आँख उसकी घातकता को देख पाती है। वह शक्ति, वह भावना, उड़ान भरने पर, ऐसी प्रचंड वायु है, जो शांत मंद हवा के रूप में अपनी गहन गुफाओं में बरसों-बरस तक सोई रहती है। इस स्वदेशी उत्पाद को निकट-दूर पल्लवित करती है, तब इस सूक्ष्म तत्त्व को कोई नहीं बाँध सकता, यह जमीन से निकले जल की तरह, खोजती है, उन सूखे होंठों को, जिन्हें वह आनंदित कर सके।

विलियम वर्ड्सवर्थ

[दी पावर ऑफ आर्मी इज अ विजिबल थिंग (1811)]*

*भगत सिंह को इस कविता की प्राप्ति का स्रोत अज्ञात है। नोटबुक में इसे उसी स्रोत पद्य संकलन से लिया जाना, जहाँ से अन्य कविताएँ ली गई हैं, सुनिश्चित नहीं है।

The Charge of the Light Brigade

Half a league, half a league,
Half a league onward,
All in the valley of Death
Rode the Six hundred.
'Forward the Light Brigade!
Charge for the guns! he said;
Into the valley of Death
Rode the six hundred.

"Forward the Light Brigade!'
Was there a man dismayed?
Not, though the soldiers knew
Some one had blundered:
Their's not to make reply,
Their's not to reason why,
Their's but to do and die:
Into the valley of Death
Rode the six hundred.
Cannon to the right of them,
Cannon to the left of them,
Cannon in front of them,
Volleyed and thundered;
Stormed at with shot and Shell,
Boldly they rode and well,
Into the jaws of Death,
Into the mouth of Hell,
Rode the Six Hundred.
Flashed all their sabres bare,
Flashed as they turned in air
Sabring the gunners there,
Charging an army, while
All the world wondered:

(मूल नोटबुक पृष्ठ संख्या-26)

लाइट ब्रिगेड का धावा

I

डेढ़ मील, डेढ़ मील,
डेढ़ मील और बढ़े चलो,
सभी चले मौत की घाटी में
छह सौ वीर घुड़सवार।
'आगे बढ़ो, लाइट ब्रिगेड!
अपनी बंदूकें तैयार करो! वह बोला,
उस मौत की घाटी में
छह सौ वीर घुड़सवार!

II

'बढ़े चलो लाइट ब्रिगेड!'
क्या कोई जवान घबराया है?
जिनसे हैं, सब सैनिक अनजान
लेकिन एक व्यक्ति ने गलती कर दी;
उन्हें जवाब नहीं देना है,
उन्हें कारण नहीं लेना है,
उन्हें बस करना है या मरना है,
मौत की उस घाटी के भीतर
छह सौ वीर घुड़सवार

III

तोपें उनकी दाईं ओर
तोपें उनकी बाईं ओर
और तोपें हैं सामने उनकी
गरज और बरस रही हैं;
गोलाबारी के अंधड़ में
बढ़े चले वे सीधे बेधड़क
सीधे मौत के जबड़े में
सीधे नरक के मुँह के भीतर
छह सौ वीर घुड़सवार।

IV

चमकाते नंगी तलवारें
लहराते हवा में निरंतर
तोपचियों से तलवार भाँजते
सैन्य टुकड़ी पर हमला करते और
देख अचंभित सारी दुनिया:

Plunged in the battery-smoke
Right through the line they broke,
Cossacks and Russians
Reeled from the sabre stroke
Shattered and sundered.
Cannon to the right of them,
Cannon to the left of them,
Cannon behind them
Volleyed and thundered;
Stormed at with shot and shell,
While horse and hero fell,
They that had fought so well
Came through the jaws of Death,
Back from the Mouth of Hell,
All that was left of them,
Left of six Hundred.

When can their glory fade?
O the wild charge they made!
All the world wondered.
Honour, the charge made!
Honour, the Light Brigade!
Noble six Hundred.

Lord Tennyson!

دل دے تو اس مزاج کا پروردگار دے
جو غم کی گھڑی کو بھی خوشی سے گزار دے +

چھیڑ نہ اے فرشتہ تو ذکرِ غمِ جانانہ
کیوں یاد دلاتے ہو بھولا ہوا افسانہ +

سجا کر میتِ امید ناکامی کے پھولوں سے
کسی ہمدرد نے رکھ دی مرے ٹوٹے ہوئے دل میں +

(मूल नोटबुक पृष्ठ संख्या- 27)

धूल-धुएँ में दाखिल होकर
अग्रिम मोर्चा तोड़कर
कजाक और रूसी
तलवारों के वार से लड़खड़ाते
घायल और टूटे हुए
वे वापस लौट आते हैं,
लेकिन अब वे छह सौ नहीं थे।

V

तोपें उनकी दाईं ओर
तोपें उनकी बाईं ओर
और तोपें हैं सामने उनकी
गरज और बरस रही हैं;
गोलाबारी के अंधड़ में,
घायल घोड़े और नायक,
साहस से लड़े थे रण में,
वे निकले थे मृत्यु की दाड़ से,
आ निकले थे नरक के मुख से,
जो भी बचे हुए थे, वे सब,
उन छह सौ वीरों में से।

VI

क्या उनका यश धूमिल होगा?
या उनका यह अद्भुत धावा!
सारी दुनिया अचरज में थी।
उनका गौरव और उनका धावा!
यह गौरव है लाइट ब्रिगेड का,
उन उत्कृष्ट छह सौ वीरों का!

लॉर्ड अल्फ्रेड टेनीसन
(क्रीमिया युद्ध का वर्णन करती कविता चार्ज ऑफ दी लाइट ब्रिगेड)
(पोयम्स ऑफ अल्फ्रेड टेनीसन [पृ.सं. 46-47])*

दिल दे तो इस मिजाज का परवरदिगार दे!
जो रंज की घड़ियाँ भी खुशी से गुजार दे!
[दाग देहलवी]

सजाकर मैयत-ए-उम्मीद नाकामी से फूलों से
किसी हमदर्द ने रख दी मेरे टूटे हुए दिल में।
अज्ञात

छेड़ ना ऐ फरिश्ते! तू जिक्रे गमे-जमाना!
क्यों याद दिलाते हो भूला हुआ अफसाना!
अज्ञात

*भगत सिंह ने इस कविता को किस पुस्तक से लिया है, यह ज्ञात नहीं है। ऊपर अवतरण मूल कविता में से है। इसमें भगत सिंह द्वारा किए गए बदलाव स्पष्ट देखे जा सकते हैं। यहाँ हमने डब्ल्यू.जे. गेज ऐंड कंपनी लिमिटेड, 1906 या जे.ई. टिल्टन ऐंड कंपनी, बोस्टन, 1870 का संस्करण उपयोग किया है।

8

Birth-right

We're the sons of sires that baffled
  Crowned and mitred tyranny;
They defied the field and scaffold
  For their birth-rights — so will we!

[J. Campbell]

— : • : —

Glory of the Cause

Ah! not for idle hatred, not
for honour, fame, nor self applause,
But for the glory of the cause,
You did, what will not be forgot.

[Arthur Clough]

— • : —

Immortality of Soul:—

For you know if you can only get a man believing in immortality there is nothing more left for you to desire; you can take everything in the world he owns — you can skin him alive if you please — and he will bear it with perfect good humor.

[Upton Sinclair 403 C.G.]

— : • : —

How tyrants

A tyrant must put on the appearance of uncommon devotion to religion. Subjects are less apprehensive of illegal treatment from a ruler whom they consider god-fearing and pious. On the other hand, they do less easily move against him, believing that he has the gods on his side.,1—

[

(मूल नोटबुक पृष्ठ संख्या-28)

जन्मसिद्ध अधिकार

हम उन पुरखों की संतानें हैं, जिन्होंने अत्याचारी शासकों- सम्राटों को रोका था—
उन्होंने फाँसी चढ़कर और रणभूमि में उन्हें हराया था। अपने जन्मसिद्ध अधिकार के लिए, हम भी यही करेंगे!

थॉमस कैंपबेल *(मैन ऑफ इंग्लैंड)

निमित्त की महिमा

आह! ना तुच्छ घृणा के कारण, ना
यश, प्रतिष्ठा, आत्मश्लाघा के लिए,
केवल निमित्त की महिमा हेतु,
बिसरेंगे नहीं जो काम कर दिए।

(पेस्चेरिया, 'पोयम्स ऐंड प्रोज रिमेंस' खंड II)*
आर्थर ह्यूग क्लॉग, पृ.सं. 495

आत्मा की अमरता

यदि आपको कभी कोई ऐसा व्यक्ति मिल जाए, जो अमरता में विश्वास रखता हो, तो समझ लो कि अब आपकी कोई कामना शेष नहीं रहेगी। आप उससे जो चाहें, वह ले सकते हैं, यदि आपका मन करे तो आप उसकी जीते जी खाल उतार लें और वह इसके लिए प्रसन्नतापूर्वक तैयार हो जाएगा।

अप्टॉन सिनक्लेयर ('प्रिंस हेगन' से)
('क्राई फॉर जस्टिस') पृ.सं. 403

खुदाई अत्याचारी

किसी भी अत्याचारी के लिए धर्म के प्रति आस्थावान होने का दिखावा करना आवश्यक है। जनता ऐसे शासक के दुर्व्यवहार के प्रति कम सशंकित रहती है, जिसे वह ईश्वर से डरनेवाला और पवित्र मानती हो, वहीं दूसरी ओर, वे आसानी से उसका विरोध भी नहीं करते, क्योंकि उन्हें विश्वास होता है कि ईश्वर उसके पक्ष में हैं।

(अरस्तू अध्याय XI 'ए ट्रीटाइज ऑन गवर्नमेंट'
अप्टॉन सिनक्लेयर द्वारा उद्धृत 'क्राई फॉर जस्टिस' पृ.सं. 523)

---

*भगत सिंह ने जिन पुस्तकों से ये उद्धरण लिये हैं, वे अज्ञात हैं।

Soldiers & Thought

"If my soldiers were to begin to reflect, not one of them would remain in the ranks."

[Frederick the Great] 832

The Noblest fallen

The noblest have fallen. They were buried
obscurely in a deserted place.
No tears fell over them.
Strange hands carried them to the grave.
No cross, no enclosure, and no tombstone tell
their glorious names.
Grass grows over them; a feeble blade
bending low keeps the secret.
The sole witness were the surging waves,
which furiously beat against the shore.
But even they the mighty waves, could
not carry farewell greetings to the
distant home.

[V. N. Figner]

Prison

'There were no stars, no earth, no time,
No check, no change, no good, no crime,
But silence, and a stirless breath,
Which neither was of life nor death:

[The Prisoner of Chillon]

(मूल नोटबुक पृष्ठ संख्या- 29)

सैनिक व चिंतन

यदि मेरे सैनिक अपने बारे में सोचने लगें तो उनमें से कोई भी सेना में नहीं रहेगा।

'फ्रेडरिक महान् (प्रशिया' से)
क्राई फॉर जस्टिस) पृ.सं. 562

वीरों की शहादत

जो भी वीर खेत रहे। दफन हुए चुपचाप,
किसी परित्यक्त भूमि में।
'ना बहाए उनके लिए किसी ने दो अश्क भी,
कब्र तक पहुँचा के आए हाथ जो थे अजनबी
कब्र पर न सलीब, न समाधि, न कोई पहचान,
जो करती हो उन वीरों, शहीदों का गौरव गान।

''उनकी कब्र पर घास उग आई है; घास की इन कमजोर पत्तियों में उनका रहस्य दबा है। किनारे से टकराती उमड़ती हुई लहरें ही इस घटना की एकमात्र साक्षी हैं, लेकिन ये प्रचंड लहरें भी उनके सुदूर स्थित घरों तक उनका आखिरी सलाम नहीं पहुँचा सकतीं।''

वेरा निकोलायेवना फिग्नर
(आई.पी. युवात्शेव की 'दी रशियन बेस्टाइल ऑर दी श्लुसेलबर्ग फोर्टेस' से उद्धृत)
अनुवादक, ए.एस. रेपोपोर्ट, (1909) [पृ.सं. 193]

कारावास

''ना सितारे, ना धरती, ना समय का अंदाज,
ना ठहराव, ना बदलाव, ना नेकी, ना अपराध,
एक खामोशी है, बस और निश्चल श्वास,
जो ना जिंदगी है और ना मौत का एहसास।''

'दी प्रिजनर ऑफ चिलोन' (ले. लॉर्ड बायरन (जॉर्ज गोर्डन)
उपरोक्त से उद्धृत. [पृ.सं. 1])

After conviction:—

During the moments which immediately follow upon his sentence, the mind of the condemned in many respects resembles that of a man on the point of death. Quiet, and as if inspired, he no longer clings to what he is about to leave, but firmly looks in front of him, fully conscious of the fact that what is coming is inevitable.

[V. N. Figner]

The Prisoner:—

'It is suffocating under the low, dirty roof;
My strength grows weaker year by year:
They oppress me, this stony floor,
This iron chained table,
This bed stead, this chair, chained
To the walls, like boards of the grave.
In this eternal, dumb, deep silence
One can only consider oneself a corpse.'

"N. A. Morozov."

Nacked walls, prison thoughts,
How dark and sad you are!
How heavy to live a prisoner inactive,
And dream of years of freedom.

[Morozov]

تجھے ذبح کرنے کی خوشی اور مجھے مرنے کا شوق۔ میری بھی مرضی وہی ہے جو میرے صیاد کی ہے۔

(मूल नोटबुक पृष्ठ संख्या-30)

दोष सिद्धि के पश्चात्

''मौत की सजा सुनने के फौरन बाद दंडित व्यक्ति का मन कई मायनों में उस व्यक्ति जैसा हो जाता है, जो मौत के कगार पर खड़ा हो। एकदम शांत। ऐसा प्रतीत होता है, मानो उसे यहाँ छूट रही चीजों के मोह से निकलने की प्रेरणा मिली हो और वह पूरी दृढता व पूर्ण चेतना सहित उस आनेवाले सत्य को स्वीकार कर लेता है, जिसे बदला नहीं जा सकता।''

वेरा निकोलायेवना फिग्नर
उपरोक्त से उद्धृत. [पृ.सं. 11]) *

कैदी

''इस गंदी व नीची छत के नीचे दम घुटता है;
साल-दर-साल मेरी शक्ति क्षीण हो रही है;
मेरा दमन कर रही हैं; ये पथरीली जमीन,
लोहे की जंजीरों से बँधी यह टेबल,
जंजीर से बँधा यह पलंग व कुरसी,
दीवारें जैसे ताबूत के तख्ते हों।
इस अनंत मौन व गहन शांति में,
व्यक्ति अपने को मुरदा समझने लगता है।''

निकोलाई एलेक्जेंड्रोविच मोरोजोव
(उपरोक्त से उद्धृत. [पृ.सं. 25])

''नंगी दीवारें, कैद के विचार,
अवसाद व उदासी भर देते हैं!
बंदी के लिए निष्क्रिय रहते कितना कठिन है,
कि वह आजादी का स्वप्न देख सके!''

निकोलाई एलेक्जेंड्रोविच मोरोजोव
(उपरोक्त से उद्धृत. [पृ.सं. 36])

तुझे जिबह करने की खुशी, मुझे मरने का शौक,
मेरी भी मरजी वही है, जो मेरे सय्याद की है।

अज्ञात

* युवात्शेव की पुस्तक में यह उद्धरण वेरा फिग्नर लिखित आत्मकथा, 'मेमोयर ऑफ ए रिवॉल्यूशनिस्ट' से उद्धृत है।

31

'Everything here is so silent, lifeless, pale,
The years pass fruit-less, leaving no trace.
The weeks and days drag on heavily,
Bringing only dull boredom in their suite.'

[Morozov]

———— : • : ————

Our thoughts grow dull from long confinement;
There is a feeling of heaviness in our bones;
The minutes seem eternal from torturing pain,
In this cell, four steps wide.

———— : • : ————

'Entirely for our fellow me we must live,
Our entire selves for them we must give,
And for their sakes struggle against ill fate!'

[Morozov]

———— : • : ————

Came to set me free ..—

At last men came to set me free;
I ask'd not why, and reck'd not where,
It was at length the same to me,
Fetter'd or fetterless to be:
I learn'd to love despair.
And thus when they appear'd at last,
And all my bonds aside were cast,
These heavy walls to me had grown
A hermitage — and all my own.

[The Prisoner of Chillon]

———— : • : ————

(मूल नोटबुक पृष्ठ संख्या-31)

''यहाँ बस मौन, निर्जीवता व फीकापन है;
वर्ष निरर्थक व बिना नामोनिशान के बीत रहे हैं;
दिन व हफ्ते बिताए नहीं बीतते,
उनकी पोटली में बस बोझिल उदासी ही है।''

(निकोलाई एलेक्जेंड्रोविच) मोरोजोव
(उपरोक्त से उद्‍धृत. [पृ.सं. 43])

''इस लंबी कैद ने हमारे विचारों में उदासी भर दी है;
यह भारीपन हमारी हड्डियों तक जा पहुँचा है;
इस चार कदम की कोठरी में,
ये कष्टप्रद पल कभी समाप्त होते नहीं लगते।''

(निकोलाई एलेक्जेंड्रोविच) मोरोजोव
(उपरोक्त से उद्‍धृत. [पृ.सं. 51])

''हमें अपने लोगों के लिए जीना होगा,
हमें उनके लिए अपना सबकुछ लुटा देना होगा,
और उन्हीं के लिए हमें अपने दुर्भाग्य से लड़ना होगा।''

(निकोलाई एलेक्जेंड्रोविच) मोरोजोव
(उपरोक्त से उद्‍धृत. [पृ.सं. 57])

मुक्तिदाताओं का आगमन

''अंततः मेरे मुक्तिदाताओं का आगमन हो ही गया;
मैंने न कारण पूछा, न स्थान,
मेरे लिए अब सब एक समान हैं,
बेड़ियाँ हों या न हों;
मैंने मायूसी से मुहब्बत करना सीख लिया है।
इसलिए जब वे लोग आए,
तो मेरे सभी बंधन कट गए,
ये मेरे आसपास की विशाल दीवारें
अब यही, केवल यही मेरा आश्रय स्थल हैं।

'दी प्रिजनर ऑफ चिलोन'
(लॉर्ड बायरन द्वारा उपरोक्त में उद्‍धृत, [पृ.सं 125]

इस छंद के एक हिस्से को लाला लाजपत राय ने अपनी पुस्तक 'स्टोरी ऑफ माइ डिपोर्टेशन' में भी उद्‍धृत किया है

'And from on high we have been honoured with
a mission!
We passed a severe school, but acquired higher
Knowledge.
Thanks to exile, prison, and a bitter lot,
We know and value the world of truth and freedom!'
[Prisoner of Schluesselburg]

: o :

Death & suffering of a child.

'A child was born. He committed consciously neither bad nor good actions. He fell ill, suffered much and long, until he died in terrible agony. Why? Wherefore? It is the eternal riddle for the philosopher.'

: o :

Frame of mind of a revolutionary

'He who has ever been under the influence of the life of Jesus, who has borne, in the name of an ideal, humiliation, suffering and death; he who has once considered Him as an ideal and his life as the prototype of a disinterested love,— will understand the frame of mind of the revolutionary who has been sentenced and thrown into a living tomb for his work on behalf of popular freedom." [Vera N. Figner]

: o :

Rights:—

Don't ask for rights. Take them. And don't let anyone give them to you. A right that is handed to you for nothing has something the matter with it. It's more than likely it is only only a wrong turned inside out.

(मूल नोटबुक पृष्ठ संख्या-32)

''और उच्चाधिकारियों ने हमें एक मिशन देकर सम्मानित किया!
हमारा विद्यालय सख्त था, लेकिन हमें वहाँ श्रेष्ठ ज्ञान हासिल हुआ।
इस निर्वासन, कारावास और कठिनाइयों को धन्यवाद है,
जिससे हम दुनिया में सत्य व स्वतंत्रता को जान इसका मोल समझ सके।'

दी प्रिजनर ऑफ श्लुसेलबर्ग
(वही. उद्धृत [पृ.सं. 148])

एक बच्चे की पीड़ा व मृत्यु

''बच्चा जन्म लेता है। वह स्वेच्छा से कुछ भी अच्छा या बुरा नहीं करता। वह बीमार पड़ता है, लंबे समय तक बहुत अधिक पीड़ा सहता है। उसका यह दु:ख तब तक जारी रहता है, जब तक उसकी मृत्यु नहीं हो जाती। क्यों, किसलिए? दार्शनिकों के लिए यह एक सनातन रहस्य है।''

(वही. उद्धृत [पृ.सं. 169])

एक क्रांतिकारी की मनोदशा

जो भी व्यक्ति जन्म से ही आदर्श, निरादर, पीड़ा व मृत्यु से परिपूर्ण यीशु के जीवन से प्रभावित रहा होगा; जो भी उन्हें अपना आदर्श मानता होगा और उनके जीवन को स्वार्थहीन प्रेम की प्रतिकृति मानता होगा, वह उस क्रांतिकारी की मनोदशा को अवश्य समझ सकेगा, जिसे मौत की सजा मिली हो और जिसने लोगों की स्वतंत्रता के लिए अपना जीवन होम कर दिया हो।''

वेरा निकोलायेवना फिग्नर
(वही. उद्धृत [पृ.सं. 204])*

अधिकार

अधिकार माँगो नहीं। इसे छीन लो। किसी के इसे देने की प्रतीक्षा मत करो। बिना माँगे दिए गए अधिकार के पीछे कोई हेतु अवश्य होता है। अकसर इसमें किसी गलत बात को विपरीत रूप में प्रकट किया जाता है।**

(फिलने पीटर डुने की पीड़ित महिलाओं पर लिखी 'मिस्टर डूले'
'क्राई फॉर जस्टिस [पृ.सं. 718]' से उद्धृत)

---

* युवात्शेव की पुस्तक में यह उद्धरण फिग्नर लिखित आत्मकथा 'मेमोयर ऑफ अ रिवॉल्यूशनिस्ट' से उद्धृत किया गया है।

** इस अवतरण की भाषा का नवीनीकरण स्वयं भगत सिंह ने किया है।

No enemies?

You have no enemies, you say?
Alas! my friend, the boast is poor;
He who has mingled in the fray
Of duty, that the brave endure,
Must have made foes! If you have none,
Small is the work that you have done.
You've hit no traitor on the hip,
You've dashed no cup from perjured lips,
You've never turned wrong to right,
You've been a coward in the fight.

[Charles Mackay. 747]

Child labour

No fledgling feeds the father bird,
No chicken feeds the hen;
No kitten mouses for the cat —
This glory is for men

We are the wisest, strongest Race —
Loud may our praise be sung!
The only animal alive
That lives upon its Young!

[Charlotte Perkins Gilman.] 66

Sw[illegible]

(मूल नोटबुक पृष्ठ संख्या-33)

अजातशत्रु?

आप कहते हैं कि आपका कोई शत्रु नहीं है ?
अरे! मेरे दोस्त यह शेखी बघारना बेकार है;
जो भी कर्तव्य की लड़ाई लड़ते हैं,
जो साहस सहित दायित्व निभाते हैं,
उनके शत्रु अवश्य होते हैं! यदि आपका कोई शत्रु नहीं,
तो तुमने कभी कोई बड़ा काम नहीं किया।
तुमने किसी गद्दार को सबक नहीं सिखाया,
तुमने किसी मिथ्याभाषी के होंठों से प्याला नहीं छीना,
तुमने कभी गलत को सही नहीं किया,
इस लड़ाई में तुम निपट कायर ही रहे हो।

चार्ल्स मैके ('नो एनीमिज' से)
('क्राई फॉर जस्टिस') [पृ.सं. 747]

बाल श्रमिक

किसी भी चिड़िया का बच्चा अपने पिता को दाना नहीं खिलाता!
मुरगी का बच्चा मुरगी को चुग्गा नहीं चुगाता!
बिल्ली का बच्चा बिल्ली को मूषकाहार नहीं देता,
यह गौरव केवल मनुष्य को ही हासिल है।

हम सबसे बुद्धिमान व शक्तिशाली प्रजाति हैं,
हम स्वयं अपनी प्रशंसा के गीत गाते हैं!
हम ऐसे एकमात्र जीवित पशु हैं,
जो अपने बच्चों के श्रम पर जीते हैं!

शेर्लोट पार्किंस गिलमैन ('चाइल्ड लेबर' से)
('क्राई फॉर जस्टिस' [पृ.सं. 662])

34

No Classes! No Compromise!!

[George D. Herron]

Under the Socialist movement there is coming a time, and the time may be even now at hand, when improved conditions or adjusted wages will no longer be thought to be an answer to the cry of labour; yes when these will be but an insult to the common intelligence. It is not for better wages, improved capitalist conditions or a share of capitalist profits that the Socialist movement is in the world; it is here for the abolition of wages and profits, and for the end of capitalism and the private capitalist. Reformed political institutions, boards of arbitration between capital and labour, philanthropies and privileges that are but the capitalists' gifts — none of these can much longer answer the question that is making the temples, thrones and Parliaments of the nations tremble. There can be no peace between the man who is down and the man who builds on his back. There can be no reconciliation between classes; there can only be an end of classes. It is idle to talk of good will until there is first justice, and idle to talk of justice until the man who makes the world possesses the work of his own hands. The cry of the world's workers can be answered with nothing save the whole product of their work.

[George D. Herron]

(मूल नोटबुक पृष्ठ संख्या-34)

न कोई वर्ग! न समझौता!

सोशलिस्ट आंदोलन के दौरान एक समय ऐसा भी आएगा, बल्कि वह समय आ चुका है, जब श्रमिकों की पुकार का उत्तर मात्र सुधरी हुई परिस्थितियाँ और समायोजित मेहनताना ही नहीं हो सकता। जी हाँ, उस समय यह सामान्य बुद्धिमत्ता के अपमान के जैसा होगा। संसार में सोशलिस्ट आंदोलनों का उद्‌देश्य केवल बेहतर मेहनताना, सुधरी हुई पूँजीवादी परिस्थितियाँ या पूँजीवादी लाभों में अपना हिस्सा लेना ही नहीं है। इसका यहाँ होना मेहनताने व लाभ को समाप्त करने के अलावा पूँजीवाद व निजी पूँजीपतियों का खात्मा करने के लिए है। सुधरे हुए राजनीतिक संस्थान, पूँजीपतियों व श्रमिकों के बीच मध्यस्थता बोर्ड, लोक-कल्याण की भावना व सुविधाओं जैसे पूँजीपतियों द्वारा प्रदत्त उपहार, अब इनमें से कोई भी उस प्रश्नों का उत्तर नहीं बन सकते, जो धार्मिक स्थलों, सिंहासनों व संसदों को हिलाए हुए हैं। दबे-कुचले व उनकी पीठ पर अपनी अट्टालिकाएँ खड़ी करनेवाले लोगों के बीच समझौते की कोई गुंजाइश नहीं है। न्याय की अनुपस्थिति में शांति-सद्भावना की बात करना बेमानी है और न्याय की स्थापना तब तक नहीं हो सकती, जब तक संसार को कार्यरत रखनेवाला इसकी लगाम अपने हाथ में नहीं ले लेता। दुनियाभर के श्रमिकों की पुकार का उत्तर उनके मेहनताने के पूरे भुगतान के अतिरिक्त और कुछ नहीं हो सकता।

जॉर्ज डी. हीरॉन (फ्रॉम रिवॉल्यूशन टू रिवॉल्यूशन)
('क्राई फॉर जस्टिस' [पृ.सं. 799])

Wastes of Capitalism

Economic Estimates about Australia by Theodore Hertzka (1886)

Every family = 5 roomed 40 ft sq: House to last for 50 years.

Workers' workable age 16—50.

So we have 5,000,000.

Labour of 615,000 workers is sufficient to produce food for 22,000,000 people = 12.3% of labor.

Including labor cost of transport, luxuries need only 315,000 [= 6.3%] workers' labour.

that amounts to this that 20% of the available labour is enough for supporting the whole of the continent. The rest 80% is exploited and wasted due to Capitalist order of society.

(मूल नोटबुक पृष्ठ संख्या-35)

पूँजीवाद की हानि

थियोडोर हर्टज्का द्वारा ऑस्ट्रेलिया संबंधी आर्थिक अनुमान (1886)

प्रति परिवार = पिछले 50 वर्षों से 40 स्के. फुट का 5 कमरों का मकान श्रमिकों की कार्य करने की आयु: 16–50 (वर्ष)

इनकी संख्या 5,000,000 है

22,000,000 लोगों के लिए खाद्यान्न उत्पादन हेतु 615,000 कर्मचारियों का श्रम पर्याप्त है= 12.3 प्रतिशत श्रमिक

यातायात व परिवहन की श्रम लागत सहित विलासिता कार्यों के लिए केवल 315,000 = 6.33 प्रतिशत श्रमिकों की मेहनत की आवश्यकता है।

इस गणना के अनुसार—पूरे महाद्वीप के भरण-पोषण हेतु उपलब्ध श्रमिकों का 20 प्रतिशत पर्याप्त है। समाज के पूँजीवादी प्रारूप में ये अतिरिक्त 80 प्रतिशत श्रमिक शोषित व व्यर्थ हैं।

(थियोडोर हर्टज्का के 'दी लॉज ऑफ सोशल इवॉल्यूशन' के
'दी वेस्ट्स ऑफ कैपिटलिज्म' से उद्धृत
'क्राई फॉर जस्टिस' [पृ.सं. 787-98])

भगत सिंह के इन नोट्स में मूल लेखन के अनुसार परिवर्तन किया गया है।

36

Czarist Regime & the Bolshevish Regime:—

Frazeir Hunt tells that in the first fourteen months of their rule, the Bolsheviks executed 4,500 men, mostly for stealing and speculation.

After the 1905 Revolution, Stolypin, minister of Czar, caused the execution of 32,773 men with-in twelve months [P. 390 Bran check]

(मूल नोटबुक पृष्ठ संख्या-36)

जारशाही शासन व बोल्शेविक शासन

फ्रेजियर हंट हमें बताते हैं कि अपने चौदह महीनों के शुरुआती शासनकाल में बोल्शेविकों ने 4,500 लोगों को मुख्यत: चोरी व सट्टेबाजी के लिए मृत्युदंड दिया।

1905 की क्रांति के पश्चात् जार के मंत्री स्तोलीपिन* ने बारह महीनों के भीतर 32, 773 लोगों को मौत के घाट उतारा।**

'दी ब्रास चैक' पृ.सं. 390
(ले. अप्टॉन सिनक्लेयर)

---

*पियोर आर्कडयेविच स्तोलीपिन

**पूरा उद्धरण है

फ्रेजियर हंट हमें बताते हैं कि अपने शासनकाल के पहले चौदह महीने के शासन में बोल्शेविकों ने चार हजार पाँच सौ लोगों को मुख्यत: चोरी व सट्टेबाजी के लिए मृत्युदंड दिया; जबकि 1905 की क्रांति के बारह महीनों में जार के मंत्री स्तोलीपिन ने बत्तीस हजार, सात सौ तिहत्तर लोगों को मौत के घाट उतार दिया।

Permanency of the social institutions.

3r

"It is one of the illusions of each generation that the social institutions in which it lives are, in some peculiar "sense," "natural", unchangeable and permanent. Yet for countless thousands of years social institution have been successively arising, developing, decaying and becoming gradually superseded by others better adapted to contemporary needs...... The question, then is not whether our present civilization will be transformed, but how it will be transformed. It may by considerate adaptation, be made to pass gradually and peacefully into a new form. Or, if there is angry resistance instead of adaptation, it may crash, leaving mankind painfully to build up a new civilization from the lower level of a stage of social chaos and disorder in which not only the abuses but also the material, intellectual and moral gains of the previous order will have been lost.

P.1. Decay of
Cap. Civilization

(मूल नोटबुक पृष्ठ संख्या-37)

सामाजिक व्यवस्थाओं का स्थायित्व

प्रत्येक पीढ़ी इस भ्रम में रहती है कि वह जिस सामाजिक व्यवस्था में रहती है, वह विशेष अर्थों में 'नैसर्गिक', अपरिवर्तनीय व स्थायी है, जबकि बीते अनगिनत हजार वर्षों से सामाजिक व्यवस्था सफलतापूर्वक उदित, विकसित, विनष्ट होती है तथा समसामयिक आवश्यकताओं की पूर्ति में अधिक बेहतर कोई व्यवस्था उसकी जगह ले लेती है।

अब प्रश्न हमारी वर्तमान सभ्यता के परिवर्तन का नहीं, बल्कि यह परिवर्तन कैसे होगा, इससे जुड़ा है।

संभव है कि यह सुविचारित अनुकूलन द्वारा क्रमशः व शांतिपूर्वक नए आकार में परिवर्तित हो जाए और यदि ऐसे अनुकूलन की जगह उग्र प्रतिरोध के माध्यम से हुआ तो यह अवश्य भंग हो जाएगी, जिसके बाद मानव जाति को परिश्रमपूर्वक सामाजिक अराजकता व अव्यवस्था के आरंभिक स्तर के चरण से नई संस्कृति का निर्माण करना होगा, जिसमें न केवल अनुचित व्यवहार होगा, बल्कि पिछली व्यवस्था में मौजूद भौतिक, बौद्धिक व नैतिक उन्नति भी खो जाएगी।

(प्रस्तावना,) [पृ.सं. 1], 'दी डिके ऑफ कैपिटलिस्ट सिविलाइजेशन'
(सिडनी वेब)

Capitalism & Commercialism!

Rabindranath's address to an assembly of Japanese Students:—

" You had your own industry in Japan; how scrupulously honest and true it was, you can see by its products — by their grace and strength, their conscientiousness in details, where they can hardly be observed. But the tidal wave of falsehood has swept over your land, from that part of the world where business is business, and honesty is followed merely as the best policy. Have you never felt shame when you see the trade advertisements, not only plastering the whole town with lies and exaggerations, but invading the green fields, where the peasants do their honest labour, and the hilltops, which greet the first pure light of the morning? .... This commercialism with its barbarity of ugly decorations is a terrible menace to all humanity, because it is setting up the ideal of power over the perfection. It is making the cult of self-seeking exult in its naked shamelessness.... Its movements are violent, its noise is discordantly loud. It is carrying its own damnation because it is trampling into distortion

(मूल नोटबुक पृष्ठ संख्या-38)

पूँजीवाद व व्यापारिकता

रविंद्रनाथ का एक सभा के दौरान जापानी छात्रों को संबोधित भाषण—

''जापान में आपका अपना उद्योग है। इसकी ईमानदारी व सच्चाई के प्रति निष्ठा जानने के लिए इसके उत्पादों को देखें—उनका स्तर व मात्रा, छोटे-छोटे विवरणों में उनकी कर्तव्यनिष्ठा की पड़ताल करें, जहाँ उन्हें देखना कठिन हो, लेकिन संसार का हिस्सा बना झूठ के ज्वार की लहर आपकी भूमि पर भी पहुँच चुकी है, जहाँ व्यापार केवल व्यापार के लिए होता है और ईमानदारी को शायद ही कभी सर्वोत्तम नीति माना जाता हो। क्या आपको यह देखकर शर्मिंदगी नहीं होती कि आपके पूरे शहर को झूठ व अतिशयोक्ति से पाट दिया गया है, जिसे किसानों ने अपने निष्कपट श्रम द्वारा हरा-भरा बनाया था और वे पर्वत-शिखर, जो सुबह की पहली किरण का स्वागत किया करते हैं ? यह व्यापारिकता अपने बर्बर व बदसूरत सिद्धांतों द्वारा संपूर्ण मानव जाति के लिए भयानक खतरा बन गई है, क्योंकि यह कौशल की जगह शक्ति को आदर्श बना रही है। यह अपनी इस निर्लज्जतापूर्ण नग्नता द्वारा लोभ में निमग्न पंथ का निर्माण कर रही है, इसकी गतिविधियाँ हिंसक हैं, इसकी वाणी तीव्र व बेसुरे ढंग की है। ये स्वयं ही अपने विनाश का कारण बनेंगे, क्योंकि वे उसी···

जारी···

the humanity upon which it stands. It is strenuously turning out the money at the cost of happiness... The vital ambition of the present civilization of Europe is to have the exclusive possession of the devil.

Capitalist Society:

"The foremost truth of political economy is that everyone desires to obtain individual wealth with as little sacrifice as possible." " Nassau Senior."

(मूल नोटबुक पृष्ठ संख्या-39)

···मानवता को रौंदकर विरूपित कर रहे हैं, जिसपर वे खड़े हैं। वे आनंद की कीमत पर धन एकत्रित करने में जुटे हुए हैं। यूरोप की वर्तमान सभ्यता की मुख्य महत्वाकांक्षा शैतान को पूरी तरह से अपने काबू में कर लेने की है।''

(रविंद्रनाथ टैगोर द्वारा लिखित 'नेशनलिज्म' [पृ.सं. 85-86] 129-128, 82
सिडनी वेब की 'डिके ऑफ कैपिटलिस्ट सिविलाइजेशन' पृ.सं. 66 पर उद्धृत
टैगोर 1916-17 के दौरान जापान व अमेरिका की यात्रा पर थे)

पूँजीवादी समाज

नासैन सीनियर ने 'राजनीतिक अर्थशास्त्र का सबसे बड़ा सत्य' बताते हुए कहा, ''यहाँ प्रत्येक व्यक्ति यथासंभव न्यूनतम त्याग द्वारा अधिकाधिक संपत्ति एकत्रित करने की इच्छा रखता है।''

नासैउ विलियम सीनियर
((1790-1864) राजनीतिक अर्थशास्त्री
सिडनी वेब की 'डिके ऑफ कैपिटलिस्ट सिविलाइजेशन' [पृ.सं. 66] पर उद्धृत)

Karl Marx on

Religion :—

Man makes religion; religion does not make man. Religion indeed, is the self-consciousness and the self-feeling of man who either has not yet found himself or else (have found himself) has lost himself once more. But man is not an abstract being squatting down somewhere outside the world. Man is the world of men, the State, society. This State, this society produces religion, produce a perverted world consciousness, because they are a perverted world. Religion is the generalized theory of this world, its encyclopaedic compend, its logic in a popular form... The fight against religion is, therefore a direct campaign against the world whose spiritual aroma is religion.

(मूल नोटबुक पृष्ठ संख्या-40)

कार्ल मार्क्स के धर्म संबंधी विचार

''धर्म ने मनुष्य को नहीं बनाया; मनुष्य ने धर्म को बनाया है। वास्तव में धर्म मनुष्य की वह आत्म-चेतना व आत्म-एहसास है, जो या तो उसे मिला नहीं है या (यदि मिला है) उसने इसे फिर खो दिया है, लेकिन मनुष्य संसार से बाहर कहीं बैठा कोई अमूर्त सत्ता नहीं है। मनुष्य संसार के लोगों, राज्य और समाज में से है। यह राज्य, यह समाज, धर्म को जन्म देता हैं, एक विकृत सांसारिक चेतना उत्पन्न करता है, क्योंकि यह संसार अपने आप में विकृत है। धर्म इस संसार का सामान्यीकृत सिद्धांत है, इसका विश्वकोशीय संक्षेपण व लोकप्रिय रूप में इसका तर्क है''' इस तरह धर्म के विरुद्ध संघर्ष उस संसार से सीधे मुकाबला करना होगा, जिसकी आध्यात्मिक सुवास धर्म है।''

जारी'''

Continued from last page:—

"Religion is the sigh of oppressed creature, the feelings of a heartless world, just as it is the spirit of unspiritual conditions. It is the opium of the people."

The people can not be really happy until it has been deprived of illusory happiness by the abolition of religion. The demand that the people should shake itself free of illusion as to its own condition is the demand that it should abandon a condition which needs illusion.

The weapon of criticism can not replace the criticism of weapons. Physical force must be overthrown by physical force; but theory, too, becomes a physical force as soon as it takes possession of the masses.

(मूल नोटबुक पृष्ठ संख्या-41)

"धर्म उत्पीड़ित प्राणी की आह है, यह हृदयहीन संसार का एहसास है, ठीक उसी तरह जैसे यह अनात्मिक परिस्थितियों की आत्मा है। *यह जनता के लिए अफीम के जैसा है।*"*

"लोग वास्तव में तब तक सुखी नहीं हो सकते, जब तक वे धर्म का उन्मूलन-कर इस काल्पनिक आनंद से छुटकारा नहीं पा जाते। लोगों से उनके अपनी इस काल्पनिक स्थिति से मुक्त होने की माँग करने की जगह उनकी इस *कल्पना के मूल कारण* को उन्मूलित करना होगा।"

"आलोचना के हथियार का स्थानापन्न आलोचना का हथियार ही नहीं हो सकता। भौतिक शक्तियों का भौतिक शक्ति द्वारा ही निर्मूलन हो सकता है। जनता द्वारा अपना लिया गया कोई भी सिद्धांत देर-सबेर भौतिक शक्ति का रूप ले ही लेता है।"

(कार्ल मार्क्स, 'कॉन्ट्रिब्यूशन टू दी क्रिटिक ऑफ हिगेल्स फिलासफी ऑफ राइट' की प्रस्तावना में)

[ओटो रुहले द्वारा 'कार्ल मार्क्स: हिज लाइफ ऐंड वर्क्स' में उद्धृत। उपरोक्त अनुवाद रुहले का है।]

---

*अक्तूबर क्रांति के पश्चात् उपरोक्त वाक्य को मॉस्को में पुराने सिटी हॉल की दीवार पर उकेर दिया गया था, जो विख्यात इबेरियन वर्जिन मदर के मंदिर के ठीक सामने स्थित था। आज इस मंदिर को हटा दिया गया है।

42

A Revolution not-Utopian

A radical revolution, the general emancipation of mankind, is not a utopian dream for Germany; what is utopian is the idea of a partial, an exclusively political revolution, which would leave the pillars of the house standing.

"Great are great because we are on knees"
Let us Rise!

(मूल नोटबुक पृष्ठ संख्या-42)

क्रांति आदर्शवादी नहीं होती

''मानव जाति की सामान्य मुक्ति के लिए हुई उग्र सुधारवादी क्रांति जर्मनी के लिए किसी आदर्शवादी स्वप्न जैसी नहीं थी; आदर्शवादिता विशिष्ट राजनीतिक क्रांति के विचार का एक पक्ष मात्र है। इन्हीं स्तंभों के बल पर यह इमारत टिकी हुई है।''*

(वही कार्ल मार्क्स)

''महान् लोग केवल इसलिए महान् हैं,
क्योंकि हम घुटनों पर बैठे हैं।
चलो हम भी उठ खड़े हों!''

(जेम्स कॉनोले की अपील, 1987 में क्विन विक्टोरिया की
डायमंड जुबली के अवसर पर अल्फ्रेड बार्टन की
'वर्ल्ड हिस्टरी फॉर दी वर्कर्स' में [पृ.सं. 118] उद्धृत)

---

*इस अवतरण का बाकी हिस्सा है।

''एक विशिष्ट राजनीतिक क्रांति का मूल कारण क्या होता? यह कि इससे नागरिक समाज का एक हिस्सा अपने को स्वाधीनकर सामान्य अधिकार हासिल कर लेता है। यही विशिष्ट वर्ग अपने लिए सुनिश्चित स्तर पर पहुँचकर समाज में सामान्य स्वाधीनता लाने का प्रयास करता है। फिर यही वर्ग सारे समाज को मुक्त कर सकता है, लेकिन ऐसा तभी संभव है, जब पूरा समाज उस वर्ग के स्तर तक पहुँच चुका हो।''

Herbert Spencer on State:—

"Whether it be true or not that man was born in iniquity and conceived in sin, it is certainly true that Government was born of aggression and by aggression."

Man & mankind:

"I am a man, and all that affects mankind concerns me."

Roman Dramatist

England's condition reviewed.

"Good people, things will never go well in England, so long as goods be not in common, and so long as there be villains and gentlemen. By what right are they, whom we call lords, greater folk than we? On what grounds have they deserved it? Why do they hold us in serfage? If we all came of the same father and mother, Adam and Eve, how can they say or prove that they are greater or better than we? If it be not that they make us gain for them by our toil what they spend in their pride. They are clothed in velvet and are warm in their furs and ermines, while we are covered with rags. They have wine and spices and fair bread; and we oatcake, and straw, and water to drink. They have leisure and fine houses; we have pain and labour, the rain and wind in the fields, and yet it is of our toil that these men hold their state."

[illegible] a wandering friar of Wat Tyler's Rebel[illegible]

(मूल नोटबुक पृष्ठ संख्या-43)

हर्बर्ट स्पेंसर और राज्य

''मनुष्य के जन्म से ही पापी या अधर्मी होने की अवधारणा सत्य हो या न हो, यह बात सुनिश्चित है कि सरकार का जन्म आक्रामकता से और आक्रामकता द्वारा ही होता है।''

हर्बर्ट स्पेंसर
('दी मैन वर्सेज दी स्टेट' के
दी सिन्स ऑफ लेजिस्लेचर के अध्याय III से
अल्फ्रेड बार्टन की 'वर्ल्ड हिस्टरी फॉर दी वर्कर्स' [पृ.सं. 29] में उद्धृत)

मनुष्य व मनुष्य जाति

''मैं एक मनुष्य हूँ, इसलिए मनुष्यता को प्रभावित करनेवाली हर चीज से मेरा सरोकार है।''

रोमन नाटककार
(अल्फ्रेड बार्टन वही. [पृ.सं. 42]

इंग्लैंड के हालातों पर पुनर्विचार

''इंग्लैंड अच्छे लोगों व चीजों से तब तक लाभान्वित नहीं हो सकता, जब तक वे सार्वजनिक हित में न हों और जब तक सज्जन लोगों के साथ ही दुर्जन भी मौजूद रहेंगे। अभी हम जिन लोगों को लॉर्ड कहते हैं या अपने से महान् मानते हैं, उन्हें इसका क्या अधिकार है, उनमें इसके लिए कौन सी योग्यता है, उन्होंने हमें दास क्यों बना रखा है ? यदि हम सब एक ही माता-पिता, आदम व हव्वा की संतान हैं तो वे यह कैसे कह या साबित कर सकते हैं कि वे हमसे श्रेष्ठ हैं ? अगर वे हमसे अपने लाभ के लिए परिश्रम नहीं करवा रहे तो फिर वे उसे अपनी सुख-सुविधाओं में व्यय क्यों करते हैं। वे मखमल के कपड़े पहनते हैं, वे अपने शरीरों को फर व अरमाइन से ढँककर गरम रखते हैं, जबकि हम चीथड़े लपेटे हुए हैं। उनके पास शराब, मसाले व बेहतरीन ब्रेड है, जबकि हमारे पास जई के फुलके, सूखी घास और पीने के लिए पानी है। उनके पास फुर्सत है, शानदार मकान हैं, और हम कष्ट व परिश्रम, खेतों में बारिश व आँधी झेलते हैं। इसके बावजूद हमारे ही श्रम से ही वे लोग अपना राज्य कायम रखते हैं।''

('जॉन बाल का भाषण') 'दी क्रॉनिकल्स ऑफ फ्रॉइसार्ट' के अध्याय वाट टेलर्स रीबेलियन में उद्धृत
(अल्फ्रेड बार्टन, वही. [पृ.सं. 45] से उद्धृत)

44

Revolution & Classes

All classes striving for power are revolutionary, and talk of Equality. All classes, when they get into power, are conservative and are convinced that equality is an iridiscent dream. All classes but one — the Working Class. for as Comte has said, "The working Class is not properly speaking, a class at all but constitutes the body of society." But the day of the working Class, the fusion of all useful people, has not even yet arrived." P. 45

"World History for workers"

by Alfred Barton.

(मूल नोटबुक पृष्ठ संख्या-44)

क्रांति और वर्ग

शक्ति की इच्छा रखनेवाले सभी वर्ग क्रांतिकारी होते हैं और वे समानता की बात करते हैं। जब शक्ति मिल जाती है तो सभी वर्ग रूढ़िवादी हो जाते हैं और तब उन्हें समानता एक सुनहरे सपने जैसी लगने लगती है। अन्य सभी वर्गों के अतिरिक्त श्रमिक वर्ग के बारे में कॉम्टे कहते हैं, ''सही मायनों में श्रमिक वर्ग अपने आप में कोई वर्ग नहीं वरन समाज का निकाय संघटक होता है।'' लेकिन इस श्रमिक वर्ग के यानी सभी उपयोगी लोगों के एक होने का समय अभी नहीं आया है।

('वर्ल्ड हिस्टरी फॉर दी वर्कर्स' [पृ.सं. 47]
लेखक अल्फ्रेड बार्टन)

Sir Henry Maine has said.

"That most of the land of England has passed to its present owners by the mistake of lawyers — mistakes that in lesser criminals were punished by hanging."

"The law convicts the man or woman
Who steals the goose from of the Common,
But lets the greater felon loose
Who steals the Common from the goose."

(मूल नोटबुक पृष्ठ संख्या-45)

सर हेनरी मेन ने कहा है—

''इंग्लैंड की अधिकांश भूमि अपने वर्तमान स्वामियों के पास वकीलों की गलतियों के कारण है, ऐसी गलतियाँ, जिनमें छोटे अपराधियों को मृत्युदंड दिया जा चुका है।''

(सर हेनरी जेम्स समर मेन
अल्फ्रेड बार्टन लिखित 'वर्ल्ड हिस्टरी फॉर दी वर्कर्स'[पृ.सं. 52] में उद्धृत)

''कानून उन स्त्री-पुरुषों को सजा देता है,
जो आम लोगों की मुरगियाँ चुराते हैं,
लेकिन वे बड़े लोग छूट जाते हैं,
जो मुरगियों से आम लोगों को चुरा लेते हैं।''

अल्फ्रेड बार्टन लिखित 'वर्ल्ड हिस्टरी फॉर दी वर्कर्स' [पृ.सं. 53] में उद्धृत
अप्टॉन सिनक्लेयर की 'प्रॉफिट्स ऑफ रीलिजन' में भी उद्धृत)

Democracy:

Democracy is theoratically a system of political and legal equality. But in concrete and practical operation it is false, for there can be no equality, not even in politics and before the law, so long as there is glaring inequality in economic power. So long as the ruling class owns the workers' jobs and the press and the schools of the country and all organs for the moulding and expression of public opinion; so long as it monopolise all trained public functionaries and disposes of unlimited funds to influence elections, so long as the laws are made by the ruling class and the courts are presided over by members of that class; so long as lawyers are private practitioners who sell their skill to the highest bidder, and litigation is technical and costly, so long will the nominal equality before the law be a hollow mockery.

In a capitalist regime the whole machinery of democracy operates to keep the ruling-class minority in power through the suffrage of the working class majority, and when the bourgeois govt. feels itself endangered by democratic institutions, such institutions are often crushed without compunction.

P. 58.
"From Marx to Lenin"
(by Morris Hillquit)

Democracy does not secure "equal rights and a share in all political rights for everybody, to whatever class or party he may belong." (Kautsky) It only allows free political and legal play for the existing economic inequalities... Democracy under Capitalism is thus not general, abstract democracy but specific bourgeois democracy;... Or as Lenin terms it— democracy for the bourgeois.

(मूल नोटबुक पृष्ठ संख्या-46)

लोकतंत्र

सैद्धांतिक रूप से लोकतंत्र राजनीतिक व कानूनी समानता की प्रणाली है। वहीं ठोस और व्यावहारिक प्रचालन में यह सर्वथा असत्य है, क्योंकि राजनीति, कानून या कहीं पर भी समानता तब तक नहीं आ सकती, जब तक आर्थिक असमानता कायम रहेगी। जब तक कर्मचारियों की नौकरियाँ व प्रेस और देश के स्कूल व आम राय बनने व अनुसरण में सहायक अन्य घटकों पर शासक वर्ग का अधिकार रहेगा और जब तक वे सभी प्रशिक्षित सार्वजनिक अधिकारियों को अपने अनुसार चलाते रहेंगे तथा निर्वाचन को प्रभावित करने के लिए अतुलनीय धन व्यय करते रहेंगे, तब तक बड़े पैमाने पर समान अधिकार एक भ्रम ही बना रहेगा। जब तक कानून बनाने का कार्य शासक वर्ग के हाथ रहेगा और अदालतों में इसी वर्ग के सदस्य प्रमुख रहेंगे; जब तक वकील निजी प्रैक्टिस करते हुए सबसे अधिक धन देनेवालों को अपना कौशल बेचते रहेंगे और न्याय हासिल करना एक तकनीकी व महँगा सौदा रहेगा, तब तक कानून के समक्ष यह कथित न्यूनतम समानता एक मजाक बनी रहेगी।

पूँजीवादी शासन में लोकतंत्र की पूरी मशीनरी का अधिसंख्य कर्मचारी वर्ग के मताधिकार का उपयोगकर अल्पसंख्यक शासक वर्ग को शक्तिशाली बनाए रखे और जब पूँजीपतियों की सरकार लोकतांत्रिक संस्थानों को अपने प्रति खतरा मानने लगती है तो ऐसे संस्थान अकसर बिना किसी पश्चात्ताप के भंग कर दिए जाते हैं।

मॉरिस हिल्क्विट
फ्रॉम मार्क्स टू लेनिन पृ.सं. 58

लोकतंत्र द्वारा 'प्रत्येक व्यक्ति के सभी राजनीतिक अधिकारों में समान अधिकार व हिस्सेदारी'' सुरक्षित नहीं हो सकती। यह केवल राजनीति व कानूनी रूप से मौजूदा आर्थिक असमानताओं में स्वतंत्रता का अवसर दे सकती है। पूँजीवादी व्यवस्था के तहत लोकतंत्र एक सामान्य व तात्त्विक लोकतंत्र नहीं, बल्कि विशेष रूप से पूँजीवादी लोकतंत्र होता है या जैसा लेनिन ने इसे पूँजीपतियों के लोकतंत्र का नाम दिया था।

(लेनिन लिखित 'दी प्रोलिटेरियन रिवॉल्यूशन' से,
मॉरिस हिलक्विट की 'फ्रॉम मार्क्स टू लेनिन' [पृ.सं. 59] से उद्धृत)

"Term "Revolution" defined :—

"The conception of revolution is not to be treated in the police interpretation of the term, in the sense of an armed rising. A party would be mad that would choose the method of insurrection on principle so long as it had at its disposal different, less costly, and safer methods of action. In that sense social democracy was never revolutionary on principle. It is so only in the sense that it recognizes that when it attains political power it can not employ it for any purpose other than the abolition of the mode of production upon which the present system rests."

~~Edward Bernstein~~ "
"Karl Kautsky.

Some facts and figures, about ~~England~~ United States.

5 men can produce bread for 1000
1 man " " cotton cloth for 250
1 man " " woolens for 300
1 man " " boots & shoes 1000

P. 78. Iron heel.

15,000,000 are living abject poverty who can't even maintain their working efficiency.

3.000,000 Child labourers.

Re: England :—

Prewer estimates :

Total Production of England (per annum) £ 2000,000,000
Gains through foreign investments £ 200,000,000
£ 2200,000,000

$\frac{1}{9}$th part of the population took away $\frac{1}{2}$ = £ 1100,000,000

$\frac{2}{9}$th " " " $\frac{1}{3}$ of the Rest £ 1100,000,000 i.e. £ 300,000,000

2 × 2 = Brought same Column V

(मूल नोटबुक पृष्ठ संख्या-47)

'क्रांति' शब्द की परिभाषा

''क्रांति की अवधारणा को पुलिस द्वारा की गई 'सशस्त्र विद्रोह' के रूप में की जानेवाली परिभाषा के अर्थों में नहीं लेना चाहिए। यह उस पक्ष का पागलपन ही कहा जाएगा, जो कार्य करने के अन्य कम खर्चीले व अपेक्षाकृत अधिक सुरक्षित तरीके होने के बावजूद अपने सिद्धांतों के लिए फसाद की पद्धति का चुनाव करता है। सामाजिक लोकतंत्र इन अर्थों में सैद्धांतिक रूप से कभी भी क्रांतिकारी नहीं हो सकता। ऐसा इसी अर्थ में संभव है, जब वह यह समझ जाए कि राजनीतिक शक्ति प्राप्त कर लेने के बाद भी व वर्तमान व्यवस्था का आधार बनी उत्पादन प्रणाली को समाप्त करने के अतिरिक्त उसका और कहीं उपयोग नहीं कर सकते।''

कार्ल काउत्सकी

(एडवर्ड बर्नस्टीन के साथ विवाद के दौरान कार्ल काउत्सकी, 1899
मॉरिस हिलक्विट की 'फ्रॉम मार्क्स टू लेनिन' [पृ.सं.90] से उद्धृत)

संयुक्त राज्य अमेरिका से जुड़े कुछ तथ्य व आँकड़े

5 व्यक्ति 1000 लोगों के लिए ब्रेड तैयार कर सकते हैं
1 व्यक्ति 250 लोगों के लिए सूती कपड़े बना सकता है
1 व्यक्ति 300 लोगों के लिए ऊनी कपड़े बना सकता है
1 व्यक्ति 1000 लोगों के लिए बूट व जूते बना सकता है

(जैक लंदन की 'आयरन हील' के अध्याय, पृ.सं. 78 से उद्धृत)

1,50,00,000 लोग अत्यंत गरीबी में जीवन बिता रहे हैं और वे अपनी श्रम-दक्षता को भी बनाए रखने में असमर्थ हैं।
30,00,000 बाल-श्रमिक हैं।

पुनश्चः इंग्लैंड में

युद्ध-पूर्व अनुमान

इंग्लैंड का कुल उत्पादन (प्रति वर्ष)	£ 2000,000,000
विदेशी निवेश से लाभ	£ 200,000,000
	£ 2200,000,000
जनसंख्या के 1/9वें हिस्से ने 1/2 लिया	= £11,00,000,000
जनसंख्या के 2/9वें हिस्से ने शेष 1/3 लिया	= £11,00,000,000
अर्थात्	= £ 300,000,000

विवरण नोटबुक पृष्ठ 123 पर''

Internationale

Arise, ye prisoners of starvation!
Arise ye wretched on earth.
For justice thunders condemnation,
A better world's in birth.
No more traditions chains shall bind us,
Arise, ye slaves! no more in thrall!
The earth shall rise on new foundations,
We have been naught, we be all.

[Refrain]

It is the final conflict,
Let each stand in his place,
The Internationale Party
Shall be the human race.

Behold them seated in their glory,
The kings of mine and rail and soil!
What would you read in all their story
But how they plundered toil?
Fruits of people's work are buried
In the strong coffers of a few;
In voting for their restitution,
The men will ask only their due.

[Same Refrain]

Toilers from shops and fields united,
The party we of all who work;
The earth belongs to us, the people,
No room here for the shirk,
How many on our flesh have fattened?
But if the noisome birds of prey,
Shall vanish from our sky some morning
The blessed sunlight still will stay.

[Same refrain]

(मूल नोटबुक पृष्ठ संख्या-48)

इंटरनेशनल

उठो भूख के बंदियो!
उठो पृथ्वी के अतिदुखियो,
न्याय प्रदत्त मृत्युदंड के बाद
अगला जन्म बेहतर दुनिया में होगा।
अपनी रूढ़ियों की जंजीरें हमें बाँध नहीं सकतीं,
उठो गुलामो! अब और दासता बरदाश्त मत करो!
अब नई नींव पर उदित होगी दुनिया।
अब तक हम कुछ नहीं थे, तब हम भी कुछ होंगे।
[टेक]
अब यह अंतिम संघर्ष है,
जब अपनी जगह सँभाल लें,
इंटरनेशनल पार्टी
में संपूर्ण मनुष्य जाति शामिल है।
इन यशवान लोगों को ध्यानपूर्वक देखें,
जो खानों, रेल और धरती के शासक हैं!
इनकी कहानी सुनकर आप ये जानेंगे
किस तरह इन्होंने परिश्रम का दोहन किया है?
लोगों के परिश्रम से उत्पन्न लाभ
कुछ लोगों की तिजोरियों में बंद है;
अपने वोट से पुनः गद्दीनशीन करने हेतु
लोग सिर्फ अपना हिस्सा पाना चाहते हैं।
[टेक]
दुकानों व खेतों में काम करनेवाले एक हों,
अपनी पार्टी के लिए काम करें;
यह धरती हम परिश्रमी लोगों की है,
यहाँ कामचोरों के लिए कोई जगह नहीं है,
इनमें से अधिकांश हमारे मांस पर मोटे हुए हैं!
लेकिन यदि यह घृणित शिकारी पक्षी,
कल सुबह हमारे आकाश से ओझल हो जाएँ,
तब भी सूर्य का प्रकाश इसी तरह बना रहेगा।
[टेक]

यूजीन पॉट्टिर 'क्राई फॉर जस्टिस [पृ.सं. 800-801] से')
(सभी राष्ट्रों के श्रमिक-वर्ग का क्रांतिकारी स्रोत)

उपरोक्त पाठ के शब्द मूल स्वरूप में हैं

49

Marseillaise

Ye sons of toil, awake to glory!
Hark, hark, what myriads bid you rise;
Your children, wives and grand-sires hoary,
Behold their tears and hear their cries!
Shall hateful tyrants mischief breeding,
With hireling hosts, a ruffian band—
Affright and desolate the land
While peace and liberty lie bleeding?

[Chorus]

To arms, To arms! ye brave!
The avenging sword unsheathe
March on, march on, all hearts resolved.
On Victory or death.

With luxury and pride surrounded,
The vile insatiate despots dare,
Their thirst for gold and power unbounded
To meet and vend the light and air;
Like beasts of burden would they load us,
Like gods would bid their slaves adore,
But man is man and who is more?
Then shall they longer lash and goad us?

[The same chorus again!]

Oh liberty! Can man resign thee,
Once having felt thy generous flame?
Can dungeons bolts and bars confine thee,
Or whips thy noble spirit tame?
Too long the world has wept bewailing,
That falsehoods, daggers tyrants wield;
But freedom is our sword and shield,
And all their arts are unavailing?

[Same Chorus again]

(मूल नोटबुक पृष्ठ संख्या-49)

मार्सिलीज

ओ मेहनती पुत्रो! जागो गौरव प्राप्त करो!
सुनो, सुनो, उन अनगिनत आवाजों को और जागो;
तुम्हारे बच्चे, बीवी और बूढ़े पितामह—
उनका क्रंदन सुनो व उनके बहते आँसू पोंछो!
क्या यह घृणित अत्याचारी अपनी शैतानी जारी रखेंगे,
ये भाड़े के टट्टू और गुंडों की टोली—
क्या ऊधम मचाते हुए भूमि को उजाड़ते रहेंगे,
और क्या शांति व स्वतंत्रता इसी तरह रक्तरंजित रहेंगी?
[कोरस]
ओ वीरो! हथियार उठाओ!
अपनी प्रतिशोध तलवारें म्यान से निकालो!
आगे बढ़ो, इस दृढ संकल्प के साथ आगे बढ़ो,
की जीत हासिल करेंगे या मृत्यु।

विलासिता और यश से घिरे,
नीच तानाशाह की लोभपूर्ण ढिठाई,
उनके स्वर्ण व अपार शक्ति की पिपासा,
जिससे वे प्रकाश और हवा को भी बाँध और बेच सकें;
वे हमपर जानवरों की तरह बोझ लादते हैं,
जैसे ईश्वर अपने गुलामों को पूजापाठ द्वारा बाँधे रखता है।
लेकिन मनुष्य से बढ़कर और कौन हो सकता है?
वे कब तक टिके व हमें मारते रहेंगे?
[कोरस]
ओ स्वतंत्रता! क्या मनुष्य तुम्हारे बिना रह सकता है,
तुम्हारी उदार लौ को महसूस करने के बाद,
क्या काल-कोठरियाँ, दरवाजे और सलाखें किसी को रोक सकती हैं,
या यह उदात्त भावना कोड़ों से शांत की जा सकती है?
यह दुनिया लंबे समय से बिलख रही है,
असत्य की कटार निरंकुश चल रही है;
लेकिन स्वतंत्रता ही हमारी तलवार व ढाल है,
जिसके आगे उनकी सारी कलाकारी व्यर्थ है!
[कोरस]

(क्लोद जोसेफ रगेट डी लिजले, 'क्राई फॉर जस्टिस' [पृ.सं. 806,807]
सबसे विख्यात क्रांतिकारी गीत)

उपरोक्त पाठ मूल स्वरूप में है।

50

Growth of Opportunism:—

It was the possibility of acting with in law that reared opportunism with in the labour parties of the period of Second Internationale.

[Lenin vid Collapse of IInd Int. N.]

Illegal work:—

"In a country where the bourgeoisie, or the counterrevolutionary Social-Democracy is in power, the communist party must learn to coordinate to legal work with illegal work, and the legal work must always be under the effective control of the ~~with~~ illegal party."

Boukharin

Betrayal of II Int: N.'s cause:—

The vast organization of socialism and labour were devoted to such peace time activities, and when the crisis came a number of the leaders and large portion of the masses were unable to adapt themselves to the new situation .... It is this inevitable developement that accounts for largely for the betrayal of II Inter National.

Marx to Lenin P. 160
Morris Hillquit

"The cynic's word Book"
(1906)

Ambrose Pierce writes:—

"Grapeshot – n. An argument which the future is preparing in answer to the demands of American Socialism."

(मूल नोटबुक पृष्ठ संख्या-50)

अवसरवादिता का विकास

कानून के भीतर रहते हुए कार्य करने से संभावना ने सेकेंड इंटरनेशनल के दौर के श्रमिक दलों में 'अवसरवादिता' को जन्म दिया।

लेनिन लिखित 'कोलैप्स ऑफ II इंटरनेशनल' (पृ.सं. 52
मॉरिस हिलक्विट की 'फ्रॉम मार्क्स टू लेनिन' [पृ.सं. 138] से उद्धृत)

गैरकानूनी कार्य

''एक ऐसा राष्ट्र, जहाँ पूँजीपति या क्रांति-विरोधी सामाजिक लोकतंत्र सत्ता में हो, वहाँ कम्युनिस्ट पार्टी को अपने वैध व अवैध कार्यों में सामंजस्य बनाए रखना सीखना होगा और ये *वैध कार्य हमेशा अवैध पार्टी के प्रभावशाली नियंत्रण में रहने चाहिए।''*

(दी प्लेटफॉर्म रिजॉल्यूशन ऑफ दी कॉम्युनिस्ट इंटरनेशनल
मॉरिस हिलक्विट वही. [पृ.सं. 136] से उद्धृत)

II इंटरनेशनल से विश्वासघात का कारण

समाजवाद व श्रमिकों का यह विशाल संगठन शांतिकालीन गतिविधियों के साथ ऐसे अनुकूलित कर दिया गया था कि जब संकट आया तो बहुत से नेता व अधिकांश लोग स्वयं को इन नई परिस्थितियों के अनुसार ढालने में असमर्थ रहे··· और यही अपरिहार्य स्थिति सेकेंड इंटरनेशनल से विश्वासघात का प्रमुख कारण बनी।

मॉरिस हिलक्विट वही. पृ.सं. 140

''दी सिनिक्स वर्ड बुक'' (1906)

एम्ब्रोस बियर्स लिखते हैं—

''ग्रेपशॉट-संज्ञा,-एक तर्क, जो भावी अमेरिकी सोशलिज्म की माँग पूरा करने के लिए तैयार कर रही थी।''

एम्ब्रोस बियर्स
(जैक लंदन की 'आयरन हील'
अध्याय V [पृ.सं. 97] से उद्धृत)

5

Religion a supporter of the established order :—

Slavery :— In 1835 the General Assembly of the Presbyterian Church resolved that :— "slavery is recognized in both old and new Testaments, and was not condemned by the authority of God."

The Charleston Baptist Association issued the following in 1835 :—

"The right of masters to dispose of the time of their slaves has been distinctly recognized by the creator of all things, who is surely at liberty to vest the right of property over any object whomsoever He pleases."

The Revd: E. D. Simon Doctor of Divinity a professor in Methodist College of Virginia wrote :—

"Extracts from Holy Writ unequivocally assert the right of property in slaves, together with the usual incidents to that right. The right to buy and sell is clearly stated. Upon the whole, then, whether we consult the Jewish policy instituted by God Himself, or the uniform opinion and practice of mankind in all ages, or the injunctions of the New Testament and the moral law, we are brought to the conclusion that slavery is not immoral. Having established the point that the first African slaves were legally brought into bondage, the right to detain their children in bondage follows as an indispensable consequence. Thus we see that the slavery that exists in America was founded in right."

Capitalism supported :— Henry Van Dyke writes in "Essay in Application" (1905)

"The Bible teaches that God owns the world. He distributes to every man according to His own good pleasure, conformably to the general laws."

(मूल नोटबुक पृष्ठ संख्या-51)

धर्म स्थापित व्यवस्था का सहायक

दासता : 1835 ईस्वी में प्रेस्बिटेरियन चर्च की जनरल असेंबली ने प्रस्ताव पारित किया, *''पुराने व नए दोनों ही टेस्टामेंट ने दासता को स्वीकृति दी है, और ईश्वरीय सत्ता ने इसे वर्जित नहीं किया है।''*

द चार्ल्सटन बेप्टिस्ट एसोसिएशन ने 1835 ईस्वी में निम्नलिखित आदेश जारी किया—

''सभी वस्तुओं के सृष्टा ने मालिकों को अपने दासों के समय का उपयोग करने का अधिकार दिया है और निश्चित ही वे उनकी जिस भी चीज को अपने अधिकार में लेना चाहें, वे ऐसा करने के लिए स्वतंत्रत हैं।''

डाक्टर ऑफ डिविनिटी तथा रेंडॉल्फ-मैकन मेथेलॉजिस्ट कॉलेज ऑफ वर्जीनिया के प्रोफेसर रेवरेंड. ई.डी. साइमन लिखते हैं—

''होली रिट (धर्मग्रंथ) में स्पष्ट रूप से दासों के संपत्ति के अधिकारों समेत उन अधिकारों से जुड़ी आम घटनाओं के उद्धरण दिए गए हैं। इनमें खरीदने व बेचने के अधिकार स्पष्टतः वर्णित हैं। तब कुल मिलाकर, बात यह है कि चाहे हम खुद ईश्वर के द्वारा स्थापित यहूदी नीति को देखें या प्रत्येक युग में मानव जाति के समान विचार व व्यवहार या फिर न्यू टेस्टामेंट की हिदायतों और नैतिक नियमों को देखने के बाद हम इसी निष्कर्ष पर पहुँचेंगे कि दासत्व अनैतिक नहीं है। पहले-पहल अफ्रीकी दासों को खरीदकर उन्हें कानूनी रूप से बँधुआ बनाने के अपरिहार्य परिणाम के तौर पर उनके बच्चों को भी साधिकार बँधुआ बनाने का अधिकार प्राप्त होना सिद्ध हो चुका है। इस तरह हम देखते हैं कि अमेरिका में विद्यमान दासता का मूल अधिकार है।''

(जैक लंदन, 'आयरन हील' अध्याय [पृ.सं.36] से उद्धृत)

पूँजीवाद का समर्थन

हेनरी वान डाईक 'एस्सेस इन एप्लीकेशन' (1905): (अध्याय II, चैलेंजिस) में लिखते हैं—

''बाइबिल बताती है कि ईश्वर इस संसार का मालिक है। वह प्रत्येक व्यक्ति को अपनी इच्छानुसार और सामान्य नियमों के तदनुरूप वस्तुएँ प्रदान करता है।''

(जैक लंदन, वही. [पृ.सं. 36])

12

Satistics about United States.

Army was 50,000 strong }
It is now 300,000 strong }

Plutocracy owns 67 billions of wealth.
Out of the total persons engaged in occupation only $\frac{9}{10}$% belong to Plutocracy
yet they own 70% of the total wealth.
Out of Persons engaged in occupations 29% belong to middle Class.
They own 25% of the total wealth = 24 billions
Remaining 70% of the men in occupations belong to the Proletariat and they only 4% of the total wealth. i.e. 4 billions

According to Lucien Sanial in 1900:—
Out of total People engaged in occupation = 250,251 belonged to Plutocrats
" = 8,429,845 Middle Class
" = 20,393,137 Proletariate
(Iron Heel)

Rifles!

You say you will have majority in the Parliament and State offices, but
"How many rifles have you got? Do you know where you can get plenty of lead? When it comes to powder, the chemical mixtures are better than mechanical mixtures. You take my word."
P. 198 Iron Heel

(मूल नोटबुक पृष्ठ संख्या-52)

संयुक्त राज्य अमेरिका से संबंधित आँकड़े

50,000 की सशक्त सेना

अब 300,000 की सशक्त सेना है

(जैक लंदन, 'आयरन हील' अध्याय VIII, [पृ.सं.-136])

धनिकों के पास 67 बिलियन की संपत्ति है।

आजीविका कार्यों में लगे कुल व्यक्तियों में से केवल 1 प्रतिशत का 9/10 ही धनिकों में शामिल है, जबकि कुल संपत्ति के 70 प्रतिशत पर इनका स्वामित्व है।

आजीविका कार्यों में लगे कुल व्यक्तियों में से 29 प्रतिशत मध्य वर्ग के हैं

कुल संपत्ति का 25 प्रतिशत इनके पास है = 24 बिलियन

आजीविका कार्यों में लगे शेष 70 प्रतिशत व्यक्ति

सर्वहारा वर्ग से हैं और उनके पास केवल कुल संपत्ति का 4 प्रतिशत, यानी 4 बिलियन ही है

लुसियन सैनियल के अनुसार 1900 में—

आजीविका कार्यों में लगे कुल व्यक्तियों में से

= 2,50,251 धनिकों के पास

= 84,29,845 मध्य वर्ग के पास

= 2,0393,137 सर्वहारा वर्ग के पास है

उद्धृत है 'आयरन हील' से,

(जैक लंदन, अध्याय IX [पृ.सं.- 154])

राइफलें

(आप कहते हैं कि संसद् व राजकीय पदों पर आपका बहुमत है, लेकिन)*, ''आपके पास कितनी राइफलें हैं, क्या आपको पता है कि ये और कहाँ से मिल सकती हैं? जब बात शक्ति की आती है तो मैकेनिकल मिश्रण से रासायनिक मिश्रण अच्छा रहता है, मेरी बात का विश्वास करो।''

'आयरन हील', (अध्याय XV के अंत में) पृ.सं. 198

(ले.—जैक लंदन [पृ.सं. 236])

---

*कोष्ठक में लिखे शब्द भगत सिंह का विस्तार है।

Power & its achievement.

A socialist leader had addressed a meeting of the plutocrats and charged them of the mismanaging the society and thereby thrown the whole responsibility on their shoulders, the responsibility for the woes and misery that confronts the suffering humanity. Afterwards a capitalist (Mr. Wickson) rose and addressed him as follows:—

"This, then, is our answer. We have no words to waste on you. When you reach out your vaunted strong hands for our palaces and purpled ease, we will show you what strength is. In roar of shell and shrapnel and in whine of machine guns will our answer be couched. We will grind you revolutionists down under our heel, and we shall walk upon your faces. The world is ours, we are its lords, and ours it shall remain. As for the host of labour, it has always been in the dirt since history began, and I read history aright. And in the dirt it shall remain so long as I and mine and those that come after us have the power. There is the word. It is the king of words — Power. Not God, not mammon, but Power. Pour it over your tongue till it tingles with it. Power."

"I am answered," Earnest (the socialist leader) said quietly. "It is the only answer that could be given. Power. It is what we of the working class preach. We know, and well we know by bitter experience that, no appeal for the right, for justice, for humanity can ever touch you. Your hearts are hard as your heels with which you tread upon the faces of the poor. So we have preached Power. By the Power of our ballots on election day will we take your government away from you —"

"What if you do get a majority, a sweeping majority on election day," Mr. Wickson broke in to demand. "Suppose we refuse to turn the Govt. over to you after you have captured it at the ballot box?"

(मूल नोटबुक पृष्ठ संख्या-53)

सत्ता व उसकी उपलब्धियाँ

(एक समाजवादी नेता ने एक धनिकों की सभा को संबोधित करते हुए उनपर समाज के कुप्रबंधन का दोषारोपण करते हुए सारी जिम्मेदारी और मानवता को संकट व कष्ट द्वारा पीड़ा पहुँचाने की जिम्मेदारी उनके कंधों पर डाल दी। तत्पश्चात् एक पूँजीपति (श्री विक्सन) खड़े हुए और उन्हें संबोधित करते हुए निम्न बातें कहीं:)*

''तो हमारा उत्तर यह है कि हमारे पास आप पर व्यर्थ करने के लिए शब्द नहीं हैं। जब आपके घमंड भरे मजबूत हाथ हमारे महलों और वैभव तक पहुँचेंगे, तब हम आपको दिखाएँगे कि शक्ति क्या होती है। हम आपको बमों व गोलों की गड़गड़ाहट और मशीनगनों की तड़तड़ाहट द्वारा उत्तर देंगे। हम आप जैसे क्रांतिकारियों को अपने ऐड़ी से मसल देंगे और आपके चेहरों को कुचल डालेंगे। यह हमारी दुनिया है, हम इसके स्वामी हैं, यह हमेशा हमारी ही रहेगी। जहाँ तक श्रमिकों की बात है, वे इतिहास में शुरुआत से ही (हमेशा) धूल चाटते रहे हैं और मैंने इतिहास को भली-भाँति पढ़ा है और वे तब तक धूल चाटते रहेंगे, जब तक मैं व हमारे उत्तराधिकारी सत्ता में रहेंगे। यही शब्द महत्त्वपूर्ण है। सत्ता—यह शब्दों का राजा है। न ईश्वर और न ही धन-संपत्ति, बल्कि सत्ता। इसके पास में बने रहने से रोमांच बना रहता है। शक्ति।''

अर्नेस्ट (समाजवादी नेता) ने धीरे से कहा, ''मैं आपका उत्तर समझ गया।'' ''आप यही उत्तर दे सकते थे। सत्ता, हम श्रमिक वर्ग के लोग इसी का तो प्रचार करते हैं। हम जानते हैं और अपने कड़वे अनुभव के द्वारा हम भली-भाँति जानते हैं कि अधिकार, न्याय, या मानवता भरी कोई भी अपील आपको छू भी नहीं पाती। आपके हृदय आपकी उस ऐड़ी जैसे ही कठोर हैं, जिनसे आप गरीबों के चेहरे कुचलते हैं। इसीलिए हम शक्ति का प्रचार करते हैं। चुनाव के दिन हम अपने मतों की शक्ति से आपसे आपकी यह सत्ता छीन लेंगे।''

श्री विक्सन ने प्रश्न पूछा, ''यदि चुनाव के दिन आपको बहुमत, स्पष्ट बहुमत मिलने के बाद; यदि हम आपके मतपेटियों पर काबिज होने के बाद भी आपके हाथ सत्ता सौंपने से इनकार कर दें तो?''

जारी···

---

*कोष्ठकों में लिखे शब्द भगत सिंह का विस्तार है।

"That also, have we considered," Earnest replied. "And we shall give you an answer in terms of lead. Power, you have proclaimed the King of words. Very good! Power it shall be. And in the day that we sweep to victory at the ballot box and you refuse to turn over to us the govt. we have constitutionally and peacefully captured, and you demand what we are going to do about it — in that day, I say, we shall answer you; and in roar of shell and shrapnel & in whine of machine-guns shall our answer be couched.

"You can not escape us. It is true that you have read history aright. It is true that labour has from the beginning of history been in the dirt. And it is equally true that so long as you and yours and those that come after you have power, that labour shall remain in the dirt. I agree with you. I agree with all that you have said. Power will be the arbiter, as it always has been the arbiter. It is a struggle of classes. Just as your class dragged down the old feudal nobility, so shall it be dragged down by my class, the working class. If you will read your biology and your sociology as clearly as do your history, you will see that this end I have described is inevitable. It does not matter whether it is in one year, ten or a thousand — your class shall be dragged down. And it shall be done by power. We of the labour host have conned that word over till our minds are all atingle with it. Power. It is a kingly word."

Iron Heel (P.88)
by Jack London

(मूल नोटबुक पृष्ठ संख्या-54)

''हम इसपर भी विचार कर चुके हैं।'' अर्नेस्ट ने उत्तर दिया। ''हम नेतृत्व द्वारा आपको इसका उत्तर देंगे। आप ने सत्ता को शब्दों का राजा बताया है। बहुत अच्छा। तो फिर सत्ता ही सही। जिस दिन हमें स्पष्ट बहुमत मिल गया और आप हमें शांतिपूर्वक व संवैधानिक रूप से सत्ता सौंपने से इनकार कर देंगे, उस दिन हम आपके, हम क्या कर लेंगे, प्रश्न का उत्तर देंगे। तब हम बम व गोलों की गड़गड़ाहट और मशीनगनों की तड़तड़ाहट से अपना उत्तर देंगे।

''आप हमसे बच नहीं सकते। यह सत्य है कि आपने इतिहास को ठीक तरह से पढ़ा है। यह भी सत्य है कि श्रमिक इतिहास में हमेशा से ही धूल चाटता रहा है। साथ ही यह बात भी उतनी ही सत्य है कि जब तक सत्ता आपके व आपके उत्तराधिकारियों के पास रहेगी, तब तक श्रमिक धूल ही चाटता रहेगा। मैं आपसे सहमत हूँ। मैं आपकी कही प्रत्येक बात से सहमत हूँ। सत्ता ही निर्णायक होगी, वह हमेशा से ही निर्णायक रही है। यह वर्गों का संघर्ष है। जिस तरह आपके वर्ग ने प्राचीन सामंतवादी कुलीनता को ध्वस्त किया था, उसी तरह आपको मेरा श्रमिक वर्ग ध्वस्त कर देगा। यदि आपने जीवविज्ञान व समाजविज्ञान को भी उतने ही ध्यानपूर्वक पढ़ा होता, जितना आपने इतिहास को पढ़ा है, तो आप अपने उस अंत को देख पाते, जिसे मैंने अपरिहार्य बताया है। इस बात से कोई अंतर नहीं पड़ता कि यह एक वर्ष में हो, दस वर्ष में हो या हजार वर्षों में हो, आपके वर्ग का ध्वस्त होना निश्चित है और यह सत्ता के माध्यम से ही होगा। हम मेहनतकश इस शब्द को इतनी बार दोहरा चुके हैं कि यह हमारे दिमाग में गुंजायमान होता रहता है। सत्ता। वाकई यह एक राजसी शब्द है।''

जैक लंदन लिखित 'आयरन हील'
(अध्याय 5 का अंत) पृ.सं. 88 [पृ.सं. 96-97]

Figures :—

England :—

1922 — number of unemployment 1,135,000
1926 — it has oscillated to 1¼ and 1½ millions i.e. 1,250,000 to 1,500,000

Betrayal of the English labour leaders :—

The years 1911 to 1913 were times of unparalleled class struggles of the miners, railwaymen, and transport workers generally. In August 1911 a national, in other words a general, strike broke out on the railways. The vague shadow of revolution hovered over Britain in those days. The leaders exerted all their strength in order to paralyse the movement. Their motive was 'Patriotism': the affair was occurring at the time of the Agadir incident, which threatened to lead to a war with Germany. As is well known today, the premier summoned the workers' leaders to a secret council, and called them to the salvation of the fatherland. And leaders did all that lay in their power, strengthening the bourgeoisie, and thus preparing the way for the imperialist slaughter.

P. 3.
Where is Britain going?
Trotsky

(मूल नोटबुक पृष्ठ संख्या-55)

आँकड़े

इंग्लैंड—

1922—बेरोजगारों की संख्या = 1,135,000

1926—यह 1.25 से बढ़कर 1.5 मिलियन अर्थात 12,50,000 से 15,00,000 हो गई।

(लियोन त्रोत्स्की की 'वेयर इज ब्रिटेन गोइंग' के डिक्लाइन ऑफ ब्रिटेन [पृ.सं. 8] से)

अंग्रेज श्रमिक नेताओं से विश्वासघात

1911 से 1913 तक के वर्ष वास्तव में खनिकों, रेलवे कर्मचारियों तथा परिवहन कर्मियों के बेमिसाल वर्ग संघर्ष का काल था। अगस्त, 1911 में रेलवे की राष्ट्रीय या दूसरे शब्दों में कहें तो आम हड़ताल हुई। उन दिनों ब्रिटेन में क्रांति के धुँधले बादल छाने लगे थे। नेताओं ने इस आंदोलन को पंगु बनाने के लिए अपनी पूरी ताकत झोंक दी थी। इसे उन्होंने 'देशप्रेम' का नाम दिया। यह आंदोलन ऐसे समय शुरू हुआ था, जब अगादिर की घटना के कारण जर्मनी के साथ युद्ध होने का भय व्याप्त था। जैसा कि आज सभी जानते हैं कि प्रधानमंत्री ने श्रमिक नेताओं की गुप्त परिषद् बनाई और उनसे अपनी पितृभूमि की रक्षा करने का आह्वान किया। नेताओं के बस में जो कुछ भी था, उन्होंने किया, जिससे पूँजीपति और शक्तिशाली हो गए और जिसने साम्राज्यवादी नरसंहार का मार्ग प्रशस्त कर दिया।

लियोन त्रोत्स्की , वही. पृ.सं. [2-3]

Betrayal :—

It was only after 1920 the movement return (?) in bounds, after 'Black Friday' when the Triple alliance of miners', railwaymen's, and transports leaders betrayed the general strike. P. 3

For Reform a threat of revolution is necessary :

The British bourgeoisie reckoned that by such means (reform) a revolution could be avoided. It follows, therefore, that even for the introduction of reforms the principle of gradualness alone is insufficient, and that an actual threat of revolution is necessary. P. 28

Social Solidarity :

It would seem that once we stand for the annihilation of a privileged class which has no desire to pass from the scene, we have therein the basic content of the class struggle. But no, Macdonald desires to 'evoke' the consciousness of social solidarity. With whom? The solidarity of the working class is the expression of its internal welding in the struggle with the bourgeoisie.

The social solidarity which Macdonald preaches is the solidarity of the exploited with the exploiters, in other words, the maintenance of exploitation.

Revolution a calamity :

"The revolution in Russia" says Macdonald "taught us a great lesson. It showed that revolution is a ruin and a calamity & nothing more."

(Next Page)

(मूल नोटबुक पृष्ठ संख्या-56)

विश्वासघात

1920 के बाद खनिकों, रेलवे कर्मचारियों और परिवहन कर्मियों के तिहरे गठजोड़ के नेताओं द्वारा आम हड़ताल से विश्वासघात के बाद 'काले शुक्रवार' से आंदोलन पटरी पर वापस लौट सका।

वही. पृ.सं. 3

सुधार हेतु क्रांति की धमकी अनिवार्य है

ब्रिटिश पूँजीपति समझ गए थे कि ऐसा करने से क्रांति को टाला जा सकता है। तत्पश्चात् सुधार की शुरुआत हेतु केवल क्रमिकता के सिद्धांत अपर्याप्त हो गए, और सुधार हेतु क्रांति का खतरा अनिवार्य हो गया।

त्रोत्स्की की 'वेयर इज ब्रिटेन गोइंग'
में मिस्टर बाल्डविन ऐंड ग्रेडुअलेस पृ.सं. 29

सामाजिक एकता

ऐसा प्रतीत होता है कि जब हम परिदृश्य से न हटने की इच्छा रखनेवाले विशेषाधिकारप्राप्त वर्ग के विनाश के लिए खड़े होते हैं तो इसमें वर्ग संघर्ष की मूल अंतर्वस्तु निहित रहती है, लेकिन नहीं, मैक्डोनाल्ड सामाजिक एकता की चेतना को 'उत्पन्न' करना चाहते हैं। किसके साथ? श्रमिक वर्ग की एकता पूँजीपतियों के खिलाफ संघर्ष के आंतरिक जोड़ को प्रकट करती है। मैक्डोनाल्ड जिस सामाजिक एकता की सलाह देते हैं, वह शोषितों व शोषकों की एकता है। दूसरे शब्दों में, यह शोषण के रखरखाव के जैसा है।

(त्रोत्स्की के 'वेयर इज ब्रिटेन गोइंग' पृ.सं. 59 पर
दी फेबियन थियोरी ऑफ सोशलिज्म से)

क्रांति एक आपदा

'दी रिवॉल्यूशन इन रशिया' में मैक्डोनाल्ड कहते हैं, ''हमने एक बड़ा सबक सीखा। इसने दिखा दिया कि क्रांति बरबादी व आपदा के अतिरिक्त और कुछ नहीं है।''

जारी···

Revolution leads only to calamity! But the British democracy led to the imperialist war, ... with the ruin of which the calamities of revolution cannot, of course, compared in the very least. But in addition to this, what deaf ears and shameless face are necessary in order in the face of a revolution which overthrew Tsarism, nobility, and bourgeoisie shook the Church, awakened to a new life a nation of 130 millions, a whole family of nations; to declare that revolution is ~~nothing~~ a calamity and nothing more.

P. 64.

Peaceful?:

When and where did the ruling class ever yield power and property on the order of a peaceful vote — and especially such a class as the British bourgeoisie, which has behind it centuries of world rapacity.

P. 66

Aim of Socialism:— Peace

It is absolutely unchallenged that the aim of Socialism is to eliminate force, first of all in its most crude and bloody forms, and afterwards in other more concealed forms.

P. 80

Where is ~~[illegible]~~ Britain going? Trotzky.

Aim of the World Revolution:—

1. To over throw Capitalism
2. To control the nature for the service of humanity.

This is how Bukharin defined it.

(मूल नोटबुक पृष्ठ संख्या-57)

''क्रांति भले ही आपदा का कारण बनती हो! जबकि ब्रिटिश लोकतंत्र साम्राज्यवादी युद्ध का कारण बनता है, जिसके अवशेषों की तुलना क्रांति से उत्पन्न आपदाओं से कतई नहीं की जा सकती। इसके अतिरिक्त क्रांति का ऐसा चेहरा, जिसने जारशाही, कुलीनतंत्र तथा पूँजीवाद को उखाड़ फेंका, चर्च को हिला डाला और 130 मिलियन लोगों के राष्ट्र, बल्कि राष्ट्रों के एक पूरे परिवार में नई जान फूँकनेवाली क्रांति को आपदा के अतिरिक्त *अधिक कुछ नहीं* बताने के लिए बहरे कानों व बेशर्म चेहरों की आवश्यकता रही होगी।''

त्रोत्स्की , वही. पृ.सं. 64

शांतिपूर्ण?

सत्ताधारी वर्ग ने शायद ही कभी और कहीं शांतिपूर्ण मतदान के पश्चात् सत्ता व संपत्ति को सौंपा है—, विशेष रूप से ब्रिटिश पूँजीपतियों जैसा वर्ग, जो सदियों से पूरे संसार में लूटपाट करता आया है।

त्रोत्स्की , वही. पृ.सं. [65-66]

समाजवाद का लक्ष्य—शांति

यह निर्विवाद सच्चाई है कि समाजवाद का लक्ष्य शक्ति और सर्वप्रथम उसके सबसे अशिष्ट व खूनी रूप को और तत्पश्चात् उसके छुपे हुए रूपों को भी समाप्त करना है।

लियोन त्रोत्स्की, वेयर इज ब्रिटेन गोइंग? पृ.सं. 80
(दी क्वेश्चन ऑफ रिवॉल्यूशनरी फोर्स में से)

वैश्विक क्रांति का लक्ष्य

1. पूँजीवाद को उखाड़ फेंकना
2. मानव जाति की सेवा के लिए प्रकृति का नियंत्रण

बुखारिन ने इसे ऐसे ही परिभाषित किया है।

(बुखारिन लिखित 'प्रोग्राम ऑफ दी कम्युनिज्म' [पृ.सं. 14] से
मॉरिस हिलक्विट की 'फ्रॉम मार्क्स टू लेनिन' से उद्धृत)

58

Man and machinery:—

The United States Bureau of Labour tells:—

12 lbs package of pins can be made by a man working with a machine in 1 hr. 34 minutes

Ratio 1.34 : 140.55 } 18 times. The same would take 140 hours and 55 minutes if man works with tools only but without machine.

100 pairs of shoes by machine work take 234 hrs 26 min.
By hand it will take 1,831 hrs 40 minutes.
Labour Cost on machine is $ 69.55
" By hand is $ 457.92

500 yards of gingham checks are made by machine labour in 73 hours.
By hand labour it takes 5,844 hours.

100 lbs of sewing cotton can be made by machine labour in 39 hrs,
by hand it takes 2,895 hours.

Re: Agriculture.—

A good man with a scythe can reap 1 acre a day (12 hrs)
A machine does the same work in 20 minutes.
Six men with flails can thresh 60 liters of wheat in half an hour
One machine thresher can do 12 times as much

"The increased effectiveness of man-labour, aided by the use of machinery... varies from 150% in the case of rye, to 2,244% in the case of barley..."

(मूल नोटबुक पृष्ठ संख्या-58)

मनुष्य व मशीनरी

दी यूनाइटेड स्टेट्स ब्यूरो ऑफ लेबर का कहना है—

1. मशीन पर काम करनेवाला एक आदमी 1 घंटे 34 मिनट में पिन का 12 पाउंड का पैकेट तैयार कर देता है।
2. यदि वही व्यक्ति मशीनों की जगह औजारों का उपयोग करे तो इस काम में उसे 140 घंटे और 55 मिनट लगेंगे। (अनुपात- 94:8466 मिनट) अर्थात 1:90

(स्कॉट नियरिंग की
'पॉवर्टी ऐंड रिचेज: अ स्टडी ऑफ दी इंडस्ट्रियल रेजाइम' [पृ.सं. 55])

3. मशीन द्वारा 100 जोड़ी जूते बनाने में 234 घंटे 26 मिनट लगते हैं।
4. इन्हें हाथ से बनाने में 1,831 घंटे, 40 मिनट लगते हैं।
5. इन्हें मशीन से बनाने में $69.55 की लागत आती है।
6. इन्हें हाथ से बनाने में $45,792 की लागत आती है।

(स्कॉट नियरिंग, वही. [पृ.सं. 55])

7. 500 गज सूती वस्त्र मशीनी श्रम द्वारा 73 घंटे में बनाया जाता है।
8. इसे हाथ से बनाने में 5,844 घंटे लगते हैं।

(स्कॉट नियरिंग, वही. [पृ.सं. 55])

9. 100 पाउंड का सिलाई का सूती धागा मशीनी श्रम द्वारा 39 घंटों में बनाया जा सकता है।
10. इसे हाथ से बनाने में 2,895 घंटे लगते हैं।

(स्कॉट नियरिंग, वही. [पृ.सं. 55])

पुनश्चः कृषि

1. एक कुशल कर्मी हँसुए द्वारा एक दिन (12 घंटे) में 1 एकड़ खेत काट देता है।
2. एक मशीन यही कार्य 20 मिनट में कर देती है।
3. छह लोग मूसल से आधे घंटे के भीतर 60 लीटर गेहूँ पीस देते हैं।
4. थ्रेशर मशीन द्वारा व्यक्ति इससे 12 गुना अधिक (740 लीटर) पीस सकता है।

''मशीनरी के उपयोग से मिली सहायता द्वारा मानवीय-श्रम की प्रभावशीलता बढ़ जाती है··· राई के मामले में यह 150 प्रतिशत तथा जई में मामले में यह 2,244 प्रतिशत होती है।''

(स्कॉट नियरिंग, वही. [पृ.सं. 56])

59

The Wealth of U.S.A. & its Population:—
1850 — 1912

			Per Capita	Population
In 1850	Total wealth was	$ 7,135,780,000	— $ 308	= 23,191,876
1860		16,159,616,000	$ 514	= 31,443,321
1870		30,068,518,000	$ 780	= 38,558,371
1880		43,642,000,000	$ 870	= 50,155,783
1890		65,037,091,000	$ 1,036	= 62,947,714
1900		88,517,307,000	$ 1,165	= 75,994,575
1904		107,104,202,000	$ 1,318	= 82,466,551
1912		187,139,071,000	$ 1,965	= 95,410,503

Due to the use of machinery.

: o :

The machine is social in nature, as the tool was individual.

: :

"Give us worse cotton, but give us better men" says Emerson.

"Deliver me those sickly perishing souls of infants, and let the cotton trade take its chance". P.81

: o :

The man cannot be sacrificed to the machine. The machine must serve mankind, yet the danger to the human race lurks, menacing in an Industrial Regime:

Poverty & Riches P.81
Scott Nearing

(मूल नोटबुक पृष्ठ संख्या-59)

अमेरिका की कुल संपदा व आबादीः (1850-1912)

		प्रति व्यक्ति	कुल जनसंख्या
1850 में कुल संपदा थी	$ 7,135,780,000	$ 308	= 23,191,876
1860 "	$ 16,159,616,000	$ 514	= 31,443,321
1870 "	$ 30,068,518,000	$ 780	= 38,558,371
1880 "	$ 43,642,000,000	$ 870	= 50,155,783
1890 "	$ 65,037,091,000	$ 1,036	= 62,947,714
1900 "	$ 88,517,307,000	$ 1,165	= 75,994,575
1904 "	$ 107,104,202,000	$ 1,318	= 82,466,551
1912 "	$ 187,739,071,000	$ 1,965	= 95,410,503

मशीनों के उपयोग के चलते

(स्कॉट नियरिंग, 'पॉवर्टी ऐंड रिचेजः अ स्टडी ऑफ दी इंडस्ट्रियल रेजाइम' पृ.सं. 62 से उद्धृत अमेरिका के सांख्यिकीय सार, 1914, [पृ.सं. 628])

जहाँ मशीन की प्रकृति सामाजिक होती है, वहीं औजार व्यक्तिगत होते हैं।

(स्कॉट नियरिंग, वही. [पृ.सं. 69])

एमर्सन का कहना है, ''हमें चाहे कपड़ा घटिया किस्म का दो, लेकिन हमें कर्मचारी बढ़िया चाहिए।''

(स्कॉट नियरिंग) (वही) पृ.सं. 81

''पहले सूखे से मरते बच्चों की रक्षा करो और इसके बाद वस्त्र व्यापार पर ध्यान दो।''

स्कॉट नियरिंग, (पूर्वोक्त से उद्धृत) पृ.सं. 81, (थॉमस कार्लेल की 'फ्रॉम पास्ट ऐंड प्रेजेंट', बुक 4, दी वन इंस्टीट्यूशन)

मशीन, मनुष्य की स्थानापन्न नहीं है। मशीन को मानव जाति का सेवक होना चाहिए, जबकि औद्योगिक व्यवस्था के खतरे के आगे मानव जाति सिकुड़ती जा रही है।

स्कॉट नियरिंग, वही. पृ.सं. 81

Man and Machinery:

C. Hanford Henderson, in his "Pay day" writes:

"This institution of industry, the most primitive of all institutions, organized and developed in order to free mankind from the tyranny of things, has become itself the greater tyrant degrading a multitude into the condition of slaves — slaves doomed to produce, through long and weary hours, a senseless glut of things and then forced to suffer for the lack of the very things they have produced."

"Pov: Riches P. 87"

Man is not for machinery:

The combination of steel and fire, which man has produced and called a machine must be ever the servant, never the master of man. Neither the machine nor the machine owner may rule the human race. P. 88.

Imperialism:

"Imperialism is capitalism in that stage of developement in which monopolies and financial capital have attained a preponderating influence, the export of capital has acquired great importance, the international trusts have begun the partition of the world, and the biggest capitalist countries have completed the division of the entire terrestrial globe among themselves."

Lenin.

(मूल नोटबुक पृष्ठ संख्या-60)

मनुष्य व मशीनरी

सी. हैनफोर्ड हेंडरसन अपने नाटक 'पे डे' में लिखते हैं—

"मानव जाति को वस्तुओं की निरंकुशता से मुक्त रखने के लिए गठित व विकसित सभी संस्थाओं में सबसे प्राचीन यह औद्योगिक संस्थान अपने आप में अधिक निरंकुश हो गया है। इसने अधोगतिकर विशाल जनसंख्या को गुलामों के स्तर पर पहुँचा दिया है। वे उत्पादन के लिए अभिशप्त गुलाम हैं, जो लंबे समय तक काम करने, अनर्थक वस्तुओं की भरमार लगाने और फिर अपने द्वारा उत्पादित वस्तुओं के अपने पास न होने से दुःखी होने के लिए मजबूर हैं।"

(स्कॉट नियरिंग.) (वही.) पृ.सं. 87

मनुष्य मशीनरी के लिए नहीं है

मशीन कहा जानेवाला मनुष्य द्वारा निर्मित स्टील व अग्नि का यह संयोजन उसका गुलाम है और यह कभी भी मनुष्य का मालिक नहीं हो सकता। न तो मशीन और न ही मशीन का मालिक कभी भी मानव जाति पर शासन कर सकता है।

(स्कॉट नियरिंग.) (वही, पृ.सं. 87-88)

साम्राज्यवाद

साम्राज्यवाद पूँजीवाद के विकास का वह स्तर है, जहाँ एकाधिकार और वित्तीय पूँजी का प्रभाव प्रबल हो गया है, निर्यात-पूँजी का महत्त्व बहुत अधिक हो गया है, अंतरराष्ट्रीय न्यासों ने संसार का विभाजन करना आरंभ कर दिया है तथा बड़े पूँजीवादी राष्ट्र संपूर्ण भूमंडल को आपस में बाँट चुके हैं।

व्लादिमीर इल्यिच लेनिन (इंपीरियलिज्म एज अ स्पेशल स्टेज ऑफ कैपिटलिज्म के 'इंपीरियलिज्म: दी हाईएस्ट स्टेज ऑफ कैपिटलिज्म')

[लेनिन की 'दी प्रोलिटेरियन रिवॉल्यूशन ऐंड दी रेनेगाडे कारेस्की' की प्रस्तावना से उद्‌धृत]

Dictator Ship :—

Dictatorship is an authority relying directly upon force, and not bound by any laws.

The revolutionary dictatorship of the proletariat is an authority maintained by the proletariat by means of force over and against the bourgeoisie, and not bound by any laws.

Prol: Rev. P 18. Lenin.

Revolutionary Dictatorship :—

Revolution is an act in which one section of the population imposes its will upon the other by rifles, bayonets, guns, and other such exceedingly authoritarian means. And the party which has won is necessarily compelled to maintain its rule by means of that fear which its arms inspire in the reactionaries. If the Commune of Paris had not relied upon the armed people as against the bourgeoisie, would it have maintained itself more than twenty-four hours? Are we not, on the contrary, justified in reproaching the Commune for having employed this authority too little?"

— F. Engels.

Bourgeois Democracy :—

Bourgeois democracy while constituting a great historical advance in comparison with feudalism, nevertheless remains, and can not but remain, a very limited, a very hypocritical institution, a paradise for the rich and a trap and a delusion for the exploited and for the Poor.

Lenin P. 28.

(मूल नोटबुक पृष्ठ संख्या-61)

तानाशाह

तानाशाही ऐसी सत्ता है, जो सीधे शक्ति पर आधारित होती है तथा यह किसी कानून से नहीं बँधी होती।

वहीं सर्वहारा वर्ग की क्रांतिकारी तानाशाही ऐसी सत्ता है, जिसमें सर्वहारा वर्ग अपनी शक्ति का उपयोग पूँजीवादी वर्ग के विरुद्ध करता है और किसी कानून से बँधा नहीं होता।

('दी प्रोलिटेरियन रिवॉल्यूशन ऐंड दी रेनेगाडे काउत्सकी')- पृ.सं. 18
व्लादिमीर इल्यिच लेनिन, [पृ.सं. 12]

क्रांतिकारी तानाशाही

''क्रांति एक ऐसी क्रिया है, जिसमें एक वर्ग राइफलों, संगीनों, बंदूकों और ऐसे ही अन्य अति तानाशाही साधनों से अपनी इच्छा को दूसरों पर थोप देते हैं। इसमें विजयी रहनेवाला पक्ष अनिवार्यतः अपना शासन मनवाने के लिए मजबूर करने हेतु भयभीत करनेवाले उन साधनों का उपयोग करता है, जिसकी प्रेरणा उन्हें प्रतिक्रियावादियों से मिली थी। यदि पेरिस कम्यून ने पूँजीपतियों के विरुद्ध हथियारबंद लोगों पर भरोसा नहीं किया होता, तो वे चौबीस घंटे भी नहीं टिके सकते थे। इसके विपरीत, क्या हमारी यह आलोचना ठीक नहीं कि कम्यून ने इस सत्ता का बहुत ही कम प्रयोग किया है ?''

(लेनिन वही. [16-17] में उद्धृत) फ्रेडरिक एंगेल्स
'अप्रोपोस ऑफ दी पेरिस कम्यून'

पूँजीवादी लोकतंत्र

सामंतवाद की तुलना में अपनी महान् ऐतिहासिक प्रगति के बाद भी पूँजीवादी लोकतंत्र कायम रहा, न सिर्फ कायम रहा, बल्कि बहुत सीमित व अति पाखंडपूर्ण संस्था के रूप में अमीरों के लिए स्वर्ग तो गरीबों व शोषितों के लिए एक जाल व भ्रम साबित हुआ।

व्लादिमीर इल्यिच लेनिन (वहीं. [पृ.सं. 20])
(बौरजॉइस ऐंड प्रोलिटेरियन डेमोक्रेसी अध्याय)

उपरोक्त उद्धरण लेनिन की 'दी प्रोलिटेरियन रिवॉल्यूशन ऐंड दी रेनेगाडे कौत्स्की' 1918 संस्करण से लिया गया है, जो (11 अक्तूबर, 1918) को प्रावदा में लेख के रूप में प्रकाशित हुआ था। बाद में यह ग्रेट ब्रिटेन और अन्य बहुत से राष्ट्रों में प्रकाशित हुआ। 1973 तक यह रूस व अन्य राष्ट्रों में 200 से अधिक बार पुनः प्रकाशित हो चुका था।

Exploitation of Labour and State :—

"Not only the ancient and feudal, but also the representative State of today is an instrument of exploitation of wage-labour by capital." Engels.

Dictatorship :—

"Since the State is only a temporary institution which is to be made use of in revolution in order forcibly to suppress the opponents, it is perfectly absurd to talk of about a free popular State; so long as the proletariate still needs the State it needs it not in the interest of freedom, but in order to suppress its opponents, and when it becomes possible to speak of freedom the State, as such, ceases to exist."

Engels in his letter to Babel March 28th 1875.

The impatient idealists :—

The impatient idealists — and without some impatience a man will hardly prove effective — is almost sure to be led into hatred by the oppositions and disappointments which he encounters in his endeavour to bring happiness to the world.

Bertrand Russell.

(मूल नोटबुक पृष्ठ संख्या-62)

श्रम का शोषण और राज्य

''केवल प्राचीन और सामंती ही नहीं, बल्कि आज के प्रतिनिधि राज्य में भी पूँजी दिहाड़ी-मजदूर के शोषण का साधन बनी हुई है।''

फ्रेडरिक एंगेल्स (वर्क ऑफ दी स्टेट में
'दी ओरिजिन ऑफ दी फैमिली, प्राइवेट प्रॉपर्टी ऐंड दी स्टेट' [पृ.सं. 124])
(लेनिन वही. पृ.सं. 20 से उद्धृत)

तानाशाही

''चूँकि राज्य केवल एक अस्थायी संस्था मात्र है, जिसका उपयोग क्रांति द्वारा अपने विरोधियों का बलपूर्वक दमन करने में किया जाता है, इसलिए मुक्त व लोकप्रिय राज्य की बात करना तब तक पूर्णत: बेतुका है। सर्वहारा वर्ग को राज्य की आवश्यकता पड़ती है, इसका उद्देश्य स्वतंत्रता नहीं, बल्कि अपने विरोधियों को कुचलना होता है और जब उनके लिए स्वतंत्रतापूर्वक बोलना संभव हो जाता है, उस समय राज्य का अस्तित्व समाप्त हो जाता है।''

एंगेल्स के 28 मार्च, 1875 को बेबेल को लिखा पत्र
(लेनिन वही, पृ.सं. 20-21 से उद्धृत)

अधीर आदर्शवादी

अधीर आदर्शवादी और किंचित अधीरता के बिना व्यक्ति शायद कुछ प्रभावकारी सिद्ध कर पाता है, निश्चित ही अपने विरोधियों की घृणा का कारण बनने के अलावा संसार में प्रसन्नता लाने के प्रयास से उत्पन्न निराशा का सामना करते हैं।*

बर्ट्रेंड रसेल
('प्रपोस्ड रोड टू फ्रीडम', [पृ.सं. 14 प्रस्तावना])**

---

*इस उद्धरण का शेष हिस्सा है—

''वे अपने प्रयोजन की शुद्धता व अपने सिद्धांतों की सत्यता पर जितना अधिक दृढ रहते हैं, अपनी शिक्षाओं को नकारे जाने पर वे उतने ही अधिक उग्र होते जाते हैं।''

**भगत सिंह ने यह उद्धरण किस पुस्तक से लिया था, यह ज्ञात नहीं हो सका।

Leader :—

"No time need have gone to ruin" writes Carlyle, "could it have found a man great enough, a man wise and good enough; wisdom to discern truly what the time wanted, valour to lead it on the right road thither; these are the salvation of any time."

Arbitrariness :—

Kautsky had written a booklet with the title "Proletariate Dictatorship" and had deplored the act of Bolsheviks in depriving the bourgeoisie people from the right of vote. Lenin writes in his "Proletarian Revolution":— (pp 77)

Arbitrariness! Only think what a depth of meanest subservicancy to the bourgeoisie, and of the most idiotic pedantry, is contained in such a reproach. When thoroughly bourgeois and, for the most part, even reactionary jurists of capitalist countries have in the course of, we may almost say, centuries, been drawing up rules and regulations and writing up hundreds of volumes of various codes and laws, and of interpretations of them to oppress the workers, to bind hand and foot the poor man, and to place a hundred and one hindrances and obstacles in the way of the simple and toiling mass of the people — when this is done the bourgeois Liberals and Mr Kautsky can see no "arbitrariness!" It is all law & order! It has all been thought out and written down, how the poor man is to be kept down and squeezed. There are thousands and thousands of bourgeois lawyers and officials able to interpret the laws that the worker and average peasant can never break through their barbed wire entanglements. This, of course, is not any arbitrariness this, of course is not a dictatorship of the filthy & profit-seeking exploiters who are drinking the blood of the people. Oh, it is nothing of the kind. It is "pure democracy," which is becoming purer and purer.

P.T.O.

(मूल नोटबुक पृष्ठ संख्या-63)

नेता

कार्लाइल लिखते हैं, ''जल्द ही ये समाप्त हो जाएँगे। तब शायद ही ऐसा कोई महान् व्यक्ति मिल सके, जो पर्याप्त रूप से समझदार व नेक हो; जो वास्तव में अपनी समझ द्वारा समय की माँग पर विचार कर सके, जो सही मार्ग पर ले जाने का पराक्रम दिखा पाता तो मुक्ति किसी भी समय मिल सकती थी।''

(थॉमस कार्लाइल के हीरो ऐंड हीरो वर्शिप, 'प्रथम लेक्चर' से
स्कॉट नियरिंग की 'पॉवर्टी ऐंड रिचेस से उद्धृत' [पृ.सं. 126])

निरंकुशता

काउत्सकी ने 'प्रोलितारियत डिक्टेटरशिप' शीर्षक से एक पुस्तिका लिखी, जिसमें उन्होंने बोल्शेविकों द्वारा पूँजीवादी वर्ग के लोगों को वोट देने के अधिकार से वंचित करने की निंदा की है। इसपर लेनिन ने अपनी 'प्रोलितारियन रिवॉल्यूशन' में लिखा—

निरंकुशता! जरा विचार करने पर पाएँगे कि इस निंदा में पूँजीवादी वर्ग की अधम चापलूसी तथा अत्यधिक मूर्खतापूर्ण पांडित्य निहित है, जहाँ हमेशा से ही पूँजीपति वर्ग और मुख्यत: पूँजीवादी राष्ट्रों के प्रतिक्रियावादी विधिवेत्ता ही इस बीच या कह सकते हैं कि शताब्दियों से नीति व नियम बनाते हुए विभिन्न कायदे- कानूनों के सैकड़ों खंड लिख चुके हैं, जिनकी व्याख्या कर्मचारियों को दबाने, गरीबों के हाथ-पैर बाँधने और सामान्य व मेहनत करनेवाली आम जनता में लोगों के समक्ष बाधाएँ व अवरोध उत्पन्न किए जाते हैं। पूँजीपति वर्ग के उदारवादियों और श्री काउत्सकी को इस कार्य में 'निरंकुशता' नहीं दिखाई देती है! ये सब कानून व्यवस्था है! इन्हें लिखने समय गरीबों को दबाए रखते व निचोड़ने पर पूरा ध्यान दिया गया है। ऐसे हजारों की संख्या में पूँजीपति वर्ग के वकील व अधिकारी हैं, जो इन कानूनों की विवेचना इस तरह से करने में सक्षम हैं कि जिससे कर्मचारी और साधारण अनाड़ी वर्ग इसके काँटेदार तारों से पार न पा सके। निश्चित ही यह न तो निरंकुशता है और न ही यह लोगों का खून चूसनेवाले भ्रष्ट व लाभ-लोभी शोषकों की तानाशाही है। नहीं, इसमें ऐसा कुछ नहीं है। यह 'विशुद्ध लोकतंत्र' है,...

जारी...

every day. But when the toiling and exploited masses for the first time in history, seperated by Imperialist war from their brothers accross the frontier, have constructed their soviets, have summoned to the workers of political construction, the classes which the bourgeois used to oppress and to stupefy, and begun themselves to build up a new proletarian State, begun, in the midst of raging battles, in the fire of civil war, to lay down the fundamental principles of State without exploitation, then all the scoundrels of the bourgeoisie, the entire band of blood suckers, with Kautsky singing "obligato", scream about arbitrariness!

(Lenin) P. 77 76

Party:—

But it has become clear that no revolution is possible unless there is a party able to lead the revolution. (P. 15. Lessons of October 1917)

A party is the instrument indispensable to a proletarian revolution. (P. 17. ~~Ibid~~ ibid by Trotsky)

(मूल नोटबुक पृष्ठ संख्या-64)

···जो दिन-प्रतिदिन और अधिक शुद्ध होता जा रहा है, लेकिन जब यह मेहनतकश व शोषित जनता सामंतवादी युद्ध के बाद इतिहास में पहली बार अपने सीमा-पार के भाइयों से अलग होकर सोवियत की स्थापना करने के बाद उस वर्ग के लोगों के लिए कार्य करने लगी, जिन्हें पूँजीपति वर्ग दबाता व मूर्ख बनाता था। उन्होंने अपने नए सर्वहारा राज्य का निर्माण आरंभ किया और विकराल युद्ध के बीच गृहयुद्ध की आग में शोषणविहीन राज्य के मूलभूत सिद्धांत सुनिश्चित किए। उनके ऐसा करने पर पूँजीपति वर्ग के सभी दुष्टों और खून चूसनेवालों की पूरी जमात के साथ सुर में सुर मिलाते हुए निरंकुशता का विलाप करने लगे!

('प्रोलिटेरियन रिवॉल्यूशन ऐंड दी रेनेगाडे काउत्सकी',
अध्याय: दी सोवियत कॉन्स्टीट्यूशन) पृ.सं. 77-78, व्लादिमीर लेनिन* [59-60]

पार्टी

यह स्पष्ट हो चुका है कि क्रांति तब तक संभव नहीं है, जब तक उस क्रांति का नेतृत्व करनेवाली कोई पार्टी न हो।

'लेसंस ऑफ अक्तूबर 1917' (पृ.सं. 15)
अध्याय-I, वी मस्ट स्टडी अक्तूबर

पार्टी सर्वहारा वर्ग की क्रांति का अपरिहार्य साधन है।

त्रोत्स्की , वही. पृ.सं. 17

*उद्धरण के आरंभ में टेढ़े वर्णाक्षर में लिखा पाठ भगत सिंह की टीका है।

कानून, नैतिकता व धर्म केवल उनके (श्रमिक व्यक्तियों)* लिए ही हैं। पूँजीपति वर्गों के सभी पूर्वग्रहों की आड़ में पूँजीपति वर्ग के लाभ घात लगाए होते हैं।

कार्ल मार्क्स– कम्युनिस्ट मैनिफेस्टो [पृ.सं. 44–45]

*कोष्ठकों में लिखे शब्द भगत सिंह के हैं।

B.K. Dutt 12/7/30 12/7/30

बटुकेश्वर दत्त के हस्ताक्षर सहित दो बार तारीख लिखी है।

Law, morality, religion are ~~but~~ to him (the working man) so many bourgeois prejudices, behind which lurk in ambush just as many bourgeois interests.

Karl Marx – Manifesto

B.K. Dutt
12th July '30

इस पृष्ठ पर केवल बी.के. दत्त के तिथि सहित हस्ताक्षर तथा इस संबंध में भगत सिंह का नोट है। यह नोटबुक में भगत सिंह द्वारा लिखित एकमात्र तिथि उल्लिखित रचना है।

भगत सिंह से बी.के. दत्त 16 जुलाई, 1930 को उस समय अलग हो गए, जब उन्हें सेंट्रल जेल लाहौर भेज दिया गया।

Autograph
of Mr. B.K. Dutt
taken on 12th July '30
in Cell No: 137
Central Jail Lahore.
four days before his final
departure from this jail.
Bhagat Singh

Aim of Communists :—

" The Communists disdain to conceal their ~~views~~ views and ~~aims~~ aim. They openly declare that their ends can be attained only by the forcible overthrow of all existing social conditions. Let the ruling classes tremble at a Communist revolution. The proletarians have nothing to lose but their chains. They have a world to win. Working men of all countries, unite!

Aim of Communist Revolution:

"We have seen above, that the first step in the revolution by the working class, is to raise the proletariat to the position of ruling class, to win the battle of democracy, to wrest, by degrees, all capital from the bourgeoisie, to centralize all instruments of production in the hands of the State, i.e. of the proletariat organized as the ruling class; and to increase the total of productive forces as rapidly as possible.

"Communist Manifesto"

(मूल नोटबुक पृष्ठ संख्या-69)

कम्युनिस्टों का लक्ष्य

कम्युनिस्ट अपने लक्ष्य व दृष्टिकोण को छिपाने से घृणा करते हैं। वे स्पष्ट रूप से घोषणा करते हैं कि उनका उद्‌देश्य केवल सभी मौजूदा सामाजिक स्थितियों को बलपूर्वक उखाड़ फेंकने पर ही हासिल हो सकता है। शासक वर्ग को कम्युनिस्ट क्रांति के भय से काँपने दो। सर्वहारा वर्ग के पास खोने के लिए अपनी बेड़ियों के अलावा और कुछ नहीं है, जबकि उनके जीतने के लिए पूरी दुनिया है।

दुनियाभर के श्रमिक एक हो जाओ!

('कम्युनिस्ट मैनिफेस्टो' का अंतिम परिच्छेद [पृ.सं. 76]
'क्राई फॉर जस्टिस' पृ.सं. 802 पर भी उद्‌धृत)

कम्युनिस्ट क्रांति का लक्ष्य

जैसा कि हमने पहले देखा, श्रमिक वर्ग की क्रांति का पहला कदम सर्वहारा वर्ग को उठाकर शासक वर्ग के बराबर करना है। लोकतंत्र के युद्ध को जीतने के लिए उन्हें पूँजीपति वर्ग से सारी पूँजी, उपाधि छीननी होंगी, उत्पादन के सभी साधनों को केंद्रीकृतकर उन्हें राज्य के हाथों सौंपना होगा अर्थात सर्वहारा वर्ग को शासक वर्ग की भाँति व्यवस्थित करना होगा और कुल उत्पादन शक्ति में यथाशीघ्र वृद्धि करनी होगी।

'कम्युनिस्ट मैनिफेस्टो'(सेक्शन III से) [पृ.सं. 57]

70 To point out the mistakes of Karl Marx :—

. . . And it certainly looks as if Trotzky belonged to what Germans called the school of "real politics" and was as innocent as Bismarck of any ideology at all. And it is therefore rather curious to note that even Trotzky is not revolutionary enough to say that Marx had made a mistake but feels obliged to devote a ~~few~~ page or so to the task of exegesis — that is, proving that the sacred books meant something quite different from what they said.

{ Preface to The Lessons of October 1917 by Trotsky
Preface by A. Susan Lawrence.

Voice of the People :—

The Gods we know have all ruled, in the main, by indifference of the people; they have always been Gods of a minority, of this or that fraction of the country which is politically conscious. But when the giant wakes he will have his way, and all that matters to the world is whether he will wake in time.

Preface

(मूल नोटबुक पृष्ठ संख्या-70)

कार्ल मार्क्स की गलतियाँ निकालना

प्रतीत होता है कि निश्चित ही त्रोत्स्की उस स्कूल से संबंधित हैं, जिसे जर्मन 'असली राजनीति' कहा करते हैं और वे किसी भी विचारधारा के प्रति बिस्मार्क जितने ही मासूम थे तथा यह बात दिलचस्प है कि त्रोत्स्की भी इतने क्रांतिकारी नहीं थे कि वे मार्क्स की गलतियाँ बता पाते। उन्हें इससे बेहतर यह लगा कि उन्होंने एक या अधिक पृष्ठ का विवरण देते हुए यह साबित किया कि पवित्र पुस्तकों में जो कहा गया है, उसका अर्थ उससे बिल्कुल अलग है।

(अनुवादक द्वारा) लियोन त्रोत्स्की की 'लेसंस ऑफ अक्तूबर 1917'
[पृष्ठ VII] की भूमिका
(अनुवादक) ए. सूसन लॉरेंस एवं आई. ओल्शन)

जनता की आवाज

हम जानते हैं कि सभी सरकारें मुख्य रूप से जनता के प्रति उदासीन रहकर शासन करती हैं। वे सभी देश के राजनीतिक चेतनावाले इस या उस तबके की अल्पसंख्यक सरकारें रही हैं, लेकिन दिग्गज जाग जाने पर सब अपने तरीके से करते हैं, दुनिया के लिए सबसे जरूरी है कि वे सही समय पर जाग जाएँ।

वही., भूमिका [पृ.सं. XII]

"It too often happens," wrote Lenin in July, 1917, "that when events take a sudden turn, even an advanced party cannot adapt itself for some time to the new conditions. It goes on repeating yesterday's watchwords, watchwords which, under the new circumstances, have become empty of meaning and which have lost meaning 'unexpectedly' just in proportion as the change of in events has been 'unexpected'."

Lessons of Oct. P 17

Tactics and Strategy :—

In politics as in war, tactics means the art of conducting isolated operations; strategy means the art of victory, that is the actual seizure of power. P. 18

Propaganda and action :—

And it is an extremely sudden change, when the party of the Proletariat ~~class~~ passes from preparation, from propaganda and organization and agitation, to an actual struggle for power and an actual insurrection against the bourgeoisie. Those in the party who are irresolute, or sceptical, or compromising, or cowardly ... oppose the insurrection; they look for theoretical arguments to justify their opposition, and they find them all ready made, among their opponents of yesterday.

Trotzky 17

(मूल नोटबुक पृष्ठ संख्या-71)

लेनिन ने जुलाई 1917 को लिखा था, ''ऐसा अकसर होता है कि जब घटनाएँ अचानक मोड़ ले लेती हैं तो एक अग्रणी पार्टी भी कुछ समय तक इस नई परिस्थिति को अपनाने में असफल रहती है। वह बीते कल के थोथे वाक्य दोहराती रहती है, जो इन नई परिस्थितियों में अर्थहीन होते हुए अचानक अपने मायने खो देते हैं। ठीक उसी तरह जिस तरह परिस्थितियों में परिवर्तित 'अचानक' हुआ था।

(लियोन त्रोत्स्की), (वहीं अध्याय I) वी मस्ट स्टडी अक्तूबर, पृ.सं 17

रणनीति व कूटनीति

राजनीति में भी युद्ध की ही तरह रणनीति का अर्थ एकाकी कार्यों को अंजाम देना है। कूटनीति का अर्थ विजय अर्थात वास्तव में सत्ता हासिल करने की कला होता है।

(लियोन त्रोत्स्की), (वही. अध्याय) वही, पृ.सं 18

प्रचार और कारवाई

यह एक अचानक हुआ बड़ा परिवर्तन होता है, जब सर्वहारा वर्ग की पार्टी तैयारी, प्रचार, व्यवस्था और आंदोलनों से आगे बढ़कर पूँजीपतियों के विरुद्ध वास्तविक विद्रोह और सत्ता के लिए वास्तविक संघर्ष पर उतर आती है। विद्रोह का विरोध करनेवाले पार्टी के भीतर के ढुलमुल, अविश्वासी, समझौतावादी और डरपोक लोग अपनी खिलाफत को न्यायसंगत ठहराने के लिए सैद्धांतिक तर्क खोजने लगते हैं। इन्हीं पके-पकाए तर्कों के आधार पर उनके बीच से ही भावी विरोधी तैयार हो जाते हैं।

लियोन त्रोत्स्की (वही. अध्याय, पृ.सं. 19)

"It is necessary to direct ourselves, not by old formulas, but by new realities." Lenin (P 75)

He always fought for the future against the past - . 41

. . . But a moment comes when the habit of thinking that the enemy is stronger becomes the main obstacle to victory. . Trotzky 48

. . . But in such circumstances not every party will have its Lenin.

. . . What does ~~this~~ it mean to lose the moment ? . . . .

All the art of tactics consists in this, to snatch the moment when the combination of circumstances is most favourable . . .

(Circumstances had produced the combination and Lenin said) The crisis must be settled in one way or another. 'Now or never' repeated Lenin.

P. 52

(मूल नोटबुक पृष्ठ संख्या-72)

''आवश्यकता इस बात की है कि हम पुराने सूत्रों पर नहीं, बल्कि नई वास्तविकताओं के अनुसार चलें।''

(व्लादिमीर इल्यिच लेनिन,
'लेसंस ऑफ अक्तूबर', अध्याय II, पृ.सं. 25 से उद्धृत)

वे (लेनिन) पार्टी में सदैव भविष्य के लिए और भूतकाल के खिलाफ लड़ाई लड़ते रहे।

लियोन त्रोत्स्की (वही.) पृ.सं. 41

एक समय ऐसा आता है, जब शत्रु को अपने से बलवान समझने की आदत विजय में प्रमुख बाधा बन जाती है।

(लियोन त्रोत्स्की, वही. पृ.सं. 48)

लेकिन इन परिस्थितियों में किसी भी पार्टी में उनका लेनिन नहीं होगा।
क्षण खो देने का क्या अर्थ होता है?

(लियोन त्रोत्स्की, वही. पृ.सं. 51)

सारी रणनीतिक कला का सार यही है कि जब परिस्थितियाँ अत्यंत अनुकूल हों तो क्षण का फायदा उठाएँ।

(परिस्थितियों के अनुकूल होने पर लेनिन कहते हैं)* समस्याओं का किसी-न-किसी तरह समाधान करना ही चाहिए। लेनिन बार-बार कहते थे, अभी या कभी नहीं!

(लियोन त्रोत्स्की, वही. पृ.सं. 52)

*कोष्ठक में दिए शब्द भगत सिंह की टीका है।

The strength of a revolutionary party grows to a certain ~~ex~~ point, after which the contrary may happen.

"To hesitate is crime" wrote at the beginning of October, "To wait for the Congress of soviets is a childish playing with formalities a disgraceful playing with formalities; it is betraying the revolution."

Opportune moment:—

Time is an important factor in politics; it is thousand times more so in war and revolution. Things can be done today that can not be done tomorrow. To rise in arms, to defeat the enemy, to seize power, may be possible today, and tomorrow may be impossible. But, you will say, to seize power means changing the course of history; is it possible that such a thing can depend on a delay of 24 hrs? Even so. When it comes to an armed insurrection, events are not measured by the long yard* of politics but by short yards of war. To lose a few weeks, a few days, sometimes even one day, may mean giving up the revolution, may mean capitulation.

Political cunning is always dangerous, especially in a revolution. You may deceive the enemy but you may confuse the masses who are following you.

(मूल नोटबुक पृष्ठ संख्या-73)

किसी क्रांतिकारी पार्टी की शक्ति एक सीमा तक ही बढ़ती है, इसके बाद इसमें गिरावट आने लगती है।

लियोन त्रोत्स्की(वही.) [पृ.सं. 52]

''झिझकना अपराध है; (अक्तूबर के आरंभ में··· [लेनिन]···लिखते हैं)* सोवियतों का कांग्रेस की प्रतीक्षा करना औपचारिकताओं से खेलने जैसा बचकानापन है, लज्जास्पद ढंग से औपचारिकताओं से खेलना क्रांति के साथ धोखा करना है।''

लियोन त्रोत्स्की(वही.) [पृ.सं. 59]

उपयुक्त क्षण

राजनीति में समय एक महत्त्वपूर्ण घटक है। यहाँ यह युद्ध व क्रांति से भी सौ गुना अधिक महत्त्वपूर्ण है। आज जो किया जा सकता है, वह कल नहीं किया जा सकता। आज हथियार उठाना, शत्रु को परास्त करना, सत्ता हासिल करना संभव है तो कल यह असंभव भी हो सकता है। आप कह सकते हैं कि सत्ता हासिल करने का अर्थ इतिहास को परिवर्तित करना होता है, क्या ऐसी चीज को चौबीस घंटे के लिए टाला जा सकता है ? लेकिन फिर भी, जब बात सशस्त्र विद्रोह की आती है, तो घटनाओं को राजनीति के लंबे फीते से नहीं, बल्कि युद्ध के छोटे फीते से नापा जाता है। इसमें कुछ हफ्ते, कुछ दिन और कई बार एक दिन की देरी का मतलब आत्मसमर्पण करना हो सकता है।

लियोन त्रोत्स्की(वही.) [पृ.सं. 60]

राजनीतिक धूर्तता विशेष रूप से क्रांति के समय सदैव भयानक होती है।

लियोन त्रोत्स्की (वही.) [पृ.सं. 63]

---

*कोष्ठक में लिखे शब्द भगत सिंह के हैं।

7½

Hesitation:—

Hesitation on the part of the leaders, and felt by their followers, is generally harmful in politics; but in the case of an armed insurrection it is a deadly danger.

War:— . . . 'War is war; come what may, there must be no hesitation or loss of time.'

The inefficient leaders:—

. . . There are two kinds of leaders who incline to drag the party back at the moment when it should go fastest. One kind always tend to see overwhelming difficulties and obstacles in the way of revolution, and looks at them — consciously or unconsciously — with the desire of avoiding them. They alter Marxism into a system for explaining why revolutionary action is impossible.

The other kind are mere superficial agitators. They see never any obstacles until they break their heads against them. They think they can avoid real ~~differences~~ difficulties by floods of oratory. They look at everything with supreme optimism, and, naturally, change right over when something has actually to be done

P. 80

(मूल नोटबुक पृष्ठ संख्या-74)

हिचकिचाहट

नेताओं की हिचकिचाहट का उनके अनुसरणकर्ताओं को भी एहसास होना राजनीति में सामान्यतः नुकसानदेह होता है, लेकिन सशस्त्र विद्रोह के मामले में तो यह घातक खतरा बन जाता है।

(लियोन त्रोत्स्की, वही. [पृ.सं. 68-69])

युद्ध

''युद्ध तो युद्ध होता है; फिर चाहे जो हो जाए। इसमें हिचकिचाहट या देरी कतई नहीं होनी चाहिए।''

(लियोन त्रोत्स्की, वही. [पृ.सं. 69])

अक्षम नेता

दो तरह के नेता होते हैं, जो पार्टी को उस समय पर पीछे खींच लेते हैं, जिस क्षण वह सबसे तेजी से आगे बढ़ रही होती है। इनमें से एक वे होते हैं, जिनमें क्रांति के मार्ग में आनेवाली अत्यधिक कठिनाइयों व बाधाओं को देखने की प्रवृत्ति होती है। वे जानबूझकर या अनजाने में इससे बचने की इच्छा रखते हैं। वे मार्क्सवाद को तोड़-मरोड़कर ऐसी प्रणाली बना देते हैं, जो क्रांतिकारी कारवाई के असंभव होने का बखान करती हो, दूसरे किस्म के वे लोग हैं, जो मात्र सतही आंदोलनकारी होते हैं। उन्हें इस कार्य में तब तक बाधाएँ नहीं दिखाई देतीं, जब तक वे स्वयं इसमें न उतर जाएँ। उनका मानना है कि शब्दों के प्रवाह द्वारा वे वास्तविक समस्याओं से बच सकते हैं। वे सभी वस्तुओं को अति आशावाद से देखते हैं, लेकिन जब वास्तव में कुछ करने की बारी आती है तो वे पलट जाते हैं।

(लियोन त्रोत्स्की), (वही. पृ.सं. 79-80)

Sociology:—

Value:—

" 1 quarter corn = x cwt. of iron. What does this equation tell us? It tells us that in two different things — in 1 quarter of corn and x cwt. of iron — there exists in equal quantities something common to both. The two things must therefore be equal to a third, which in itself is neither the one or the other. . . . Let us now consider the residue of each of these products; it consists of the same unsubstantial reality in each, a mere congelation of homogeneous human labour, of labour power expended without regard to the mode of its expenditure. All these things now tell us that human labor-power has been expended in their production, that labour is embodied in them. When looked at as crystals of this social substance, common to all, they are Values."

Marx — 'Capital'. English Translation PP 34-5.

Law:—

"Society, however, does not rest upon law. This is a legal fiction. Rather the law must rest on society. It must be the expression of the interest and needs of society which result from the social and invariably material method of production as against the arbitrariness of the individual. As for Napoleonic Code, which I have in my hand, that has not engendered modern Civil Society. The Society which arose in the 18th Century and developed in the 19th, finds in the Code only a legal expression. As soon as that no longer corresponds to social conditions, it is merely so much waste paper. . . . The laws necessarily changed with the changing conditions of life. The maintaining of the old law against the new needs and demands of the social development is at bottom nothing but a hypocritical assertion (in accord with the spirit of the age) of special interest against the common interest." Marx. [Before the Court & Jury of Cologne.]

"Masses":—

"The people is a fat and motley beast, ignorant of its powers and hence enduring burdens, lash and cudgel. Driven it is by a feeble child, whom it can shake off in an instant. But it fears that child and so it serves all its whims and fancies, never realizing how much it itself is feared by that child. . . Marvelous thing! They hang themselves with their own hands and send themselves to jails and bring upon themselves war and death for a single farthing, paid to them out of the many that they themselves have given to the King. Everything betwixt heaven and earth belongs to them, but they do not know it, and should anyone tell them that, they would knock that man down and kill him." Tommaso Campanella.

(मूल नोटबुक पृष्ठ संख्या-101)

समाजशास्त्र

"1 कवार्टर* मक्का=क. सी. ड्ब्ल्यू.टी**लोहा। यह समीकरण हमें क्या बताता है? इससे पता चलता है कि दो विभिन्न वस्तुओं 1 पाव मक्का और क. सी.डब्ल्यू.टी लोहे में कोई समान गुणोंवाली वस्तु समान मात्रा में मौजूद होती है। अत: इन दो वस्तुओं को निश्चित ही किसी ऐसी तीसरी वस्तु के बराबर होना चाहिए, जो न तो पहली वस्तु हो और न ही दूसरी वस्तु। चलिए अब हम इन दोनों वस्तुओं में निहित उस तीसरी वस्तु पर विचार करते हैं। इन दोनों की एक जैसी अभौतिक वास्तविकता है, यह मात्र मानवीय श्रम की सजातीय जमावट है, जिससे श्रम-शक्ति में इजाफा होगा, फिर चाहे इसे किसी भी माध्यम द्वारा उपयोग किया जाए। यह बात हमें बताती है कि उत्पादन के साथ ही श्रम-शक्ति बढ़ती जाती है, इसमें वह श्रम सन्निहित रहता है। सामाजिक पूँजी के इन स्फटिकों में हमें मूल्य समान रूप से दिखाई देते हैं।"

कार्ल मार्क्स, 'दी कैपिटल' सेक्शन-I, पृ.सं. 3-5 अंग्रेजी अनुवाद
(व्लादिमीर जी. सिमखोविच द्वारा मार्क्सिज्म वर्सेस सोशलिज्म [पृ.सं. 4-5])

कानून

समाज कभी भी कानून आधारित नहीं हो सकता। यह केवल एक कानूनी कल्पना है। इसके विपरीत कानून को अवश्य ही समाज पर आधारित होना चाहिए। इसे निश्चित ही समाज के हित व आवश्यकताओं की अभिव्यक्ति करते हुए औद्योगिक उत्पादन में स्वेच्छाचारिता की जगह उत्पादन की सामाजिक व निरपवाद रूप से भौतिक उत्पादन प्रणाली से संबंधित होना चाहिए। इस समय मेरे हाथ में मौजूद नेपोलियन संहिता से आधुनिक नागरिक समाज का गठन नहीं हो सकता। अठारहवीं शताब्दी में जन्मे और उन्नीसवीं शताब्दी में विकसित हो रहे समाज की संहिता केवल कानूनी अभिव्यक्ति ही हो सकती है। सामाजिक परिस्थितियों के अनुरूप न रहने पर यह मात्र कागज की बरबादी ही है, जीवन की परिस्थितियों के बदलने के साथ ही कानूनों में परिवर्तन होना आवश्यक है। सामाजिक विकास की नई आवश्यकताओं व अपेक्षाओं के विपरीत पुराने कानूनों को बनाए रखना मूलत: सार्वजनिक हितों के विरुद्ध विशिष्ट हितों के प्रति पाखंडपूर्ण दृढ़ता (वर्तमान काल की भावनाओं को देखते हुए) दिखाने के अतिरिक्त और कुछ नहीं है।"

('दी ट्रायल ऑफ दी रिह्निश डिस्ट्रिक्ट कमेटी ऑफ डेमोक्रेसी')
कार्ल मार्क्स लिखित 'बिफोर दी कोर्ट ऑफ ज्यूरी ऑफ कोलोन'
(वही, (पृ.सं. 27-28) पर उद्धृत)

जनता

"जनता उस मोटे व मिश्रित जानवर जैसी है, जो अपने भुजबल से अनजान है और इसलिए वह बोझा ढोते हुए कोड़े व डंडे खा रही है। यह उस दुर्बल बच्चे द्वारा हाँक ली जाती है, जिसे वह जब चाहे डरा सकता है। लेकिन वह स्वयं उस बच्चे से भयभीत है··· इसकी हर सनक व इच्छा पूरी करती है। उसे एहसास भी नहीं होता कि वह बच्चा स्वयं उससे कितना डरता है। अद्भुत बात है! वह खुद को फाँसी चढ़वा देती है, जेल में ठूँस देती है और युद्ध व मृत्यु मोल ले बैठती है और ऐसा वह उस एक दमड़ी के लिए करती है। ऐसी बहुत सी दमड़ियाँ वह स्वयं राजा को दे चुकी होती है। स्वर्ग व धरती की प्रत्येक वस्तु उसकी अपनी है, लेकिन वह यह नहीं जानती, और अगर कोई उसे यह बात बताता है तो वह उस व्यक्ति को मारकर फेंक देती है।"

टोमासो कैंपालेना
(यह उद्धरण कैंपालेना की कविता 'दी पीपल' का भावानुवाद है
व्लादिमीर जी. सिमखोविच की 'मार्क्सिज्म वर्सेस सोशलिज्म' [पृ.सं. 82] पर उद्धृत)

---

* हंडरडवेट का चौथा हिस्सा कवार्टर कहलाता है।

** सी.ड्ब्ल्यू.टी हंड्रेडवेट होता है (लेटि. सेंटम वेट)

"Marxism Versus Socialism" by Vladimir G. Simkhovitch Ph.D. Columbia University (1908-12)

He criticises all the Theories of Marx one by one and refutes all i.e.

1. Theory of Value
2. Economic Interpretation of History
3. Concentration of wealth in fewer hands i.e. the capitalists and elimination of Middle Class altogether and Swarming of the Proletariate Class.
4. Theory of increasing misery leading to the
5. Inevitable Crises of the Modern State and Social Order.

He concludes that the Marxism solely rests on these ~~two~~ fundamental theories and refutes them one by one, concluding that all the vague apprehensions about the sweeping avalanche of the Revolution has proved futile till now. The middle Class is not diminishing but growing. Rich Class is growing in number and the Mode of production and consumption is also changing alongwith the circumstances hence the reforms in the condition of the workers can avoid any sort of friction.

It is Not the growing poverty that is the cause of the social unrest but it is the Concentration of the poor Classes in industrial Centres that the ~~[illegible]~~ Class Consciousness is growing: hence all this hue and cry.

(मूल नोटबुक पृष्ठ संख्या-102)

'मार्क्सिज्म वर्सेस सोशलिज्म' लेखक. व्लादिमीर जी. सिमखोविच
पीएच.डी कोलंबिया विश्वविद्यालय (1908-12)
इन्होंने मार्क्स के सभी सिद्धांतों की आलोचना करते हुए, उनका एक-एक कर खंडन किया है—

1. मूल्य का सिद्धांत।
2. इतिहास की आर्थिक व्याख्या।
3. संपत्ति का कुछ हाथों तक सीमित होना अर्थात पूँजीवादी तथा मध्यम वर्ग का उन्मूलन और सर्वहारा वर्ग में बढ़ोतरी होना।
4. गरीबी बढ़ने का सिद्धांत, इसके कारण?
5. आधुनिक राज्य और सामाजिक व्यवस्था के अपरिहार्य संकट।

उन्होंने आगे मार्क्सवाद को पूरी तरह से इन्हीं मूल सिद्धांतों पर आधारित बताते हुए एक-एककर इनका खंडन किया है। अंत में वे कहते हैं कि क्रांति के तूफान के यथाशीघ्र आने की धुँधली आशाएँ अब तक व्यर्थ सिद्ध हो चुकी हैं। मध्यवर्ग लुप्त नहीं, बल्कि विकसित हो रहा है। अमीरों की संख्या बढ़ती जा रही है। तथा परिस्थितियों के साथ ही उत्पादन व उपयोग के प्रारूपों में भी बदलाव हो रहा है। अत: श्रमिकों की स्थिति में सुधार द्वारा किसी भी तरह के संघर्ष को टाला जा सकता है। सामाजिक अशांति का कारण गरीबी बढ़ना नहीं, बल्कि वर्ग चेतना के बढ़ने के साथ ही औद्योगिक केंद्रों के गरीब वर्गों की ओर ध्यान आकर्षित होना है। यही इस हलचल का कारण है।

(उपरोक्त पुस्तक पर भगत सिंह का छोटा सा लेख।
उपरोक्त पाँच बिंदु कुछ अध्यायों के शीर्षकों से लिये गए हैं।)

Preface to Les Miserables.

So long as there shall exist, by virtue of law and custom a social damnation artificially creating hells in the midst of civilization, and complicating the destiny which is divine with a fatality which is human; so long as three problems of the age — the degradation of man through poverty, the ruin of woman through hunger, the crippling of children through ignorance — are not solved; so long as in certain regions social asphyxia is possible, — in other words, and from a still wider point of view, so long as ignorance and wretchedness exist on the earth, books like this can not be useless.

(suffocation)

"Victor-Hugo"!

A judge Defined }:— "A judge callous to the pain he inflicts loses the right to judge" 'Rabindra Nath Tagore'.

— o —

"But what unresisting martyrdom fails to do, righteous and resisting force does and renders tyranny impotent to do further harm."

: O :

"Rather get killed than converted" was the ~~Hindu~~ cry prevalent amongst the Hindus then. But Ramdas rose and exclaimed, "No: not thus, 'Better get killed than converted' is good enough: but it would be better 'so to strive as neither to get killed nor violently converted by killing the forces of violence itself. Get killed if that must be, but get killed while killing to conquer — conquer in the cause of Righteousness.

Hindu Pad Padshahi

(18 ? 8)

(मूल नोटबुक पृष्ठ संख्या-103)

लेस मिजरेबल्स की भूमिका

जब तक कानून व परंपराओं के नाम पर सभ्यता के सामने कृत्रिम रूप से पृथ्वी पर नर्क का निर्माण करनेवाला सामाजिक श्राप कायम रहेगा और दैवीय नियति के साथ मानवीय विपत्ति का उलझाव जारी रहेगा, जब तक इस युग की तीन समस्याएँ—गरीबी द्वारा पुरुष का अपकर्ष, भूख द्वारा स्त्री की अधोगति और अज्ञानता द्वारा बच्चों की अशक्तता को सुलझाया नहीं जाता; तब तक कुछ निश्चित क्षेत्रों में सामाजिक घुटन की संभावना बनी रहेगी तथा दूसरे शब्दों और कुछ अधिक व्यापक परिप्रेक्ष्य में जब तक पृथ्वी पर अज्ञानता व दयनीयता मौजूद रहेंगी, तब तक इस तरह की पुस्तकें कभी निष्प्रयोजन नहीं होंगी।*

विक्टर ह्यूगो ('लेस मिजरेबल्स' की भूमिका)
('क्राई फॉर जस्टिस' [पृ.सं. 182])

न्यायाधीश की परिभाषा

जो न्यायाधीश कष्टों के प्रति कठोर रहता है, वह न्याय करने का अधिकार खो देता है।

रवींद्रनाथ टैगोर
('फ्यूजिटिव ऐंड अदर पोयम्स' में से दी मदर्स प्रेयर से
गांधारी का धृतराष्ट्र को दिया उत्तर [पृ.सं. 105])**

''अप्रतिरोधी शहादत, जो करने में विफल रहती है; न्यायप्रिय व प्रतिरोधी शक्ति उसे कर डालती है तथा अत्याचारी को और अधिक हानि पहुँचाने योग्य नहीं रहने देती।''

वीर सावरकर, हिंदू पद पदशाही, पृ.सं. 183

'धर्मांतरित होने की बजाय मार डाले जाओ'...(उस समय हिंदुओं के बीच यही पुकार प्रचलित थी)। लेकिन राम दास उठ खड़े हुए और कहा, ''नहीं, ऐसे नहीं, धर्मांतरित होने से बेहतर है कि मार डाले जाओ। काफी है, लेकिन इससे भी अच्छा यह प्रयास करना है कि न तो मारे जाओ और न ही धर्मांतरित हो, बल्कि स्वयं हिंसक शक्तियों को मार डालो। यदि मृत्यु अनिवार्य हो, मारे जाओ, लेकिन जीत हासिल करने के लिए मारते हुए मरो, धर्म के लिए जीत हासिल करो।''

(इस पुस्तक से कुछ उद्धरण अंतिम भाग में भी उद्धृत हैं। इस उद्धरण का किंचित भावानुवाद किया गया है।)

हिंदू पद पदशाही, पृ.सं. 181 (ले. वीर सावरकर)

जारी...

* यह भगत सिंह द्वारा किया गया उद्धरण का भावानुवाद है। सही उद्धरण है:

**भगत सिंह ने यह उद्धरण जिस पुस्तक से लिया था, वह ज्ञात नहीं है।

जब तक कानून और रिवाज के नाम पर ऐसी सामाजिक निंदा मौजूद रहेगी जो सभ्यता के नाम पर कृत्रिम रूप से धरती पर नर्क का सृजन करती है और मानवीय कष्टों को बढ़ाकर मेरी तकदीर को पेचीदा बना देती है; जब तक...

शेष अगले पृष्ठ पर...

104

All Legislators defined as criminals

"All legislators and rulers of men commencing with the earliest down to Lycurgus, Solon, Mahomet, Napoleon etc etc have, one and all, been criminals, for, whilst giving new laws, they have naturally broken through old ones which had been faithfully observed by society and transmitted by its progenitors. [Pp 205, Crime & Punishment Dostoivsky.

"A true politician", says Burke, "always considers how he shall make the most of the existing materials of his country."

(मूल नोटबुक पृष्ठ संख्या-104)

जब तक कानून व परंपराओं के कारण सभ्यता के सामने कृत्रिम रूप से पृथ्वी पर नर्क का निर्माण करनेवाली सामाजिक दण्डाज्ञा कायम रहेगी, और मेरे लिए दैवीय नियति मानवीय विपत्ति से उलझती रहेगी, जब तक सभी विधि निर्माता अपराधी के रूप में परिभाषित प्राचीन काल के लाइकरगस, सोलोन, मुहम्मद, नेपोलियन आदि से लेकर जितने भी विधि निर्माता व शासक हुए हैं, वे सभी अपराधी हैं। निश्चित है कि उन्होंने [नए] कानून के लिए उन पुराने कानूनों को तोड़ा होगा, जिन्हें समाज श्रद्धापूर्वक मानता आ रहा था और जो उन्हें अपने पूर्वजों से मिले थे।*

फ्योदोर मिखाइलोविच दोस्तोवेस्की- 'क्राइम ऐंड पनिशमेंट'**
पृ.सं. 205, (अध्याय V, भाग III)
[193-94]

बुर्क कहते हैं, ''एक सच्चा राजनीतिज्ञ सदैव इस बात पर विचार करता है, कैसे वह अपने देश में मौजूद संसाधनों का अधिक-से-अधिक उपयोग कर सकता है।''

एडमंड बर्क लिखित 'रिफ्लेक्शन ऑन दी रिवॉल्यूशन ऑफ फ्रांस'
[पृ.सं. 197]***

---

*इस उद्धरण का शेष हिस्सा है, ''इन लोगों को जैसे ही अपना लाभ दिखाई देता था, वे रक्तपात करने से भी नहीं झिझकते थे।''

**भगत सिंह ने पेंगुइन संस्करण का उपयोग किया था, जिनका अनुवाद कॉन्सटेंस गार्नेट जैसे अन्य मौजूदा अनुवादों से काफी अलग था। मैंने यहाँ पेंगुइन का 1997 का संस्करण उपयोग किया है।

*** भगत सिंह ने यह उद्धरण जिस पुस्तक से लिया था, वह ज्ञात नहीं है।

...इस युग की तीन समस्याएँ—गरीबी द्वारा पुरुष का अपकर्ष, भूख द्वारा स्त्री की अधोगति और शारीरिक व आध्यात्मिक अवसान द्वारा बालपन के बौनेपन को सुलझाया नहीं जाता; जब तक कुछ निश्चित क्षेत्रों में सामाजिक घुटन की संभावना बनी रहेगी; दूसरे शब्दों में और कुछ अधिक व्यापक दृष्टिकोण से, जब तक पृथ्वी पर अज्ञानता व दयनीयता मौजूद रहेंगी, इस तरह की किताबें कभी निष्प्रयोजन नहीं होंगी।

Jurisprudence :—

Law :—

1. Legal Exposition — as it exists.
2. Legal History — As it develops.
3. Science of Legislation — As it ought to be.

—— : o : ——

1. Theoretical } Jurisprudence — i.e. Philosophy. Supplying foundation for the science.
2. General }

—— o ——

1. Analytical
2. Historical } Jurisprudence
3. Ethical

1. Analytical jurisprudence explains the first principles of Law. It deals with

(a) conception of Civil Law
(b) Relation between Civil & other Laws
(c) Various constituent ideas that constitute the idea of Law viz. State, sovereignty and administration of justice.
(d) Legal Sources of Law and theory of legislation Etc.
(e) Scientific arrangements of Law
(f) Legal rights.
(g) Theory of legal (civil & criminal) liability
(h) Other legal conceptions.

(मूल नोटबुक पृष्ठ संख्या-105)

विधिशास्त्र

विधि

1. कानून की व्याख्या — जैसी वह है
2. कानून का इतिहास — जैसे वह विकसित हुआ
3. कानून-विधान का विज्ञान — जैसा उसे होना चाहिए

(वही. जॉन सालमंड)[पृ.सं.-1, खंड.-1]

1. सैद्धांतिक } (I) दर्शन विधिशास्त्र के विज्ञान का आधार
2. सामान्य }

(वही जॉन सालमंड)[पृ.सं.-2, 3, खंड.-2]

1. विश्लेषणात्मक }
2. ऐतिहासिक } विधिशास्त्र
3. नैतिक }

(वही. जॉन सालमंड)[पृ.सं.-4, खंड.-3]

1. विश्लेषणात्मक विधिशास्त्र विधि के पहले सिद्धांतों की व्याख्या करता है। इसके विषय हैं—
   (अ) **दीवानी कानून की अवधारणा**
   (ब) **दीवानी व अन्य कानूनों के बीच** के संबंध
   (स) **कानून की अवधारणा का निर्माण करनेवा**ले राज्य, संप्रभुता व न्यायिक प्रबंधन जैसे घटक।
   (द) **कानून के विधिक स्रोत तथा विधि सिद्धां**त आदि
   (य) **कानून की वैज्ञानिक व्यवस्था**
   (र) **कानूनी अधिकार**
   (ल) **कानूनी (दीवानी व** फौजदारी) दायित्व का सिद्धांत
   (व) अन्य कानूनी अवधारणाएँ

(वही. जॉन सालमंड) [पृ.सं.-5, 6 खंड.-3]

(भगत सिंह की नोटबुक में लिखित विधिशास्त्र संबंधी पृष्ठ 105-116 के नोट्स न्यूजीलैंड के सुप्रीम कोर्ट में न्यायाधीश सर जॉन सालमंड की पुस्तक 'ज्यूरिस्प्रूडेंस' पर आधारित हैं।)

भगत सिंह द्वारा न्यायशास्त्र पर नोट

जारी···

[यह 1930 का संस्करण है, जिसके संपादक सी.ए.ड्ब्ल्यू. मैनिंग थे और जिसे स्वीट्स मैक्सवैल लि. लंदन ने 1930 में प्रकाशित किया]

(2) Historical Jurisprudence deals with the general principles governing the origin and development of Law; legal conceptions & its the history.

3. Ethical Jurisprudence:— is concerned with the theory of justice in its relation to Law.

Law & Justice:— The total disregard of the ethical implications of the Law tends to reduce analytical jurisprudence to a system rather arid formalism.

So in England: Two different words, 'Law' and 'justice' are a constant reminder that these are two different things and not the same thing. And there use tends to hide from view the real and intimate relation which exists between them.

[Recht. Right: Droit. Law]

Continent: Continental speech conceals the difference between 'law' and 'right' whereas English speech conceals the connection between them.

(मूल नोटबुक पृष्ठ संख्या-106)

2. ऐतिहासिक विधिशास्त्र में कानून, कानूनी अवधारणाओं की उत्पत्ति और विकास को निर्धारित करनेवाले सामान्य सिद्धांतों का अध्ययन किया जाता है। यह इतिहास से संबंधित है।
3. नीति-विषयक विधिशास्त्र, कानून से जुड़े न्यायिक सिद्धांतों के अध्ययन से संबंधित है।

[(वही. जॉन सालमंड) पृ.सं.-6-7, खंड.-3]

कानून और न्याय

कानून के नीति-विषयक निहितार्थों की पूर्णतः उपेक्षा करने से विश्लेषणात्मक विधिशास्त्र दुर्बल होते हुए शुष्क नियम-निष्ठतावाली प्रणाली बनकर रह जाता है।

[(वही. जॉन सालमंड) पृ.सं.-9, खंड.-3]

इंग्लैंड [में]

दो भिन्न शब्द 'कानून' और 'न्याय' निरंतर यह याद दिलाते हैं कि ये दोनों एक नहीं, बल्कि दो भिन्न वस्तुएँ हैं। इनके समानार्थी उपयोग के पीछे इन दोनों के बीच के वास्तविक व गहरे संबंध अदृष्ट रह जाते हैं।

महाद्वीप [में]

[रेचट. राइटः ड्रॉइट. लॉ]

जहाँ महाद्वीपीय भाषा में 'कानून' व 'न्याय' के अंतर को छिपाया जाता है, वहीं अंग्रेजी भाषा उनके बीच के रिश्ते को छिपाया करती है।

[(वही. जॉन सालमंड) पृ.सं.-10, खंड.-4]

भगत सिंह द्वारा न्यायशास्त्र पर नोट
जारी...

Law:—

"We term any kind of rule or canon whereby actions are framed, a law." [Hooker]

"Law in its most general sense signifies a rule of action, and is indiscriminately to all kinds of action whether rational or irrational, animate or inanimate. Thus we say the Laws of motion, of gravitation, of optics of nature and of nations." {Blackstone}

Kinds of Laws:—

1. Imperative Law
2. Physical Law or Scientific Law
3. Natural or Moral Law
4. Conventional Law
5. Customary Law
6. Practical or Technical Law
7. International Law
8. Civil Law or the Law of the State.

(मूल नोटबुक पृष्ठ संख्या-107)

कानून

"हम कार्यवाही से जुड़े प्रत्येक नियम या अधिनियम को कानून का नाम दे सकते हैं।"

रिचर्ड हूकर
('लॉज ऑफ एक्लीसिएस्टिकल पॉलिटी'पुस्तक 1.3.1 ,
जॉन सालमंड, वहीं, उद्धृत)

"कानून सर्वाधिक साधारण व व्यापक अर्थों में ऐसे कार्यकारी नियमों का परिचायक है, जो सभी कार्यों, फिर चाहे वे प्रत्यक्ष हों या अप्रत्यक्ष, तर्कसंगत हों या तर्कहीन, सब पर समान रूप से बिना किसी भेदभाव के लागू होंगे। इनमें गति, या गुरुत्वाकर्षण या प्रकाशिकी और यांत्रिकी के अलावा प्रकृति व राष्ट्र भी शामिल हैं।"

सर विलियम ब्लैकस्टोन, (ऑन दी स्टडी ऑफ लॉ, प्रस्तावना खंड
नेचर ऑफ लॉज इन जनरल, 'ऑन दी लॉज ऑफ इंग्लैंड', 1.38
जॉन सालमंड, वही, उद्धृत)

कानून के प्रकार

1. आदेशात्मक कानून
2. भौतिक नियम या वैज्ञानिक कानून
3. प्राकृतिक या नैतिक कानून
4. प्रचलित कानून
5. परंपरागत कानून
6. व्यावहारिक या तकनीकी कानून
7. अंतरराष्ट्रीय कानून या राष्ट्रों के कानून
8. दीवानी कानून या राज्यों के कानून

[(वही जॉन सालमंड) पृ.सं.-19, खंड.-5]

भगत सिंह द्वारा न्यायशास्त्र पर नोट
जारी...

1. Imperative Law means a rule of action imposed upon men by some authority which enforces obedience to it.

The sanctions of Imperative Law - & Punishment, love Etc.

'A Law is a command which obliges a person or persons to a course of ~~action~~ conduct' {Austin}

Positive morality in society also amounts to the Imperative Laws.

Hobbes view:- {It is men and arms that make the force and power of the laws. (Hobbes).}

2. Physical Law is an expression of actions as they are. (moral law or the law of reason, is an expression of actions as they ought to be.)

3. Natural or Moral Law means the principles of natural, right and wrong — the principles of natural justice including all rightful actions.

Justice being of two kinds the Positive and Natural.

|| Natural justice is justice as it is indeed and in truth.

Positive justice is justice as it is conceived, recognized and expressed.

(मूल नोटबुक पृष्ठ संख्या-108)

1. आदेशात्मक कानून वे नियम हैं, जिन्हें लोगों को अनुशासन में रखनेवाली कोई सत्ता उनपर लागू करती है।

आदेशात्मक कानूनों के प्रतिबंध-1-सजा युद्ध आदि

कानून वह आदेश है, जो व्यक्ति या व्यक्तियों को निश्चित आचरण के लिए बाध्य करता है।

जॉन ऑस्टिन, (दी प्रोविंस ऑफ ज्यूरिस्प्रूडेंस I, 96)
[(वही जॉन सालमंड) पृ.सं.-20, खंड.-5]

समाज में सकारात्मक नैतिकता बनाए रखना आदेशात्मक कानूनों का कार्य है।

(भगत सिंह के अपने विचार)

मनुष्य व हथियार ही कानूनों के बल और शक्ति हैं।

थॉमस हॉब्स
('डार्कनेस फ्राम वेन फिलासफी', के अध्याय XLVI, लेवियाथन
[(वही जॉन सालमंड)पृ.सं.-22, खंड.-6])

2. अत: भौतिक कानून वह काररवाई की अभिव्यक्ति है, जैसी वह वास्तविकता में है। नैतिक कानून या तर्क संबंधी कानून वैसे ही काररवाई की अभिव्यक्ति हैं, जैसा उन्हें होना चाहिए।

[(वही जॉन सालमंड) पृ.सं.-25, खंड.-7]

3. प्राकृतिक या नैतिक कानूनों का अर्थ प्राकृतिक रूप से सही या गलत के सिद्धांत हैं, प्राकृतिक न्याय में सभी तरह के न्यायपूर्ण कार्य शामिल रहते हैं।

अधिकार व न्याय दो भिन्न वस्तुएँ हैं, जो प्राकृतिक व सकारात्मक रूप में प्रसिद्ध हैं।
प्राकृतिक न्याय यथार्थ व सच्चा न्याय है।
सकारात्मक न्याय वह न्याय है, जैसा इसे समझा, माना और व्यक्त किया जाता है।

[(वही जॉन सालमंड) पृ.सं.-26, खंड.-8]

भगत सिंह द्वारा न्यायशास्त्र पर नोट
जारी···

4. Conventional Law :— is any rule or system of rules agreed upon by persons for the regulation of their conduct. Agreement is a law for the parties to it.

5. Customary Law :— is any rule of action which is actually observed by men — any rule which is the expression of some actual uniformity of voluntary action. Custom is law for those who observe it.

6. Practical or Technical Law.— consists of rules for the attainment of some practical end. In games there are both conventional 'laws' and 'Practical laws'. The former being the rules agreed upon by players, the latter being the rules to make the player success or for the successful playing of the game.

7. International Law :— consists of those rules which govern sovereign states in their relations and conduct towards each other.

1st, Express laws. [Treaties Etc.

2nd, Implied Laws. [Customary.

Again divisible into two kinds—

1st, Common Laws (between all nations)

2nd, Particular laws (between two or more particular nations.)

8. Civil Law :— Law of the State or of the land ; as applied in the Courts of justice.

(मूल नोटबुक पृष्ठ संख्या-109)

4. **प्रचलित कानून :** ऐसा कोई भी नियम या नियमावली, जिसपर लोग अपने आचरण के नियमन को सहमत हों। दोनों पक्षों के लिए यह सहमति ही कानून है।

[(वही जॉन सालमंड) पृ.सं.-30, खंड-9]

5. **परंपरागत कानून :** ऐसा कोई भी कार्यशील नियम, जिसका वास्तव में मनुष्यों द्वारा अनुसरण किया जाए। यह स्वैच्छिक काररवाई की एकरूपतावाला कोई भी नियम हो सकता है। इसका अनुसरण करनेवालों के लिए यह परंपरा कानून बन जाती है।

[(वही जॉन सालमंड) पृ.सं.-31, खंड.-10]

6. **व्यावहारिक या तकनीकी कानून :** ऐसी नियमावली, जिसके द्वारा किसी तार्किक परिणति पर पहुँचा जा सके। खेलों में प्रचलित व परंपरागत दोनों ही तरह के कानून होते हैं। इनमें प्रचलित नियम खिलाड़ियों की सहमति से बनते हैं तो तकनीकी नियम खेल को सफल बनाने या खेल को सफलतापूर्वक खेलने के लिए बनाए जाते हैं।

[(वही जॉन सालमंड) पृ.सं.-31, खंड.-11]

7. **अंतरराष्ट्रीय कानून :** इनमें वे नियम आते हैं, जो राष्ट्रों के एक-दूसरे के प्रति संबंधों व व्यवहार का नियमन करते हैं।

[(वही जॉन सालमंड) पृ.सं.-31,32,33 खंड-12]

(क) त्वरित कानून (संधि आदि)

(ख) निहित कानून (प्रथागत)

इन्हें पुनः दो प्रकारों में विभाजित किया जा सकता है—

(क) सामान्य कानून (सभी **राष्ट्रों के** बीच)

(ख) वि**शिष्ट** कानून (दो या **अधिक** विशिष्ट राज्यों के बीच)

8. **दीवानी कानून :** अदालतों द्वारा प्रयोग में लाए जानेवाले राज्य या देश के कानून।

[(वही जॉन सालमंड) पृ.सं.-33,34 खंड.-13]

भगत सिंह द्वारा न्यायशास्त्र पर नोट

जारी···

Punishment :—

Political Crimes :—

"We agree with the great body of legislators in thinking, that though, in general a person who has been a party to a criminal design, which has not been carried into effect,[x] yet an exception to this rule must be made with respect to high offences against the State; for State Crimes, and especially the most heinous and formidable State crimes, have this peculiarity, that, if they are successfully committed, the criminal is almost always secure from punishment. The murderer is in greater danger after his victim is despatched than before. The thief is in greater danger after the purse is taken than before. But the rebel is out of danger as soon as he has subverted the Govt. As the penal law is impotent against a successful rebel, it is consequently necessary that it should be made strong and sharp against the first beginning of rebellion ...."

[I L.C.C. Judgement 1846] pp 120.

x [be not ~~dealt with~~ severely dealt with]

(मूल नोटबुक पृष्ठ संख्या-110)

सजा राजनीतिक अपराध

''हम विधि-निर्माताओं के इस विचार से सहमत हैं कि सामान्यत: उस व्यक्ति पर कोई काररवाई नहीं की जानी चाहिए, जो किसी ऐसी आपराधिक योजना में शामिल रहा हो, जो क्रियान्वित नहीं की गई, लेकिन फिर भी राज्य के विरुद्ध किए गए बड़े अपराधों में इस नियम का अपवाद अवश्य होना चाहिए। राज्य संबंधी अपराधों, उनमें भी विशेष रूप से जघन्य व दुर्जेय राज्य अपराधों में यह विशिष्टता रहती है कि यदि ये सफल हो जाते हैं तो अपराधी लगभग हमेशा ही सजा से बच निकलता है। हत्या करने के बाद हत्यारा अधिकाधिक खतरे में होता है। पर्स चोरी करने के बाद चोर अधिकाधिक खतरे में होता है, वहीं सरकार पलट देने के बाद क्रांतिकारी खतरे से बाहर हो जाता है। दंडात्मक कानून किसी सफल क्रांति के विरुद्ध नपुंसक सिद्ध होता है, इसलिए यह आवश्यक है कि इसे क्रांति की शुरुआत करने के प्रति भी उतना ही मजबूत व तेज बनाया जाए।''

लाहौर कांस्पिरेसी केस II जजमेंट 1916 पृ.सं. 120

एल.सी.सी II जजमेंट की प्रति सहज प्राप्य नहीं है। भगत सिंह को इसकी प्रति गदर आंदोलन के अपराधियों से सेंट्रल जेल, लाहौर में प्राप्त हुई होगी। वस्तुत: उन्हें दिल्ली बम केस, बब्बर अकाली आंदोलन और लाहौर षड्यंत्र केस I के फैसले देखने का अवसर अवश्य मिला होगा। इन चार अदालती फैसलों में से दो लाहौर षड्यंत्र केस I और बब्बर अकाली आंदोलन खटकर कलाँ संग्रहालय में मौजूद है। इन दोनों पर भगत सिंह द्वारा विपुलता से किया गया अधोरेखांकन इसमें उनकी अत्यधिक दिलचस्पी का परिचायक है। इस उद्धरण में कुछ कानून आयुक्त ऐसे ही मामले में जज द्वारा दी गई भारी सजा की पैरवी कर रहे हैं।

प्रो. मलविंदर जीत सिंह वड़ैच ने गदर आंदोलन और बब्बर अकाली आंदोलन के सभी फैसलों को संकलित व प्रकाशित किया है। दी ट्रिब्यून की एक रिपोर्ट के अनुसार उनके पास दिल्ली षड्यंत्र केस 1915 के निर्णय की प्रति थी, क्योंकि उन्होंने कोर्ट में अपना पक्ष रखते हुए उससे हवाला दिया था।

Punishment :—

Dream that merited Capital punishment } :— When Marsyes dreamed that he had cut Dionysius' throat, the tyrant put him to death, arguing that he would have never dreamt of such a thing by night, had he not thought of it by day.

———— : o : ————

Capital punishment and Draco's Law } :— The Laws of Draco affixed the penalty of death to almost all crimes alike, to petty thefts, for instance, as well as, to sacrilege and murder; and the only explanation Draco is said to have given of that is, that minor offences deserve that penalty and he could find no greater for more heinous.

———— : o : ————

Punishment is thought by many philosophers to be a necessary evil.

———— : o : ————

State and man } The State is not really an end in itself and man is not here for the sake of Law or the State but that these rather exist for ~~the~~ man.

✓

———— : o : ————

(मूल नोटबुक पृष्ठ संख्या-111)

सजा स्वप्न, जो प्राणदंड का कारण बना

मार्सेज ने एक स्वप्न देखा, जिसमें उसने डायोनीसियस का गला रेत दिया था। इस आततायी ने उसे यह तर्क देकर मार डाला कि यदि उसने दिन में इस बारे में विचार नहीं किया होता तो रात में उसे ऐसा स्वप्न कभी नहीं आता।

(मॉन्टेस्क्यू, B.XII, C.XII
'दी क्रिमिनल ज्यूरिस ऑफ एनशिएंट हिब्रूस' में उद्धृत
ले. सैमुअल मेंडलसन (1891), [पृ.सं. 26]
वही, जॉन सालमंड)

प्राणदंड और ड्रेको का कानून

ड्रेको के कानून में मामूली चोरी से लेकर धर्मद्रोह व हत्या जैसे लगभग सभी अपराधों के लिए प्राणदंड सुनिश्चित था। ड्रेको ने इसके लिए केवल यही स्पष्टीकरण दिया कि छोटे अपराधों के लिए मौत की सजा सही है, लेकिन बड़े अपराधों के लिए उसे इससे अधिक जघन्य सजा नहीं मिल सकती।

(वहीं, मेंडलसन, [पृ.सं. 12]
वही, जॉन सालमंड)

बहुत से दार्शनिकों के विचार से सजा एक आवश्यक बुराई है।*

राज्य और मनुष्य

वास्तव में राज्य अपने आप में पूर्ण नहीं है और न ही मनुष्य यहाँ केवल कानून या राज्य के लिए है, बल्कि इसका अस्तित्व मनुष्य के होने से है।

(दी जर्मन क्रिमिनल कोड फिलासफिकल प्रोलिगोमेना।
दी क्रिमिनल कोड ऑफ दी जर्मन एंपायर ले. जेफ्री ड्रेग (1885) [पृ.सं. 31])

भगत सिंह द्वारा न्यायशास्त्र पर नोट
जारी···

---

*इस उद्धरण का लेखक व स्रोत अज्ञात है। प्रतीत होता है कि यह उनका अपना लेखन है। वस्तुत: वे जेरेमी बेंथम थे, जिन्होंने सजा को आवश्यक बुराई बताने के अलावा प्रत्येक सजा का औचित्य सिद्ध करने की आवश्यकता को स्वीकार किया था।

Justice :— The maintenance of right within a political community by means of the physical force of the State.
It has replace the personal vengeance, when men avenged their own wrongs by themselves or with the help of their kinsmen. In those days the principle of 'might is right' worked.

Civil & Criminal Justice :— Civil justice enforces rights Criminal justice punishes wrongs.
A man claims a debt that is due to him, or the restoration of property wrongfully detained from him. This is Civil
In a criminal case the defendant is accused of a wrong. Court visits the accused with a penalty for the duty already disregarded and for a right already violated, as where he is hanged for murder and imprisoned for theft.

(मूल नोटबुक पृष्ठ संख्या-112)

न्याय

राज्य का अपनी बल शक्ति द्वारा किसी राजनीतिक समुदाय के भीतर अधिकारों का संरक्षण करना।

इसने निजी प्रतिशोध की उस प्रवृत्ति को बदल दिया, जहाँ व्यक्ति अपने साथ हुई बेइनसाफी का स्वयं या अपने बंधु-बाँधवों की सहायता से बदला लिया करता था। उन दिनों, 'जिसकी लाठी उसकी भैंस' का सिद्धांत चला करता था।

[(वही जॉन सालमंड), पृ.सं. 114-116, खंड 26 पर आधारित]

दीवानी और फौजदारी न्याय

दीवानी न्याय अधिकारों को लागू करता है। फौजदारी न्याय अपराध पर सजा देता है।

एक व्यक्ति से ऋण वसूलना या किसी की गलत तरीके से कब्जा की गई जमीन को वापस दिलवाना दीवानी न्याय है।

फौजदारी मामले वे होते हैं, जहाँ अभियुक्त किसी अपराध में आरोपित होता है। अदालत अभियुक्त को कर्तव्य की अवहेलना के अपराध में तथा पहले से उल्लंघन हुए अधिकार के लिए दंड देती है, जहाँ उसे हत्या के लिए फाँसी और चोरी के लिए जेल भेजा जाता है।

[पृ.सं. 117, खंड-27, (वही, जॉन सालमंड)]

भगत सिंह द्वारा न्यायशास्त्र पर नोट

जारी···

Both in Civil and Criminal ~~law~~ proceedings, there is a wrong complained of.

In civil it amounts to a Claim of right;
In Criminal it amounts merely to an accusation of wrong.
Civil justice is concerned primarily with the plaintiff and his right;
Criminal with defendant and his offence.

The Purposes of Criminal Justice

Punishment:—

There this can not be useful in cases of disinterested offenders such as politicals. It can't be an evil bargain for him!

1. Deterrent:— Chief end of the law is to make the evildoer an example and a warning to all that are like-minded with him. It makes every offence, "an ill bargain to the offender". (Changing motive)

2. Preventive:— In the second place it is preventive or disabling. Its special purpose is to prevent a repetition of wrongdoing by the disablement of the offender.

justification of Capital punishment

We hang murderers, not merely that it may deter others, but for the same reason for which we kill snakes, namely because it is better for us that they should be out of the world than in it.

3. Reformative:— Offences are committed through the influence of motives upon character, and may be prevented either by a change of motives or by a change of Character. Deterrent punishment acts in the former method while Reformative deals with the second.

(मूल नोटबुक पृष्ठ संख्या-113)

दीवानी और फौजदारी दोनों ही तरह के मामलों में किसी अपराध (वास्तविक या संकटापन्न) की शिकायत की जाती है।
दीवानी न्याय में यह अधिकार के दावे से जुड़ा है।
फौजदारी न्याय केवल अपराधी को सजा देने तक सीमित है।
दीवानी न्याय मुख्य रूप से वादी व उसके अधिकारों से जुड़ा है।
फौजदारी न्याय में यह अभियुक्त व उसके अपराधों से संबंधित है।

[पृ.सं. 117, खंड-27, (वही, जॉन सालमंड)]

आपराधिक न्याय का उद्देश्य

सजा

1. निवारक : कानून का मुख्य कार्य अपराध करनेवाले को उदाहरण के रूप में पेश करते हुए उसके जैसी सोचवाले बाकी सभी व्यक्तियों को चेतावनी देना है। इसके लिए प्रत्येक अपराध *'अपराधी की दुर्भावना'* है। (बदलती नीयत) [तिरछे अक्षरवाला उद्धरण लॉक का है]

लेकिन राजनीतिज्ञों जैसे उदासीन अपराधियों के मामले में यह उपयोगी सिद्ध नहीं होता। उनके लिए यह बुरा सौदा साबित नहीं हो सकता! (भगत सिंह की टिप्पणी)

[पृ.सं. 121, खंड-27, (वहीं, जॉन सालमंड)]

2. निरोधक : वहीं दूसरी ओर यह निरोधक व अशक्य करनेवाली भी होती है। इसका विशिष्ट उद्देश्य अपराधी को अशक्यकर गलत करनेवालों को ऐसा करने से रोकना होता है। (जॉन लॉक की टू ट्रीटिसिस ऑफ गवर्नमेंट, अध्याय II, खंड 12)

[पृ.सं. 121,122; खंड-29, (वही, जॉन सालमंड)]

प्राणदंड का औचित्य

हमारा हत्यारों को फाँसी देने का कारण मात्र दूसरों को ऐसा करने से रोकना नहीं, बल्कि इसका वही कारण है, जिसके चलते हम साँप को मार डालते हैं और वह यह कि हमारे लिए उनका इस संसार में होने से अच्छा उनका न होना है।

3. सुधारात्मक : व्यक्ति के चरित्र पर मकसद के प्रभावी होने से अपराध को अंजाम दिया जाता है तथा *मकसद में परिवर्तन या चरित्र में परिवर्तन* द्वारा इसे रोका जा सकता है।

निवारक दंड का दीवानी न्याय में, जबकि *सुधारात्मक दंड* का फौजदारी न्याय में उपयोग होता है।

[पृ.सं. 122, खंड-30, (वही, जॉन सालमंड)]

भगत सिंह द्वारा न्यायशास्त्र पर नोट
जारी...

Advocates of 'Reformative theory' admit only such forms of penalty as are subservient to the education and discipline of the criminal, and reject all those which profitable only as deterrent or disabling. Death is in their view no fitting penalty; 'we must cure our criminals not kill them!' Flogging and other corporal punishments are condemned as relics of barbarism. Such penalties are considered by them to be degrading and brutalising both to those who suffer and to those who inflict them.

Result of severe punishment. Dangerous & desperate class of criminals springs up.

~~Efficient the~~ The more coercive action of the State, the more successful it is in restraining all normal human beings from the dangerous paths, and the higher becomes the proportion of degeneracy among those who break the law.

4. Retributive Punishment:—

'It gratifies the instinct of revenge or retaliation, which exists, not merely in the individual wronged, but also by way of sympathetic extension in the society at large.

According to this view, it is right and proper, that evil should be returned for evil. An eye for an eye and a tooth for a tooth is deemed a plain and self sufficient rule of natural justice. Punishment becomes an end in itself.

The most horrible theory! People thinking in these terms are really maintaining the barbaric frenzies of ancient and pre-civilization times.

(मूल नोटबुक पृष्ठ संख्या-114)

सुधारात्मक सिद्धांत के पक्षधर सजा के केवल उस प्रारूप को स्वीकार करते हैं, जो अपराधी को शिक्षित व अनुशासित करने में सहायक हो तथा वे उन सभी को अस्वीकार कर देते हैं, जो केवल निवारक या अशक्य करने में लाभदायक हों। उनकी दृष्टि में सजा के रूप में मृत्यु ठीक नहीं है। *'हमें अपने अपराधियों को मारना नहीं, बल्कि उनका उपचार करना चाहिए।'* कोड़े मारना व अन्य शारीरिक दंड उनमें निहित बर्बरता के चलते निंदनीय हैं। वे ऐसी सजाओं को सजा भुगतने व सजा देनेवाले दोनों ही के लिए अपमानजनक व नृशंसतापूर्ण मानते थे।

राज्य जितना अधिक कार्यकुशल व प्रतिरोधी होगा, वह जनसामान्य को गलत रास्ते पर जाने से रोकने में उतना ही अधिक सफल रहेगा और साथ ही इससे कानून तोड़नेवालों की संख्या भी उतनी ही कम होती जाएगी।

प्राणदंड देने से अपराधियों का और अधिक भयानक व आततायी वर्ग उदित हो जाता है।*

4. प्रतीकात्मक सजा : इससे बदले व विद्रोह की भावना और अधिक बलवती हो जाती है। इससे केवल अपराधी में ही नहीं, बल्कि समाज में बड़े स्तर पर सहानुभूति विस्तारित हो जाती है।

इस दृष्टिकोण से यही सही है कि बुराई का उत्तर बुराई से दिया जाए। प्राकृतिक न्याय का आँख के बदले आँख और दाँत के बदले दाँत सीधा व यथेष्ट नियम है। *सजा अपने आप में अंत है।*

यह सबसे भयानक सिद्धांत है! ऐसे सोच रखनेवाले व्यक्ति वास्तव में प्राचीन व पूर्व-सभ्यता काल के बर्बर विशेषाधिकारों को बनाए रखने का कार्य कर रहे हैं।*

[पृ.सं. 126,127; खंड-31, (वही, जॉन सालमंड)]

भगत सिंह द्वारा न्यायशास्त्र पर नोट
जारी···

---

*भगत सिंह की टिप्पणियाँ

Punishment an evil.— Punishment is in itself an evil, and can be justified only as the means of attaining a greater good

But the — Supporters of Retributive theory argue this way:— "Guilt plus punishment is equal to innocence".

"The wrong whereby he has transgressed the law of right, has incurred a debt. Justice requires that the debt be paid. The first object of punishment is to satisfy the outraged Law."

Peine forte et dure was death with torture.. Judgement for which was delivered as follows:—

"That you be taken back to the prison whence you came to a low dungeon into which no light can enter; that you be laid on your back on the bare floor, with a cloth round your loins, but elsewhere naked; that there be set upon your body a weight of iron as great as you can bear, and greater; that you have no sustenance save, on the first day, three morsels of the coarsest bread; on the second day, three draughts of stagnant water from the pool nearest to the prison door; on the third day again three morsels of bread as before and such bread and such water alternately from day to day untill you die."

This punishment was inflicted on people of both the sexes alike for all sorts of offence not extraordinary.

(मूल नोटबुक पृष्ठ संख्या-115)

सजा एक बुराई

सजा अपने आप में एक बुराई है, लेकिन इसे मात्र अधिक बेहतरी का साधन मानते हुए न्यायोचित भी ठहराया जाता है। दंडात्मक सिद्धांत के पक्षधर तर्क देते हैं, ''ग्लानि व सजा बेगुनाही के समान होती है।''

(वही, जॉन सालमंड)

भगत सिंह ने इस पुस्तक में से सिर्फ पहले चार अध्याय: दी साइंस ऑफ ज्यूरिस्प्रूडेंस, सिविल लॉ, अदर काइंड्स ऑफ लॉ और एडमिनिस्ट्रेशन ऑफ जस्टिस का ही उपयोग किया है।

Peine forte et dure: यातना के साथ मौत…फैसला सुनाते हुए यह कहा गया—

''तुम्हें वापस उस जेल में भेजा जाता है, जहाँ से तुम आए हो, उसी काल कोठरी में, जहाँ सूरज की एक किरण भी प्रवेश नहीं कर पाती। वहाँ तुम केवल जाँघिया पहने खुले बदन नंगी जमीन पर लेट जाओगे। फिर तुमपर जितना तुमसे सहन हो या उससे अधिक वजन का लोहा रखा जाएगा। तुम इससे बच नहीं सकते। पहले दिन तुम्हें मोटी रोटी के तीन निवाले दिए जाएँगे; दूसरे दिन तुम्हें जेल के दरवाजे के पासवाले तालाब से गंदे पानी के तीन घूँट पीने को दिए जाएँगे और तीसरे दिन पहले ही की भाँति पुन: रोटी के तीन निवाले मिलेंगे और पानी व रोटी का यह क्रम तब तक जारी रहता है, जब तक तुम मर नहीं जाते।''

(सितंबर 1692 को गिल्स कोरे* के खिलाफ फैसला सुनाते
न्यायाधीश सैमुअल सीवॉल)

यह सजा किसी खास नहीं, बल्कि सभी अपराधों में पुरुषों व स्त्रियों, दोनों को समान रूप से दी जाती थी।

---

*यह उद्धरण जॉन सालमंड की पुस्तक से नहीं है, भगत सिंह का स्रोत अज्ञात है।

Foreign Subjection :—

Subjection to foreign yoke is one of the most potent causes of the decay of nations. —— Prof: E. A. Ross.

Domination of a democracy over foreign nations :— No rule over a foreign people is so exacting and so merciless in its operation as that of a democracy.. Lalaji

Marriage

Dr. Tagore holds that the marriage system all over the world — and not only in India — from the earliest ages till now, is a barrier in the way of the true union of man and woman, which is possible only when 'Society' shall be able to offer a large field for the creative work of woman's special faculty, without detracting the creative work in the home.

(मूल नोटबुक पृष्ठ संख्या-116)

विदेशी अधीनता

विदेशी दमनकारी शासन की अधीनता में रहना किसी भी राष्ट्र के पतन का सबसे बड़ा कारण है।

प्रो.ई.ए. रॉस, (लाला लाजपत राय की 'अनहैप्पी इंडिया' की प्रस्तावना के पृ.सं. [XIII] पर उद्धृत
लाला लाजपत राय ने इसका श्रेय गलती से प्रो. रॉस को दे दिया, जबकि यह उद्धरण
प्रो. जे. सीले की 'म्यूचुअल इन्फ्लुएंस ऑफ इंडिया' [पृ.सं. 280] में है*)

लोकतंत्र की निर्दयता व विदेशी राष्ट्र

विदेशी लोगों पर किसी का भी शासन इतना सख्त और इतना बेरहम नहीं हो सकता, जितना लोकतंत्र का होता है।

लाला लाजपत राय
('अनहैप्पी इंडिया', प्रस्तावना, पृ.सं. XIV])

विवाह

उनका (टैगोर) विचार है कि प्राचीन काल से लेकर आज तक विवाह प्रणाली केवल भारत में ही नहीं, बल्कि दुनिया भर में पुरुष व स्त्री के वास्तविक मिलन के मार्ग में बाधा बनी हुई है। यह तभी संभव होगा, जब 'समाज स्त्री को घर के रचनात्मक कार्यों से अलग किए बिना रचनात्मक कार्यों के लिए विशेष रूप से व्यापक पटल प्रदान करने के लिए तैयार हो।'

(लाला लाजपत राय द्वारा 'अनहैप्पी इंडिया' में उद्धृत [पृ.सं. LIV]
रविंद्रनाथ टैगोर का यह निबंध कीसलिंग की पुस्तक 'बुक ऑफ मैरिज' में [पृ.सं. 117] पर मौजूद है)

---

*लाल लाजपत राय ने अपनी उसी पुस्तक में आगे चलकर इस उद्धरण का श्रेय सही व्यक्ति जे. सीले को दिया है। वहाँ इसे सीले की पुस्तक 'एक्सपैंशन ऑफ इंग्लैंड' में से बताया गया है, जहाँ इसका पाठ कुछ अलग है, ''लंबे समय तक किसी विदेशी दमनकारी शासक के अधीन रहना राष्ट्रीय अधोगति का सबसे बड़ा कारण है।'' (पृ.सं. 427)

Citizen & Man

The Spartan Pedaretes presented himself for admission to the council of the Three Hundred and was rejected; he went away rejoicing that there were 300 Spartans better than himself. I suppose he was in earnest, there is no reason to doubt it.

That was a citizen.

A Spartan mother had five sons with the army. A Helot arrived; trembling she asked his news. "Your five sons are slain." "Vile slave, was that what I asked thee?" "We have won the victory." She hastened to the temple to render thanks to the gods.

That was a citizen.

Emilé pp 8

: o :

Life & Education :—

People think only of preserving their child's life; this is not enough, he must be taught to preserve his own life when he is a man, to bear the buffets of fortune, to brave wealth and poverty, to live at need among the snows of Iceland or on the scorching rocks of Malta. In vain you guard against death; he must needs die; and even if you do not kill him with your precautions, they are mistaken. Teach him to live rather than to avoid death: life is not breath, but action, the use of our senses, our mind, our faculties, every part of ourselves which makes us conscious of our being. Life consists less in length of days than in keen sense of living. A man may be buried at a hundred and may never have lived at all. He would have fared better had he died young.

Emilé pp 10

: o :

(मूल नोटबुक पृष्ठ संख्या-117)

नागरिक व मनुष्य

स्पार्टन पेडरैस्टी ने तीन सौ लोगों की परिषद् में शामिल होने का प्रस्ताव रखा, जिसे अस्वीकार कर दिया गया। वह यह सोचकर हर्षित हुआ कि तीन सौ अन्य स्पार्टन उससे बेहतर हैं। मेरे विचार से वह बहुत ईमानदार था, इसमें तनिक भी संदेह नहीं है। यह होता है नागरिक।

एक स्पार्टन माँ के पाँच पुत्र सेना में थे। एक दास आया और काँपने लगा, जब उस माँ ने खबर पूछी तो उसने कहा, ''आपके पाँचों पुत्र मारे गए।''

''नीच दास, क्या मैंने तुमसे यह पूछा था?''

''हम लड़ाई जीत गए हैं।'' यह सुनकर वह ईश्वर को धन्यवाद देने के लिए तुरंत मंदिर की ओर चल दी। यह होता है नागरिक।

ऐमिली, (बुक I) पृ.सं. 8, (ले. जीन जैक्स रूसे)
(अनुवादक बारबरा फॉक्सले)

जीवन व शिक्षा

लोग केवल अपने बच्चों के जीवन की ही रक्षा किया करते हैं, लेकिन यही काफी नहीं है। उसे वयस्क होने पर अपनी जिम्मेदारी खुद उठाना अवश्य सिखाना चाहिए, ताकी वह भाग्य के थपेड़े सह सके, अमीरी व गरीबी का साहस से सामना करे, आवश्यकता पड़ने पर आइस्लैंड की बर्फ और माल्टा की झुलसानेवाली पहाड़ियों के बीच भी रह सके। उसकी मृत्यु से रक्षा करना सरासर बेमानी है, क्योंकि एक-न-एक दिन उसे मरना ही है। यदि आपकी यह एहतियात उसे मारेगी नहीं तो भ्रमित अवश्य कर देगी। उसे मरने से बचने की जगह जीना सिखाएँ। केवल श्वास लेना ही जीवन नहीं है, बल्कि कुछ करना, अपने विवेक, अपने दिमाग, अपनी क्षमताओं का और अपने हर उस हिस्से का उपयोग करना, जिससे हम अपने अस्तित्व के प्रति चैतन्य हो सकें। जीवन दिनों की संख्या नहीं, बल्कि जीवन की उत्सुकतापूर्ण अनुभूति है। संभव है कि कोई व्यक्ति सौ वर्ष का होकर मरे, लेकिन उसने कभी अपना जीवन नहीं जिया हो। इससे तो कहीं अच्छा युवावस्था में ही मर जाना है।

वही, पृ.सं. 10

Truth :— Truth however does not ~~[illegible]~~ lead to fortune, and the people confer neither embassies, nor professorships, nor pensions. Rousseau 122 S.C.

Crime and Criminals } " . . . . with readymade opinions one cannot judge of crime. Its philosophy is a little more complicated than people think. It is acknowledged that neither convict prisons, nor the hulks, nor any system of hardlabour ever cured a criminal. These forms of chastisement only punish him and reassure society against the offences he might commit. Confinement, regulation, and excessive work have no effect but to develop with these men profound hatred, a thirst for forbidden enjoyment and frightful recalcitrations. On the other hand I am convinced that the celebrated cellular system gives results which are specious and deceitful. It deprives a criminal of his force, of his energy, enervates his soul by weakening and frightening it, at last exhibits a dried up mummy as a model of repentance and amendment."

The House of the Dead PP 17 novel Dostoiffsky

(मूल नोटबुक पृष्ठ संख्या-118)

सत्य

सत्य सौभाग्य का कारण नहीं बनता, इसके द्वारा लोग न तो कोई पदवी पा सकते हैं और न ही प्रोफेसरी या पेंशन ही प्राप्त कर सकते हैं।

'सोशल कॉन्ट्रैक्ट', 122([पृ.सं. 24]
जीन जैक्स रूसो की पुस्तक के अध्याय II बुक II के अंत से)

अपराध और अपराधी

कोई भी व्यक्ति बनी-बनाई मान्यताओं के आधार पर अपराध संबंधी फैसले नहीं ले सकता। यह दर्शन लोगों की सोच से थोड़ा अधिक जटिल है। यह साबित हो चुका है कि न तो दोषी ठहराने, न जेल भेजने और न ही कठोर श्रम प्रणाली कभी किसी अपराधी को सुधार सके हैं। इन दंड विधानों से केवल उसे सजा और समाज को उसके आगे किए जानेवाले संभावित अपराधों से सुरक्षा मिलती है। कैद, अनुशासन और अत्यधिक कार्य के प्रभाव से उस व्यक्ति के भीतर अथाह घृणा, निषिद्ध आनंद की इच्छा और भयंकर हठ भाव विकसित हो जाते हैं। वहीं दूसरी ओर मुझे पूरा यकीन है कि प्रसिद्ध जेल प्रणालियाँ भ्रामक व दिखावटी परिणाम दरशाती हैं। ये अपराधी को उसके तेज व बल से वंचित करके उसकी आत्मा को दुर्बल व भयभीत बनाते हुए निस्तेज कर देती हैं और अंत में वह पश्चाताप व सुधार के मॉडल का प्रदर्शन करनेवाली एक खुश्क ममी रह जाता है।

फ्योदोर मिखाइलोविच दोस्तोवेस्की की
'दी हाउस ऑफ दी डेड' पृ.सं. 17
या 'प्रिजन लाइफ इन साइबेरिया'
अनुवादक: कॉन्सटेंस गार्नेट

Desire vs Contentment!

119

A conscious being whose powers were equal to his desires would be perfectly happy. .... The mere limitation of our desires is not enough, for if they were less than our powers, part of our faculties would be idle, and we should not enjoy our whole being; neither is the mere extension of our powers enough, for if our desires were also increased we should be only be the more miserable. True happiness consists in decreasing the difference between our desires and our powers.

44. Emile

(मूल नोटबुक पृष्ठ संख्या-119)

इच्छा बनाम संतुष्टि!

वही चैतन्य व्यक्ति वास्तव में सुखी हो सकता है, जिसमें अपनी इच्छा पूरी करने लायक शक्ति हो, लेकिन इस हेतु अपनी इच्छाओं को सीमित करना उचित नहीं है, क्योंकि हमारी शक्ति से इच्छाएँ कम होने से हमारी अधिकांश क्षमताएँ व्यर्थ हो जाएँगी। इस तरह न तो हम अपने संपूर्ण अस्तित्व का आनंद ले सकेंगे और न ही हमारी शक्तियों का उचित रूप से विस्तार होगा, लेकिन वहीं इच्छाएँ बढ़ जाने पर हम और अधिक दुःखी हो जाएँगे। सच्चा सुख तभी मिल सकता है, जब हम अपनी इच्छाओं और अपनी शक्तियों के बीच का अंतर लगातार कम करते रहें।

'एमिली, (बुक II) पृ.सं. 44,

(ले. जीन जैक्स रूसो)

Bourgeois revolution is germinated by the circumstance already existing in its predecessor regime.

" The bourgeois revolution usually ends with the seizure of power. For the proletarian revolution the seizure of power is only a ~~begg~~ beginning; power, when seized, is used as a lever for the transformation of the old economy and for the organization of a new one." P. 20.

" There still remain two gigantic and extremely difficult tasks — (even after the overthrow of the existing regime in one country — say Russia).

First of all comes the internal organization

The second crucial problem is that of the world revolution .... the need to solve international problems, the need to promote the world revolution — (without which communist regime can not be quite safe from the international Capitalist threat.) P. 21. 22

(मूल नोटबुक पृष्ठ संख्या-120)

''पूँजीपति वर्ग की क्रांति का अंकुरण पिछले शासन में पहले से मौजूद परिस्थितिवश हुआ।

''पूँजीपति वर्ग की क्रांति अकसर सत्ता प्राप्त करने पर समाप्त हो जाती है, जबकि सर्वहारा वर्ग क्रांति में सत्ता हासिल करना केवल शुरुआत भर है। सत्ता मिलने पर वे इसे पुरानी अर्थव्यस्था को बदलकर नई व्यवस्था कायम करने में उपयोग करते हैं।''

(पॉलिटिकल रिपोर्ट ऑफ दी सेंट्रल कमेटी
'एक्स्ट्राऑर्डिनरी सेवेंथ कांग्रेस ऑफ दी आ.सी.पी (बी)'
मार्च 6-8, 1910)
पृ.सं. 20

(रशिया जैसे किसी राष्ट्र में मौजूदा शासन को उखाड़ फेंकने के बावजूद अभी भी दो बहुत बड़े व अत्यंत कठिन कार्य बाकी हैं।)

इसमें पहला आंतरिक व्यवस्था को ठीक करना।

दूसरी महत्त्वपूर्ण समस्या वैश्विक क्रांति, अंतरराष्ट्रीय समस्याओं का निवारण और वैश्विक क्रांति को और अधिक बढ़ने की आवश्यकता है (जिसके बिना कम्युनिस्ट शासन की अंतरराष्ट्रीय पूँजीवादी खतरे से सुरक्षा संभव नहीं है।)

(निकोलाई लेनिन, वहीं.) पृ.सं. 21-22

[भगत सिंह ने पृ.सं. 120-122 तक के उद्धरणों में किसी पुस्तक का जिक्र नहीं किया है। इनमें से कुछ उद्धरण 'पॉलिटिकल रिपोर्ट ऑफ दी सेंट्रल कमेटी' से हैं, लेकिन भगत सिंह ने इनका फोलियो नंबर 20 से 23 बताया है, जबकि रिपोर्ट में ये यत्र-तत्र बिखरे हुए हैं। ऐसा प्रतीत होता है कि उन्होंने इन्हें किसी और स्रोत से लिया था, जिनके फोलियो पर लेनिन के ये उद्धरण दिए गए थे। मौजूदा संस्करणों के पाठ में भी काफी अंतर है। संभवत: इनमें से कुछ का भावानुवाद किया गया है। इस पुस्तक में विविध के पृष्ठ संख्या 14-15 के कुछ उद्धरण उन खुले पृष्ठों से लिये गए हैं, जो नोटबुक के साथ ही परिवार के पास आए थे। भगत सिंह ने ये उद्धरण अपने साथी क्रांतिकारी श्री जयदेव कपूर के नोट्स से लिये थे।]

I. If the proletariat is to win over the majority of the population, it must first of all overthrow the bourgeoisie and seize the powers of the State.

II. Next, it must establish the Soviet authority breaking up the old State apparatus, and thus at one blow counteracting the influence which the bourgeoisie and the petty bourgeois apostles of class collaboration exercise over the working (though non-proletariat) masses.

III. Thirdly the proletariat must completely and finally destroy the influence which the bourgeoisie and petty bourgeois compromisers exercise over the majority of the working (though non-proletarian) masses, it must do so by the revolutionary satisfaction of the economic needs of these masses at the cost of the exploiters.

Nicolai Lenin
p 23

Dictatorship of the proletariat means the masses guided and directed by the Communist Party. Though party exercise substantial influence or control still it is not all. Apart from its guidance, the 'will' of the masses is necessary for the achievement of any particular object.

"We have to admit that the broad masses of the workers must be led and guided by the class-conscious minority." and that is the Party. Party has 'Trade unions' to link the Party with proletariat labour, 'Soviets' to link it with all the labouring masses in the political field, 'Co-operatives' in the economic field especially

(मूल नोटबुक पृष्ठ संख्या-121)

1. यदि सर्वहारा वर्ग को बहुमत को अपने पक्ष में करना है तो उन्हें सबसे पहले पूँजीवादी वर्ग को उखाड़कर राज्य की सत्ता हासिल करनी होगी।
2. तत्पश्चात उन्हें पुराने राज्य उपकरणों को तोड़कर सोवियत सत्ता स्थापित करनी चाहिए और फिर एक ही झटके में पूँजीपति वर्ग और निचले दरजे के पूँजीपति-प्रेरितों द्वारा श्रमिक (गैर-सर्वहारा) जनसमुदाय पर इस्तेमाल किए गए वर्ग सहयोग के प्रभाव का प्रतिकार करें।
3. तीसरे, सर्वहारा वर्ग को निश्चित ही पूर्णत: व अंतत: उस प्रभाव को नष्ट करना होगा, जिसे पूँजीपति और छोटे पूँजीपतियों ने समझौतावादियों द्वारा अधिकांश श्रमिक (गैर-सर्वहारा) जनसमुदाय पर इस्तेमाल किया है। ऐसा शोषकों की कीमत पर जनसमुदाय की आर्थिक आवश्यकताओं हेतु क्रांतिकारी तुष्टिकरण द्वारा किया जा सकता है।

निकोलाई लेनिन, पृ.सं. 23

सर्वहारा के अधिनायकत्व का अर्थ कम्युनिस्ट पार्टी द्वारा मार्गदर्शित व निर्देशित जनसमुदाय है। पार्टी का पर्याप्त प्रभाव या नियंत्रण होने के बावजूद यह काफी नहीं है। किसी खास उद्देश्य की प्राप्ति के लिए मार्गदर्शन के अलावा जनसमुदाय में 'इच्छा' का होना भी बहुत आवश्यक है।

"हमें स्वीकार करना होगा कि श्रमिकों के व्यापक समुदाय का नेतृत्व और मार्गदर्शन वर्ग-सचेत अल्पसंख्यकों के हाथ होना चाहिए।" यही पार्टी है। पार्टी की 'ट्रेड यूनियन' होती है, जो पार्टी और सर्वहारा वर्ग के श्रमिकों को जोड़ने का काम करती है।..." सारे श्रमिक जनसमुदाय को राजनीतिक क्षेत्र से जोड़ने का काम सोवियत और विशेष रूप से आर्थिक क्षेत्र से जोड़ने का कार्य कोआपरेटिव करती हैं।

जारी...

to link the peasantry, 'League of youth' to train communists from amongst the rising generation. Finally Party itself is the sole guiding force within the Dictatorship of the proletariat.

(मूल नोटबुक पृष्ठ संख्या-122)

कृषक वर्ग को जोड़ने के लिए 'लीग ऑफ यूथ' हैं, जो कम्युनिस्टों की नई उभरती पीढ़ी को प्रशिक्षण दे रही हैं। सर्वहारा वर्ग के अधिनायकत्व में अंतिम मार्गदर्शक शक्ति स्वयं पार्टी होती है।

Figures:—

Inequality of incomes:—

Production

Pre-War United Kingdom's (England's) Annual production amounted to:—

£, 2000,000,000

Gained through foreign investments:—

£, 200,000,000

Total £ 2200,000,000

Distribution

1/9 of the whole population i.e. Capitalist or bourgeois took away 1/2 of the total production i.e. —— £, 1100,000,000. [least average income annual—£ 160

2/9 th of the whole population i.e. Petty bourgeois took away 1/3 of the remaining half or 1/6 th of the whole—i.e. £, 300,000,000. [average income less than £ 160 a year

2/3 rd of the population i.e. manual labour or proletariat got the rest i.e. £, 800,000,000. [average income £ 60 yearly

:o:

United States America:—— in 1890.

40% of total production was recived by -owners of means

60% " was given to all workers.

(मूल नोटबुक पृष्ठ संख्या-123)

आँकड़े

आमदनी में असमानता:

उत्पादन

युद्ध-पूर्व यूनाइटेड किंग्डम (इंग्लैंड)

वार्षिक उत्पादन का मान	£ 2000,000,000
विदेशी निवेश से प्राप्त लाभ	£ 200,000,000
योग:	£ 2200,000,000

वितरण

कुल जनसंख्या का 1/9वाँ भाग अर्थात कुल जनसंख्या का 1/2 भाग पूँजीपति व पूँजीपति वर्ग के हिस्से आया—£1100, 000, 000

(न्यूनतम औसत वार्षिक आय £160)

कुल जनसंख्या का 2/9वाँ भाग अर्थात छोटे पूँजीपति शेष अर्ध का 1/3 या पूरे में से 1/6वाँ हिस्सा ले लिया—£300,000,000

(औसत आय प्रतिवर्ष £160 से कम)

कुल जनसंख्या का 2/3 अर्थात् मेहनतकश मजदूरों या सर्वहारा वर्ग को बचा हुआ भाग मिला- अर्थात् £800,000,000

(औसत आय प्रतिवर्ष £60 से कम)

(डिके ऑफ कैपिटलिस्ट सिविलाइजेशन' ले. सिडनी वेब, पृ.सं. 16)

संयुक्त राज्य अमेरिका 1890 में

कुल उत्पादन का 40 प्रतिशत इसके मालिकों को मिला।

कुल उत्पादन का 60 प्रतिशत सभी श्रमिकों के लिए दिया गया।

(अमेरिकनाइज्ड सोशलिज्म ले. जेम्स मैकाय 1918
वही, सिडनी वेब में उद्धृत [पृ.सं. 17])

124

Aim of Life :—

"The aim of life is nomore to control mind, but to develope it harmoniously, not to achieve salvation hereafter, but to make the best use of it here below, and not to realize truth, beauty and good only in contemplation, but also in the actual experience of daily life; social progress depends not upon the ennoblement of the few but on the enrichment of the many; and spiritual democracy or universal brotherhood can be achieved only when there is an equality of opportunity in the social, political and industrial life."

———— : • : ————

(मूल नोटबुक पृष्ठ संख्या-124)

जीवन का उद्‌देश्य

''आज जीवन का उद्‌देश्य मन को नियंत्रित करना नहीं, बल्कि इसे सामंजस्यपूर्वक विकसित करना है, मृत्यु के बाद मोक्ष पाना नहीं, बल्कि यहाँ नीचे होने का सबसे बेहतर ढंग से उपयोग करना है। सत्य, सौंदर्य व भलाई पर केवल चिंतन करना नहीं, बल्कि दैनिक जीवन में इन्हें वास्तव में अनुभव करना होगा; सामाजिक प्रगति केवल कुछ लोगों की उन्नति तक ही सीमित नहीं, बल्कि बहुत से लोगों को समृद्ध बनाना है। आध्यात्मिक स्वतंत्रता या विश्व बंधुत्व तभी हासिल किए जा सकते हैं, जब सामाजिक, राजनीतिक व औद्योगिक जीवन में अवसरों में समानता हो।''

(स्रोत अज्ञात)

[इस उद्धरण ने हमें लंबे समय तक चकराए रखा। आज भी हम इसका स्रोत नहीं खोज पाए हैं। इस पाठ को पढ़ने से यह किसी थियोसोफिस्ट लेख से लिया गया प्रतीत होता है। विशेष रूप से 'आध्यात्मिक स्वतंत्रता' शब्द का उपयोग भी इसे किसी थियोसोफिस्ट लेख में से होने का इशारा देता है।

आज यह उद्धरण बहुत लोकप्रिय है और इसका श्रेय विशेष रूप से ऑनलाइन पटल पर भगत सिंह को दिया जा रहा है।]

164

Science of the State!!

Ancient Polity:— Rome & Sparta:— Aristotle & Plato:—

Subordination of the individual to the State was the dominant feature of these ancient polities, Sparta & Rome. In Hellas or in Rome the citizen had but a few personal rights; his conduct was largely subject to public censorship, and his religion was imposed by State authority. The only true citizens and members of the Sovereign body being an aristocratic caste of freemen, whose manual work is performed by slaves possessing no civil rights.

Socrates:— Socrates is represented as contending that whoever, after reaching man's estate, voluntarily remains in a city, should submit to the Govt. even when he deems its laws unjust; accordingly, on the ground that he would break his covenant with the State by escaping from prison into exile, he determines to await the execution of an unjust sentence.

Plato:— [Social Contract] He traces the origin of society and the State to mutual need, for men as isolated beings are incapable of satisfying their manifold wants. He while depicting a kind of idealised Sparta says, 'In an ideal State philosophers should rule; and to this aristocracy or government of the best, the body of citizens would owe implicit obedience.' He emphasises on the careful training and education of citizens.

Aristotle:— He was the first to disentangle politics from ethics, though he careful not to sever them. "The majority of men," he urged, "are ruled by their passions rather than by reason, and the State must therefore train them to virtue by a life-long course of discipline, as in Sparta. Until political society is instituted there is no administration of justice. . . . (but) it is necessary to enquire into the best constitution

(मूल नोटबुक पृष्ठ संख्या-165)

राज्य का विज्ञान*

प्राचीन राज्य व्यवस्था रोम व स्पार्टाः अरस्तू व प्लेटो

इस प्राचीन राज्य व्यवस्था में व्यक्ति का राज्य से गौण होना इसकी प्रमुख विशेषता थी। हेलास और रोम में नागरिकों को बहुत कम निजी अधिकार प्राप्त थे। उनका आचरण बहुत सीमा तक सार्वजनिक सेंसर-व्यवस्था के अधीन था और वे राजनीतिक सत्ता द्वारा अधिरोपित धर्म का पालन करते थे। स्वतंत्र कुलीन वर्ग इस संप्रभुता संपन्न निकाय का वास्तविक नागरिक व सदस्य था। इनके शारीरिक श्रम वाले सभी कार्य गुलाम किया करते थे, जिनके पास कोई नागरिक अधिकार नहीं थे।

सुकरात

सुकरात को इस बात का विरोध करनेवालों में से माना जाता है कि जब कोई व्यक्ति किसी राज्य में पहुँचकर स्वेच्छा से उस शहर में रहने को तैयार हो तो उसे सरकारी नियमों को स्वीकार कर लेना चाहिए। फिर भले ही वह इन कानूनों को अनुचित ही क्यों न मानता हो। तदनुसार यदि वह वहाँ कारावास से भागकर राज्य से किए वादे को तोड़ता है तो उसे एक अनुचित फैसले के आने तक प्रतीक्षा करनी होगी।

प्लेटोः (सोशल कॉन्ट्रैक्ट)

इन्होंने राज्य व समाज की परस्पर आवश्यकता का मूल कारण खोजा था। मनुष्य सबसे पृथक रहते हुए अपनी आवश्यकताओं की पूर्ति करने में असमर्थ है। वे स्पार्टा के आदर्श का शब्दचित्र बनाते हुए कहते हैं, ''एक आदर्श राज्य में दार्शनिकों का शासन होना चाहिए तथा इस श्रेष्ठ कुलीन तंत्र या सरकार में शामिल नागरिक निकायों में आज्ञाकारिता अंतर्निहित होनी चाहिए।'' उन्होंने नागरिकों के उचित प्रशिक्षण व शिक्षा पर जोर दिया है।

अरस्तू

वे पहले व्यक्ति थे, जिन्होंने राजनीति व नैतिकता को अलग किया, साथ ही उन्होंने इनके बिल्कुल पृथक न हो जाने का भी ध्यान रखा। उनका कहना था, ''अधिकांश लोग विवेक की जगह अपनी भावनाओं से शासित होते हैं। इसलिए राज्य को निश्चित ही स्पार्टा की भाँति उन्हें जीवनपर्यंत काम आनेवाले अनुशासन के सद्‌गुण का प्रशिक्षण देना चाहिए। जब तक राजनीतिक समाज व्यवस्थित नहीं होगा, तब तक न्याय का शासन कायम नहीं हो सकता। (इसके लिए) सर्वोत्तम संविधान और सबसे श्रेष्ठ न्याय प्रणाली की खोज की जाए।

भगत सिंह के राजनीतिक सिद्धांतों पर नोट्स
नोटबुक के पृ.सं. 165-176 का स्रोत अज्ञात

जारी···

---

*राज्य का विज्ञान शब्द का आर.एन. गिलक्रिस्ट ने 'प्रिंसिपल्स ऑफ पॉलिटिकल साइंस' लॉन्गमैन,पृ.सं. 1 पर संभवतः पहली बार इस शब्द का उपयोग किया था।

and the best system of legislation.

"The germ of the State is found in the family or household. From the union of many households arose the village community, ... members being subject to patriarchal Government.

" By the association of several villages was formed the State, a natural, independent, and self-sufficing organization.

" But while the household is ruled monarchically, in constitutional governments the subjects are free and on an equality with their rulers.

" Natural sociability and mutual advantage impel men to union. Man is by nature a political (social) animal.

" The State is much more than an alliance which individuals can join or leave without effect, for the independent or cityless man is unscrupulous and savage, something essentially different from a citizen."

Plato:— Plato had anticipated this conception of the State as a body whose members combine harmoniously for a common end.

Aristotle:— Aristotle held that where freedom and equality prevail there should be alternate rule and subjection, but it is best, if possible, that the same persons should always rule.

In opposition to Plato's communism, he argued in favour of duly regulated private property, considering that only a moral unity is possible or desirable in the State.

[Kinds of Govts:—] He divided governments into monarchies, aristocracies, and republics and their respective perversions, tyrannies, oligarchies and democracies, according as the supreme power is in the hands of one or a few or the many, and according as the end is the general good or the private interests of the rulers, regard also being paid to freedom, wealth, culture and nobility.

Each polity consists of three parts — (1) the deliberative, the (2) executive, and (3) the judicial bodies. Citizenship is constituted neither by residence, nor by the possession of legal rights, but by participation in judicial power and public office.

The many, having attained a certain standard of morality, should rule; for, though individually inferior, they are collectively wiser and more virtuous than a select few. But, while undertaking all deliberative and judicial functions, they should be excluded from the highest executive offices.

The best polity is that in which the middle class between the very rich and the very poor controls the govt, for that class has most permanent life, and is the most

(मूल नोटबुक पृष्ठ संख्या-166)

''राज्य का बीज परिवार या कुटुंब में होता है। कई परिवारों के संयोजन से ग्रामीण समुदाय का उदय होता है··· सदस्य *पितृसत्तात्मक सरकार* के अधिक होते हैं।

''कई गाँवों को जोड़कर राज्य का गठन होता है, जो एक प्राकृतिक रूप से स्वतंत्र और आत्मनिर्भर संगठन है।

''लेकिन जहाँ घर का शासन राज राजतंत्रीय रीति से चलता है, वहीं संवैधानिक सरकारों में प्रजा स्वतंत्र व शासकों के बराबर होती है।

''नैसर्गिक मिलनसारिता व आपसी लाभ से एकता बढ़ती है। मनुष्य स्वभाव से एक राजनीतिक (सामाजिक) प्राणी है।

''राज्य एक ऐसे समझौते से कहीं बढ़कर है, जहाँ व्यक्ति बिना किसी प्रभाव के जुड़ते या अलग होते रहें। एक स्वच्छंद व शहररहित व्यक्ति अनैतिक व अशिष्ट होता है, जो वस्तुतः नागरिक की छवि से कुछ अलग है।''

प्लेटो : प्लेटो ने राज्य की अवधारणा में उसे ऐसा निकाय माना है, जिसके सभी सदस्य *किसी समान लक्ष्य हेतु सामंजस्यपूर्ण संयुक्तता* रखते हों।

अरस्तू : अरस्तू का कहना है कि जहाँ भी स्वतंत्रता व समानता हों, वहाँ वैकल्पिक शासन व प्रजा होने ही चाहिए, लेकिन सबसे अच्छा यह रहेगा कि वहाँ सदैव वे ही व्यक्ति शासन करते रहें।

प्लेटो के साम्यवाद के विपरीत वे विधिवत *नियमित निजी संपत्ति* के पक्षधर थे। उनका मानना था कि राज्य में केवल नैतिक संयोजन ही संभव या वांछित है।

सरकारों के प्रकार

उन्होंने सरकारों को राजतंत्रीय, कुलीनतंत्रीय और गणतांत्रिक और उनके विकृत स्वरूपों—निरंकुश, अल्पजनाधिपत्य और जनतंत्र में रखा। इसमें प्रधान सत्ता एक, कुछ व अनेक लोगों के हाथ होने, उद्देश्य सामान्य हित या शासकों का निजी हित के अनुसार तथा स्वतंत्रता, संपत्ति, संस्कृति और कुलीनता को भी प्राथमिकता दी थी।

प्रत्येक राजनीतिक व्यवस्था के तीन अंग होते हैं: (क) विचारशील (ख) कार्यकारी (ग) न्यायिक निकाय। नागरिकता का आधार निवास समय या प्राप्त कानूनी अधिकारों से नहीं, बल्कि न्यायिक सत्ता व सार्वजनिक कार्यालयों से होता है।

नैतिकता के निश्चित मानकप्राप्त अधिकाधिक लोगों को शासन का हिस्सा बनना चाहिए, क्योंकि निजी रूप से कमी होने पर भी वे सम्मिलित रूप से कम लोगों से अधिक बुद्धिमान और अधिक सदाचारी साबित होंगे, लेकिन जहाँ तक बात विचारशील व न्यायिक कार्यों की है, तो इन कार्यों को सर्वोच्च कार्यकारी अधिकारियों पर छोड़ देना चाहिए। सर्वश्रेष्ठ राजनीतिक व्यवस्था वह है, जहाँ बहुत अधिक अमीर व बहुत अधिक गरीबों के बीच का मध्य वर्ग सरकार में होता है, क्योंकि यह वर्ग सबसे स्थिर जीवन जीता है, वह तर्क का पक्षधर होने के साथ ही संवैधानिक कार्यों को करने में सबसे अधिक सक्षम भी होता है। वस्तुतः यह इस बात की पुष्टि करता है कि संप्रभुता को अधिकाधिक नागरिकों के हाथ होना चाहिए और इसमें निस्संदेह गुलाम शामिल नहीं हैं।

भगत सिंह के राजनीतिक सिद्धांतों पर नोट्स

जारी···

conformable to reason, as well as the most capable of constitutional action. This is virtually an affirmation that sovereignty should reside in the majority of the citizens, slaves of course being ignored.

Democracies agree in being based on equality in respect of personal liberty, which implies the eligibility of all citizens to hold, or elect to the offices of State, and the rule of each over all and of all over each in turn.

Aristotle, like Plato, treated democracy as a debased form of Govt, and held that it is more suitable to large states than any others.

Stoics :—

Cynics :—

Epicureans :— "Justice", said Epicurus, is nothing in itself, but merely a compact (as the basis of justice) of expediency to prevent mutual injury.

Stoic :— (ōm) A disciple of the philosopher Zeno (340–260 B.C.) who opened his school in a colonnade called the "Stoa Poikilē" [painted porch] at Athens. Later Roman stoics were Cato the Younger, Seneca, Marcus ~~and~~ Aurelius. The word stoic literally means, 'one indifferent to pleasure or pain'

Stoicism is a school of ancient philosophy strongly opposed to Epicureanism in its view of life and duty; ~~strongly~~ indifferent to pleasure or pain.

Cynicism :— A sect of philosophers founded by Antisthenes of Athens (born c. 444 B.C.) characterised by an ostentatious contempt for riches, arts, science and amusements. They are called Cynics because of their morose manners. Cynicism is sometimes used to denote the ~~[illegible]~~ contempt for human nature.

Epicureans :— Epicurus [341– 270 B.C.] was a Greek Philosopher, who taught that pleasure was the chief good. Epicureans is used to denote one devoted to luxuries of the table or given to sensual enjoyment.

(मूल नोटबुक पृष्ठ संख्या-167)

लोकतंत्र व्यक्तिगत स्वतंत्रता में समानता पर आधारित होने के लिए एकमत है। यह सभी नागरिकों तथा राज्य के सभी पदों पर आसीन होने और सभी पर एक के शासन व बदले में सभी के एक पर शासन पर भी लागू होता है।

प्लेटो की भाँति अरस्तू भी, जनतंत्र को सरकार का एक विकृत रूप मानते थे और इसे केवल बड़े राज्यों के लिए ही उपयुक्त मानते थे।

स्टोइकवादी

सिनिकवादी

एपीक्यूरस : एपीक्यूरस के अनुसार 'न्याय' अपने आप में कुछ और नहीं, बल्कि परस्पर हानि को रोकनेवाला सुविधाजनक करार (न्याय पर आधारित) मात्र है।

स्टोइक (वाद): दार्शनिक जेनो (340-260 ई.पू) का शिष्य, जिसने एथेंस के कोलोनेड में स्टोआ पोइकाइल (रंगीन बरामदा) नामक विद्यालय खोला था, जो बाद में कैटो द यंगर, सेनेका, मार्कस एयूरेलियस नामक रोम स्टोइक। स्टोइक शब्द का अर्थ है, 'आनंद व कष्टों से उदासीन रहनेवाला।'

स्टोइकवाद एक प्राचीन दार्शनिक विद्यालय था, जो एपीक्यूरसवाद के जीवन व दायित्व संबंधी दृष्टिकोण; आनंद व कष्टों के प्रति उदासीनता का प्रबल विरोधी था।

सिनिकवाद : एक दार्शनिक मत, जिसकी स्थापना एथेंस के अंतिस्थेनेस (जन्म c. 444 ई.पू) ने की थी। धन-दौलत, कला, विज्ञान और आमोद-प्रमोद की दिखावटी अवमानना इनकी विशेषता थी। इन्हें इनके रूखे व्यवहार के चलते सिनिकवादी कहा जाता था। कई बार सिनिकवाद को मानवीय प्रकृति की अवमानना के संदर्भ में भी उपयोग किया जाता है।

एपीक्यूरस : एपीक्यूरस (341-270 ई.पू) यूनानी दार्शनिक थे, जिन्होंने आनंद के ही वास्तविक वस्तु होने की शिक्षा दी। एपीक्यूरस ऐसे व्यक्ति को कहा जाता है, जो विलासिता के आनंद और विषयभोग में विश्वास रखता हो।

भगत सिंह के राजनीतिक सिद्धांतों पर नोट्स

जारी···

Roman Polity :— 'Little of direct importance was added to political theory by the Romans but in a closely allied department viz; jurisprudence—they made contributions of deep interest and value.'

Jus Civile / Jus Gentium

Under the Republic there had grown up beside the "Civil Law" (Jus Civile) a collection of rules and principles called Jus Gentium (Law of nations) which represented the common features prevailing among the Italian tribes

Jus Naturale

The great Roman jurisconsults (experts in the science of Law) [deriving the idea from the Stoics] came gradually to identify the Law of Nature [Jus Naturale] with the Jus Gentium

They taught that this Law was divine and eternal, and that it was superior in majesty and validity to the laws of particular States. Natural Law was supposed to be actually existent and bound up with Civil Law.

In the Antonian Era, when Roman Law attained a high development and Stoic doctrines were most influential, the jurists formulated as juridicial but not as political principles the maxims that

'All men were born free'

and that by the Law of Nature, 'All men are equal'— the implication being that although the civil law recognized class distinction all mankind were equal before the Law of Nature.

Social contract in Roman Polity

Though the Roman jurists did not postulate a contract as the origin of Civil Society, but there is a tendency to deduce recognised rights and obligations from a supposed, but non-existent contract.

With regard to sovereignty, the citizens assembled in the Comitia tributa exercised the supreme power during the golden days of the Republic.

Under the Empire, the sovereign authority was vested in the Emperor, and according to the later jurisconsults, the people, by the Lex Regia, delegated the supreme command to each Emperor at the beginning of his reign, thus conferring on him all their rights to govern and legislate.

(मूल नोटबुक पृष्ठ संख्या-168)

रोमन राज्य-व्यवस्था

"रोमनों के राजनीतिक सिद्धांतों को सीधा महत्त्व न देते हुए विधिशास्त्र जैसे विभागों से बारीकी से संबद्ध है और जिसका योगदान कुछ अधिक रुचिकर व मूल्यवान रहा है।"

जस-सिविल, जस-जेंटियम

किसी भी गणतंत्र के तहत नागरिक कानूनों (*जस-सिविल*) के साथ ही और भी कई नियम व सिद्धांत विकसित होते हैं, जिन्हें *जस-जेंटियम* (राष्ट्रीय कानून) कहा जाता है और जो इतालवी जनजाति में समान रूप से प्रचलित विशेषताओं का प्रतिनिधित्व करते हैं।

जस-नेचुरेले

रोम के महान् *ज्यूरिस-कंसल्ट्स* (कानून विज्ञान के विशेषज्ञ) [स्टोइकवादियों के विचारों से प्रेरित होकर] धीरे-धीरे प्रकृति के कानूनों (*जस नेचुरेले*) को *जस जेंटियम* के समान मानने लगे।

वे इस कानून के दैवीय व शाश्वत होने की शिक्षा देने के अलावा इसे विशिष्ट राज्यों के कानूनों से अधिक गौरवशाली व वैध बताने लगे। वास्तव में प्राकृतिक कानूनों को अधिक जीवंत व नागरिक कानून से संबद्ध माना जाता है।

एंटोनियाई काल में रोमन कानूनों के पूर्णत: विकसित होने के बाद, जब स्टोइकवादी सिद्धांत सर्वाधिक प्रबल थे, उस समय विधिवेत्ताओं ने राजनीतिक सिद्धांतों पर नहीं, बल्कि न्यायशास्त्र के आधार पर सूक्तिवाक्य *"सभी मनुष्य जन्म से ही स्वतंत्र हैं"* प्रतिपादित किया था।

(जस्टिनियन, 'इंस्टीट्यूट्स', 1.5 फ्रीडमैन)

'सभी मनुष्य समान हैं' के प्राकृतिक कानून से यह प्रतिबिंबित होता है कि भले ही नागरिक कानून वर्ग विभेद को मान्यता देता हो, लेकिन प्राकृतिक कानून के लिए सभी मनुष्य समान हैं।

रोमन राज व्यवस्था में सामाजिक समझौता

यद्यपि रोमन विधिवेत्ताओं ने नागरिक समाज की उत्पत्ति में किसी समझौते की कल्पना नहीं की है, इसके बावजूद एक संभावित, लेकिन गैर-अस्तित्वगत समझौते द्वारा अधिकारों और दायित्वों की उत्पत्ति का रुझान हमेशा से रहा है।

जहाँ तक संप्रभुता की बात है, गणतंत्र के सुनहरे दिनों में कोमिटिया ट्रिब्युटा में एकत्रित नागरिक सर्वोच्च सत्ता के रूप में कार्य करते थे।

साम्राज्य के तहत सभी संप्रभु अधिकार सम्राट में निहित थे, बाद के ज्यूरिस-कंसल्ट्स, जनता ने *लेक्स रेजिया* के अनुसार यह सर्वोच्च सत्ता शासन का आरंभ करनेवाले प्रत्येक सम्राट को सौंप दी। इससे उन्हें शासन व कानून बनाने संबंधी सभी अधिकार हासिल हो जाते थे।

भगत सिंह के राजनीतिक सिद्धांतों पर नोट्स
जारी…

Middle Ages:-

Thomas Aquinas

Thomas Aquinas:- [1226-1274] is said to be the chief representative of the middle ages political Theory. He following Roman jurists, recognized a natural Law, the principles of which have been divinely implanted in human reason, together with positive laws that vary in different States.

He held that the legislative power, the essential attribute of sovereignty should be directed to the common good, and that, for the attainment of this end, it should belong to the multitude or to their representative, the prince. A mixed government of monarch, nobles, and people, with the Pope as final authority, seemed to him the best.

Marsilio of Padua:-
[Died 1328]

In his 'Defensor Pacis', Marsilio of Padua advocated the doctrine of popular sovereignty, and combated the papal pretensions to temporal power that had been based on the False Decretals.

[Idea of contract]

Since men adopted civil life for their mutual advantage, the laws ought to be made by the body of citizens; for laws are not likely to be the best possible, nor to be readily obeyed, unless enacted by those whose interests are directly effected and who know what they need.

[Sovereignty of the people]

He affirmed that the legislative power belongs to the people, and that the legislature should institute the executive, which it may also change or depose.

Renaissance ——— Reformation!!

In renaissance, all department of knowledge were vitalized and the circumscribed philosophy— having served as a handmaid of theology for a thousand years, rapidly gave place to a new philosophy of Nature and man, more liberal, more profound, and more comprehensive.

Bacon recalled man from metaphysics to nature and actuality.

Philosophy must begin with universal scepticism. But one fact is soon found to be indubitable: the existance of a thinking principle in man. The existance of Consciousness!

[Cartesian Philosophy]

The appeal to subjective conviction, to the authority of the individual, which was so strongly emphasized in the Reformation, thus becomes the very basis of Cartesian Philosophy.

Cartesian = Relating to a French Philosopher René Descartes [1596-1650 A.D.] and his Philosophy.

(मूल नोटबुक पृष्ठ संख्या-169)

मध्य युग

थॉमस एक्विनास (1226- 1274) को मध्ययुगीन राजनीतिक सिद्धांतों का मुख्य प्रतिनिधि माना जाता है। उन्होंने रोमन विधिवेत्ताओं का अनुसरण करते हुए, उस प्राकृतिक कानून को स्वीकार किया, जिसके सिद्धांत दैवीय रूप से विभिन्न राज्यों के सकारात्मक कानूनों के साथ मानवीय चेतनता में निहित थे।

उनका कहना था कि संप्रभुता के महत्त्वपूर्ण घटक वैधानिक शक्ति का उपयोग सार्वजनिक हित के लिए होना चाहिए और इस कारण यह जनसाधारण या उनके प्रतिनिधि राजा के पास होनी चाहिए। उनकी नजर में पोप की सर्वोच्च सत्तावाली राजा, कुलीनों व जनता की मिश्रित सरकार सबसे श्रेष्ठ थी।

पादुआ का मार्सेलियो: (मृत्यु 1328)

समझौते की धारणा

पादुआ के मार्सेलियो ने अपनी रचना 'डिफेंसर पैकिस' में *लोकप्रिय संप्रभुता* के सिद्धांत की वकालत करते हुए *फॉल्स डेक्रिटल्स* पर आधारित *पोप की अस्थायी सत्ता के मिथ्याभिमान का विरोध* किया।

जनता की संप्रभुता

मनुष्य के परस्पर लाभ हेतु सामाजिक जीवन अपनाने के बाद जनता के निकाय द्वारा कानूनों का निर्माण करना आवश्यक हो गया। इन कानूनों का निर्माण, जब तक उन लोगों द्वारा नहीं किया जाता, जो इससे प्रत्यक्षत: प्रभावित होनेवाले थे या जो यह जानते थे कि उन्हें क्या चाहिए, तब तक न तो ये सर्वोत्तम हो सकते थे और न ही इनका उचित ढंग से पालन ही संभव था।

उनका दावा था कि *वैधानिक शक्ति लोगों के ही हाथों में रहनी चाहिए,* और विधायिका को ऐसा कार्यकारी नियम बनाना होगा, जिन्हें बदला या रद्द भी किया जा सकता हो।

पुनर्जागरण- सुधार!!

पुनर्जागरण के दौर में ज्ञात के सभी क्षेत्र सजीव हो उठे और हजारों वर्षों से धर्मशास्त्रों की परिचारिका के रूप में सेवा करनेवाला परिगत दर्शन के स्थान पर तुरंत ही प्रकृति व मनुष्य के नए दर्शन को बिठा दिया, जो अधिक उदार, अधिक गहन व अधिक व्यापक था।

बेकन मनुष्य को तत्वमीमांसा से प्रकृति व वास्तविकता में लौटा लाए।

निश्चय ही दर्शन की शुरुआत सार्वभौमिक संशयवाद से हुई होगी, लेकिन इस तथ्य द्वारा मनुष्य में विचारशीलता के सिद्धांत **की मौजू**दगी स्पष्ट हो जाती है। *चेतना की मौजूदगी!*

कार्तवादी दर्शन

सुधार काल में अत्यधिक प्रबल रही व्यक्तिपरक धारणा और व्यक्ति के अधिकार के प्रति आकर्षण *कार्तवादी दर्शन* का मूल आधार बना।

कार्तवाद का संबंध फ्रेंच दार्शनिक रेने डॅकार्ट (1596-1650 ई.) और उनके दर्शन से है।

भगत सिंह के राजनीतिक सिद्धांतों पर नोट्स

जारी...

New Period:— After Reformation the Papal authority having been shaken off a wave of freedom swept forth the minds of the rulers and the people. But there was confusion. To settle new situation great many thinkers began to meditate over the question of State. Different schools grew up.

Machiavelli:— Machiavelli — the famous Italian political thinker thought the Republican form of Govt. to be the best one, but doubting the stability of such a form of Govt. he inculcated maxims of securing a strong princely rule and hence he wrote '*The Prince*'.

His advocacy of centralized Govt. has greatly affected political theory and practice in Europe.

Machiavelli was perhaps the first writer who treated 'Politics' from a purely secular point of view.

Other Thinkers:— [Pact & Contract] Majority of other favoured the theory of pact or contract. [In Roman Law a pact was the product of an agreement among individuals, and fell short of a contract, which was a pact plus an obligation.]

There were two different sects of these thinkers. The first one expounded the theory based on the Hebrew idea of covenant between God and man supplemented by the Roman idea of contract. It postulated a tacit contract between the government and the people.

The second or modern form, relates to the institution of political society by means of a compact among individuals. Prominent thinkers of this school were Hooker, Hobbes, Locke and Rousseau.

Defenders of Popular liberty:—

[Huguenot] 1. The *Vindiciae contra Tyrannos* (1579), ascribed to Huguenot Languet, contended that kings derive their power from the people's will, and that if a king violates the compact to observe the laws which he and the people promise conjointly at the institution of royalty, the latter are absolved from allegiance.

[Buchanan] 2. Buchanan also held that the king and people are mutually bound by a pact, and that its violation by the former entails forfeiture of his rights.

(मूल नोटबुक पृष्ठ संख्या-170)

नया युग

सुधारकाल के पश्चात, पोप की सत्ता की चूलें हिल गईं। शासकों व जनता दोनों के ही मन-मस्तिष्क में स्वतंत्रता की लहर तरंगित होने लगी, लेकिन इसमें एक भ्रम भी था। इस नई परिस्थिति को स्थिर बनाने हेतु बहुत से विचारकों ने राज्य के प्रश्न पर विचार करना आरंभ कर दिया। इस तरह विभिन्न स्कूलों का उदय हुआ।

मैकियावेली

विख्यात इतालवी राजनीतिक विचारक मैकियावेली के अनुसार सरकार का गणतांत्रिक स्वरूप सबसे बेहतरीन था, लेकिन ऐसी सरकार की स्थिरता के प्रति संदेह व्यक्त करते हुए उन्होंने मजबूत राजतंत्रात्मक शासन के सिद्धांत का विचार दिया। इसके चलते उन्होंने 'द प्रिंस' की भी रचना की।

उनके केंद्रीकृत सरकार की वकालत का यूरोप के राजनीतिक सिद्धांत और व्यवहार पर भारी प्रभाव पड़ा। मैकियावेली संभवत: पहले लेखक हैं, जिन्होंने 'राजनीति' पर पूर्णत: लौकिक दृष्टिकोण से विचार किया।

अन्य विचारक

करार व समझौता

अधिकांश लोग करार व समझौते के सिद्धांत के पक्ष में थे। [रोमन कानून के अनुसार, करार दो लोगों के बीच का वह अनुबंध है, जो समझौते से कुछ होते हुए भी करार के अतिरिक्त एक कर्तव्य भी होता है।]

इन विचारकों के दो विभिन्न संप्रदाय थे। इसमें से पहला समझौते की रोम अवधारणा के जैसी ईश्वर व मनुष्य के बीच के करार की यहूदी धारणा पर आधारित सिद्धांत की व्याख्या करता है। यह सरकार व जनता के बीच के मौन अनुबंध को स्पष्ट करता है।

इसका दूसरा व आधुनिक प्रारूप, राजनीतिक समाज की स्थापना का संबंध व्यक्तियों के बीच के समझौते को मानता है। इस पक्ष के प्रमुख विचारकों में हूकर, हॉब्स, लॉक और रूसो रहे हैं।

लोक-स्वतंत्रता के पैरोकार

ह्यूजिनॉत

ह्यूजिनॉत ने अपनी रचना *दी विंडिसिए कोंट्रा टाइरेनॉस* (1579) में दावा किया है कि राजा को अपनी शक्ति जनता की इच्छा से प्राप्त होती है। और यदि राजा कानूनों के पालन में उस समझौते को भंग करता है, जिसमें उसने प्रजा के साथ मिलकर राजशाही व्यवस्था को बनाए रखने का वादा किया था तो जनता भी राज्यनिष्ठा से मुक्त हो जाती है।

बुकानन

बुकानन का भी यही कहना था कि राजा और प्रजा एक संधि द्वारा परस्पर बँधे होते हैं और राजा का इसे भंग करना उसे उसके अधिकारों से वंचित कर देता है।

भगत सिंह के राजनीतिक सिद्धांतों पर नोट्स

जारी…

Jesuits:— (3) Even the Jesuits Bellarmine and Mariana argued that Kings derive their authority from the people, but they are subject to Pope.

[King James I] (1609) James I admitted this theory in a speech to Parliament in 1609, saying that "every just king in a settled kingdom is bound to observe that paction made to his people by his laws, in framing his government agreeable thereunto."

[Convention Parliament] 1688 Convention Parliament declared in 1688 that James II, 'having endeavoured to subvert the constitution by breaking the original contract between the king and people', had rendered the throne vacant.

Bodin:— 1586 'The first comprehensive political philosopher of modern times', Bodin, author of the 'Republic' [1577 and 1586] says that 'force and not a contract is the origin of a commonwealth.' Primitive patriarchal governments were overthrown by conquest, and natural liberty was thus lost.

In his opinion 'Sovereignty was the supreme power over citizens. He regarded 'sovereignty' as independent, indivisible, perpetual, inalienable, and absolute power. He confused his idea of sovereignty with the then existing kingship.

Althusius:— [1557–1638] He is notable for clearly asserting that sovereignty resides in the people alone, kings being only their magistrates or administrators; and that the sovereign rights of the community are inalienable.

Grotius:— [1625] In this work, 'De Jure Belli et Pacis' [1625], Grotius holds that man has a strong desire for a peaceable and ordered society. But he inculcates the theory of non-resistance and denies that the people are always and everywhere sovereign, or that all government is established for the sake of the governed. Sovereignty arises either from conquest or from consent; but he lays emphasis on the idea that sovereignty is the indivisible power.

Hooker:— He in his "Ecclesiastical Polity" Book I [1592–3] postulates an original state of nature in which all men were equal and subject to no law. Desire for a life suitable to man's dignity and aversion to solitude, impelled them to unite in 'politic societies'. 'Natural inclination' and an order expressly or secretly agreed upon touching the manner of their union in living together, were the two foundations of the present 'politic societies'. It is the latter that we call 'the laws of a commonweal'.

(मूल नोटबुक पृष्ठ संख्या-171)

जेसुइट

जेसुइट बेलार्मिन और मारियाना का भी कहना था कि राजा अपने अधिकार प्रजा से प्राप्त करने के बावजूद पोप के अधीन होता है।

राजा जेम्स I (1609)

जेम्स ने 1609 में संसद् में दिए गए भाषण के दौरान इस सिद्धांत का खुलासा करते हुए कहा था, ''किसी भी स्थापित राज्य के प्रत्येक न्यायप्रिय राजा को गौर करना चाहिए कि उसके कानूनों द्वारा प्रजा के साथ हुई संधि से उसकी सरकार भी सहमत होनी चाहिए।''

कनवेंशन पार्लियामेंट (1688)

कनवेंशन पार्लियामेंट ने 1688 में घोषणा की कि जेम्स II को 'राजा व प्रजा के बीच के मूल अनुबंध को तोड़कर **संविधान** को उलटने के प्रयास' के चलते सिंहासन खाली करना होगा।

बोडिन (1586)

'आधुनिक काल का पहला समकालीन राजनीतिक दार्शनिक' और 'रिपब्लिक' (1577 और 1586) के लेखक बोडिन का कहना है, *''गणराज्य की उत्पत्ति का कारण समझौता नहीं, बल्कि शक्ति है।''* प्राचीन पितृसत्तात्मक सरकारों को संघर्ष द्वारा उखाड़ दिया गया था और इस तरह वे अपनी प्राकृतिक स्वतंत्रता खो बैठीं।

उनके विचार से नागरिकों के ऊपर संप्रभुता सर्वोच्च शक्ति है। वे संप्रभुता को स्वतंत्रता, अविभाज्य, स्थायी, अपरिहार्य व पूर्ण शक्ति मानते हैं। वे अपनी संप्रभुता के मत और तत्कालीन मौजूदा राजशाही को लेकर भ्रमित थे।

अल्थुसियस (1557- 1638)

इन्हें संप्रभुता को केवल लोगों में निहित होने का स्पष्ट दावा करने के लिए जाना जाता है। राजा केवल मजिस्ट्रेट या प्रबंधक ही होता है और समुदाय के संप्रभु अधिकार गैर-हस्तांतरणीय होते हैं।

ग्रोटियस (1625)

अपनी रचना, 'डि ज्युरे बेली एट पैकिस' (1628) में ग्रोटियस कहते हैं कि मनुष्य में शांतिपूर्ण और व्यवस्थित समाज की प्रबल इच्छा होती है, लेकिन वे अप्रतिरोध के सिद्धांत का वर्णन करते हुए इस बात से इनकार करते हैं कि लोग सदा-सर्वदा से संप्रभु थे या हर सरकार की स्थापना का उद्देश्य शासन करना ही होता है। संप्रभुता का उदय संघर्ष या सम्मति से होता है। इसके बावजूद वे संप्रभुता के अविभाज्य सत्ता होने की धारणा पर बल देते हैं।

हूकर

वे अपनी पुस्तक 'एक्लेसियस्टिकल पॉलिटी'- खंड I (1992-3) में प्रकृति की एक ऐसी मौलिक दशा का वर्णन करते हैं, जहाँ सभी मनुष्य समान हैं और किसी कानून से बँधे नहीं हैं। मानवीय गरिमा के अनुकूल जीवन की इच्छा और अकेलेपन से घृणा ने उन्हें 'राजनीतिक समाज' में रहने के लिए एकत्रित कर दिया। 'प्राकृतिक रुझान' और साथ रहने के तौर-तरीकों को स्पर्श करती एक प्रत्यक्ष या अप्रत्यक्ष व्यवस्था पर सहमति मौजूदा 'राजनीतिक समाज' के दो आधार बने। बाद में हम इसे 'लोकहित संबंधी कानून' कहने लगे।

भगत सिंह के राजनीतिक सिद्धांतों पर नोट्स

जारी…

172

[Origin of state]

Sovereignty
[Legislative power centrally
The Executive as well

"Sovereignty of the people":—

'To take away all mutual grievance, injuries and wrongs, the only way was to ordain some kind of government, or common judge:
He admitted with Aristotle that the origin of government was in Kingship
But he says, 'Laws not only teach what is good, but also have a constraining force, derived from the consent of the governed, expressed either personally or through representatives.'
"Laws human of what kind soever, are available [i.e. valid] by consent."
"Laws they are not which public approbation hath not made so."
Thus he clearly affirmed that sovereignty or legislative power, resides ultimately in the people.

1620:— Famous declaration of the "Pilgrim Fathers" on board the "Mayflower" (1620), " We do solemnly and mutually in the Presence of God and of one another covenant and combine ourselves together into a civil Body Politic."

1647:— The Agree of the People of England (Another famous Puritan document, which emanated from the army of the Parliament) [1647] also indicates the same tendency of mind.

Milton:— In his 'Tenure of Kings and Magistrates' (1649) he also

(1649) propounds similar principles. He affirms that 'all men naturally were born free', they 'agreed by common league to bind each other from mutual injury and jointly to defend themselves against any that gave disturbance or opposition to such agreement. Hence came towns, cities and commonwealths.' 'This authority and power of self-defence and preservation being originally and naturally in every one of them and unitedly in all, was vested in kings and magistrates as deputies and commissioners.'

Sovereignty of the People

The Power of kings and magistrates is nothing else but what is only derivative, transferred, and committed to them in trust from the people to the common good of all, in whom the power yet remains fundamentally and cannot be taken from them without a violation of their natural birth-right. Hence nations may choose or depose kings, merely by the right and liberty of freeborn men to be governed as seems them best.'

(मूल नोटबुक पृष्ठ संख्या-172)

राज्य की उत्पत्ति

संप्रभुता: विधायी सत्ता का कार्यपालिका पर भी नियंत्रण

''हर तरह के आपसी विवादों, हानि या त्रुटियों को दूर करने का एकमात्र तरीका कोई सरकार या सर्वमान्य न्यायाधीश को नियुक्त करना है।''

वे अरस्तू के सरकार की उत्पत्ति राजतंत्र से होने के कथन से सहमत थे। लेकिन उनका कहना था, ''कानून का कार्य केवल सही का ज्ञान देना ही नहीं है, बल्कि यह सरकार के स्वयं या किसी प्रतिनिधि द्वारा प्रदान की गई सहमति से प्राप्त होनेवाली एक बाध्यकारी शक्ति है।''

''कानून चाहे जिन भी मनुष्यों के लिए बनाए जाएँ, उनमें उनकी हामी (अर्थात पुष्टि) होनी चाहिए।''

''कानून वे नहीं हैं, जिन्हें जनता के अनुमोदन के बिना बनाया जाए।''

जनता की संप्रभुता

इस तरह उन्होंने स्पष्टत: कहा कि संप्रभुता या कानूनी शक्ति अंतत: जनता में ही निहित होती है।

1620 : 'मेफ्लॉवर' (1620) पर सवार 'पिलग्रिम फादर्स' की विख्यात घोषणा है, ''हम ईश्वर को साक्षी मानकर सत्यनिष्ठा व पारस्परिकता सहित एक दूसरे के साथ जुड़े रहने का वादा करते हुए साथ मिलकर एक नागरिक राजनीतिक निकाय बनाते हैं।''

1647 : इंग्लैंड के लोगों का राजीनामा: (आर्मी ऑफ दी पार्लियामेंट द्वारा निर्गत एक और विख्यात प्यूरिटन दस्तावेज) [1647] इसमें भी वही मानसिकता दिखाई देती है।

1649 : मिल्टन: अपनी रचना 'टेन्योर ऑफ किंग्स ऐंड मैजिस्ट्रेट्स' (1649) में इन्हीं सिद्धांतों का प्रतिपादन करते हैं। वे कहते हैं, ''सभी व्यक्ति जन्म से ही स्वतंत्र हैं। वे *सामान्य संघ से सहमत होते हुए* परस्पर हानि न पहुँचाने को बद्ध होकर इस सहमति को बिगाड़ने या इसका विरोध करनेवालों से एकसाथ अपनी सुरक्षा करते हैं। इसी तरह कस्बों, शहरों व राज्यों का निर्माण हुआ! उनके संगठन व प्रत्येक में मूल व स्वाभाविक रूप से मौजूद सत्ता, आत्मरक्षा की शक्ति और सुरक्षा डिप्टी व कमिश्नरों के तौर पर राजाओं और मजिस्ट्रेटों को भी प्रदान की गई।''

जनता की संप्रभुता

''राजाओं और मजिस्ट्रेटों की शक्ति और कुछ नहीं, बल्कि सार्वजनिक हित की दृष्टि से लोगों द्वारा विश्वास सहित उन्हें प्रदान, हस्तांतरित व सुपुर्द की गई है। यह शक्ति मूल रूप से उनमें हमेशा से निहित थी, जिसे उन्हें उनके नैसर्गिक जन्म-अधिकार से वंचित किए बिना हासिल नहीं किया जा सकता। इस प्रकार राष्ट्र अपने राजा को चुनने या हटाने का फैसला कर सकता है, क्योंकि स्वतंत्र रूप से जनमे प्रत्येक व्यक्ति को यह अधिकार व स्वतंत्रता है कि वह अपने लिए सबसे बेहतरीन शासक का चयन कर सके।''

भगत सिंह के राजनीतिक सिद्धांतों पर नोट्स

जारी···

Theory of Divine Rights of Kings:— In this very age when great many thinkers were thus propounding these principles of 'Sovereignty of the people' there were other theorists, who tried to prove that kingdom being enlarged families, the patriarchal authority of the head of a household was transferred by primogeniture descent to 'the representative of the first sovereign who could be proved to have reigned over any nation. Monarchy was therefore presumed to rest on an indefeasible right, and the king was held responsible to God alone! This was known as ~~the theory of~~ 'Divine Rights of Kings!' This was known as the 'Patriarchal theory'!

[Patriarchal Theory!]

Thomas Hobbes:— In his various works written in 1642 – 1650 – 1651 he combined the doctrine of the unlimited authority of the sovereign, with the rival doctrine of an original compact of the people. Hobbes's defence of absolutism — passive obedience — was secular and rationalistic rather than theological. He regarded the happiness of the community (as a whole) as the great end of government.

[Man an unsociable animal!]

[Perpetual danger forces them to form State!]

Hobbes' philosophy is cynical. According to him a man's impulses are naturally directed to his own preservation and pleasure and he can not aim at anything but their gratification. Therefore man is unsociable by nature! He says "In the natural state every man is at war with his fellows, and the life of every one is in danger, solitary, poor, unsafe, brutish and short." It is the fear of this sort of life that impel them to political union. Since mere pact would not do, hence the establishment of 'a supreme common power' "the Govt."

{"Conquest" or "acquisition" and "Institution" the only basis of the State}

Society is formed by "acquisition" i.e. by conquest, or "institution" viz: by mutual contract or compact. In the latter case, once the sovereign authority is established all must obey. Anybody rebelling must perish. He should be destroyed.

{Unlimited authority of the Sovereign!}

He gives the rights of legislature, judication and executive — one and all to the Sovereign. 'To be effective', he writes, 'the sovereign power must be unlimited, irreclaimable and indivisible. Unlimited power may indeed give rise to mischief, but the worst of these is not so bad as Civil war or anarchy.

(मूल नोटबुक पृष्ठ संख्या-173)

राजाओं के दैवीय अधिकारों का सिद्धांत

(पितृसत्तात्मक सिद्धांत)

''जिस युग में बहुत से विचारक अभी जनता की संप्रभुता के सिद्धांत प्रस्तुत कर रहे थे, उस समय कुछ अन्य सिद्धांतवादी यह साबित करने के प्रयास में थे कि साम्राज्य एक बड़ा परिवार है, जिसका पितृसत्तात्मक अधिकार घर के प्रमुख के तौर पर वंश का ज्येष्ठाधिकार किसी भी राष्ट्र में अपना आधिपत्य साबित करनेवाले प्रथम प्रतिनिधि को हस्तांतरित हो जाता है। *इस तरह राजशाही को अजेय अधिकार पर आधारित मानते हुए राजा को केवल ईश्वर के प्रति जवाबदेह माना जाता है! इसे राजाओं के दैवीय अधिकार कहा जाता है! इसे पितृसत्तात्मक सिद्धांत कहा जाता है!''*

थॉमस हॉब्स : 1642-1650-1651 तक की अपनी विभिन्न रचनाओं में इन्होंने संप्रभुता के असीमित अधिकार के सिद्धांत तथा उसके विरोधी सिद्धांत एवं लोगों के मूल समझौते के सिद्धांत को संयुक्त कर दिया। होब्स की निरंकुशता या अप्रतिरोधी आज्ञाकारिता के प्रति पक्षधरता धार्मिक न होकर धर्मनिरपेक्ष व तर्कवादी थी। वे समुदाय (संपूर्ण) के सुख को शासन का महान् लक्ष्य मानते थे।

मनुष्य एक असामाजिक प्राणी

सतत भय ने उन्हें राज्य की संस्थापना के लिए मजबूर कर दिया।

होब्स का दर्शन मानवद्वेषी है। उनके अनुसार, मनुष्य के संवेग प्राकृतिक रूप से उसकी अपनी सुरक्षा और आनंद की ओर निर्देशित होते हैं और वह अपना ध्यान उनकी तुष्टि के अतिरिक्त और कहीं केंद्रित नहीं रख सकता। *इसलिए मनुष्य मूल रूप से असामाजिक है! वे कहते हैं, ''मूल रूस से, प्रत्येक मनुष्य अपने सहवासियों के साथ संघर्ष कर रहा है। इसलिए प्रत्येक व्यक्ति का जीवन जोखिमपूर्ण, अकेला, कमजोर, असुरक्षित, पाशविक और छोटा है।* इस तरह के जीवन का भय उन्हें राजनीतिक संयोजन की ओर ढकेलता है।''

इसमें मात्र कुछ संधि काम नहीं आनेवाली, इसलिए *सरकार की सर्वोच्च सर्वमान्य सत्ता* की स्थापना करना आवश्यक होता है। [इस उद्धरण का कुछ हिस्सा हॉब्स की *'लेवियाथन'* पर आधारित है]

सभी राज्यों की स्थापना का आधार 'संघर्ष, 'अधिग्रहण' या 'प्रतिष्ठापन'

समाज *'अधिग्रहण'* अर्थात संघर्ष द्वारा या 'प्रतिष्ठापन' पर आधारित होते हैं। उत्तरवर्ती मामलों में संप्रभु अधिकार स्थापित हो जाने पर सभी को उनका पालन करना होता है। विद्रोह करनेवाले प्रत्येक व्यक्ति को मिटा दिया जाएगा। उसे समाप्त करना ही होगा।

संप्रभु शासक की असीमित सत्ता!

विधायिका, न्यायपालिका व कार्यपालिका के सभी अधिकार केवल-और-केवल संप्रभु शासक के पास होते हैं। वे लिखते हैं, ''प्रभावी रूप से कार्य करने के लिए संप्रभु सत्ता असीमित, अहस्तांतरणीय और अविभाज्य होनी ही चाहिए। संभव है कि असीमित सत्ता से कुछ हानि पहुँचे, लेकिन इसमें से कुछ भी गृहयुद्ध या अराजकता से बुरा नहीं हो सकता…'' [उद्धरण पूरा नहीं है]

भगत सिंह के राजनीतिक सिद्धांतों पर नोट्स

जारी…

In his opinion, monarchy, aristocracy or democracy do not differ in their power. Their achievement towards general peace and security rests on the obedience of the public or people they command. Anyhow he prefers 'Monarchy'! 'Limited monarchy' is the best in his opinion. But he presses that the sovereign must regulate ~~eccl~~ ecclesiastical as well as civil affairs, and determine what doctrines are conducive to peace.

Thus he holds a clear and valid doctrine of sovereignty, while retaining the fiction of a social contract to generate the king or sovereign.

Spinoza :— [1677] [unsociability of man!] [In his work Tractatus Politicus, 1677] regarded men as originally having equal rights over all things; hence the state of nature was a State of War. Men, led by their reasons freely combined their forces to establish Civil Government. As man had absolute power, hence the Sovereign authority thus established had the absolute power. In his opinion 'Right' and 'Power' are identical. Hence the sovereign being vested with the 'power' had all the 'rights' ipso-facto. Hence he favours 'absolutism'!

Puffendorf :— [Law of Nature and of Nations 1672]. In his opinion man is a sociable animal, naturally inclined towards family and peaceful life.

Experience of injuries that one man can inflict on another leads upto civil Government, which is constituted (1), by by a unanimous mutual covenant of a number of men to institute a common wealth, (2), by the resolution of the majority that certain rulers shall be placed in authority (3), by a covenant between the Govt and the subjects that the former shall rule and the latter shall obey lawful commands!

(मूल नोटबुक पृष्ठ संख्या-174)

उनके विचार से राजशाही, कुलीनतंत्र या जनतंत्र की सत्ता में कोई अंतर नहीं होता। सामान्य शांति और सुरक्षा प्राप्ति की इनकी उपलब्धि लोगों व उनकी प्रजा के अनुशासन पर निर्भर करती है। फिर भी वे 'राजशाही' के पक्षधर हैं! उनकी राय में 'सीमित राजशाही' सबसे बेहतर होती है, साथ ही वे इस बात पर भी बल देते थे कि संप्रभु सत्ता को धार्मिक के अलावा नागरिक मामलों का भी नियंत्रण करते हुए शांति के लिए अनुकूल सिद्धांतों का निर्धारण करना चाहिए।

वे संप्रभुता संबंधी स्पष्ट व वैध सिद्धांत होने के बावजूद राजा व संप्रभु सत्ता के निर्धारण हेतु सामाजिक समझौते कायम रहने की भी कल्पना करते थे।

स्पिनोजाः [1677]

मनुष्य की असामाजिकता!

[अपनी रचना ट्रेक्टेटस पॉलिटिक्स, 1677 में](स्पिनोजा) मनुष्य के मूल रूप से अन्य सभी वस्तुओं पर समान अधिकार की बात करते हैं। इस तरह प्राकृतिक अवस्था वास्तव में *युद्ध की अवस्था* है। विवेकाधीन मनुष्य नागरिक सरकार की स्थापना हेतु अपनी शक्तियों को एकजुट करता है। मनुष्य में परम सत्ता निहित होने से उसके द्वारा स्थापित *संप्रभु शासन* में भी यही परम सत्ता मौजूद होती है। उनके अनुसार, 'अधिकार' व 'सत्ता' समानार्थी हैं। संप्रभु शासन के हाथ 'सत्ता' होने से वास्तव में सभी 'अधिकार' भी उन्हीं के पास होते हैं। इसलिए वे 'निरंकुशवाद' का समर्थन करते हैं।

पुफेनडोर्फ

[लॉ ऑफ नेचर ऐंड नेशंस, 1672] इनके अनुसार, मनुष्य एक सामाजिक प्राणी है, जिसका परिवार व शांतिपूर्ण जीवन की ओर स्वाभाविक झुकाव होता है।

एक मनुष्य द्वारा दूसरे को पहुँचाई गई हानि उसे नागरिक सरकार की ओर अग्रसर कर देती है, जिसमें (1) कुछ लोग एक गणतंत्र के गठन होते सर्वसम्मति से अनुबंध करते हैं। (2) अधिसंख्य प्रस्ताव द्वारा कुछ निश्चित शासकों को अधिकार दिए जाते हैं। (3) सरकार व प्रजा अनुबंध करते हैं, इनमें सरकार का कार्य शासन करना और प्रजा का कार्य उनके विधिसम्मत आदेशों का पालन करना होगा।

भगत सिंह के राजनीतिक सिद्धांतों पर नोट्स

जारी…

Locke :— [Two Treatises of Civil Government - 1690.]

'No man has a natural right to govern.'

He portrays the state of nature — a state of freedom and equality in respect of jurisdiction and dominion, limited only by natural law or reason, which prohibits men from harming one another in life, health, liberty and possessions, the punishment requisite by way of restraint or reparation being in everyman's hands.

State of Nature!

'Men living together according to reason without a common superior on earth with authority to judge between them is properly the state of Nature!'

Private Property!

'Everyman has a natural right of property in his own person and in the product of his own labour exercised on the materials of nature. As much land as a man tills, plants, improves, cultivates, and can use the product of, so much is his property.'

Property & civil society!

According to him "property" is antecedent to "civil society"!

Origin of Civil society!

But it appears men were in some sort of dangers and fears, and therefore they renounced their natural liberty in favour of civil liberty. In short necessity, convenience, and inclination urged men into Society.

Definition of Civil Society!

Those who are united into one body, and have a common established law and judicature to appeal to, with authority to decide controversies between them and punish offenders are in a Civil Society.

Consent :—

Conquest is not an 'original' of government. Consent was and could be the sole origin of any lawful government.

Law :—

The legislative Assembly is not absolutely arbitrary over the lives, liberties and property of the people, for it possesses only the joint power which the seperate members had prior to the formation of the Society, and which they assigned to it for particular and limited purposes. 'The end of Law is not to abolish or restrain but to preserve or enlarge freedom.'

Legislative :—

The legislative being only a fiduciary power for certain ends the people may remove or alter it when it violates the trust reposed in it.

Ultimate sovereignty of the People!

Thus the community always retains the supreme power or ultimate sovereignty, but does not assume it until the government is dissolved.

(मूल नोटबुक पृष्ठ संख्या-175)

लॉक

[टू ट्रीटिज ऑफ सिविल गवर्नमेंट-1690] ''किसी भी मनुष्य को शासन करने का नैसर्गिक अधिकार नहीं है।''

वे प्राकृतिक अवस्था का वर्णन शासनाधिकार और प्रभुत्व के संबंध में स्वतंत्रता व समानता की अवस्था के रूप में करते हैं। इसे केवल प्राकृतिक कानून या विवेक द्वारा ही सीमित किया जा सकता है, जो किसी भी व्यक्ति द्वारा दूसरे व्यक्ति के जीवन, स्वास्थ्य, इतिहास, आजादी व स्वामित्व को नुकसान पहुँचाने से रोकते हैं। इसके निषेध या क्षतिपूर्ति के तौर पर दंड देने का अधिकार प्रत्येक व्यक्ति को हासिल है।

प्राकृतिक अवस्था!

''मनुष्य इस धरती पर किसी सर्वमान्य वरिष्ठ के बिना अपने विवेक के अनुसार एकसाथ रहता है और प्राकृतिक अवस्था वस्तुतः उनके बीच न्याय करनेवाली आधिकारिक शक्ति है!''

निजी संपत्ति!

''प्रत्येक व्यक्ति के पास अपनी निजी संपत्ति और प्राकृतिक संसाधनों के उपयोग कर अपने श्रम से उत्पन्न उत्पादों को रखने का नैसर्गिक अधिकार है। व्यक्ति जितनी अधिक जुताई, बुआई, सुधार, खेती करते हुए जितना उत्पादन करता है, वह सब उसी की संपत्ति है।''

संपत्ति व नागरिक समाज!

उनके अनुसार, *'संपत्ति' 'नागरिक समाज'* से पहले आती है!

नागरिक समाज की उत्पत्ति!

ऐसा प्रतीत होता है कि मनुष्य किसी खतरे में भयभीत था, इसलिए उसने नागरिक स्वतंत्रता के लिए अपनी प्राकृतिक स्वतंत्रता को त्याग दिया। संक्षेप में कहें तो मनुष्य को उसकी आवश्यकताएँ, सुविधाएँ व प्रवृत्ति ने समाज के निर्माण हेतु प्रवृत्त किया।

सहमति

सरकार का 'मूल' संघर्ष नहीं है। किसी भी वैध सरकार का मूल केवल सहमति ही हो सकती है। लोगों के जीवन, स्वतंत्रता और संपत्ति पर विधान मंडल की परम स्वेच्छाचारिता संभव नहीं है, क्योंकि इसके पास केवल समाज के निर्माण के पूर्व पृथक सदस्यों से प्राप्त संयुक्त शक्ति ही होती है, जिसे वे किसी सुनिश्चित और विशिष्ट उद्देश्य से वापस भी ले सकते हैं।

कानून

''कानून का उद्देश्य स्वतंत्रता को नष्ट या अवरुद्ध करना नहीं, बल्कि उसे बचाना और विस्तारित करना होता है।''

विधायिका

विधायिका कुछ विशिष्ट उद्देश्यों हेतु मात्र विश्वास्य शक्ति होती है, जिसके उसपर जताए विश्वास के भंग करने पर लोग इसे हटा या परिवर्तित कर सकते हैं।

जनता की सर्वोपरि संप्रभुता!

सर्वोच्च शक्ति या सर्वोपरि संप्रभुता के सदैव समुदाय के पास रहने के बावजूद उन्हें यह एहसास तब तक नहीं होता, जब तक सरकार भंग नहीं हो जाती।

भगत सिंह के राजनीतिक सिद्धांतों पर नोट्स

जारी…

Legislative & Executive — To prevent the sacrifice of the general welfare to private interests, it is expedient that the legislative and executive powers should be in different hands, the latter being subordinate to the former.

Where both powers are vested in an absolute monarch there is no civil Government, for there is no common judge with authority between him and his subjects.

The forms of different commonwealths in free societies are Democracy, oligarchy, or elective monarchies together with mixed forms.

'Right of Revolution'! — "A Revolution is justifiable when the government ceases to fulfil its part of contract — the protection of personal rights."

Rousseau

Rousseau: —

Equality:- No one should be rich enough to buy another nor poor enough to be forced to sell himself. Great inequalities pave the way for tyranny.

Property & Civil Society:- The first man who, having enclosed a piece of land, thought of saying 'this is mine,' and found people simple enough to believe him, was the true founder of Civil Society. -

What wars, crimes, and horrors would have been spared to the race if some one had exposed this imposture, and declared that the earth belonged to no one, its fruits to all.

(मूल नोटबुक पृष्ठ संख्या-176)

विधायिका और कार्यपालिका

व्यक्तिगत हितों के लिए सार्वजनिक हितों को तिलांजलि देने से रोकने के लिए यह आवश्यक है कि विधायिका और कार्यपालिका शक्तियाँ भिन्न हाथों में हों। यहाँ कार्यपालिका को विधायिका के तहत काम करना होगा।

इन दोनों शक्तियों के किसी निरंकुश शासक में निहित हो जाने पर नागरिक सरकार नहीं होती। राजा व उसकी प्रजा के बीच कोई सर्वमान्य न्यायकर्ता या अधिकारी नहीं है।

किसी मुक्त समाज में राज्यों के जनतंत्र, अल्पतंत्र या निर्वाचित राजतंत्र जैसी विभिन्न प्रारूपोंवाली मिश्रित व्यवस्थाएँ होती हैं।

क्रांति का अधिकार

''जब कोई सरकार व्यक्तिगत अधिकारों की रक्षा का अपना अनुबंध पूरा करना स्थगित कर देती है तो उस समय क्रांति करना न्यायोचित है।''

[भगत सिंह के राजनीतिक सिद्धांतों संबंधी अंतिम नोट]

रूसो

समानता

कोई भी इतना अमीर नहीं होता कि किसी को खरीद सके और न ही कोई इतना गरीब होता है कि उसे अपने आपको बेचने के लिए मजबूर होना पड़े। (अत्यधिक असमानता उत्पीड़न का मार्ग प्रशस्त करती है)।

सोशल कॉन्ट्रैक्ट में जीन जैक्स रूसो के विधायिका की भिन्न प्रणाली संबंधी विचार।

संपत्ति और नागरिक समाज

वह पहला व्यक्ति, जिसने यह कहते हुए कोई जमीन घेरी होगी, ''यह मेरी है'', और उसे उसकी बात पर विश्वास करनेवाले सीधे-सादे लोग मिल गए होंगे, वही नागरिक समाज का मूल संस्थापक है। यदि किसी ने इस पाखंड का पर्दाफाश करते हुए कहा होता, *''यह धरती किसी एक की नहीं है और इसके फल सभी के लिए हैं।''* तो मानव जाति को इतने युद्ध, अपराध और कष्ट नहीं झेलने पड़ते।

('डिस्कोर्सिस ऑन दी ओरिजिन ऑफ इनइक्वेलिटी' भाग II,
ले. जीन जैक्स रूसो)

जारी…

"<u>The</u> man who meditates is a depraved animal"

Civil Law

Pointing to the oppression of the weak and the insecurity of all, the rich craftily devised rules of justice and peace, by which all should be guaranteed their possessions, and established a supreme ruler to enforce the laws.

This must have been the origin of society and of the laws, which gave new chains to the weak and new strength to the rich, finally destroyed natural liberty, and, for the profit of a few ambitious men, fixed for ever the law of property and of inequality, <u>converted a clever usurpation into an irrevocable right</u> and subjected the whole human race henceforward to labour, servitude and misery.

Re: inequalities

But it is manifestly opposed to natural law that a handful of people should gorge superfluities while the famished multitude lack the necessaries of life

(मूल नोटबुक पृष्ठ संख्या-177)

''विचार करनेवाला व्यक्ति दुराचारी पशु के समान है।''

(वही, प्रस्तावना, पृष्ठ 88, जीन जैक्स रूसो)

दीवानी कानून

कमजोरों के उत्पीड़न व सभी की असुरक्षा का हवाला देते हुए समृद्ध लोग बेहद कलाकारी दिखाते हुए शांति व न्याय हेतु ऐसे नियमों की ओर इशारा करते हुए समृद्ध कलाकारी सहित न्याय व शांति के ऐसे नियमों का निर्माण करते हैं, जिससे सभी लोग उनकी संपत्ति की सुरक्षा करें और इस कानून को लागू करने के लिए वे एक सर्वोच्च नेतृत्व की स्थापना करते हैं।

निश्चित ही यह ऐसे समाज व कानूनों का मूल बनता है, जिसमें कमजोर और अधिक बेड़ियों में जकड़े जाते हैं, जबकि अमीर को नई शक्ति हासिल होती है। यह अंततः कुछ महत्त्वाकांक्षी लोगों के लाभ हेतु नैसर्गिक स्वतंत्रता को नष्टकर संपत्ति व असमानता के कानून को स्थापित करते हुए हमेशा के लिए चतुराई सहित अनधिकार ग्रहण को अटल अधिकार में बदल देता है, जिसके परिणामस्वरूप संपूर्ण मानव जाति सदा-सर्वदा के लिए श्रम, सेवा और दुर्भाग्य के अधीन हो जाती है।

असमानता

यह प्राकृतिक न्याय के सरासर खिलाफ है कि जहाँ अधिसंख्य लोग जीवन की आवश्यकताएँ पूरी करते हुए भूखे मर जाते हैं, वहीं कुछ मुट्ठी भर लोग जरूरत से अधिक खाया करते हैं।

(दी ओरिजिन ऐंड दी फाउंडेशन ऑफ इनिक्वेलिटी अमंग मैनकाइंड
भाग II, ले. जीन जैक्स रूसो)

जारी...

Fate of his writings | Emile & Social Contract, both published in 1762, the former burnt in paris, Rousseau narrowly escaping arrest, the both being publically burnt in Geneva, his native place whence he expected greater response.

Sovereignty of monarchs to that of the people | Rousseau retains the French ideas of unity and centralisation; but while in the seventeenth century the State (or sovereignty) was confounded with the monarchy, Rousseau's influence caused it in the 18th Century to be identified with the people.

Pact | By pact men exchange natural liberty for civil liberty and moral liberty.

Right of first occupancy | Right of property:—

Its justification depends on these conditions: (a) that the land is uninhabited; (b) that a man occupies only the area required for his subsistence, (c) that he takes possession of it not by an empty ceremonial, but by labour and cultivation.

(मूल नोटबुक पृष्ठ संख्या-178)

उसकी रचनाओं की नियति

'एमिली और सोशल कॉन्ट्रैक्ट' दोनों ही 1762 में प्रकाशित हुईं, एमिली को पेरिस में जलाया गया। रूसो गिरफ्तार होने से बाल-बाल बचे और उन्हें सार्वजनिक रूप से जेनोआ में उनके अपने स्थान पर जलाया गया, जहाँ उन्हें सबसे अधिक यश प्राप्त होना चाहिए था।*

राजशाही से जनता की संप्रभुता की ओर

रूसो एकता व केंद्रीकरण के फ्रांसीसी विचारों पर दृढ रहे, लेकिन सत्रहवीं शताब्दी में राज्य (या संप्रभु शासन) की राजशाही अव्यवस्थित हो जाने पर रूसो के प्रभाव के चलते 18वीं शताब्दी में इसे जनता में निहित माना जाने लगा।**

संधि

संधि के द्वारा व्यक्ति अपनी प्राकृतिक स्वतंत्रता को नागरिक स्वतंत्रता या नैतिक स्वतंत्रता में परिवर्तित कर लेता है।

(रुसो की 'सोशल कॉन्ट्रैक्ट' पृ.सं. (19) से भावानुवादित)

प्रथम स्वामित्व का अधिकार

संपत्ति का अधिकार

इसका औचित्य परिस्थितियों पर निर्भर करता है—(अ) निर्जन भूमि (ब) व्यक्ति केवल अपने गुजारे लायक क्षेत्र पर कब्जा करता है। (स) वह इसपर केवल खोखली औपचारिकता द्वारा नहीं, बल्कि कड़ी मेहनत व कृषि कार्य द्वारा अधिकार करता है।

('सोशल कॉन्ट्रैक्ट' के रियल प्रॉपर्टी [पृ.सं. 19] से भावानुवादित
ले.—जीन जैक्स रूसो)

---

*इस उद्धरण का स्रोत अज्ञात है

**रूसो पर भगत सिंह के विचार

Religion :— { Rousseau places even religion under the tyranny of the sovereign..

Introductory Note :—

I wish to enquire whether, taking men as they are and laws as they can be made, it is possible to establish some just and certain rule of administration in civil affairs...

.. I shall be asked whether I am a prince or a legislator that I write on politics. I reply that I am not. If I were one, I should not waste time in saying what ought to be done, I should do it or remain silent

---

Man is born free, and everywhere he is in chains.

Shaking off the yoke of slavery by force !

I should say that so long as a people is compelled to obey and does obey, it does well; but that, so soon as it can shake off the yoke and does shake it off, it does better; for, if men recover their freedom by virtue of the same right (i.e. force) by which it was taken away, either they are justified in resuming it, or there was no justification for depriving them of it.

(मूल नोटबुक पृष्ठ संख्या-179)

धर्म

रूसो धर्म को भी संप्रभु शासक की निरंकुशता के तहत रखते थे।*

प्रस्तावनात्मक टिप्पणी

मैं पूछना चाहता हूँ कि क्या आज लोग जैसे हैं और जैसे कानून बनाए जा सकते हैं, उन्हें देखते हुए क्या नागरिक मामलों के प्रबंधन हेतु कुछ न्यायसंगत और निश्चित नियम बनाना संभव है। मुझसे पूछा जा सकता है कि राजनीति पर लिखनेवाला मैं कोई राजा हूँ या कानून निर्माता, तो मेरा उत्तर होगा कि मैं इनमें से कोई भी नहीं हूँ। यदि मैं इनमें (राजा या कानून निर्माता) से कोई भी होता तो मैं क्या किया जा सकता है, यह कहने में [अपना] समय खराब नहीं करता। मैं वैसा कर देता और या फिर चुप रहता।

(प्रस्तावना, 'सोशल कॉन्ट्रैक्ट' खंड I, [पृ.सं. 3]
ले. जीन जैक्स रूसो])

मनुष्य जन्म के समय स्वतंत्र होता है, और बाकी सब जगह बेड़ियों में बंधा रहता है।

(प्रथम पुस्तक का विषय, 'सोशल कॉन्ट्रैक्ट' खंड I, [पृ.सं. 4]
ले. जीन जैक्स रूसो])

ताकत द्वारा गुलामी से मुक्ति के लिए कमर कसना!

मैं कहना चाहता हूँ कि मजबूर किए जाने पर लोग आज्ञापालन करते हैं और करते रहेंगे, तब तक सब ठीक रहेगा, लेकिन जल्द ही वे कमर कस लेंगे। जितनी जल्दी वे कमर कसेंगे, उतना ही अच्छा है, क्योंकि यदि व्यक्ति स्वतंत्रता को उसी विशिष्ट अधिकार (अर्थात ताकत) द्वारा हासिल करे, जिससे वह छीना गया था, तो उसे गलत नहीं ठहराया जा सकता या उनसे इसे छीना जाना कहीं से भी न्यायोचित नहीं होगा।

(वही [पृ.सं. 4] जैक्स रूसो)

जारी···

---

*भगत सिंह की आलोचना (सोशल कॉन्ट्रैक्ट)

Force

"Power which is acquired by violence is only a usurpation, and lasting so long as the force of him who commands prevails over that of those who obey; so that if the latter become the strongest in their turn and shake off the yoke, they do so with as much right and justice as the other who had imposed it on them. The same law (of force) which has made the authority then unmakes it; it is the law of the strongest."

Diderot. Encyclopaedia "Authority".

Slaves lose everything in their bonds, even the desire to escape from them!

The Right of the strongest

"Obey the powers that be. If that means, Yield to force, the precept is good but superfluous; I reply that it will never be violated.

Right of slavery

"Do subjects, then, give up their persons on condition that their property also shall be taken? I do not see what is left for them?"

"It will be said that the despot secures to his subjects civil peace. Be it so; but what do they gain by that,

(मूल नोटबुक पृष्ठ संख्या-180)

ताकत

हिंसा से प्राप्त की गई ताकत केवल अनधिकार द्वारा ग्रहण होती है। यह तभी तक कायम रहती है, जब तक उसके पास अपने आज्ञापालकों से आदेश मनवाने की ताकत रहती है। यदि ये आज्ञापालक मजबूत होकर कमर कस लें, तो वे भी उनके लिए इसे हासिल करना उतना ही उचित और न्यायसंगत रहेगा, जितना उनपर इसे थोपनेवाले के लिए रहा था। जिस विधि (ताकत) से शासन स्थापित हुआ था, वही उसे मिटा भी देगी। यही ताकतवर का कानून है।

अथोरिटी
'दिदरो इनसाइक्लोपीडिया'*

बंधन में रहते हुए गुलाम सब कुछ खो बैठते हैं, यहाँ तक कि उनसे मुक्ति होने की इच्छा भी।

('सोशल कॉन्ट्रैक्ट' में दी फर्स्ट सोसाइटिज, [पृ.सं. 6] जीन जैक्स रूसो)

सबसे ताकतवर का अधिकार

''क्या प्रजा अपनी संपत्ति भी ले लिये जाने की स्थिति में अपनी अस्मिता भी खो बैठेगी, ऐसा होने पर मुझे उनके पास कुछ भी शेष बचता नहीं दिखाई देता?''

कहा जाता है कि आततायी अपनी प्रजा की नागरिक शांति को सुरक्षित करता है। संभव है कि ऐसा ही हो, लेकिन इससे उन्हें क्या मिलता है।

(सोशल कॉन्ट्रैक्ट में स्लेवरी [पृ.सं. 8] जीन जैक्स रूसो)

---

*इस उद्धरण का स्रोत अज्ञात है।

if the wars which his ambitions brings upon them, together with his insatiable greed and the vexations of his administration, harass them more than their own dissensions would?

To say that a man gives himself for nothing is to say what is absurd and inconceivable".

Whether addressed by a man to a man, or by a man to a nation, such a speech as this will always be equally foolish: "I make an agreement with you wholly at your expense and wholly for my benefit, and I shall observe it as long as I please, while you also shall observe it as long as I please."

———— : o : ————

Equality: ————

If then you wish to give stability to the State, bring the two extremes as near together as possible; tolerate neither rich nor beggars. These two conditions, naturally inseparable, are equally fatal to the general welfare; from the one class spring tyrants, from the other, the supporters of tyranny; it is always between these that the traffic in public liberty is carried on; the one buys the other sells.

———— : o : ————

(मूल नोटबुक पृष्ठ संख्या-181)

महत्त्वाकांक्षा के चलते छेड़े गए युद्ध के साथ ही उनकी अतृप्त लालसा और प्रबंधकीय खीझ उन्हें उनकी अपनी कलह से कहीं अधिक कष्ट पहुँचाती है ?

(सोशल कॉन्ट्रैक्ट में स्लेवरी [पृ.सं. 8] जीन जैक्स रूसो)

व्यक्ति को अपने आपको अकारण सौंप देना सरासर अनर्गल व अकल्पनीय बात है।

(सोशल कॉन्ट्रैक्ट में स्लेवरी [पृ.सं. 8] जीन जैक्स रूसो)

व्यक्ति द्वारा व्यक्ति को या व्यक्ति द्वारा राष्ट्र को संबोधित भाषण समान रूप से मूर्खतापूर्ण हैं। ''मैं तुम्हारे साथ अनुबंध करता हूँ, जो पूर्णत: तुम्हारी कीमत पर और पूर्णत: मेरे हित में है और मैं जब तक चाहूँगा, इसे कायम रखूँगा और तुम भी इसे तब तक कायम रख सकते हो, जब तक मैं चाहता हूँ।''

(वही [पृ.सं. 11] जीन जैक्स रूसो)

समानता

यदि आप राज्य को स्थिर करना चाहते हैं, इन दोनों को जितना हो सके, निकट ले आएँ। न तो समृद्ध व्यक्तियों को अनदेखा करें और न भिखारियों को। ये दोनों ही परिस्थितियाँ नैसर्गिक तौर पर अविभाज्य हैं, ये दोनों ही सार्वजनिक हितों के लिए समान रूप से घातक हैं। इनमें से जहाँ एक वर्ग से अत्याचारियों का उदय होता है, वहीं दूसरे वर्ग से इस अत्याचारियों के समर्थक उदित होते हैं। इन दोनों के बीच सार्वजनिक स्वतंत्रता का लेन-देन हमेशा चलता रहता है, जहाँ एक खरीदता है तो दूसरा बेचता है।

('सोशल कॉन्ट्रैक्ट', दी डिफ्रेंट सिस्टम ऑफ लेजिस्लेशन [पृ.सं. 45]
ले. जीन जैक्स रूसो)

जारी...

182

Hail lays waste a few cantons, but it rarely causes scarcity. Riots and civil wars greatly startle the chief men; but they do not produce the real misfortunes of nations, which may be abated, while it is being disputed who shall tyrannize over them. It is from their permanent conditions that their real prosperity or calamities spring; when all is left crushed under the yoke, it is then that everything perishes; it is then that the chief men, destroying them at their leisure, "where they make a solitude, they call it peace." "P.P. 176"

———— : • •. ————

(मूल नोटबुक पृष्ठ संख्या-182)

ओलावृष्टि से कुछ इलाके बरबाद हो जाते हैं, लेकिन इससे अकाल नहीं पड़ता। उपद्रव व गृह युद्ध प्रमुख लोगों को हैरत में अवश्य डाल सकते हैं, लेकिन वे राष्ट्र के दुर्भाग्य का कारण नहीं बनते, क्योंकि इससे इस विवाद का निवारण हो जाता है कि उनपर कौन सा अत्याचारी शासन करेगा। उनकी वास्तविक समृद्धि और विपदाएँ तो सब तहस-नहस होने के बाद की स्थायी परिस्थितियों से उत्पन्न होती हैं। उस समय सबकुछ नष्ट हो जाता है। उस समय प्रमुख लोग उन्हें अपने आराम के लिए मिटा देते हैं। वे अकेले रह जाने को ही शांति कहते हैं।

''पृ.सं. 176'' *(सोशल कॉन्ट्रैक्ट [पृ.सं. 76]*
ले. जीन जैक्स रूसो)

जारी···

उपरोक्त उद्धरण का फोलियो नंबर भगत सिंह ने 176 लिखा है, जबकि उपलब्ध संस्करण पर यह 76 है। जेल नोटबुक के पटना 178 से आगे इस पुस्तक के उद्धरणों के पन्ने हमने उपलब्ध संस्करण में से ही दिए हैं।

French Revolution:—

America | The American war of Independence had great effect on the French situation. (1776)

Taxes | Court or ministry acting under the use of the name 'The King', framed the edicts of taxes at their own discretion and sent them to the Parliament to be registered; for until they were registered by the Parliament they were not operative.

The court insisted that the Parliament's authority went no farther than to show reasons against it, reserving to itself the right of determining whether the reasons were well or ill founded and in consequence thereof, either to withdraw the edict as a matter of choice, or to order it to be enregistered as a matter of authority.

The Parliament on the other hand insisted for having the right of rejection.

M. Calonne the minister wanted money. He was aware of the sturdy disposition of the Parliament with respect to taxes. He called an "Assembly of Notables" (1787).

It was not a States-General which was elected but then all the members were nominated by the King and consisted of 140 members. Even then he could not get the majority support. He divided it into 7 committees. Every committee consisting of 20 members. Every question was to be decided by majority votes in committees and by majority committee votes in Assembly. He tried to have 11 members whom he could trust in each of any four committees, thus to have a majority. But his devices failed

(मूल नोटबुक पृष्ठ संख्या-183)

फ्रांसीसी क्रांति

अमेरिका 1776

अमेरिकी स्वतंत्रता संग्राम का फ्रांस की स्थिति पर भारी प्रभाव पड़ा था।

टैक्स

'राजा' के नाम के तहत कार्य करनेवाले सभी न्यायालय या मंत्रालय ने अपने विवेकानुसार टैक्स (कर) संबंधी फरमान जारी किए और उन्हें पंजीकरण हेतु संसद् में भेज दिया। ऐसा इसलिए, क्योंकि संसद् में पंजीकृत हुए बिना उन्हें लागू नहीं किया जा सकता था।

न्यायालय का कहना है कि संसद् केवल इसके विरोध में तर्क देने, उन तर्कों के वास्तविक या बेबुनियाद होने की पड़ताल करने तक सीमित रहने से अधिक और कुछ नहीं कर सकती। इन हालातों में वे तदनुसार अपनी मरजी से या तो इस फरमान को वापस ले सकते हैं या उसे प्राधिकरण के एक मामले के रूप में अपंजीकृत कर सकते हैं।

वहीं संसद् का कहना है कि उनके पास इसे अस्वीकृत करने का अधिकार है।

मंत्री एम. कैलोन को धन चाहिए। वे टैक्स के मामले में संसद् के कड़े रुख से परिचित हैं। उन्होंने एक 'असेंबली ऑफ नोटेबल्स' (1787) को बुलाया।

इसके सदस्यों में *स्टेट्स-जनरल* नहीं थे, बल्कि इसके सभी *140 सदस्य* राजा द्वारा मनोनीत थे। इसके बावजूद उन्हें बहुमत हासिल नहीं हो सका। तब उन्होंने इन्हें *7 कमेटियों* में विभाजित कर दिया। इसमें से प्रत्येक कमेटी में 20 सदस्य थे। प्रत्येक प्रश्न कमेटी में हासिल बहुमत और असेंबली में हासिल बहुमत से तय होता। उन्हें बहुमत हासिल करने के लिए किन्हीं चार कमेटियों में से प्रत्येक में 11 सदस्यों को भरोसे में लेना था, लेकिन उनकी यह योजना असफल रही।

(भगत सिंह के फ्रांसीसी क्रांति संबंधी नोट्स
थॉमस पेन की 'राइट्स ऑफ मैन' [78-79] से उद्धृत)

जारी...

M. de Lafayette was vice-president of a second committee. He charged ~~[illegible]~~ M. Calonne for having sold Crown land to the amount of two millions of livers. He gave it in writing too. Sometimes afterwards M. Calonne was dismissed.

The Archbishop of Tolouse was appointed the Prime Minister and Finance Minister. He placed before the Parliament two Taxes —— Stamp Tax and a sort of land-tax. The Parliament returned for answer,

> That with such a revenue as the nation then supported the name of taxes ought not to be mentioned but for the purpose of reducing them!

and threw both the edicts out. Then they were ordered to Versailles, where the king held 'a Bed of justice' and enregistered those edicts. Parliament returned to Paris. Held a session there. Ordered the enregistration to be struck off. Declaring everything done at Versailles to be illegal. All were served with letter de cachets and exiled. And afterwards they were recalled. Again the same edicts were placed before them.

(मूल नोटबुक पृष्ठ संख्या-184)

एम.द ला फायत दूसरी कमेटी के उपाध्यक्ष थे। उन्होंने एम. कैलोन पर दो मिलियन लिव्रेस की कीमत पर शाही भूमि बेचने का आरोप लगाया। उन्होंने इसे लिखित में भी दिया। इसके कुछ ही समय बाद एम. कैलोन को निलंबित कर दिया गया।

तोलूस के आर्कबिशप को प्रधानमंत्री व वित्तमंत्री पद पर नियुक्त किया गया। उन्होंने संसद् के समक्ष दो तरह के टैक्स प्रस्ताव रखे—स्टैंप टैक्स [और दूसरा] एक प्रकार का भूमि-कर। संसद् ने इसका उत्तर दिया।

उसने कहा कि राष्ट्र ने जिस राजस्व के लिए समर्थन दिया है, उसका उद्‌देश्य टैक्सों का नाम रखना नहीं, बल्कि उनमें कटौती करना है।

उन्होंने इन दोनों फरमानों को नकार दिया। तत्पश्चात् राजा ने उन्हें वर्साय बुलाया, जहाँ 'अ बेड ऑफ जस्टिस' ने इन दोनों फरमानों को अपंजीकृत कर दिया। [इसपर] संसद् वापस पेरिस लौट गई। उन्होंने वहाँ एक सत्र बुलाया और अपंजीकरण के आदेश को निरस्त कर दिया। उन्होंने वर्साय में हुई प्रत्येक कार्यवाही को अवैध घोषित कर दिया। उन सब को 'लैटर्स डी कैचेट' की सजा सुनाते हुए निर्वासित कर दिया गया। थोड़े ही समय बाद उन्हें वापस बुला लिया गया और एक बार पुनः उनके सामने वही फरमान पेश कर दिया गया।

(वहीं, पृ.सं. [80-82] भगत सिंह के
फ्रांसिसी क्रांति संबंधी नोट्स)

जारी···

Then arose the question of calling a 'States-general.' The King promised with the Parliament. But ministry opposed. They put forth a new proposal for the formation of a 'Full Court'. It was opposed on two grounds. Firstly for principles' sake govt had no right to change itself. Such a precedent will be harmful. Secondly on the question of forms it was contended that it was nothing but an enlarged cabinet.

The Parliament rejected this proposal. It was besieged by armed forces. For many days they were there. Still they persisted. Then many of them were arrested and sent to different jails.

A deputation from Brittany came to remonstrate against it. They were sent to Bastille.

"Assembly of notables" again recalled, decided to follow the same course as adopted in 1614 to call States General.

"Parliament decided that 1200 members should be elected, 600 from Commons, 300 from Clergy and 300 from Nobility."

States General ~~~~ met in May 1789. Nobility and Clergy went to two different chambers.

(मूल नोटबुक पृष्ठ संख्या-185)

तब राज्य-प्रमुखों को बुलाने का प्रश्न उठा। राजा ने संसद् से इसका वादा किया, लेकिन मंत्रियों ने इसका विरोध किया। उन्होंने 'फुल कोर्ट' के गठन का नया प्रस्ताव पेश किया। इसका दो आधारों पर विरोध हुआ। पहला, सैद्धांतिक तौर पर कि सरकार को अपने स्वरूप में परिवर्तन का अधिकार नहीं है। ऐसी नजीर हानिकारक सिद्ध हो सकती है। दूसरा प्रश्न इसके प्रारूप पर था, इसके एक बड़े मंत्रिमंडल के अतिरिक्त और कुछ न होने की दलील दी जा रही थी।

संसद् ने इस प्रस्ताव को निरस्त कर दिया। तब संसद् को सशस्त्र सेनाओं ने घेर लिया। कई दिनों तक ऐसा ही चलता रहा, लेकिन वे अपनी बात पर अड़े रहे। तब तक उनमें से बहुत से लोगों को गिरफ्तारकर विभिन्न जेलों में भेज दिया गया था।

इसके प्रतिवाद के लिए ब्रिटेन से एक प्रतिनिधिमंडल आया। उन्हें बास्तील भेज दिया गया।

'असेंबली ऑफ दी नोटेबल्स' को पुनः बुलाया गया, तत्पश्चात् 1614 के तरीके को अपनाने का निर्णय लेते हुए राज्य-प्रमुखों को बुलाया गया।

''संसद् ने निर्णय लिया कि इसमें 1200 सदस्यों को चुना जाएगा, जिसमें से 600 आम लोगों में से 300, पादरी वर्ग से और 300 कुलीन वर्ग से होंगे।''

राज्य-प्रमुखों की मई, 1789 को बैठक हुई। इसमें कुलीन वर्ग और पादरी वर्ग के सदस्य दो भिन्न कक्षों में बैठे।

(वही, पृ.सं. [83-87] भगत सिंह के
फ्रांसीसी क्रांति संबंधी नोट्स)

जारी···

The third estate or the Commons refused to recognize this right of the clergy and nobility and declared themselves to be the 'Representatives of the Nation' denying the others any right whatsoever in any other capacity than the national representatives sitting alongwith them in the same chamber. Hence the States General became the 'National Assembly'."

They sent invitations to other chamber. Majority of clergy came over to them. 45 of the aristocracy also joined them; then their number increased to eighty and afterwards still higher.

(मूल नोटबुक पृष्ठ संख्या-186)

तीसरे वर्ग या आम लोगों ने पादरियों और कुलीन वर्ग के अधिकारों को स्वीकार करने से इनकार करते हुए स्वयं को 'राष्ट्र के प्रतिनिधि' घोषित करते हुए अपने साथ कक्ष में बैठे राष्ट्र प्रतिनिधियों के अतिरिक्त अन्य किसी के भी अधिकार से इनकार कर दिया। इस तरह राज्य-प्रमुखों ने 'नेशनल असेंबली' का गठन किया। उन्होंने अन्य कक्षों को भी निमंत्रण भेजा। अधिकांश पादरी उनके साथ आ मिले। कुलीन वर्ग से भी 45 लोग उनके साथ आ गए। इस तरह उनकी संख्या बढ़कर 80 हो गई, जिसमें बाद में और भी इजाफा हुआ।

(वहीं, पृ.सं. [88-89] भगत सिंह के
फ्रांसीसी क्रांति संबंधी नोट्स)

जारी…

Tennis court oath

The malcontents of nobility and clergy wanted to overthrow the National Assembly. The conspired with ministry. The door of the chamber was shut in the face of the Representatives of the nation and were guarded by militia. They then proceeded to a tennis court in a body and took an oath never to seperate until they had established a constitution.

Bastille :—

The next day the chamber was again thrown open to them. But secretly thirty thousand troops were mobilised to besiege Paris. The unarmed Parisian mob attacked Bastille; and Bastille was taken. 14th July 1789

Versailles :—

5th Oct 1789 thousands of men and women proceeded towards Versailles to demand satisfaction from "Garde du Corps" for their insolent behaviour in connection with national cockade. It is known as versailles expedition. As a result of further developments the king was brought to Paris.

(मूल नोटबुक पृष्ठ संख्या-187)

टेनिस कोर्ट में शपथ

कुलीन वर्ग व पादरी नेशनल असेंबली को गिरा देना चाहते थे। उन्होंने मंत्रियों के साथ मिलकर षड्यंत्र रचा। उन्होंने राष्ट्र के प्रतिनिधियों के लिए कक्ष के दरवाजे बंद कर दिए और सुरक्षा के लिए सेना को तैनात कर दिया। तत्पश्चात् वे एक समूह के रूप में टेनिस कोर्ट पहुँचे और संविधान की स्थापना होने तक एक-दूसरे का साथ न छोड़ने की शपथ ली।

बास्तील

अगले दिन कक्ष के दरवाजे एक बार फिर खुले, लेकिन इसके साथ ही गोपनीय रीति से पेरिस की घेराबंदी हेतु तीस हजार सैनिकों को रवाना कर दिया गया। पेरिस की निःशस्त्र भीड़ ने बास्टील पर आक्रमणकर उसपर कब्जा कर लिया।

14 जुलाई, 1789

वर्साय

5 अक्तूबर, 1789—हजारों की संख्या में स्त्री-पुरुष राष्ट्रीय प्रतीकों के 'गार्डे ड्यू कॉर्प्स' (अंगरक्षकों) द्वारा किए गए अपमान का जवाब माँगने हेतु वर्साय की ओर बढ़ रहे थे। इसे वर्साय अभियान कहा जाता है। इसके परिणामस्वरूप राजा को पेरिस लाया गया।

(वही, पृ.सं. [91-93] भगत सिंह के
फ्रांसीसी क्रांति संबंधी नोट्स)

जारी···

The wisdom of every country when properly exerted, is sufficient for all its purposes.

(PP. 112 / Re Queen)

That the form of a government was a matter wholly at the will of a nation at all times, that if it chose a monarchical form, it had a right to have it so; and if it afterwards chose to be a Republican, it had a right to be a republic: and to say to a King, "We have no longer any occasion for you."

House of Lords. Minister Earl of Shelburne.

(मूल नोटबुक पृष्ठ संख्या-188)

प्रत्येक राष्ट्र के लिए अपने विवेक का समुचित उपयोग करना उसके सभी उद्देश्यों की पूर्ति के लिए पर्याप्त है।

'राइट्स ऑफ मैन' (विविध अध्याय)

पृ.सं. 112, (थॉमस पेन)

हमेशा से ही सरकार का स्वरूप राष्ट्र की इच्छा पर निर्भर होता है अर्थात यदि वह राजतंत्रात्मक स्वरूप को चुनता है तो उसे ऐसा करने का पूरा अधिकार है और बाद में यदि वह गणतांत्रिक होना चाहे तो उसे गणतांत्रिक होने का भी पूरा अधिकार हैं। वह अपने राजा से कह सकता है, ''हमें अब आपकी जरूरत नहीं है।''

हाउस ऑफ पीयर्स में सेलबोर्न के अर्ल (अंग्रेजी अभिभाषण)

(विविध अध्याय में उद्धृत [वही. पृ.सं. 106] थॉमस पेन)

जारी···

King:— If there existed a man so transcendently wise above all others, that his wisdom was necessary to instruct a nation, some reason might be offered for monarchy; but when we cast our eyes about a country and observe how every part understands its own affairs; and when we look around the world and see that of all men in it, the race of kings are the most insignificant in capacity, our reason fails to ask us— What are these men kept for? 112.

Libeller:— "If to expose the fraud and imposition of monarchy and every species of hereditary government to lessen the oppression of taxes — to propose plans for the education of helpless infancy, and the comfortable support of the aged and distressed — to endeavour to conciliate nations to each other — to extirpate the horrid practice of war — to promote universal peace, civilization and commerce — and to break the chains of political superstition and raise degraded man to his proper rank — if these things be libellous, let me live the life of a libeller, and let the name of "Libeller" be engraven on my tomb." xi

---

(मूल नोटबुक पृष्ठ संख्या-189)

राजा

यदि कोई ऐसा व्यक्ति हो, जो बाकी सबसे अत्यधिक बुद्धिमान हो, और राष्ट्र को आगे बढ़ाने के लिए उसके बौद्धिक कौशल की आवश्यकता हो, तो यह राजशाही को अपनाने का कोई तर्क हो सकता है, लेकिन जब हम किसी भी राष्ट्र पर नजर डालते हों और हमें वहाँ का प्रत्येक भाग स्वयं अपने मामले सुलझाता दिखे और इसी तरह विश्व स्तर पर हमें सभी लोगों में राजाओं की प्रजाति की क्षमता सबसे न्यूनतम दिखाई दे, तब हमारे पास इस प्रश्न का कोई उत्तर नहीं होगा कि हमने उन लोगों को क्यों बैठा रखा है।

(वही, विविध अध्याय) पृ.सं. 112 (थॉमस पेन)

मानहानिकर्ता

टैक्सों का उत्पीड़न कम करने के लिए राजशाही और हर प्रजाति की वंशानुगत सरकार की धोखाधड़ी और छल का परदाफाश करना, असहाय बच्चों की शिक्षा के लिए कोई योजना बनाना और वृद्धों और असहाय लोगों के आराम का इंतजाम करना, राष्ट्रों के बीच शांति कायम करने का प्रयास करना, युद्ध जैसे भयानक चलन का उन्मूलन करना, सार्वभौमिक शांति, सभ्यता और वाणिज्य को प्रोत्साहित करना हो तथा राजनीतिक अंधविश्वास की बेड़ियों को तोड़ते हुए पदावनत मनुष्य को उसके सही स्तर तक उठाना हो, यदि इन सबसे मानहानि होती है, तो मुझे मेरा मानहानिकर्ता का जीवन जीने दो और मेरी समाधि पर मेरा नाम 'मानहानिकर्ता' लिखवा देना।

(*'लैटर अड्रेस्ड टू दी अड्रेसर ऑन दी लेट प्रोक्लेमेशन '*
[पृ.सं. 22-23] ले. थॉमस पेन)
[जॉर्ज जैकब होलियोक की 'राइट्स ऑफ मैन' की प्रस्तावना के
पृ.सं. XI पर उद्धृत]

---

*इस दिन सरकार ने पेन के विरुद्ध 'राजद्रोही लेखन' की मुनादी करते हुए उनपर कानूनी प्रक्रिया आरंभ की थी। पेन के लेखन के प्रभाव को कम करने के लिए बहुत से समर्थकों ने यहाँ संबोधित किया, लेकिन पेन इस धमकी में नहीं आए और उन्होंने अपने सिद्धांतों को और अधिक दमदार पक्षधरता के साथ 'अ लैटर अ ड्रेस्ड टू दी अड्रेसर ऑन दी लेट प्रोक्लेमेशन' में प्रकाशित किया।

But when principle and not place, is the energetic cause of action, a man, I find, is everywhere the same.

: o :

Death :— If we were immortal we should all be miserable; no doubt it is hard to die, but it is sweet to think that we shall not live for ever. [PP. 45. Emile]

: o :

Socialistic Order— "From each according to his ability, to each according to his need."

o

Audacity is the ~~soul~~ soul of success in Revolution

"Action, Action. Power first discussion afterwards," said Danton!

: o :

(मूल नोटबुक पृष्ठ संख्या-190)

मैंने देखा है कि जब कार्य स्थान नहीं, बल्कि सिद्धांत द्वारा ऊर्जान्वित होता है, तो वहाँ सब जगह व्यक्ति समान रहता है।

('दी राइट्स ऑफ मैन' भाग II पृ.सं. 141 ले. थॉमस पेन)

मृत्यु

यदि हम सब अमर होते तो बहुत दु:खी हो जाते। निस्संदेह, मरना सरल कार्य नहीं है, लेकिन यह विचार बहुत मधुर है कि हम हमेशा जीवित नहीं रहनेवाले।

'एमिली', पृ.सं. 45 (जैक्स रूसो)

समाजवादी व्यवस्था

प्रत्येक अपनी क्षमता व अपनी जरूरत के अनुसार!

(कार्ल मार्क्स
'क्रिटिक ऑफ दि गोथा प्रोग्राम' [पृ.सं. 17])

''साहसिकता क्रांति की सफलता की आत्मा है।''

दाँते का कथन है, ''काम, काम। पहले सत्ता फिर चर्चा।''

(दोनों उद्धरण दाँते की 'मैक्सिमस' से भावानुवादित हैं, जिसका उन्होंने बारहवीं शताब्दी के पूर्वार्ध में अपने क्रांतिकारी लेखन में उपयोग किया था। मार्क्स व लेनिन ने भी इससे प्रेरणा ली* 'साहसिकता, साहसिकता, साहसिकता और अधिक साहसिकता' यह कम्युनिस्ट पार्टी ऑफ कैनेडा के महासचिव टिम बक का अपना राजनीतिक आदर्श वाक्य था।)

---

*रिवॉल्यूशन ऐंड काउंटर रिवॉल्यूशन' में मार्क्स कहते हैं, ''दाँते के शब्दों में कहें तो, क्रांतिकारी योजना की सफलता का अब तक का सबसे ज्ञात कारण है *de l'audace, de l'audace, encore de l'audace!*''

Russian Experiment: 1917-27

"The philosophy of the Bolshevists is utterly, aggressively materialistic, whose one redeeming feature even their bitterest enemies will have to recognize viz. the utter absence of any illusion.

They hold firmly to the faith of their founder that 'Everything can be explained by natural laws or in a narrower sense, by Physiology'." P30

— : o : —

Philosophers, said Marx, 'have merely interpreted the world in many ways; the really important thing is to change it."

1. Face and mind of Bolshevism. by Rene Fulop-miller
2. Russia by Mckeev-O'Hara
3. Russian Revolution by Lancelot Lowton (Macmillian)
4. Bolshevist Russia by Anton Karlgren.
5. Literature and Revolution (Trotzky)
6. Marx-Lenin & Science of Revo: by Anton Karlgren

(मूल नोटबुक पृष्ठ संख्या-191)

रूसी प्रयोग 1917-27

बोल्शेविकों का दर्शन पूर्णत: आक्रामक भौतिकवादी है। उनकी भ्रम के पूर्ण अभाववाली मुक्तिदायी विशेषता की सराहना उनके कट्टर शत्रु भी करते हैं।

वे अपने संस्थापक की इस धारणा पर दृढ विश्वास रखते हैं, ''प्रत्येक वस्तु को प्राकृतिक कानून या संकीर्ण अर्थों में शरीर विज्ञान द्वारा पूरी तरह से समझा जा सकता है।''

(रेने फुलॉप मिलर की पुस्तक 'दी माइंड ऐंड फेस ऑफ बोल्शेविज्म' से
भावानुवादित पृ.सं. 30 [पृ.सं. 50-51] अध्याय III)

1. दी माइंड ऐंड फेस ऑफ बोल्शेविज्म, लेखक—रेने फुलॉप मिलर
2. रशिया, ले. मकीव-ओ हारा, स्क्रिब्नर, 1925
3. रशियन रिवॉल्यूशन (1917-26) ले.— लैंसलॉट लोटन (मैक्मिलन)
4. बोल्शेविस्ट रशिया ले.—एंटोन कार्लग्रीन, फिशर ऐंड अनविन, 1927
5. लिट्रेचर ऐंड रिवॉल्यूशन ले. त्रोत्स्की, 1924
6. मार्क्स ऐंड लेनिन; दी साइंस ऑफ रिवॉल्यूशन ले. मैक्स ईस्टमैन, अल्बर्ट ऐंड चार्ल्स बॉनी, न्यूयॉर्क, 1927

भगत सिंह द्वारा उपयोग की गई उपरोक्त छह पुस्तकों में से इस नोटबुक में केवल एक रेने फुलॉप मिलर की पुस्तक ही दिखी है। अन्य पाँच के बारे में कोई संदर्भ नहीं दिया गया।

मार्क्स कहते हैं, ''दार्शनिकों ने दुनिया को मात्र अलग-अलग ढंग से अभिव्यक्त किया है, जबकि वास्तव में इसमें बदलाव करना महत्त्वपूर्ण है।''

(फ्यूरबाख पर कार्ल मार्क्स का शोध, परिशिष्ट संख्या XI 'दी जर्मन आइडियोलॉजी'
वही, [पृ.सं. 65] पर उद्धृत, ले. रेने फुलॉप मिलर)
मैक्स ईस्टमैन की 'मार्क्स-लेनिन ऐंड साइंस ऑफ रिवॉल्यूशन'
पृ.सं. 19, 1927 में भी उद्धृत

Religion and Socialism:—

"Religion is an opium for mankind" said Marx.

" All idealistic considerations lead in the end to a kind of conception of Divinity, and are, therefore, pure non-sense in the eyes of Marxists. Even Hegel saw in God the concrete form of everything good and reasonable that rules the world; the idealist theory must put everything on the shoulders of this unfortunate grey beard, who, according to the teachings of his worshippers, is perfect, and who in addition to Adam, created fleas and harlots, murderers and lepers, hunger and misery, plague and vodka, inorder to punish the sinners whom he himself had created, and who sin in accordance with his will.... From the scientific standpoint this theory leads to absurdity. The only scientific explanation of all the phenomenon of the world is supplied by absolute materialism. [(P. 32.) Bukharin]

———— : o : ————

According to them,

In the beginning Nature; from it life; and from life, thought and all the manifestation we call mental or moral phenomena. There is no such thing as Soul, and Mind is nothing but a function of matter, organized in a particular way. .33.

(मूल नोटबुक पृष्ठ संख्या-192)

धर्म और समाजवाद

मार्क्स ने कहा था, ''धर्म मानवता के लिए एक अफीम है।''

''सभी आदर्शवादी विचार दैवीयता जैसी अवधारणा पर समाप्त होते हैं। इसलिए एक मार्क्सवादी की दृष्टि से यह कोरी बकवास है, यहाँ तक कि हेगेल को भी ईश्वर में इस संसार की प्रत्येक अच्छी और तर्कसंगत वस्तु का ठोस रूप दिखाई देता है। निश्चित ही आदर्शवादी सिद्धांत सब चीजों का दायित्व इस दुर्भाग्यशाली बूढ़े के कंधों पर डाल देना चाहता है, जो उसके उपासकों के अनुसार पूर्ण है। इसी ने आदम के साथ ही पिस्सुओं और वेश्याओं, कातिलों और कोढ़ियों, भूख और दुःख, प्लेग और वोदका की सृष्टि की है, जिससे वह उन पापियों को सजा दे सकें, जिन्हें उसने स्वयं उत्पन्न किया है और जो उसी की इच्छा के अनुरूप पाप करते हैं··· वैज्ञानिक दृष्टिकोण से देखें तो यह सिद्धांत मूर्खतापूर्ण सिद्ध होता है। इस संसार की सभी घटनाओं की एकमात्र वैज्ञानिक व्याख्या इनका भौतिकवाद की देन होना है।''

(एन.ए.बुखारिन, रेने फुलॉप-मिलर की पुस्तक 'दी माइंड ऐंड फेस ऑफ बोल्शेविज्म' में पृ.सं. 32 [पृ.सं. 53] पर उद्धृत)

उनके अनुसार,

प्रकृति से शुरुआत; उससे जीवन और जीवन से चिंतन और वे सारी अभिव्यक्तियाँ, जिन्हें हम मानसिक या नैतिक परिघटनाएँ कहते हैं। आत्मा, जैसी कोई चीज नहीं है और मन विशिष्ट तरीके से व्यवस्थित एक क्रिया के अतिरिक्त और कुछ नहीं है।

(रेने फुलॉप मिलर की 'दी माइंड ऐंड फेस ऑफ बोल्शिविज्म' से भावानुवादित)
पृ.सं. 33([पृ.सं. 57] अध्याय III)

Marx on Insurrection:—

Firstly: "never play with insurrection if there is no determination to drive it to the bitter end (literally— to face all the consequences of this play). An insurrection is an equation with very indefinite magnitudes, the value of which may change every day. The forces to be opposed have all the advantages of organization, discipline and traditional authority.
If the rebels cannot bring great forces to bear against their antagonists, they will be smashed and destroyed.

Secondly:— The insurrection once started, it is necessary to act with the utmost determination and pass over to the offensive. The defensive is the death of every armed rising; it perishes before it has measured forces with the enemy. The antagonists must be surprised while their soldiers are still scattered, and new successes, however small, must be attained daily; the moral ascendancy given by the first success, must be kept up. One must rally to the side of insurrection the vacillating elements, which always follow the stronger, and which always look out for the safer side. .. In one word, act according to the words of Danton — the greatest master of Revolutionary policy yet known. — 'Audacity — audacity and yet again audacity.'

(मूल नोटबुक पृष्ठ संख्या-193)

विद्रोह पर मार्क्स के विचार

पहली बात, यदि पीड़ादायक अंत (वस्तुतः इस खेल के हर तरह के परिणाम) के प्रति दृढप्रतिज्ञ नहीं हैं, तो विद्रोह का खेल न खेलें। विद्रोह ऐसा अनिश्चित विस्तार है, जिसका समीकरण (गणना) दिन-प्रतिदिन गड़बड़ा सकता है। विरोध की जा रही शक्तियों के पास संगठन, अनुशासन और परंपरागत सत्ता जैसी हर तरह की अनुकूल परिस्थितियाँ होती हैं।

यदि क्रांतिकारी अपने प्रतिद्वंद्वियों से अधिक शक्ति नहीं जुटा सके तो उन्हें कुचल व नष्ट कर दिया जाएगा।

दूसरा : एक बार विद्रोह आरंभ हो जाने पर अति दृढप्रतिज्ञ रहने के अलावा आक्रामक होकर कारवाई करना आवश्यक है। रक्षात्मक होना किसी भी सशस्त्र विद्रोह के लिए मारक सिद्ध होता है। ऐसे में वे शत्रु के बल को तोलने से पहले ही कुचल दिए जाते हैं। अपने प्रतिद्वंद्वियों के सिपाहियों के सँभलने से पहले ही उन्हें चौंका देना, दिन-प्रतिदिन नई सफलता हासिल करने के अलावा रोजाना सफलता हासिल करने, फिर चाहे वे कितनी ही छोटी क्यों न हों। इन पिछली सफलताओं से प्राप्त मनोबल को बनाए रखना आवश्यक है। विद्रोह के दौरान, बलवान का अनुगमन करनेवालों व सुरक्षित रहनेवालों और दुविधाग्रस्त तत्त्वों को किनारे लगाए रखें… दूसरे शब्दों में दाँते के शब्दों का अनुगमन करें, अब तक ज्ञात सबसे अच्छी क्रांतिकारी योजना है—साहसिकता, साहसिकता और फिर और अधिक साहसिकता!

('रिवॉल्यूशन ऐंड काउंटर रिवॉल्यूशन इन जर्मनी' ले. कार्ल मार्क्स
अध्याय XVII- इंसुरेक्शन, संपादन. इलियानॉर मार्क्स एवेलिंग)

[1851 की गरमियों में न्यूयॉर्क ट्रिब्यून के प्रबंध संपादक चार्ल्स ऐंडर्सन डाना ने मार्क्स से जर्मन क्रांति पर शृंखलाबद्ध लेख लिखने को कहा। उस दौर में 1842 में होरेस ग्रीले द्वारा स्थापित ट्रिब्यून अमेरिका का सबसे अधिक प्रभावशाली पत्र था। मार्क्स उन दिनों अपने आर्थिक अध्ययन में व्यस्त थे, इसके अलावा संभवतः अंग्रेजी भाषा में सिद्धहस्त न होने के कारण उन्होंने एंगेल्स से इन लेखों को लिखने का अनुरोध किया। एंगेल्स उन दिनों मैनचेस्टर में नौकरी कर रहे थे। उन्होंने वहीं से ये लेख लिखे और उन्हें संपादन हेतु मार्क्स के पास लंदन और वहाँ से अमेरिका प्रेषित करने के लिए भेज दिया। यद्यपि एंगेल्स ने अपने लेखक के विचारों को भली-भाँति प्रकट किया था, फिर भी मार्क्स ने इसे तैयार करने में काफी मशक्कत की। उन दोनों के बीच इस संबंध में प्रमुख बिंदुओं पर लगभग प्रतिदिन पत्राचार होता। ये लेख मार्क्स के नाम से प्रकाशित हुए। कुछ ही समय पश्चात् दोनों सहयोगियों के बीच आजीवन चले पत्राचार की जानकारी मिलने पर वास्तविक परिस्थितियों का खुलासा हुआ। उस समय आरंभ हुआ ट्रिब्यून के लिए लेख लिखे जाने का सिलसिला 1862 तक जारी रहा। 1852 के बाद लिखे गए सभी लेख स्वयं मार्क्स ने लिखे थे, इसके बावजूद एंगेल्स ने अपने राजनीतिक व सैन्य मामलों से जुड़े महत्त्वपूर्ण लेखों द्वारा अपने मित्र की भरपूर सहायता की। जब मार्क्स की पुत्री ईलियानोर ने 1896* के संस्करण की प्रस्तावना लिखी थी, उस समय भी वे यही समझती थीं कि इस शृंखला के लेखक मार्क्स ही हैं।]

[लॉरेंस ऐंड विशार्ट द्वारा लंदन से प्रकाशित 1969 संस्करण में प्रकाशक की टिप्पणी]

*1896 का पुनः मुद्रित संस्करण 20 वीं शताब्दी के काफी अंत तक उपलब्ध रहा। 1930 में जब भगत सिंह ने इसे पढ़ा, उस दौरान केवल यही संस्करण उपलब्ध था। इसलिए उन्होंने इसका श्रेय मार्क्स को देकर कोई गलती नहीं की, लेकिन जैसा कि प्रत्यक्ष है कि इस उद्धरण को काफी अलग ढंग से विवेचित किया गया है, जो संभवतः भगत सिंह ने किया है और या फिर भगत सिंह ने इसे किसी अन्य स्रोत से लिया है।

... Do you want an expansion of the Legislative councils? Do you want that a few Indians shall sit as your representatives in the House of Commons? Do you want a large number of Indians in the Civil Service? Let us see whether 50, 100, 200 or 300 civilians will make the Govt. our own.... The whole civil Service might be Indian, but the civil servants have to carry out orders — they can not direct, they can not dictate the policy. One swallow does not make the summer. One civilian, 100, or 1000 civilians in the service of the British Govt. will not make the Govt. Indian. There are traditions, there are laws, there are policies to which every civilian, be he black or brown or white, must submit, and as long as these traditions have not been altered, as long as these principles have not been amended, as long as that policy has not been radically changed, the supplanting of Europeans by Indian agency will not make for self government in this country....

If the Govt. were to come and tell me today, "Take Swaraj," I would say thank you for the gift but I will not have that which I can not acquire by my own hand..........

Our ... we shall in the imperative compell the submission to our will of any power that may set itself against us.

... the primary thing is the prestige of the Govt.

(मूल नोटबुक पृष्ठ संख्या-273)

क्या आप विधान परिषदों में और अधिक विस्तार करना पसंद करेंगे, क्या आप चाहते हैं कि कुछ भारतीय हाउस ऑफ कॉमंस में आपके प्रतिनिधियों के साथ बैठें, क्या आप सिविल सेवाओं में बड़ी संख्या में भारतीयों को जगह देना चाहेंगे? देखते हैं कि यह 50,100,200 या 300 नागरिक अपनी सरकार बना पाते हैं या नहीं··· संभव है कि सिविल सेवाओं में सभी भारतीय ही हों, लेकिन सिविल कर्मचारियों का कार्य आदेशों का पालन करना होता है। वे इन नीतियों को निर्देशित या निर्धारित नहीं कर सकते। एक घूँट से प्यास नहीं बुझती। ब्रिटिश सरकार के सेवा करनेवाले 1, 100 या 1000 नागरिकों के होने से यह सरकार भारतीय नहीं हो जाती। जब तक इनमें से प्रत्येक परंपरा, कानून व नीति का प्रत्येक नागरिक, फिर चाहे वह काला हो या गोरा, पालन नहीं करता, जब तक इन परंपराओं में बदलाव नहीं होते, जब तक ये सिद्धांत संशोधित नहीं होते और जब तक इन नीतियों में मौलिक बदलाव नहीं किए जाते, तब तक यूरोपियनों की जगह भारतीय अभिकरण द्वारा इस देश में अपनी सरकार की स्थापना नहीं हो सकती।

यदि आज सरकार मुझे कहे स्वराज ले लो, तो मैं उससे कहूँगा कि आपके उपहार के लिए धन्यवाद, लेकिन मैं ऐसी कोई चीज प्राप्त करना नहीं चाहता, जिसे मैंने अपनी मेहनत से हासिल न किया हो। और यह हमेशा अनिवार्य है—हमारा विरोध करनेवाली प्रत्येक शक्ति के आगे नतमस्तक होने के लिए मजबूर हो जाते हैं। सरकार में गरिमा का होना सबसे बुनियादी बात है।

[पृ.सं. 10–11]

जारी···

Is really self government within the Empire a practicable ideal? What would it mean? It would mean either no real self-government for us or no real overlordship for England. Would we be satisfied with the shadow of self-government? If not, would England be satisfied with the shadow of overlordship? In either case England would not be satisfied with a shadowy overlordship, and we refuse to be satisfied with a shadowy self-government. And therefore no ~~self government~~ compromise is possible under such conditions between self-govt. in India and the overlordship of England. If self-govt. — (real) is conceded to us, what would be England's position not only in India, but in British Empire itself? Self--govt. means the right of self-taxation; it means the right of self-control; it means the right of the people to impose protective and prohibitive tariffs on foreign imports. The moment we have the right of self-taxation, what shall we do? We shall not try to be engaged in this uphill work of industrial boycott. But we shall do what every nation has done. Under the circumstances in which we live now, we shall impose a heavy prohibitive protective tariff upon every inch of textile fabric from Manchester, upon every blade of knife that comes from Leeds. We shall refuse to grant admittance to a British soul into our territory. We would not allow British capital to be engaged in the development of Indian resources, as it is now engaged. We would not ~~allow~~ grant any right to the British capitalists to dig up

(मूल नोटबुक पृष्ठ संख्या-274)

क्या किसी साम्राज्य में स्व-शासन व्यवहार्य आदर्श है, इसका क्या अर्थ है ? इसका अर्थ या तो वास्तव में स्व-शासन का न होना और या फिर वास्तव में इंग्लैंड का शासन न होना होगा। क्या हम इस अस्पष्ट स्व-शासन से संतुष्ट होंगे, यदि नहीं, तो क्या इंग्लैंड इस अस्पष्ट आधिपत्य से संतुष्ट होगा ? दोनों ही मामलों में इंग्लैंड इस अस्पष्ट शासन से कभी संतुष्ट नहीं होगा और हम भी इस अस्पष्ट स्व-शासन से संतुष्ट होने से इनकार करते हैं। इन परिस्थितियों में भारत में स्व-शासन और इंग्लैंड के आधिपत्य पर कोई समझौता होने की संभावना नहीं है। यदि हमें (वास्तव में) * स्व-शासन प्रदान कर दिया गया, तो इंग्लैंड की न केवल भारत में, बल्कि ब्रिटिश साम्राज्य में क्या स्थिति होगी ? स्व-शासन का अर्थ स्व-कराधान भी है। इसका अर्थ वित्तीय (स्व) ** नियंत्रण का अधिकार है। इसका अर्थ विदेशी आयात पर संरक्षी और प्रतिषेधी प्रशुल्क लागू करने का अधिकार प्राप्त होना है। जिस क्षण हमें स्व-कराधान का अधिकार मिलेगा, तो हम क्या करेंगे ? तो हम औद्योगिक बहिष्कार जैसे कठिन कार्यों में व्यस्त होने का प्रयास नहीं करेंगे, बल्कि हम वह कार्य करेंगे, जो प्रत्येक राष्ट्र करता है। जिन परिस्थितियों में हम फिलहाल रह रहे हैं, उनमें हम मैनचेस्टर में बननेवाले कपड़े के प्रत्येक इंच और लीड्स में आनेवाले चाकू के प्रत्येक ब्लेड पर भारी प्रतिषेधी संरक्षी प्रशुल्क लगा देंगे। हम अपने देश में किसी भी ब्रिटिश के प्रवेश को अनुमति नहीं देंगे। हम अभी की भाँति भारतीय संसाधनों द्वारा ब्रिटिश राजधानी के विकास में उपयोग की अनुमति नहीं देंगे। हम ब्रिटिश पूँजीपतियों को यहाँ जमने के किसी अधिकार की अनुमति नहीं देंगे।

[पृ.सं. 12-13]

जारी...

---

*(वास्तव में) भगत सिंह द्वारा जोड़ा गया

**(स्व) भगत सिंह द्वारा जोड़ा गया

the mineral wealth of the land and to carry it to their own isles. We shall want foreign capital. But we shall apply for foreign loans in the open markets of the whole world, guaranteeing the credit of the Indian Govt., the Indian nation, for the repayment of the loan . . . . . And England's commercial interests would not be furthered in the way these are being furthered now, under the condition of popular self-government, though it might be within the Empire. But what would it mean with in the Empire? It would mean that England would have to enter into some arrangements with us for some preferential tariff. England would have to come to our markets on the conditions that we would impose upon her for the purpose, if she wanted an open door in India, and after a while, when we have developed our resources a little and organized our industrial life, we would want the open door not only to England, but to every part of the British Empire. And do you think it is possible for a small country like England with a handful of population, although she might be enormously wealthy, to compete on fair and equitable terms with a mighty continent like India with immense natural resources, with her teeming populations, the soberest and most abstemious populations known to any part of the world?

If we have really self-government within the Empire, if the 300 millions of people have that freedom of the Empire, the Empire would cease to be British. It would be the Indian Empire, . . .

Bep. Ch. Pal in
New Spirit 1907.

(मूल नोटबुक पृष्ठ संख्या-275)

वे धरती की खनिज संपत्ति को अपने देश ले जाते हैं। हमें भी विदेशी पूँजी की आवश्यकता होगी, लेकिन हम दुनियाभर के खुले बाजार से विदेशी ऋण के लिए आवेदन करेंगे, जिसकी गारंटी भारत सरकार की साख होगी। इस ऋण की चुकौती भारत राष्ट्र करेगा। लोकप्रिय स्व-शासन की परिस्थितियों में इंग्लैंड के व्यावसायिक हित उस तरह से बाधा नहीं बनेंगे, जैसी अभी ब्रिटिश साम्राज्य के भीतर रहते हुए बाधा बने हुए हैं, लेकिन साम्राज्य के भीतर रहने का क्या अर्थ है? इसका यह अर्थ होगा कि इंग्लैंड हमारे साथ अधिमानी प्रशुल्क जैसी कोई ऐसी व्यवस्था बना सकेगा। इंग्लैंड हमारे बाजार में उन परिस्थितियों में शामिल होगा, जो हम उनपर उद्देश्यपूर्वक लागू करेंगे। यदि वे भारत में अपने लिए दरवाजे खोलने चाहते होंगे, तो कुछ समय बाद जब हम अपने अल्प साधन विकसित करते हुए अपने औद्योगिक जीवन को व्यवस्थित कर लेंगे, तब हम न केवल इंग्लैंड, बल्कि ब्रिटिश साम्राज्य के हिस्सों के लिए दरवाजे खोल देंगे। क्या आपको लगता है कि इंग्लैंड जैसा छोटा राष्ट्र और उसकी मुट्ठीभर जनसंख्या अपनी अत्यधिक संपत्ति के बावजूद भारत जैसे अत्यधिक प्राकृतिक संसाधन और अत्यधिक और दुनियाभर में सबसे शांत व संयमी जनसंख्यावाले विशालकाय महाद्वीप के साथ निष्पक्ष और समान शर्तों पर प्रतिस्पर्धा कर सकेगा?

यदि साम्राज्य के भीतर वास्तव में स्व-शासन हासिल कर सके, यदि हम 30 करोड़ लोग साम्राज्य से मुक्त हो सकें, तो यह ब्रिटिश साम्राज्य भी स्थगित हो जाएगा और यह भारतीय साम्राज्य हो जाएगा।

'न्यू स्पिरिट' ले. बिपिन चंद्र पाल, 1907

['इंडियन अनरेस्ट', ले.—वैलेंटाइन शिरोल , [पृ.सं. 12-13] पर उद्धृत)

Hindu Civilization :—

It may seem to us to present in many of its aspects an almost unthinkable combination of Spiritualistic idealism and of gross materialism, of asceticism and of sensuousness, of overweening arrogance when it identifies the human self with the universal self and merges man in the Divinity and the Divinity in man, and of demoralising pessimism when it preaches that life itself is but a painful allusion and that the sovereign remedy and end of all evils is non-existence.

Chirol. 26 P.
Indian unrest.

—— : o : ——

Educational Policy :—

The main original object of the introduction of Western Education into India was the training of a sufficient number of young Indians to fill the subordinate posts in the public offices with English-speaking natives. P. 34

—— : o : ——

(मूल नोटबुक पृष्ठ संख्या-276)

हिंदू सभ्यता

जैसा हमें मौजूदा आध्यात्मिक आदर्शवाद और स्थूल भौतिकता, इंद्रिय-निग्रह और इंद्रिय-लिप्सा, बढ़ते अहंकार के कई पहलुओंवाले लगभग कल्पनातीत संयोग में दिखाई देता है, जहाँ मानवीय आत्मा वैश्विक सत्ता से एकाकार होकर दिव्यता में मनुष्य और मनुष्य में दिव्यता को मिश्रित करते हुए इस हतोत्साहित निराशावाद में जीवन को और कुछ नहीं, बल्कि कष्टपूर्ण भ्रम होने का उपदेश देती है, तो इसका सर्वोत्तम उपाय हर तरह की बुराई के अस्तित्वहीन हो जाने में ही है।

'इंडियन अनरेस्ट', पृ.सं. 26
ले. सर वैलेंटाइन शिरोल

शिक्षा नीति

भारत में पश्चिमी शिक्षा को पेश करने का मुख्य उद्देश्य अंग्रेजी बोलनेवाले स्थानीय भारतीय युवाओं को पर्याप्त संख्या में सार्वजनिक कार्यालयों में अधीनस्थ पदों पर नियुक्त करना था।

वही, पृ.सं. 34, (ले. सर वैलेंटाइन शिरोल)

How many of the Western educated Indians who have thrown themselves into political agitation against the tyranny of the British bureaucracy have ever raised a finger to free their own country-followmen from the tyranny of those social evils? How many of them are entirely free from it themselves, or, if free, have the courage to act up to their opinion?

India Old and New P. 107

(मूल नोटबुक पृष्ठ संख्या-277)

ब्रिटिश अधिकार तंत्र के उत्पीड़न के खिलाफ राजनीतिक आंदोलन चलानेवाले पाश्चात्य शिक्षा प्राप्त शिक्षित भारतीयों ने अपने देशवासियों को सामाजिक कुरीतियों के उत्पीड़न से बचाने का प्रयास कब किया है ?, उनमें से कितने लोग स्वयं इससे मुक्त हो सके हैं, या अगर मुक्त हैं तो अपने इन विचारों पर कारस्वाई करने का साहस कर सके हैं ?

'इंडिया ओल्ड ऐंड न्यू' पृ.सं. 107 (108
ले. सर वैलेंटाइन शिरोल)

No Indian Parliament Conceivable!

The Indian National Congress assumed unto itself almost from the beginning the function of a Parliament. There was and is no room for a Parliament in India, because, so long as British rule remains a reality, the Govt of India, as Lord Morley has plainly stated, must be an autocracy—benevolent and full of sympathy with Indian ideas, but still an autocracy

154. Unrest

—— : . : ——

Aim or goal of the Congress

'The objects of the Indian National Congress are the attainment by the people of India of a system of Govt. similar to that enjoyed by the self-governing members of the British Empire and a participation by them in the rights and responsibilities of the Empire on equal terms."

Malviyaji from the Chair in 1907 Lahore Session of the Congress

—— : . : ——

(मूल नोटबुक पृष्ठ संख्या-278)

भारतीय संसद् कल्पनीय नहीं

भारतीय राष्ट्रीय कांग्रेस लगभग आरंभ से ही एक संसद् की कार्य शैली को स्वीकृत कर चुकी है। भारत में संसद् के लिए कोई जगह नहीं है, क्योंकि जैसा कि लॉर्ड मोरले ने सीधे शब्दों में कहा है कि जब तक ब्रिटिश शासन वास्तविकता बना रहेगा, तब तक भारत सरकार ऐसी निरंकुश व्यवस्था होगी, जो कल्याणकारी और भारतीय विचारों के प्रति सहानुभूतिपूर्ण होने के बावजूद निरंकुश ही रहेगी।

'इंडियन अनरेस्ट', पृ.सं. 154
ले. सर वैलेंटाइन शिरोल

कांग्रेस का उद्देश्य और लक्ष्य

''भारतीय राष्ट्रीय कांग्रेस का उद्देश्य भारत की जनता द्वारा ऐसी शासन प्रणाली स्थापित करना है, जैसी ब्रिटिश साम्राज्य के स्व-शासित सदस्य चलाते हैं और जिसमें वे साम्राज्य के अधिकारों और दायित्वों में बराबर के भागीदार हों।''

(1909 में कांग्रेस के लाहौर अधिवेशन के दौरान मदन मोहन मालवीयजी का अध्यक्षीय भाषण।
वही [पृ.सं. 160] पर उद्घृत ले. सर वैलेंटाइन शिरोल)

Re: Constitution of Free India

No one but the voice of the Mother herself will and can determine when once She comes to herself and stands free what constitution shall be adopted by Her for the guidance of Her life after the revolution is over.... Without going into detail we may mention this much, that whether the head of the Imperial Govt of the Indian nation be a President or a king depends upon how the revolution develops itself.... The Mother must be free, must be one and united, must make her will supreme. Then it may be that She gives out this Her will either wearing a kingly crown on her head or a Republican mantle round her sacred form.

Forget not, O Princes! that a strict account will be asked of your doings and non-doings, and a people newly born will not fail to pay in the coin you paid. Every one who shall have actively betrayed the trust of the people, disowned his fathers, and debased his blood by arraying himself against the Mother — he shall be crushed to dust and ashes... Do you doubt our grim earnestness? If so hear the name of Dhingra and be dumb. In the name of that martyr, O Indian princes, we ask you to think solemnly and deeply upon these words. Choose as you will and you will reap what you sow. Choose whether you shall be the first of the nation's fathers or the last of nation's tyrants.

P. 196 Indian unrest
"Choose O Princes"

Untouchables: —

From the political point of view the conversion of so many millions of the population of India to the faith of their rulers would open the prospect of such moment that I need not expatiate upon them.

P. 184

(मूल नोटबुक पृष्ठ संख्या-279)

स्वतंत्र भारत का संविधान

क्रांति के समापन के बाद और मुक्त व अपने आप में होने पर कोई और नहीं, बल्कि माँ स्वयं बताएगी कि अपने जीवन को निर्देशित करने के लिए, वह किस तरह के संविधान को अपनाना चाहती है··· अधिक विवरण न देते हुए हम केवल इतना कहना चाहेंगे कि भारतीय राष्ट्र की शासक सरकार का प्रमुख चाहे राष्ट्रपति हो या कोई राजा, यह इसी पर निर्भर करेगा कि क्रांति स्वयं किस दिशा में विकसित होती है··· माँ को मुक्त करवाना ही होगा, उसे एक करना होगा और उसे सबसे सर्वोच्च बनाना होगा। तब माँ स्वयं बताएगी कि वह अपने सिर पर राजाओं का मुकुट धारण करेगी और या फिर अपने पवित्र देह को गणतांत्रिक परिधान से सुसज्जित करेगी।

ओ राजकुमारो! भूलो मत कि तुम्हारे कर्मों-अकर्मों पर कड़ाई से पूछताछ होगी और नवजात शिशु तुम्हें तुम्हारी ही भाषा में प्रत्युत्तर देने से चूकेंगे नहीं। जिस-जिसकी भी लोगों से विश्वासघात में सक्रिय भूमिका रही होगी, जो अपने पूर्वजों का तिरस्कार करेगा और अपनी माँ के विरुद्ध जाकर अपने रक्त में मिलावट करेगा, उन सभी को कुचलकर धूल-मिट्टी में मिला दिया जाएगा··· क्या आपको हमारी गंभीर ईमानदारी पर संदेह है? यदि ऐसा है तो ढींगरा का नाम सुनो और मौन हो जाओ। उस शहीद की याद में ओ भारतीय राजकुमारो। हम तुम्हें इन शब्दों पर गंभीरता व गहराई से विचार करने को कहते हैं। तुम जिसे चाहो, उसे ही चुन सकते हो और तुम जो बोओगे, वह काटोगे। चयन करो कि तुम राष्ट्र के पहले जन्मदाता बनना चाहते हो या राष्ट्र के अंतिम उत्पीड़क।

वही, पृ.सं. 195-196, (लीफलेट से उद्धृत) 'चूज ओर इंडियन प्रिंसिस'
(ले. सर वैलेंटाइन शिरोल)

अछूत

भारत के लाखों लोगों का अपने शासक की आस्था के अनुसार राजनीतिक दृष्टिकोण से धर्म परिवर्तन करना ऐसी संभावनाओं के द्वार खोल देता है, जिन्हें विस्तारपूर्वक लिखना मेरे लिए आवश्यक नहीं है।

वही, पृ.सं. 184, (ले. सर वैलेंटाइन शिरोल)

280

Satya [illegible] Jagna

Tempted by gold some native devils in form of man the disgrace of India — the police — arrested those great men Barindra Ghosh and others who worked for the freedom of their country by sacrificing their interests and dedicating their lives in the performance of the sacred ceremony of "Jagna" (যজ্ঞ) preparing bombs. The greatest of these devils in human form Ashutosh Bishwas began to pave for these heroes the way to the gallows. Bravo Charu! (the murderer of Biswas) all honour to your parents to glorify them, to show the highest degree of courage disregarding the paltry short span of life you removed the figure of that monster from the world. Not long ago the whites by force and trick filched India from the Indians. That mean wretch Shamas-ul-alam who espoused the cause of the enemies of Alamgir Padshah who put a stain on the name of his forefathers for the sake of gold — today you have removed that fiend from the sacred soil of India. From Naren Gosain to Lalit Chakravarti all turned approver through the ~~[illegible]~~ machination of that fiendish wizard

(मूल नोटबुक पृष्ठ संख्या-280)

हत्या नॉय यज्ञ

(हत्या नहीं, बल्कि बलिदान)

नकद इनाम: एक यूरोपियाई या दो मुखबिरों का सिर लाने पर

50वाँ अंक, कलकत्ता, रविवार, चैत्र षष्ठी, 1316

स्वर्ण के लालच में, भारत के कलंक, मनुष्य रूपी देशी नर-पिशाच पुलिस ने वारींद्र घोष व साथियों जैसे अपने हितों का बलिदान देते हुए अपने देश की स्वतंत्रता के लिए काम करनेवाले और बम बनाने के *यज्ञ* जैसे पवित्र समारोह में योगदान देते हुए अपना जीवन समर्पित करनेवालों को गिरफ्तार कर लिया। इन मनुष्य रूपी नर-पिशाचों में सबसे अधम आशुतोष विश्वास ने इन नायकों की फाँसी के तख्ते तक पहुँचाने का रास्ता साफ कर दिया। शाबाश चारु! (विश्वास का हत्यारा) तुमने अपने माता-पिता का नाम रोशन कर दिया। उनके गौरव की खातिर, तुमने अत्यधिक साहस दिखाते हुए, इस क्षणभंगुर जीवन की तनिक भी परवाह न करते हुए इस राक्षस का नामोनिशान धरती से मिटा दिया। अभी अधिक समय नहीं हुआ है, जब गोरों ने अपने छल व बल से भारतीयों (मूल पाठ में मुसलमानों) से उनका भारत छीन लिया था। उस नीच कमबख्त शम्स-उल-आलम, जिसने आलमगीर पादशा के शत्रुओं की सहायता करके चंद सिक्कों की खातिर अपने पूर्वजों के नाम पर बट्टा लगा दिया, आज तुमने उस दुष्ट को भारत की पवित्र भूमि से मिटा दिया। नरेन गोसाई से लेकर तलित चक्रवर्ती तक सभी इस पैशाचिक जादूगर की जालसाजी के चलते सरकारी गवाह बन गए।

जारी…

Shams-ul-alam and by his torture had you not removed that ally of the monsters could there be any hope for India.

Many have raised the cry that to rebel is a great sin but what is rebellion. Is there anything in India to rebel against? Can a Feringi be recognized as the King of India whose very touch whose mere shadow compells Hindus to purify themselves.

These are merely western robbers looting India.... Extirpate them ye good sons of India! wherever you find them without mercy, and with them their officers and their secret agents. Last year nineteen lakhs of men died of fever, small pox, cholera, plague and other diseases in Bengal alone. Deem yourselves fortunate that you were not counted amongst those but remember that plague and cholera may attack you tomorrow, and is it not better for you to die like heroes?

When God has so ordained, think ye not that at this auspicious moment it is ~~the~~ duty of every good son of India to slay these white enemies? Do not allow yourselves

(मूल नोटबुक पृष्ठ संख्या-281)

शम्स-उल-आलम की हत्या के फौरन बाद उपरोक्त 'अपील' कलकत्ता में 'मुखबिरों को हटाना' का हवाला देते हुए प्रकाशित व जारी हुई।

अगर तुमने राक्षसों के सहयोगी शम्स-उल-आलम और उसके अत्याचारों का अंत नहीं किया होता तो भारत कोई आशा रख सकता था?

कई लोग चीख-पुकार मचा रहे हैं कि विद्रोह बहुत बड़ा पाप है, लेकिन विद्रोही कौन होता है, क्या भारत में विद्रोह करने लायक कुछ है, क्या किसी फिरंगी को भारत के राजा के रूप में स्वीकार किया जा सकता है, जिसके स्पर्श करने या जिसकी परछाई पड़ने से भी हिंदू शुद्धीकरण के लिए बाध्य हो जाते हों?

ये केवल पश्चिमी लुटेरे हैं, जो भारत को लूट रहे हैं। भारत के सच्चे सपूतों, इन्हें जहाँ कहीं भी पा जाओ तो बिना दया दिखाए इनके जासूसों और मुखबिरों समेत इन्हें मिटा डालो। गत वर्ष केवल बंगाल में ही बुखार, चेचक, हैजा, प्लेग और अन्य रोगों के चलते 19 लाख लोग मारे गए। स्वयं को सौभाग्यशाली मानो कि तुम उनमें से नहीं हो, लेकिन याद रखो कि कल तुम भी प्लेग या हैजे की चपेट में आ सकते हो। इससे तो बेहतर है कि नायकों की मौत मरो।

जारी…

to die of plague and cholera thus polluting the sacred soil of the Mother India. Our Shastras are our guide for discriminating between virtue and vice. Our Shastras repeatedly tell us that the killing of these white fiends and of their aiders and abettors is equal to a great ceremonial sacrifice (ashwamedh yagna). Come one and all, let us offer our sacrifice before the altar in chorus and pray that in this ceremony all the white elephants may perish in the flames as the vipers perished in the serpents slaying ceremony of Janma yagna. Keep in mind that it is not murder but yagna; a sacrificial rite.

{P342. notes}

J. U.

"Total electors in India 62,00,000 viz $2\frac{3}{4}$ % of the total population throughout India under direct British administration, excluding the areas to which the 1919 act was not to be applied".

194 S.O.N.

(मूल नोटबुक पृष्ठ संख्या-282)

जब विधि का यही विधान है तो विचार करो कि क्या यह भारत के सपूत का कर्तव्य नहीं कि इस शुभ घड़ी में अपने गोरे शत्रुओं का संहार करे ? अपने को प्लेग या हैजे द्वारा काल का ग्रास बनाकर, भारत की पवित्र भूमि को दूषित मत करो। हमारे शास्त्र पुण्य व पाप के बीच का अंतर करने में हमारा मार्गदर्शन करते हैं। हमारे शास्त्र बताते हैं कि इन गोरे पिशाचों और उनके मददगारों और सह-अपराधियों की हत्या अश्वमेघ यज्ञ करने के समान है। सब आ जाओ। आओ हम सब मिलकर इस बलिवेदी पर स्वयं को अपर्ण कर दें और प्रार्थना करें कि इस यज्ञ की अग्नि में सभी गोरे साँप उसी तरह भस्म हो जाएँ जैसे जनमेजय के नागयज्ञ में सभी सर्प भस्म हो गए थे। याद रखिए यह हत्या नहीं, बल्कि यज्ञ है, एक बलि संस्कार है।

नोट्स, 'इंडियन अनरेस्ट' पृ.सं. [341-] 342,
(दी रिमूवल ऑफ इंफारमर्स शीर्षक से उद्धृत
ले.—सर वैलेंटाइन शिरोल)

भारत में कुल मतदाता 62,00,000 अर्थात भारत की कुल जनसंख्या का 2.75 प्रतिशत सीधे ब्रिटिश साम्राज्य के अंतर्गत है, इसमें वह क्षेत्र सम्मिलित नहीं है, जिनपर 1919 ऐक्ट लागू नहीं होता।

'इंडिया ओल्ड ऐंड न्यू', पृ.सं. 194 (से भावानुवादित)
(ले.—सर वैलेंटाइन शिरोल)

India Old & New: Chap 6.

"The British people will have to beware that if they do not want to do justice, it will be the bounden duty of every Indian to destroy the Empire." Mahatmaji (Nagpur Cong.)

191

; o –

Rural & Urban Question:—

Some official ingenuity had been displayed in grouping remote towns together without any regard for geography, in order to prevent townsmen undesirably addicted to advanced ~~politics~~ political views from standing as candidates for the rural constituencies in which many of the smaller towns would otherwise have been naturally merged. This was a vast effort based on the old belief that the population of the Punjab could be divided into goats and ~~and~~ sheep, the goats being the 'disloyal' townsmen and ~~the sheep~~ being the "loyal" peasantry.

: o –

Khalsa College was formed in 1892

(मूल नोटबुक पृष्ठ संख्या-283)

''ब्रिटिशों को समझना होगा कि यदि उन्होंने न्याय नहीं किया तो यह प्रत्येक भारतीय का परम कर्तव्य होगा कि वह साम्राज्य को नष्ट कर दे।''

महात्माजी (नागपुर कांग्रेस) ('इंडिया ओल्ड ऐंड न्यू' में उद्धृत)
पृ.सं. 191, (ले. सर वैलेंटाइन शिरोल)

ग्रामीण और शहरी प्रश्न

आधिकारिक कौशल का प्रदर्शन करते हुए, भौगोलिक स्थिति को ध्यान किए बिना सुदूर कस्बों को एकसाथ एक समूह में रख दिया गया, ताकि न चाहते हुए भी विकसित राजनीतिक दृष्टिकोण के वशीभूत शहरी लोग ग्रामीण निर्वाचन क्षेत्रों के उन उम्मीदवार के रूप में न खड़े हो सकें, जिनमें से बहुत से छोटे कस्बे पहले ही स्थान पा गए हैं। यह उस पुरानी मान्यता पर आधारित अंतिम प्रयास था, जिसमें पंजाब को केवल भेड़-बकरियों में बाँटा जाता था। इनमें बकरियाँ 'निष्ठाहीन' शहरी लोग थे तो भेड़ों में 'निष्ठावान' कृषक थे।

(वही, [पृ.सं. 209] सर वैलेंटाइन शिरोल: साइडलाइट्स ऑन दी इलेक्शंस)

खालसा कॉलेज 1892 में खुला था।

(वही. [पृ.सं. 210] सर वैलेंटाइन शिरोल द्वारा उद्धृत)

28!

India as I knew it!

"Truly the path of a 'Mahatma' is difficult, and it is not surprising that Gandhi has recently tried to repudiate the title — and its responsibilities. His influence in India is steadily waning, but his ascetic pose and the vague impracticable Tolstoyan theories which he so skilfully enunciates as great moral truths, seem to have deluded many well meaning but weakminded people in sentimental England and some even in logical France who are on the lookout for a new light from the east". P. 65

Informer:—

The failure of the authorities in that case to conceal and protect the informer (or approver James Carey who betrayed the Invincible gang of the revolutionaries and due to whose evidence Brady, Fitzherbert and Mullen were hanged for the Phoenix Park double murder i.e of Chief and under Secretaries; the informer was shot dead on board at Durban by a young revolutionary O'Donnell) even though his assassin was brought to justice, was I believe, one of the chief reasons why the supply of that contemptible but useful class, previously so common in Irish Conspiracies, ran dry at the source. As Lieut. Governor of Punjab, before and during the Great War, I had to deal with many revolutionary conspiracies, in unravelling which the genus informer played a considerable role, and our precautions were so thorough that not in a single case did an informer come to any injury.

(मूल नोटबुक पृष्ठ संख्या-284)

भारत जैसा मैंने इसे जाना

''सत्य है कि महात्मा बनना कोई सरल कार्य नहीं, इसलिए कोई आश्चर्य नहीं कि फिलहाल गांधी इस उपाधि व इसकी जिम्मेदारियों के परित्याग के प्रयास में हैं। भारत में उनका प्रभाव लगातार घटता जा रहा है, लेकिन उनका तपस्वी का चोला तथा बेहद खूबी के साथ महान् नैतिक सत्य के रूप में प्रचारित अस्पष्ट व अव्यावहारिक भ्रांत सिद्धांत इंग्लैंड के बहुत से नेकनीयत, लेकिन कम-अक्ल व भावुक लोगों के अलावा किसी नए प्रकाश की चाह में पूर्व की ओर देख रहे तर्क-प्रधान फ्रांस तक को मोहित कर रहे हैं।''

('इंडिया एज आई न्यू इट') पृ.सं. 65
(ले. सर माइकल ओ'डायर)

मुखबिर

मुखबिर (या सरकारी गवाह जेम्स कैरी, जिसने क्रांतिकारियों के अजेय गिरोह के साथ विश्वासघात किया और जिसके साक्ष्यों के आधार पर ब्रैडी, फिट्ज़रबर्ग और मुलेन को फीनिक्स पार्क दोहरे हत्याकांड (मुख्य व अवर सचिव की) के लिए फाँसी पर चढ़ा दिया गया। इस मुखबिर की युवा क्रांतिकारी ओडॉनेल ने डरबन में दिन-दहाड़े गोली मारकर हत्या कर दी थी)* को छिपाए रखने और उसकी सुरक्षा करने में अधिकारियों की असफलता के बावजूद उसके हत्यारे को अदालत के सामने पेश करना मेरे विचार से वह प्रमुख कारण है कि जिसके चलते इन्हें सबसे घृणित होते हुए भी उपयोगी वर्ग माना जाता है। पहले आयरिश षड्यंत्रों में आमतौर पर उपयोग होनेवाला यह स्रोत अब सूखने लगा है। पंजाब का लेफ्टिनेंट गवर्नर रहते हुए महान् युद्ध से पहले और बाद में भी मैंने बहुत से क्रांतिकारी षड्यंत्र देखे थे। ये जानकारियाँ मुझ तक पहुँचाने में मुखबिर *प्रजाति* की महती भूमिका रही। ऐसे मामलों में हमने इतनी एहतियात से काम लिया कि किसी भी मामले में किसी मुखबिर को कोई हानि नहीं पहुँची।

(वही, [पृ.सं. 7] सर माइकल ओ, डायर)

---

*कोष्ठकों में लिखा पाठ भगत सिंह का है।

One can imagine how thoroughly the Indian conspirator, with his low cunning, abnormal vanity, inborn aptitude for intrigue, and capacity for glossing over unpleasant facts, was at home in this atmosphere

P. 187
India as I knew it

Arya Samaj :

In fact the Arya Samaj is a nationalist revival against Western influence. It urges its followers in the Satyarth Prakash, the authoritative work of Dayanand, who was the founder of the sect, to go back to the Vedas, and to seek the golden future in the imaginary golden past of the Aryas. The Satyarth Prakash also contains arguments against non-Hindu rule, and a leading organ of the sect a few years ago claimed Dayanand as the real author of the doctrine of Swaraj.

However, the Arya Samaj in 1907 thought it wise to publish a resolution to the effect that as mischievous people here and there spread rumors hostile to them, the organization in reiterating its old creed declared that it had no connection of any kind with any political body or with any political agitation in any shape. While accepting this declaration as disassociating the Samaj as a body from extremist politics, it should be noted in fairness to the orthodox Hindus that while the Samaj does not include perhaps more than 5% of the Hindu population of the Punjab, an enormous proportion of the Hindus convicted of sedition and other political offences from 1907 down to the present day are members of the Samaj.

P. 186 Ibid

(मूल नोटबुक पृष्ठ संख्या-285)

कल्पना की जा सकती है कि भारतीय षड्यंत्रकारी किस तरह अपनी निकृष्टतम चालबाजी, असामान्य महत्त्वाकांक्षा, साजिश करने के अपने जन्मजात कौशल तथा अरुचिकर तथ्यों पर लीपापोती की क्षमता द्वारा इस वातावरण में भी सहज बने रहे।

वही, पृ.सं. 187
सर माइकल ओ'डायर

आर्य समाज

वास्तव में आर्य समाज पश्चिमी प्रभाव के विरुद्ध एक राष्ट्रवादी पुनर्जागरण है। इस संप्रदाय के संस्थापक दयानंद के आधिकारिक ग्रंथ सत्यार्थ प्रकाश में वे अपने अनुयायियों से जोर देकर कहते हैं कि वे वेदों की ओर लौटें और आर्यों के सुनहरे अतीत (काल्पनिक) में अपने सुनहरे भविष्य की खोज करें। सत्यार्थ प्रकाश में गैर-हिंदू शासन के खिलाफ बहुत से तर्क दिए गए हैं। इस संप्रदाय की एक प्रमुख पत्रिका ने कुछ वर्ष पूर्व दावा किया था कि स्वराज के सिद्धांत के वास्तविक प्रणेता दयानंद हैं।

वर्ष 1907 में जब कुछ शरारती तत्त्व आर्य समाज के बारे में यत्र-तत्र प्रतिकूल अफवाहें फैलाने लगे तो संस्थान ने बुद्धिमत्ता दिखाई और अपने पुराने मत को दोहराते हुए, अपना किसी भी राजनीतिक निकाय या राजनीतिक आंदोलन से किसी रूप में कोई संबंध न होने का एक प्रस्ताव प्रकाशित किया। यदि इस घोषणा पत्र को समाज के एक निकाय के रूप में चरमपंथी राजनीति से अलग करना मान भी लिया जाए, तब भी कट्टर हिंदुओं के लिए यह बात गौरतलब है कि जहाँ पंजाब में कुल हिंदू जनसंख्या में से केवल 5 फीसदी से अधिक ही आर्य समाज से जुड़े थे, इसके बावजूद 1907 से लेकर अब तक के राजद्रोह और अन्य राजनीतिक अभियोगों में दंडित होनेवाले अधिकांश लोग आर्य समाज के सदस्य हैं।

वही, पृ.सं. 184, सर माइकल ओ'डायर

286

Statistical figures about India:—

In England & Wales $\frac{4}{5}$ of people live in towns.

Standard of urban life begins when 1000 people live together. Only then Municipal drainage, lighting & water supply can be organized.

India (British)
Out of total 244000,000, 226000000 live in villages.

England in Normal times give to Industry 58% of people to Industry
8% to agriculture.

India gives 71% to agriculture
12% to Industry
5% to trade
2% to domestic service
$1\frac{1}{2}$% to independent Professions
$1\frac{1}{2}$% to Govt service including Army.

In whole of India 226 millions out of 315 millions are supported by soil
208 millions out of them live or depend directly upon the agriculture.

(Montford Report)

(मूल नोटबुक पृष्ठ संख्या-286)

भारत से जुड़े सांख्यिकीय आँकड़े

इंग्लैंड और वेल्स की 4/5 आबादी शहरों में रहती है।

शहरी जीवन के मानक उसी समय लागू होते हैं, जब 1000 लोग एक साथ रहते हों। केवल तभी नगरपालिका जल निकासी, प्रकाश और जल आपूर्ति की व्यवस्था करती है।

भारत (ब्रिटिश)

244,000,000

226,000,000 गाँवों में रहते हैं।

इंग्लैंड- सामान्य दिनों में

उद्योगों में 58 प्रतिशत लोग उद्योगों में

8 प्रतिशत कृषि कार्यों में

भारत में 71 प्रतिशत कृषि कार्यों में

12 प्रतिशत उद्योग

5 प्रतिशत व्यवसाय

2 प्रतिशत घरेलू सेवाएँ

1 ½ प्रतिशत स्वतंत्र पेशेवर

1 ½ प्रतिशत सरकार, सेवा, सेना समेत।

पूरे भारत में 31 करोड़ 50 लाख में से 22 करोड़ 60 लाख लोग भूमि पर आश्रित हैं। उनमें से 20 करोड़, 80 लाख लोग सीधे तौर पर कृषि कार्य पर आश्रित या जीवित हैं।

('रिपोर्ट ऑन इंडियन कॉन्स्टिट्यूशनल रिफॉर्म्स' से उद्धृत, पृ.सं. 86, 1918) (मॉन्टफोर्ड रिपोर्ट)

('इंडियन स्टेट्यूटरी कमीशन' (साइमन कमीशन) खंड I, 1930 [पृ.सं. 14] पर उद्धृत)

मॉन्टफोर्ड रिपोर्ट 1918 में राज्य सचिव मॉन्टेग और गवर्नर-जनरल चेम्सफोर्ड ने भारतीय संवैधानिक सुधार हेतु तैयार की थी। 1917 में भारत के पूर्व अवर-सचिव रहे एडविन मॉन्टेग की भारत सरकार की प्रणाली की कटु आलोचना के फौरन बाद उन्हें राज्य सचिव के पद पर नियुक्त कर दिया गया। इस पद पर रहते हुए मॉन्टेग ने (20 अगस्त, 1917) 'भारत में जिम्मेदार सरकार की प्रगतिशील प्रत्यक्षीकरण' के उद्देश्य से 'प्रशासन के प्रत्येक विभाग में भारतीयों की भागीदारी बढ़ाने' की ऐतिहासिक घोषणा की थी। देखें, एन इंडियन डायरी ले. ई.एस.मॉन्टेग (हिनमैन, लंदन, 1930)

Total Area 1,800,000 square miles

20 times of Great Britain

700,000 sq miles or more than $\frac{1}{3}$ are under States' control. India States are 600 in number.

Burma is greater than France.

Madras & Bombay are greater than Italy seperately.

Total population of India (1921 census)

318,942,000

i.e. $\frac{1}{5}$th of the whole human race.

247,000,000 are in British India and 71,900,000 in States.

$2\frac{1}{2}$ million persons were literate in English. 16 in every thousand males and 2 in every thousand female.

Total Number of vernaculars is 222

Total number of Villages 500,000

(मूल नोटबुक पृष्ठ संख्या-287)

कुल क्षेत्रफल—1,800,000 वर्ग मील

ग्रेट ब्रिटेन से 20 गुना बड़ा 700,000 वर्ग मील या 1/3 से अधिक राज्यों के अधीन है। भारतीय राज्यों की संख्या 600 के निकट है।

बर्मा फ्रांस से बड़ा है।

मद्रास और बंबई अलग-अलग इटली से बड़े हैं।

भारत की कुल जनसंख्या (1921 की जनगणना)—318,942,000

यह कुल मानव जाति का 1/5वाँ भाग है।

247,000,000 ब्रिटिश भारत में हैं और 71,900,000 भारतीय राज्यों में हैं।

25 लाख लोग अंग्रेजी पढ़ना जानते हैं—(प्रति हजार पुरुषों में से 16
और प्रति हजार स्त्रियों में से 2)

देशी भाषाओं की कुल संख्या 222 है

गाँवों की कुल संख्या 500,000 है।

('इंडियन स्टेट्यूटरी कमीशन' (साइमन कमीशन)
खंड I, 1930 [पृ.सं. 11-13])

8 नवंबर, 1927 को ब्रिटिश कैबिनेट ने भारत सरकार ऐक्ट, 1919 के तहत जारी 1919 के सुधारों की जाँच हेतु इस कमीशन का गठन किया। सात सदस्योंवाले इस कमीशन में भारत का कोई प्रतिनिधि नहीं था। इस कारण कमीशन जहाँ भी गया, वहीं इसका व्यापक विरोध हुआ। कमीशन 3 फरवरी, 1928 को बंबई पहुँचा, जहाँ इसका स्वागत राष्ट्रव्यापी हड़ताल से हुआ और इसके दौरे के दौरान पूरा समय विरोध प्रदर्शन की गति यथावत् बनी रही।

288

Suez Canal opened in 1869.

Total Export of India at that time was Rs. 80 crores = £ 80,000,00.

1926-27 and preceeding two years the average was Rs. 350 crores i.e. about £ 262,500,000.

Total population 319 millions out of which 32 $\frac{1}{2}$ millions i.e. 10.2% live in towns & cities (urban) while in England the percentage is 79%

And the most difficult part of the task will be to instil into the minds of the slum dwellers themselves the desire for something better.

Pp. 22

Simon Report.

(मूल नोटबुक पृष्ठ संख्या-288)

स्वेज नहर को 1869 में खोला गया।
उस समय भारत का कुल निर्यात था—
80 करोड़ रुपए था।
1926-27 और इसके बाद के दो वर्ष, वार्षिक औसत था:
350 करोड़ रुपए ।

(वही, [पृ.सं. 18])

कुल जनसंख्या = 31 करोड़ 90 लाख, जिसमें से 3 करोड़ 20 लाख 50 हजार अर्थात् 10.2 प्रतिशत कस्बों और नगरों (शहरी क्षेत्र) में रहते हैं, जबकि इंग्लैंड में यह संख्या 79 प्रतिशत है।

(वही, [पृ.सं. 20])

इस कार्य का सबसे कठिन भाग झुग्गी-झोंपड़ियोंवालों के दिमाग में कुछ बेहतर होने की इच्छा बैठाना है।

(वही, [पृ.सं. 22])

289

नोटबुक के इस भाग को 'विविध उद्धरण' का नाम दिया गया है। इसमें भगत सिंह के वे नोट्स और उद्धरण संकलित हैं, जिन्हें उन्होंने 12-9-1929 को नोटबुक प्राप्त होने से पहले एकत्रित किया था। जेल प्रबंधन ने नोटबुक, पुस्तकों, दस्तावेजों व अन्य निजी सामान और एक लोहे के संदूक के साथ इन खुले पृष्ठों को भी परिवार को सौंपा था। प्रो. जगमोहन सिंह ने वर्ष 1966-67 में नोटबुक की संपूर्ण सामग्री सहित इन नोट्स की भी हस्तलिखित कॉपी तैयार कर ली थी। पुस्तक के इस हिस्से के उद्धरण प्रो. जगमोहन सिंह की कॉपी के अनुसार टाइप किए गए हैं। वे भगत सिंह के भाँजे हैं और लुधियाना, पंजाब में रहते हैं। उन्हें इस नोटबुक व खुले पृष्ठों की फोटोकॉपी होने या किसी भी अन्य व्यक्ति के देखने से पहले ही देखने व नकल तैयार करने का अवसर मिला था।

इन नोट्स और उद्धरणों में ऐसे बहुत से आंतरिक साक्ष्य हैं, जो इनके भगत सिंह द्वारा लिखित व नोटबुक का हिस्सा होने की पुष्टि करते हैं। कोई भी उत्सुक पाठक इनके चयन में सादृश्यता को सहज ही देख सकता है, बल्कि इस खंड के मौजूद उद्धरणों ने नोटबुक को और अधिक बोधगम्य बनाते हुए इसके अपराध विज्ञान और जेल सुधार जैसे बहुत से समसामयिक सरोकारों पर प्रकाश डालने का कार्य किया है।

विविध उद्धरण

प्रेम

"**प्रेम** मनुष्य की सबसे दिलचस्प व क्षमा योग्य कमजोरी है।"

चार्ल्स डिकेंस—'पिक्विक (पेपर्स' पृ.सं. 22)

प्रेम

बनी और वी एक-दूसरे से बहुत प्रेम करते थे। उतना ही, जितना हम करते हैं। वे स्वयं से हमेशा कहते रहते थे कि यह सदा ऐसे ही कायम रहेगा, लेकिन इसी बीच परिवर्तन की जटिल रासायनिक क्रिया जारी थी। पुरुष व स्त्री केवल शरीर मात्र नहीं हैं। पुरुष व स्त्री मन भी हैं, इसलिए उनके विचारों में सामंजस्य होना भी उतना ही आवश्यक है। क्या एक-दूसरे के विचार उबाऊ जान पड़ने पर भी उनका प्रेम वैसा ही रह सकता है? पुरुष व स्त्री चरित्र हैं और वे इसी चरित्र के अनुसार कार्य करने को प्रवृत्त होते हैं। यदि उन दोनों के कार्य विपरीत अवस्था में हों तो क्या होगा, क्या हो यदि पुरुष पुस्तक पढ़ना चाहता हो और स्त्री डांस करने जाना चाहती हो?

अप्टॉन सिनक्लेयर- 'ऑयल' पृ.सं. 398

प्रेम व कामुकता

यह बात कितनी शोचनीय है कि हमारे युवा काम क्रिया में निहित गंभीर प्रेम और अत्यधिक संवेदनाओं के बावजूद विरासत में मिली परंपराओं से भ्रमित होकर इसे शर्मनाक और अनैतिक मानने लगे हैं।

(बेंजामिन बार्र लिंड्से और वेनराइट इवांस
'रिवोल्ट ऑफ दी मॉडर्न यूथ';), पृ.सं. 61

काम केवल एक जैविक तथ्य है। इसका अस्तित्व केवल इतना ही है, जितना भूख के लिए भोजन का। यह न वैध है, न अवैध, यह न नैतिक है और न ही अनैतिक। काम को कानून के अधिकार क्षेत्र और अधिकार में लाना वैसे ही असंभव है, जैसे भोजन व भूख को कानून के तहत लाना: [सहज-बोध के चलते हम सभी जानते है कि ऐसा होना ठीक नहीं है]

(वही) पृ.सं. 127

मुझे विवाह पर विश्वास है। मैं इसका समर्थक इसलिए हूँ कि इसका अर्थ एक पुरुष का एक स्त्री के लिए सामंजस्यपूर्ण व सहचारितापूर्ण प्रेम है, लेकिन जब इसका इनसे या ऐसी किसी चीज से संबंध नहीं रहता, तो फिर चाहे यह विवाह धूमधाम से हुआ हो या नहीं, मुझे इसमें विवाह कहीं दिखाई नहीं देता। **एक पुरुष का एक स्त्री से प्रेम ही विवाह है। इससे अधिक कुछ नहीं।*** विवाह समारोह केवल उस पुरुष व स्त्री के इन संबंधों के होने की सार्वजनिक घोषणा मात्र है··· इसके अतिरिक्त यह उनके रिश्ते की मौजूदगी को समाज से प्राप्त औपचारिक मान्यता है।

(वही) पृ.सं. 137

प्रेम

दी बर्ड ऑफ लाइफ इज सिंगिंग ऑन दी बॉग,
हिज इटरनल नोट्स ऑफ 'आई ऐंड दोउ'
ओ! हियरकिन वेल, फॉर सून दी सॉन्ग सिंग्स दोव
ऐंड वुड वी हियर इट, वी मस्ट हियर इट नाउ

[उमर खय्याम की रुबाइयाँ , अनुवादकर्ता रिचर्ड ली गैलीन,
जान लेन कंपनी, न्यूयॉर्क, 1916]

देखा गया है कि साम्राज्यों का निर्माण केवल सैन्य बल द्वारा ही किया जा सकता है। वे चाहे जितने भी हिंसक रहे हों, स्थायी रूप से ऐसे नहीं रहते। इसलिए वे प्रगति के लिए भी खतरा नहीं बनते, लेकिन तब अंधविश्वास के माध्यम से प्रतिरोध को लकवाग्रस्त कर दिए जाने पर ही किसी भी प्रजाति को सैकड़ों, बल्कि हजारों वर्षों तक शोषण की प्रणाली के अधीन किया जा सकता है।

अप्टॉन सिनक्लेयर, 'प्रॉफिट्स ऑफ रिलिजन', पृ.सं. 31

*भगत सिंह द्वारा रेखांकित

दासता

''मैं सत्य जितना कठोर और न्याय जितना हठीला हो सकता हूँ''... ''इस विषय में परिवर्तन हेतु मैं कोई विचार, वार्त्ता या लिखना नहीं चाहता। नहीं! नहीं! किसी आदमी का मकान जल रहा हो तो उसे धीमे से चिल्लाने को कहिए। किसी को उसकी पत्नी को किसी बलात्कारी के हाथों से शांतिपूर्वक छुड़वाने के लिए कहिए। किसी माँ को आग में गिरे अपने बच्चे को धीरे से बाहर निकालने को कहिए, लेकिन वर्तमान हालातों में मुझसे निग्रह के लिए मत कहिए। *मैं तत्पर हूँ, मैं टालमटोल नहीं कर रहा, मैं कोई बहाना भी नहीं बनाऊँगा, मैं एक इंच भी पीछे नहीं हटनेवाला, और मेरी बात सुन ली जाएगी।*''

लोगों की उदासीनता प्रत्येक मूर्ति को उसके स्थान से उतारने और मृतकों के पुनरुत्थान में तीव्रता लाने के लिए काफी है।

विलियम लॉयड गैरिसन, दासता विरोध प्रपत्र
'दी लिब्रेटर' के 1831 में प्रकाशित पहले अंक में,
'बोस्टन' पृ.सं. 156 पर उद्धृत

धर्म

जहाँ तक मैंने समझा है, नीत्शे मानते थे कि संसार भर के गुलामों का गुलाम नैतिकता के निर्माण और इसे लागू करने के पीछे उनका अपने सेवा कार्य को आवश्यकता का आधार और धर्म बनाना था। श्री स्टुआर्ट ग्लीनी का मानना है कि श्रेष्ठतर गोरी प्रजाति ने गुलाम-नैतिकता का आविष्कार उस निम्न प्रजाति के मन को अपने अधीन रखने के लिए किया था, जिसका वे शोषण करना चाहते थे और जिनके मन को यदि अपने अधीन नहीं किया जाता तो अपने संख्या बल से वे उन्हें नष्ट कर सकते थे। चूँकि यह प्रक्रिया आज भी जारी है और इसका सीधा अध्ययन न केवल अपने चर्च-स्कूलों के अलावा आधुनिक स्वामी और सर्वहारा वर्ग के बीच के संघर्ष में, बल्कि यूरोपीय पूँजीवादियों के अधीन अफ्रीका की काली प्रजाति को सामंजस्यपूर्ण बनाने में ईसाई मिशनरियों की भूमिका में भी देखा जा सकता है। इस तरह हम स्वयं निर्णय ले सकते हैं कि इसकी शुरुआत ऊपर से हुई है या नीचे से।

बर्नार्ड शॉ, 'दी प्रीफेस टू मेजर बारबरा; (आलोचकों की प्राथमिक चिकित्सा)
पृ.सं. 153 [पृ.सं. 163]'

वर्तमान सामाजिक व्यवस्था

''सर, यह संसार स्पष्ट रूप से पीड़ा और क्लेश का स्थान है। एक ऐसा स्थान, जहाँ मूर्ख फलते-फूलते हैं और अच्छे और ईमानदार लोग घृणा और सताए जाते हैं। ऐसा स्थान, जहाँ पुरुष व स्त्री प्रेम के नाम पर एक-दूसरे को यंत्रणा देते हैं। जहाँ बच्चों को अभिभावकीय दायित्व और शिक्षा के नाम पर पीटा और गुलाम बनाकर रखा जाता है। जहाँ कमजोर··· किरदारों को न्याय के नाम पर कुछ घंटों नहीं, बल्कि कई वर्षों तक जेल की भयानक यंत्रणा दी जाती हैं।''

बर्नार्ड शॉ, 'जान बुल्स अदर आइलैंड' पृ.सं. 8 [पृ.सं. 97]

गरीबी

सबसे बड़ी बुराई और सबसे बड़ा जुर्म गरीब होना है। यह हमारा पहला दायित्व है और ऐसा दायित्व, जिसके लिए बाकी सबको बलिदान किया जा सकता है, वह है गरीब न होना। 'गरीब लेकिन ईमानदार', 'आदरणीय गरीब', जैसी उक्तियाँ उतने ही असहनीय और अनैतिक हैं, जितना 'नशे में, लेकिन सुशील', 'धोखेबाज' लेकिन डिनर के बाद अच्छे व्याख्यान देनेवाला', 'शानदार अपराधी' और ऐसे ही अन्य जुमले हैं। सभ्य होने का प्रमुख दिखावा, सुरक्षा का अस्तित्व तब तक कायम नहीं रह सकता, जब तक सबके सिर पर यह सबसे बड़ा खतरा, गरीबी का खतरा टँगा रहता है। हमारे लोगों की हिंसा से कथित सुरक्षा केवल उस आकस्मिक परिणाम पुलिस बल के कारण है, जिसका मुख्य कार्य गरीबों को अपनी भूख से तड़पते देखना है, जबकि आलसी लोग अपने पालतू कुत्तों को इतना अधिक खाना खिला रहे होते हैं, जिससे वे संभवत: खाना और कपड़े दोनों खरीद सकते थे।

बर्नार्ड शॉ, 'दी प्रीफेस टू मेजर बारबरा' पृ.सं. 154 [पृ.सं. 164]

कारावास

हम एक व्यक्ति को पकड़कर उसे जानबूझकर वर्षों तक कारावास में बंद रखने जैसी दुर्भावनापूर्ण क्षति पहुँचाते हैं। एक व्यक्ति मेरे घर में घुसकर मेरी पत्नी के हीरे चुराता है तो मुझसे उसके जीवन के दस वर्ष चुराने और इस दौरान उसे यंत्रणा देने की अपेक्षा की जाती है, लेकिन अपनी विचारहीन दुष्टता के कारण उन्हें कारावास की सजा सुनाने, एकांत कोठरी और लकड़ी के तख्ते का बिस्तर देकर हम उन्हें जिस नैतिक अवैधता और ऊर्जावान विद्रोह के लिए शारीरिक दंड देते हैं, उसकी तुलना में हमारा गरीबी को नजरअंदाज करना कहीं अधिक मूर्खतापूर्ण ओछापन है।

(बर्नार्ड शॉ, 'दी प्रीफेस टू मेजर बारबरा', पृ.सं. 155 [पृ.सं. 164-166])

''राष्ट्र की सबसे बड़ी जरूरत अधिक बेहतर नैतिकता, सस्ता आहार, शराबबंदी, स्वतंत्रता, संस्कृति, बहनों के गिरते स्तर और भाइयों के पापमय होने को रोकना नहीं और न ही त्रिदेवों का गौरव, प्रेम, या समागम है। हमें बस केवल पर्याप्त धन चाहिए। हमारा यह संघर्ष पाप, कष्ट, लालच, पुरोहिती छल, शासन, प्रजानायक, एकाधिकार, अज्ञानता, शराब, युद्ध, महामारी जैसी बुराइयों से नहीं है और न ही सुधारकों के त्याग को बलि का बकरा बनाना है, बल्कि केवल गरीबी से है।''

बर्नार्ड शॉ, 'दी प्रीफेस टू मेजर बारबरा ', पृ.सं. 161, पृ.सं. 171)

''जो सफल बदमाश बहुत अच्छा व सच्चे ईसाई की भाँति व्यवहार करते हैं, उन्हें न केवल नजरअंदाज कर दिया जाता है, बल्कि उन्हें आदर्श, सम्मानित और बल्कि इससे भी अधिक पूजा जाने लगता है।''

पृ.सं. 173 (बर्नार्ड शॉ, 'दी प्रीफेस टू मेजर बारबरा, पृ.सं. 185')

''सात भयानक पाप! जी हाँ... सात सबसे भयानक पाप हैं। भोजन, कपड़ा, गोलाबारी, किराया, टैक्स, प्रतिष्ठा और बच्चे। किसी भी व्यक्ति पर से इन सात चीजों का बोझ कभी नहीं हटता, लेकिन...''

''तो क्या गरीबी जुर्म है? हाँ, क्योंकि जुर्म विशिष्ट होता है। इसकी तुलना में अन्य सभी अपमान शिष्ट हैं। गरीबी से सारे शहर को हानि होती है। यह भयानक महामारी के रूप में फैल जाती है। यह जिस भी आत्मा को देख, सुन या सूंघ लेती है, उसे ही मार डालती है। इसकी तुलना में आप जिसे जुर्म मानते हैं, वह कुछ भी नहीं है... लंदन में पचास विशुद्ध अपराधी भी नहीं होंगे, लेकिन गरीबों, पराधीनों, गंदे, कुपोषित व खराब वस्त्रवालों की संख्या कई लाख है।''

पृ.सं. 281 (बर्नार्ड शॉ, 'मेजर बारबरा', ऐक्ट III, पृ.सं. 298- 299)

''मैं भिखारी बनने की जगह चोर बनना पसंद करूँगा। मैं गुलाम बनने की जगह हत्यारा बनना पसंद करूँगा। मैं दोनों नहीं बन सकता, लेकिन यदि आप जोर देंगे और विकल्पों को मुझपर छोड़ देंगे तो निश्चित ही मैं अधिक साहसपूर्ण और अधिक नैतिक व्यक्ति बनने का चयन करूँगा। मैं किसी भी अन्य जुर्म से अधिक गरीबी और गुलामी से नफरत करता हूँ।''

बर्नार्ड शॉ, 'मेजर बारबरा' (ऐक्ट III पृ.सं. 300)

''एंथोनी आनंद को प्रेम में खोजता है; ब्रूटस गौरव में और सीजर प्रभुत्व में: इनमें से प्रथम को अपमान, दूसरे को घृणा और अंतिम को कृतघ्नता प्राप्त हुई और ये सभी विनष्ट हो गए।''

('दी प्लैजर ऑफ लाइफ', ले. सर जान लुबार्क पृ.सं.-30)

''संसार की सभी वस्तुओं की तुलना की जाए तो वे सभी इच्छाओं में वृद्धि करती हैं, केवल आत्मज्ञान द्वारा ही शांति और आनंद की प्राप्ति संभव है।''

(स्रोत अज्ञात)

विवाह*

''विवाह इसके अत्यधिक प्रलोभन और अत्यधिक अवसरों के कारण ही लोकप्रिय है।''

''जैसा बुक ऑफ कॉमन प्रेयर्स में बताया गया है कि विवाह का महत्त्वपूर्ण पहलू अपनी प्रजाति को बनाए रखना है।''

''विवाह का आकस्मिक कार्य** मनुष्यों के प्रेमपूर्ण मनोभावों को संतुष्ट करना है।''

''विवाह का कृत्रिम बंध्यकरण विवाह के महत्त्वपूर्ण कार्य को छोड़कर इसके आकस्मिक कार्य की पूर्ति करता है।''

''विवाह का कृत्रिम बंध्यकरण XIX शताब्दी का सबसे क्रांतिकारी आविष्कार है।''

('दी रिवॉल्यूशनिस्ट हैंडबुक') बर्नार्ड शॉ की
('मैन ऐंड सुपरमैन') पृ.सं. 231 से

अपराध और दंड*

''कारावास मृत्यु जितना ही अटल है।''

''अपराधियों की मृत्यु कानून के हाथों नहीं होती। उनकी मृत्यु का कारण अन्य व्यक्ति होते हैं।''

''फाँसी द्वारा हत्या करना हत्या का सबसे खराब तरीका है, क्योंकि इसे समाज की सम्मति द्वारा अंजाम दिया जाता है।''

''व्यक्ति को उसके कार्यों से शिक्षा मिलती है, फिर हम चाहे उसे जो भी नाम दे दें। 'हत्या' और 'मृत्युदंड' एक-दूसरे के विपरीत नहीं हैं, बल्कि एक ही नस्ल के होते हैं।''

वही, पृ.सं. 232

---

*दोनों शीर्षक मूल पुस्तकों के हैं

**भगत सिंह द्वारा रेखांकित

''अपराध ऐसा एकमात्र खुदरा विभाग है, जिसके थोक विभाग को हम 'दंड संहिता' कहते हैं।''

''मनुष्य के किसी शेर की हत्या करने को खेल कहा जाता है और कोई शेर उसे मारने का प्रयत्न करे, उसे जंगलीपन कहते हैं। अपराध व कानून के बीच इससे अधिक अंतर नहीं है।''

''सूली पर चढ़नेवालों में परिवर्तन की बजाय सूली पर चढ़ानेवाली सामाजिक प्रणाली को परिवर्तित करना होगा।''

(दी रिवॉल्यूशनिस्ट हैंडबुक) बर्नार्ड शॉ
(मैन ऐंड सुपरमैन में) पृ.सं. 232-[233]

''मूर्खों के राज्य में प्रतिभाशाली ईश्वर के जैसा है। हर व्यक्ति उसकी पूजा तो करता है, लेकिन उसकी इच्छा पर नहीं चलता।''

''किसी की संपत्ति लेना चोरी है। इस विषय पर केवल यही एक पूर्णतः स्वयंसिद्ध बात कही जा सकती है।''

('दी रिवॉल्यूशनिस्ट हैंडबुक' ले.—बर्नार्ड शॉ, 'मैन ऐंड सुपरमैन' में)
पृ.सं. 236-[233]

''इसमें कोई संदेह नहीं कि समाज को संपत्ति ने नहीं, बल्कि संपत्ति ने समाज को बरबाद किया है। इस बात में भी कोई संदेह नहीं कि अब तक संपत्ति ने स्वयं को बचाते हुए सभी साम्राज्यों को ध्वस्त किया है।''

(बर्नार्ड शॉ) मैन ऐंड सुपरमैन में) पृ.सं. 184

''आप जो चाहते हैं, उसे प्राप्त करने के प्रति सावधान रहें, अन्यथा जो कुछ भी मिलेगा, आप उसी को चाहने के लिए बाध्य हो जाएँगे।''

(स्ट्रे सेइंग्स बर्नार्ड शॉ 'मैक्सिम्स ऑफ रीवॉल्यूशनिस्ट्स'
मैन ऐंड सुपरमैन में, पृ.सं. 242)

कारण

''एक विवेकशील व्यक्ति स्वयं को संसार के अनुसार ढाल लेता है, जबकि अविवेकशील व्यक्ति सदैव संसार को अपने अनुसार ढालने का प्रयास करता रहता है। इस तरह सारी प्रगति इस अविवेकशील व्यक्ति पर ही निर्भर करती है।''

('मैक्सिम्स ऑफ रीवॉल्यूशनिस्ट्स'
(उद्धरण प्रदाता जितेंद्र नाथ दास) बर्नार्ड शॉ द्वारा 'मैन ऐंड सुपरमैन' [पृ.सं. 238]
(जितेंद्र नाथ दास के पेंसिल से किए हस्ताक्षर)

''उस व्यक्ति को और किसी सम्मान की आवश्यकता नहीं, जिसके जीवन में प्रेम व विचारों के मोती मजबूती से बँधे हों।''

(फारसी कहावत, सर जान लुबॉक की
'दी प्लेजर ऑफ लाइफ' अध्याय XI, भाग IV पृ.सं. 213 पर उद्धृत)

''क्या किसी की साँसें तेज हो जाती हैं
क्या किसी का मुख चमक उठता है,
जब सीढ़ियों पर सुनाई देती है, आपकी पदचाप,
कि वह भी कहीं आपसे मिलेगा और अभिवादन करेगा?
क्या आप अपने मालिक को इतना पसंद करते हैं,
कि अँधेरे साये भी रोशन हो उठें?
क्या वे आज प्रसन्न हुए।
सुनकर वे शब्द, जो आपने उनसे कहे?
जीवन निरुद्देश्य है,
यदि कोई बेहतर व्यक्ति
आपको राह में नहीं मिल जाता।
जिसके लिए आप सूर्य के प्रकाश जैसे हों!''

(जेम्स एलेन, दी लाइट ऑफ रीजन, खंड V, जनवरी, 1904)
(भगत सिंह का स्रोत ज्ञात नहीं)

कारावास

''मौजूदा स्थिति में कारावास… इसमें बंद लोगों द्वारा किए गए अपराध से भी बड़ा अपराध है; क्योंकि बुरा करनेवाला कोई एक अकेला अपराधी किसी व्यवस्थित राष्ट्र जितना शक्तिशाली या निरंकुश नहीं हो सकता।''

जो लोग जेलों की इस सच्चाई से परिचित हैं, उन्हें घोषणा करनी चाहिए कि वर्तमान हालातों में यह जरूरी हो गया है कि सभी न्यायाधीश, मजिस्ट्रेट व गृह सचिव गुप्त से यह छह महीने कारावास में गुजारें; इससे उन्हें स्पष्ट हो जाएगा कि वहाँ के हालात कैसे हैं और सजा सुनाते समय वे कम-से-कम यह अवश्य जानते होंगे कि वे क्या कर रहे हैं।*

'प्रीफेस टू इंग्लिश प्रिजन' ले. बर्नार्ड शॉ (पृ.सं. VII, XI)

सभ्यता और प्रगति

जीवन की कला में मनुष्य कुछ रचनात्मक नहीं कर पाया, लेकिन मृत्यु की कला में उसने प्रकृति को पीछे छोड़ते हुए रसायनशास्त्र और मशीनों द्वारा ऐसे उत्पाद बनाए, जो प्लेग, महामारी और अकाल से भी अधिक संहारक हैं। मेरा मानना है कि आज का ग्रामीण वही सबकुछ खा या पी रहा है, जो दस हजार वर्ष पहले के ग्रामीण खाया-पिया करते थे। वह जिन घरों में निवास करता है, उनमें बीती हजार सदियों में अधिक परिवर्तन नहीं आया है। इसी तरह महिलाओं के फैशन भी कुछ हफ्तों तक नहीं बदलते, लेकिन जब वह बाहर शिकार करने जाता है तो उसके पास ऐसा अद्भुत मशीनी यंत्र होता है, जिसे छूने भर से वह इतनी अधिक छिपी हुई आणविक ऊर्जा प्रस्फुटित करता है, जो उसके पुरखों के भालों, तीरों और फूँकनी को बहुत पीछे छोड़ देती है।''

बर्नार्ड शॉ, 'मैन ऐंड सुपरमैन' ऐक्ट III पृ.सं. 106 में

*इस उद्धरण में हाशिए पर एक नोट लिखा है 1. दंड 2. निवारण 3. सुधार। उपरोक्त पुस्तक के इस उद्धरण में इन विषयों पर चर्चा हुई है—

''जेल प्रबंधन तीन विषयों को स्वीकार करता है—(अ) दंड (बदला लेने के लिए शिष्टोक्ति), (ब) निवारण (आतंकवाद की शिष्टोक्ति) और (स) कैदी में सुधार। वे पहले को पूर्णतः प्राप्त कर लेते हैं, लेकिन जाँच व अभियोजन की सुनिश्चित कमी के कारण वे दूसरे पायदान पर पहुँचने में असफल रहते हैं। इस तरह तीसरे के लिए पहला असंगत हो जाता है।

पृ. सं. LXIX-LXX बर्नार्ड शॉ, प्रीफेस टू इंग्लिश प्रिजन।

''संयोग कभी प्रेरित नहीं कर सकते। प्रेरित होने के लिए आपको जीत हासिल करनी होगी। यदि आप इसका उपयोग करना चाहते हैं तो आपको संघर्ष में उतने से पहले स्वयं कमर कस लेनी होगी। किसी भी सफलता को पाना तब तक मायने नहीं रखता, जब तक आपने उसे अपने संघर्ष द्वारा प्राप्त न किया हो। आप जीवन में जो कुछ भी जीतते हैं, उसे जीत के पीछे आपके अपने प्रयास होने चाहिए। तब वह आपका अपना हिस्सा हो जाता है। गरीबी को अपनी राह की बाधा मत बनने दीजिए। गरीबी असुविधाजनक है, लेकिन··· **किसी भी नौजवान के लिए पानी में कूदने और अपने को तैरने या डूबने देने के लिए मजबूर करने का अनुपात दस में से नौ का रहता है।''**

'फ्रॉम लॉग केबिन टू वाइट हाउस' ले. ड्ब्ल्यू. एच. थेयर पृ.सं. 64

''दो लोगों का साथ होता है, तीन की भीड़ होती है और इससे अधिक भ्रमित करते हैं।''

(एक अमेरिकी कहावत)

''दर्शनशास्त्र मानवीय कमजोरी का परिणाम है।''

(भगत सिंह द्वारा 'व्हाई आई एम एन एथिस्ट' में उद्घृत)

कल्पना और वास्तविकता

हम बेहतर संभावनाओं को देखने में जो घंटे बिताते हैं, वे उनसे कहीं आनंदपूर्ण होते हैं, जो स्वतः प्राप्त हो जाएँ। पहले मामले में हम अपनी भूख के लिए खाना पकाते हैं, जबकि दूसरा हमें प्रकृति से पका-पकाया मिल जाता है। अपने मनोरंजन के लिए आमंत्रित इन सहमतिपूर्ण दिवास्वप्नों की शृंखला को दोहराना असंभव होता है।

ओलीवर गोल्डस्मिथ 'विकर ऑफ वेकफील्ड' पृ.सं. 32 (पृ.सं. 50)

केवल अमीरों के साथ संबंध जोड़नेवाले गरीब, जहाँ अपने लोगों की घृणा का पात्र बनते हैं, वहीं वे उनसे भी तिरस्कृत होते हैं, जिनका वे अनुसरण कर रहे हों।

वही, पृ.सं. 41 (पृ.सं. 66)

---

*भगत सिंह द्वारा रेखांकित

अंतःकरण

गलत कार्य करनेवाले मनुष्य को कचोटनेवाला उसका अंत:करण जल्द ही चुप हो जाता है। तब अंत:करण भयभीत हो जाता है। इन गलतियों में उन्हें बचाने योग्य शक्ति नहीं होती, ऐसे में वह दोषी के साथ शायद ही उचित न्याय कर पाता हो।

वहीं, पृ.सं. 43 (पृ.सं. 69)

बलिदान

बलिदान तभी पूजनीय है, जब सफलता के लिए प्रत्यक्ष या अप्रत्यक्ष, लेकिन तार्किक रूप से इसकी अनिवार्यता सिद्ध होती हो। जो बलिदान अंत में सफलता की ओर अग्रसर नहीं करता, वह आत्महत्या है और इसकी मराठा युद्धनीति में कोई जगह नहीं थी।

(वीर सावरकर, 'हिंदू पद पदशाही', पृ.सं. 257)

''इन मराठाओं के साथ युद्ध करना तूफान से जूझने और पानी पर वार करने जैसा था।''

'हिंदू पद पदशाही', पृ.सं. 258

हमारे युग की सबसे निराशाजनक बात यह है कि हमें बिना इतिहास बनाए इसे लिखना पड़ रहा है, बिना साहसिक क्षमता और अवसरों के उन वीरतापूर्ण गीतों को गाना पड़ रहा है, जिन्हें हम जीवन में कभी वास्तविक नहीं बना सके।

'हिंदू पद पदशाही', पृ.सं. 265-66

राजनीतिक गुलामी के बंधनों से कभी-न-कभी छुटकारा पाया या इन्हें तोड़ा जा सकता है, लेकिन बहुधा सांस्कृतिक अंधविश्वासों को समाप्त करना इससे कहीं अधिक कठिन होता है।

'हिंदू पद पदशाही', पृ.सं. 272-73

'नहीं स्वतंत्रता! तेरी मुसकान न धूमिल होने देंगे,
'जा कह दे डेनिश आक्रांताओं से'
'तेरे मंदिर में युगों तक लहू बहाना बेहतर है,
'बंधन में पल-भर सोने से!'

थॉमस मूर की कविता 'गो वेयर ग्लोरी वेट्स दी' से
वीर सावरकर की 'हिंदू पद पदशाही' में उद्धृत (पृ.सं. 219)

अपराध विज्ञान

1. बर्नार्ड शॉ

ये अवसरवादी समाजवादी हैं। इनके अनुसार **अपराध का मुख्य कारण (1) सामाजिक अन्याय तथा गरीबी हैं। ये (2) कारावास के सख्त खिलाफ हैं।*** ये इसे संसार में होनेवाले किसी भी अपराध से कहीं अधिक बुरा मानते हैं। जहाँ ये सामान्य आपराधिक मामलों में सजा देने से असहमत हैं, वहीं ये प्राणघातक चैंबर में (3) सुधारातीत अपराधियों को मौत की सजा दिए जाने के पक्षधर हैं। **(4) ये कारावासी व्यवस्था के प्रबल विरोधी हैं।**

देखें

1. 'मैन ऐंड सुपरमैन',
2. 'जान बुल्स अदर आइलैंड',
3. 'मेजर बारबरा' और
4. 'प्रीफेस टू इंग्लिश प्रिजन' स्थानीय सरकार के तहत

2. रगल्स ब्राइस

ये प्रिजन कमीशन ऑफ इंग्लैंड ऐंड वेल्स के चेयरमैन और इंटरनेशनल प्रिजन कमीशन के अध्यक्ष हैं। इन्होंने 'दी इंग्लिश प्रिजन सिस्टम' लिखी है।

(भगत सिंह के अपराध विज्ञान पर नोट्स)

---

*भगत सिंह द्वारा रेखांकित

अपराध-विज्ञानियों के विभिन्न विद्यालय

प्रोफेसर लॉम्ब्रोसो (इतालवी): सकारात्मक अनुभव यह है कि अपराध और अपराधिता बीमारी जैसी दूषित और रोगात्मक स्थिति है। दूसरे शब्दों में कहें तो यह विशिष्ट भौतिक व मानसिक दोषों से उत्पन्न एक असामान्य स्थिति है। यह 'टेर्स फिजियोलॉजिक्स' नामक विशिष्ट कलंक से उत्पन्न होता है, जिसका परिणाम वंशानुगत दोषों या पुरातनवादी परावर्तन के रूप में सामने आता है। संक्षेप में कहें तो, ये 'अपराधी प्रवृत्ति' के होते हैं, अर्थात ऐसी प्रजाति, जो आपराधिक कृत्यों के लिए पूर्वनिर्धारित है।* जिनके लिए सजा का कोई भी विधान निरर्थक साबित होता है, क्योंकि ऐसे लोगों की प्रकृति दंड संहिता के निवारक कानूनों के प्रति उत्तरदायी नहीं होती। इस पद्धति का तार्किक परिणाम इन अयोग्य लोगों का उन्मूलन या फिर कानूनी प्रक्रिया के दौरान चिकित्सीय देखरेख में रखना है।

('दी इंग्लिश प्रिजन सिस्टम' ले.—सर रगल्स ब्राइस पृ.सं. 199)

1. डॉ. गोरिंग : "सांख्यिकीय विज्ञान निश्चित तौर पर व्यवस्थित विज्ञान है। अपराधियों पर लागू करते समय इसे एक व्यवस्थित प्रणाली के रूप में परिभाषित करना होगा। इसमें निहित विभिन्न व्यक्तियों में कड़े मानवशास्त्रीय सर्वेक्षण के आधार पर तुलना द्वारा अपराध व अपराधी और अपराधिता के मूल अंतर-संबंधों से जुड़ा तर्कसंगत, सरल और सुबोध विवरण प्राप्त हो सकता है।"

(वही, सर रगल्स ब्राइस, पृ.सं. 201)

प्रमुख कारण

1. वंशगत
2. मानसिक रूप से अविकसित
3. शारीरिक रूप से अविकसित
4. सामाजिक—(सामाजिक अन्याय व परिस्थितियाँ)
5. उचित शिक्षा का अभाव
6. जीवन निर्वाह के साधनों का अभाव

(भगत सिंह के अपराध विज्ञान पर नोट्स)

*भगत सिंह द्वारा भावानुवादित

वर्ग : अभ्यस्त व आपराधिक

सन् 1776 की अमेरिकी स्वतंत्रता (जार्ज III) के बाद अपराधियों के उपनिवेशों में निकल भागने में असमर्थता के कारण इंग्लैंड में 'कारावास प्रणाली' अस्तित्व में आई। जेल व्यवस्था के नियमन व निर्धारण में हार्वर्ड (1726-1790) ने प्रमुख भूमिका निभाई। अब तो बहुत से निवारक कानून मौजूद हैं। बोर्स्टल संस्थान एक सुधार-गृह के रूप में कार्य कर रहा है। आदि।

(वही. सर रगल्स ब्राइस [पृ.सं. V-VI] पर आधारित)

मैं गरीबों का दिल हूँ, वतन की जुबान*
मैं गाता चलूँ साथ, मैं बरहता चलूँ,

जफर आदमी उसको जानिएगा,
वो हो कैसा भी साहिबे फहमो-जका,
जिसे ऐश में यादे खुदा रही,
जिसे तैश में खौफे खुदा ना रहा।

—बहादुर शाह जफर

मैं गैरों से हरगिज नहीं होता
क्योंकि मेरे साथ जो कुछ किया,
मेरे आशना ने किया।

या दवा नहीं दिल में तेरे लिए,
इन्हें बेइल्जाम अच्छे,
कैदे तनहाई हुई।

ऐ सय्याद आजादी हो···
फिर दम के नीचे पटकने का तमाशा और है

मैंने माना दहर को हक ने किया पैदा, वाले
मैं वो खलिक हूँ, मेरी कुन से खुदा पैदा हुआ

* विभिन्न पृष्ठों पर बिखरे शेयर यहाँ संकलित किए गए हैं।

श्री जयदेव कपूर के नोट्स से

आत्मोत्सर्ग करने पर बिना किसी शर्मिंदगी के अन्य लोगों को बलिदान करने की भी क्षमता पा जाते हैं।

यदि आप स्वयं को अपने प्रियजनों के लिए बलिदान करते हैं, तो अंत में आप उन लोगों से घृणा करने लगेंगे, जिनके लिए आपने स्वयं को बलिदान कर दिया।

(*बर्नार्ड शॉ 'मैक्सिम फॉर रिवॉल्यूशनिस्ट्स'', मैन ऐंड सुपरमैन, पृ.सं. 244*)

लेनिन

जब आप परिस्थितियों के अनुकूल न हो सकें, यदि आप जरूरत पड़ने पर मिट्टी में घिसटते हुए आगे न बढ़ सकें, तो आप क्रांतिकारी नहीं, बल्कि केवल बातें बनानेवालों में से हैं।

(व्लादिमीर इल्यिच) लेनिन
(7 मार्च की सेंट्रल कमेटी की राजनीतिक रिपोर्ट,
एक्सट्राऑर्डिनरी सेवेंथ कांग्रेस ऑफ दी आर.सी.पी (बी) पृ.सं. 101)

त्रोत्स्की

पार्टी के लिए सदस्यों की सार्वजनिक गतिविधियाँ ही नहीं, बल्कि उनका निजी जीवन भी उतना ही महत्त्वपूर्ण है··· व्यक्ति के निजी जीवन के कार्य ही उसके सार्वजनिक जीवन में प्रतिबिंबित होते हैं।

(लियोन) त्रोत्स्की
(अगस्त, 1923 के प्रावदा में प्रकाशित 'हाउ टू बिगेन' लेख से)

(यह लेख 'प्रॉबलम्स ऑफ एवरीडे लाइफ' व अन्य लेखों के साथ मोनाड प्रेस, न्यूयॉर्क, 1973, पृ.सं. 67 के कल्चर ऐंड साइंस में संकलित है, भगत सिंह का स्रोत अज्ञात है)

□

Ufor loose papers.

Miscellaneous Quotations !!

Love "The most interesting and pardonable of human weaknesses – Love.

Charles Dickens – Pickwick

Love :– " Bunny and Vee loved each other, just as passionately as ever, at least they told themselves that it was as ever, but all the while the subtle chemistry of change was at work. Men and women are not bodies only. Men and women are minds, and have to have harmony of ideas. Can they be bored with each other's ideas and still be just as much in love? Men and women are characters and these characters lead to actions — and what if they lead to different actions? What if the man wants to read a book and the woman wants to go to a dance?"

Upton Sinclair – Oil – Pg. 398)

Love and Sex:-

"But how lamentable that our young people are ridden by the inherited traditions that there is something shameful and immoral in the sexual act itself, even when prompted by sincere love and emotional escalation." 'P 61'

Sex is simply a biological fact. It is as much so as the appetite for food. Like the appetite for food it is neither legal nor illegal, moral or immoral. To bring sex under the jurisdiction of law and authority is as impossible as to bring food, hunger under such jurisdiction. Page 127

✓ I believe in marriage, and that I demand of it that it shall mean the love of one man for one woman in a harmony and companionship ...... -- when it does not mean that or something like, I am unable to see that it is marriage, regardless of whether there has been a marriage ceremony or not. The love one man is marriage. Nothing else is. The marriage ceremony is simply. The Public (avowal) aproval of a man and woman that such a relationship exists and it is further a formal recognition on the part of society that such a relationship exists

p-137

————————— : o : ——— Judge Ben Lindsey "Revolt of the modern Youth"!

Love :— "The Bird of life is singing on the bough
His two eternal notes of 'I and Thou'—
O hearken well, for soon the Song sings through
And would we hear it, we must hear it now"

"It will be found that empires based upon military force alone, however cruel that may be, are not permenent, and therefore not so dangerous to progress, it is only when resistance is paralysed by the agency of superstitions, that the race can be subjected to systems of exploitation for hundreds and even thousands of years."

Profits of Religion — By Upton Sinclair page 31

Slavery :— William Lloyd Garrison, poineer of 'Anti Slavery' movement in U.S.A started a paper "The Liberator" in 1831. In the first issue he wrote : —

"I will be as harsh as truth, and as uncompromising as justice. On this subject I do not wish to think, or speak or write with moderation. No! No! Tell a man whose house is on fire to give a moderate alarm; tell him to moderately rescue his wife from the hands of a ravisher tell the mother to gradually extricate her babe from the fire into which it has fallen — but urge me not to use moderation in a cause like the present. I am in earnest — I will not equivocate — I will not excuse — I will not retreat a single inch — and I will be heard. The apathy of the people is enough to make every statue leap from its pedestal and hasten the resurrection of the dead." [Boston P150]

Religion:— " Neitzche, as I gather, regarded the slave morality as having been invented and imposed on the world by slaves making a virtue of necessity and a religion of their servitude. Mr. Stuart-Glennie regards the slave mentality as an invention of the superior white race to subjugated. As this procession is in operation, and can be studied at first hand not only in our church schools and in the struggle between our modern proprietary class and the Proletariate, but in the part played by christian missionaries in reconcilling the black races of Africa to their subjugation by European capitalism, we can judge for ourselves whether the initiative came from above or below." Major Barbara Preface P153 Bernard Shaw.

existing Social Order " This world, Sir; is very clearly a place of torment and penance, a place where the fool flourishes and the good and wise are hated and persecuted a place where men and women torture each other in the name of love; where children are scourged and enslaved in the name of parental duty and healing and the weak in mind are put to the horrible torture of imprisonment hours but for years in the name of Justice."

John Bull's other Island Page 8
B. Shaw

Poverty:- ---- that the greatest of evils and the worst

✓ of crimes is poverty that our first duty - a duty to which every other consideration should be sacrificed - is not to be poor. 'Poor but honest', the respectable poor' and such phrases are as intolerable and as immoral as drunken but amiable.

"fraudulent but a good after dinner speaker." "Splendidly criminal," or the like. Security the chief pretence of civilization, cannot exist where the worst of dangers, the danger of poverty, hangs over everybody's head, and where the alleged protection of our persons from violence is only an accidental result of the existence of a police force, whose real business is to see the poor man to see his children starve whilst idle people overfeed pet dogs with the money that might feed and clothe them." Major Barbara P.154 Bernard Shaw"

Imprisonment:- we seize a man and deliberately do him a malicious injury: say, imprison him for years..... A man breaking into my home and stealing my wife's diamonds, I am expected as a matter of course to steal ten years of his life, torturing him all the time.... But the thoughtless wickedness with which we scatter sentences of imprisonment, torture in the solitary cell and on the plank ~~bed~~ bed and flogging a moral invalids and energetic rebels, is as nothing compared to the stupid levity with which we tolerate Poverty.

"Poverty:- The crying need of the nation is not P.155 for better morals, 'cheap bread' temperance liberty, culture, redumption of fallen sisters and erring brothers, nor the grace, love and fellowship of the Trinity, but simply for enough money. And the evil to be attacked is not sin, suffering, greed, preist craft, kingcraft, demogagy, monopoly, Ignorance, drink, war pestilence, nor any other of the scapegoats which reformers sacrifices but simply poverty P.161.

But the successful scoundrel is dealt with very difficulty and very christianity. He is not only forgiven, he is idolized, respected made much of all but worshiped P.173

The seven deadly sins? yes the deadly seven. Food, clothing, firing, rent, taxes, respectability and children. Nothing can lift these seven millstones from man's neck but ....

Poverty, a Crime? yes ---

crimes are virtues besides it all the other dishonours are chivalry itself by comparison. Poverty blights whole cities; spreads horrible pestilence; strikes dead the very souls of all who come within sight, sound or smelling of it. What you call crime is nothing — There are not 50 genuine professional criminals in London. But there are millions of poor people, abject people, dirty people, ill fed, ill clothed people. P281

" I had rather be a thief than a pauper. I had rather be murderer than a slave. I don't want to be either; but if you force the alternative on me, then, by Heaven I'll choose the braver and more moral one I hate poverty and slavery worse than any other crimes whatsoever.

Major Barbara — Bernard Shaw.

——— ! O! ———

Anthony sought happiness in 'love', Brutus in 'glory', Caesar in 'Dominion'. The first found 'disgrace', the second 'disgust', the last ingratitude and each destruction.

The Things of the world weighed in the balance all found wanting, self realization alone will bring peace and happiness.

Marriage :- "Marriage is popular because it combines the maximum of temptation with maximum of opportunity."

"The essential function of marriage is the continuance of the race, as stated in the Book of Common Prayer.

"The accidental function of marriage is the gratification of amoristic sentiment of mankind.

"The artificial sterilization of marriage makes it possible for marriage to fulfil its accidental function while neglecting its essential one.

" The most revolutionary invention of XIX

century was the artificial sterlization of marriage."

Superman. Bernard Shaw (-231)

——— ! O ! ———

Crime & Punishment :–

"Imprisonment is as irrevocable as death!"

"Criminals do not die by the hands of law. They die by the hands of other men.

"Assassination on the scaffold is the worst

✓ form of assasination, because ...

invested by the approval of society.

" It is the deed that teaches, not the name we give it. 'Murder' and 'capital punishment' are not opposites that cancel one another, but similars that breed their kind.

" Crime is only the retail ~~shop~~ department of what, in wholesale, we call "penal law".

" When a man wants to murder a tiger he calls it sport; when the tiger wants to murder a man he calls it ferocity. The distinction between crime and justice is no greater.

" It is not necessary to replace a guillotined criminal; it is necessary to replace a guillotine or social system" "Superman" Page 232 "Bernard Shaw"

"In a stupid nation the man of genius becomes a god, every body worships him; and nobody does his will."

"Property, said Proudhon, is Theft. This

is the only perfect maxim that has been uttered on the subject."

Page 233

"No doubt it is easy to demonstrate that property will destroy society, unless society destroys it. No doubt also, property has hitherto held its own and destroyed all the Empires. "Man & Superman" 184 page

"Take care to get what you like, or you will be forced to like what you get."

Reason:- "The Reasonable man adapts himself to the world -, the unreasonable one persist in trying to adapt the world to himself. Therefore all progress depends on the unreasonable man."

"Jitendra Nath Das" (pencil) "Man & Superman."

——— ! o ! ———

"He needs no other rosary, whose Thread of life is strung

with the beads of love and Thought."

——— : o : ———

"Do any hearts beat faster

Do any faces brighten

To hear your footsteps on the stair

To meet you, greet you, anywhere?

Are any happier today

Through words they have heard you say?

Life were not worth the living

If no one were the better

For having met you on the way

Any known the sunshine of your stay!"

[illegible]

[illegible]

[illegible]

[illegible]

6

मैं ने माना दहिर को ऊँचे किया पैदा इसने,

गों है हाजर हूँ गों ~~[illegible]~~ उतने पूरा पैदा उसका।

Imprisonment:- "Imprisonment as it exists today, is a worse crime than any of those committed by its victims; for no single criminal can be as powerful for evil, or as unrestrained in its exercise, as an organised nation."

Cr. "--- people who have ascertained the truth about prisons have been driven to declare that the most urgent necessity of the situation is that every judge magistrate, and Home Secretary should serve (~~[illegible]~~) a six months sentence incognito; so that when he is dealing out and enforcing sentences he should at least know that he is doing."

atribution (1)
Deterrence (2)
Refor - (3)

Preface to English Prisons under Local Govt:

Preface by Bernard Shaw.

Civilization and progress:- "In the art of life man does nothing; but in acts of death he out does nature herself, and produces by chemistry and machinery all the slaughter of plague, pestilence and famine. The peasant today eats and drinks what was eaten and drunk by the peasants ten thousand years ago; and the house he lives in has not altered as much in a thousand centuries as the fashion of a lady's bonnet in a score of weeks. But when he goes out to slay, he carries a marvel of mechanism that lets loose at the touch of his finger all the hidden molecular energies and leaves the javelin, the arrow, the blowpipe of fathers far behind." "Man & Superman B. Shaw P. 106

Occasion cannot make spurs, youngmen, If you expect to wear spurs, you must win them. If you wish to use them, you must buckle them to your heels before you go into the fight. Any success you may achieve is not worth having unless you fight for it. What ever you win in life you must conquer by your own efforts, and then it is yours – a part of yourselves... Let not poverty be obstacles in your way. Poverty is uncomfortable, as

but nine times out of the ten, the best thing that can happen to a young man is to be thrown overboard, to swim or sink for himself."

P. 64 "From Log cabin to White house

by W.H. Thayer.

——————— : o : ———————

"Two is a company, three is a crowd and more a confusion!"

M.

"Philosophy is the outcome of human weakness."

A.C. [illegible]

"Visions and Actualities!"

"... The hours we pass with happy prospects in view are more pleasing than those with fruition. In the first case, we cook the dish to our own appetite, -- letter Nature cooks it for us. It is impossible to repeat the train of agree.... we called for our entertainment." [Goldsmith's 'Vicar of Wakefield' II32]

train

"Such as are poor and will associate with none but the rich, are hated by those avoid and despised by those they follow." [Ibid II41]

?

Conscience:- "The pain which conscience gives the man who has already done wrong is soon over. Conscience is a coward; and those faults it has not strength enough to prevent it seldom has justice enough to accuse. (Ibid II 43)

----- : 0 : -----

Sacrifice:- "Sacrifice was adorable only when it was directly or remotely, but reasonably felt to be indispensible for success. Sacrifice that leads not to ultimate success is suicidal and has no place in the tactics of Maratha warfare.

Hindu Pad Padshahi 125

"To fight with these Marathas is to battle with the wind is to strike on water (258)

... that remains the despair of our age which has to write history without making it, to sing of valorous deeds without the daring abilities and opportunities that can actualize them in life."

Crime

Hindu-Pad-Padshahi 265-66

... Although fetters of political slavery can at times be shaken off and smashed, yet the fetters of cultural superstition are often found far more difficult to knock off (272)

"Go Freedom, whose smiles we shall never resign,
Go tell the invaders, the Danes,
'Tis sweeter to bleed for an age at thy shrine
Then to sleep but a minute in chains." { Thomas Moore

Hindu Pad Padshahi 1...

——→ : o : ←——

8.

Criminology :-

1. Bernard Shaw

He is a fabian socialist. In his opinion main cause of crime is [1] social injustice and poverty. He is strictly against [2] 'imprisonment'. He thought it to be worst of the crimes being committed in the world. He favors no punishment in ordinary offence cases, but prefers [3] lethal chamber or death sentence in case of incorrigible criminals. A deadly enemy [4] of jail institution.

[vide Man & Superman, John Bull's other Island - Major Barbara as Preface to English Prison under Local Govt.]

2. Ruggles Brise :-

He is chairman of the Prison Commission for England & Wales & President of the International Prison Commission. He has written 'The English Prison System'.

Different Schools of Criminologists :-

1. Professor Lombroso (Italian) :- "Positive" school is that crime or criminality is a morbid or pathological state akin to disease, or in other words, an abnormal state, due to certain physical or mental defects, made manifest by certain stigma, the result either of inherited defects or reversion to atavistic type, or in short, that there is "a criminal type" i.e. a race of predestined to criminal acts, against whom any system of punishment would be futile, as by nature such beings would not be amenable to the deterrent influence of penal law. This is a theory whose logical result would be either elimination of the unfit or the transfer into the province of medicine of all the legal procedure.

2. Dr. Goring :- "Science of statistics is essentially a science of method and as applied to

criminal man it may be described as a system of method whereby comparison, based on a strict anthropometrical survey of the different sets of individuals, may be effective in providing legitimate, simple and intelligible description of the criminal and of crime, and of the fundamental inter-relationships of criminality."

Main causes :- (1) Heredity (2) mentally under-developed (3) Physically under developed
(4) Society - (Social injustice as well circumstances)
9. (5) lack of proper Education :-
(6) Lack of means of subsistence.

& Classes :- Habituals and Criminals

In England 'Prison' system came into existence after the American Independence 1776 (George III) when the Criminals could not be sailed off to colonies. Howard (1726–1790) played a prominent part in regulating and reforming the jail system. Now there are various preventive acts. Borstal institutions are working as reformatory schools etc.

ਮੈਂ ਗਗੀਦੈਂ ਸ਼ਹਿਰ ਨੂੰ ਛਡ ਦੀ ਮਧਾਂ,

ਮੈਂ ਗਾਤਾ ਚਲੂ ਆਪ

ਮੈਂ ਨੈ ਪਤਤਾ ਚਲੂ

From Sh. Jaideo Kapoor's notes

Self sacrifice enables to sacrifice other people without blushing

If you begin by sacrificing yourself to those you love, you will end by hating those to whom you have sacrificed yourself."

Lenin

"If you do not know to suit yourself to circumstances, if you cannot crawl into the mud if need be, you are not a revolution[ary] but a phrase maker."

Trotskey

"It is not only the public activities of the individual member that are important for the Party but his private life as well... The condi[tions] of individual life are reflected in a man's public activities."

Urdu couplets written by Shaheed Bhagat Singh & kept in jail notebook

[illegible]

परिशिष्ट-1

शहीद भगत सिंह द्वारा जेल में एकत्र किए गए उर्दू शेर

आज कुछ और भी पी लूँ के सुना है मैंने,
आते हैं हजरत-ए-वायज मेरे समझाने को
—अमीर मीनाई

है कहाँ फुर्कत-ए-साकी में मय्यसर हम को,
रुख के हम सीना पे सो रहते हैं पैमाने को।
—अमीर मीनाई

ना पूछ हाल मेरा चोब-ए-खुश्क-ए-सहरा हूँ,
लगा के आग मुझे कारवाँ रवाना हुआ।
—आतिश लखनवी

जाते हुए कहते हो कयामत को मिलेंगे,
क्या खूब कयामत का है गोया कोई दिन और।
—गालिब

वहीं बैठे रहो बस दूर से ही बात करते हैं,
जफा कैसी? वफा से भी तुम्हारी हम तो डरते हैं।
—अज्ञात

या रब वो ना समझे हैं ना समझेंगे मेरी बात
दे और दिल उनको जो ना दे मुझको जुबाँ और।
—गालिब

दिल ही तो है ना संग-ओ-खिश्त, दर्द से भर ना आए क्यों,
रोएँगे हम हजार बार कोई हमें सताए क्यों।
—गालिब

दैर नहीं, हरम नहीं, दर नहीं आस्ताँ नहीं,
बैठे हैं रहगुजर पे हम कोई हमें उठाए क्यों।
—गालिब

जाँनिसारों में है सच्चा कौन झूठा कौन है,
यार अभी खुल जाएँगे जौहर जरा शमशीर खींच।
—अज्ञात

कू-ए-कातिल को चलें हम तो अदम को पहुँचें,
राह जाति है उधर हो के हमारे घर को।
—अज्ञात

दिल की सब बातों की है, नासेह को खबर
समझे समझाए को हम समझाएँ क्या
—अज्ञात

जोश-ए-वहशत है, ये नासेह ना पहनना जंजीर
देख दीवाना ना हो, मैं नहीं पाबंद-ए-रूसूम
—अज्ञात

जज्बा-ए-बे इख्तियार-ए-शौक देखा चाहिए,
सीना-ए-शमशीर से बाहर है दम शमशीर का।
—गालिब

दिल-ओ-जिगर दोनों निकल आए हैं, पहलू तोड़कर
—अज्ञात

बक रहा हूँ, जुनून में मैं क्या कुछ
कुछ ना समझे खुदा करे कोई।
—गालिब

जुज कैस और कोई ना आए बरूए कार
सेहरा मगर ब-तंगी-ए-चश्म-ए-हसूद था।
—गालिब

धनपा कफन ने दाग़-ए-अय्यूब-ए-बरहानगी
मैं, वरना हर लिबास में-नंग-ए-वजूद था।
—गालिब

दामन-ए-जख्म ना कि उस से मुरव्वत वरना,
बिस्मिल-ए-तेग-ए-सितम दफन भी उरियाँ हुआ।
—अज्ञात

तेशा बगैर मार ना सका कोहकां 'असद'
सरगाश्ता-ए-खुमार-ए-रसूम-ओ-क्योद था।
—गालिब

दिल मेरा सोज-ए-निहां से बे मुहाबा जल गया,
आतिश-ए-खामोश की मानिंद गोया जल गया।
—गालिब

आतिश-ए-खामोश भी क्या आतिश-ए-खामोश है,
उड़ गए दिल के धुएँ, लेकिन धुआँ कोई नहीं।
—अज्ञात

दिल में जौक-ए-वस्ल-ओ-याद-ए यार तक बाकी नहीं,
आग इस घर को लगी ऐसी के जो था जल गया।
—गालिब

पहले थी फिक्र-ए-आग हसरत-ए-खाना-ए-दिल कि मुझे,
अब है जुस्तजू के रह गया क्या जल गया।
—अज्ञात

है यह अदना से मेरी सोख्ता बख्ती का असर,
जिस गुलिस्ताँ पे नजर की वो गुलिस्ताँ ना रहा।
—अज्ञात

عشرت قتل گہ اہل تمنا مت پوچھ
عید نظارہ ہے شمشیر کا عریاں ہونا

لے گئے خاک میں ہم داغ تمنائے نشاط
تو ہو اور آپ بصد رنگ گلستاں ہونا

کی مرے قتل کے بعد اس نے جفا سے توبہ
ہائے اس زود پشیماں کا پشیماں ہونا

حیف اس چار گرہ کپڑے کی قسمت غالب
جس کی قسمت میں ہو عاشق کا گریباں ہونا

حضرت ناصح گر آئیں دیدہ و دل فرش راہ
کوئی مجھ کو یہ تو سمجھا دو کہ سمجھائیں گے کیا۔

یہ نہ تھی ہماری قسمت کہ وصال یار ہوتا
اگر اور جیتے رہتے یہی انتظار ہوتا
ترے وعدے پر جیے ہم تو یہ جان جھوٹ جانا
کہ خوشی سے مر نہ جاتے اگر اعتبار ہوتا

[illegible]
[illegible] غم روزگار ہوتا

یہ کہاں کی دوستی ہے کہ بنے ہیں دوست ناصح
کوئی چارہ ساز ہوتا کوئی غم گسار ہوتا
کہوں کس سے میں کہ کیا ہے شب غم بری بلا ہے
مجھے کیا برا تھا مرنا اگر ایک بار ہوتا۔

میں وہ چراغ ہوں جس کو فروغ ہستی میں
قریب صبح روشن کیا بجھا بھی دیا۔

میں شمع آخر شب ہوں سن سرگزشت میری

کوئی دم کا مہماں ہوں اے اہل محفل
چراغ سحر ہوں بجھا چاہتا ہوں

اچھا ہے دل کے ساتھ رہے پاسبان عقل
لیکن کبھی کبھی اسے تنہا بھی چھوڑ دے

[illegible]
[illegible]

میں ظلمت شب میں لے کے نکلوں گا اپنے درماندہ کارواں کو
شرر فشاں ہوگی آہ میری نفس مرا شعلہ بار ہوگا

[illegible]
[illegible]

[illegible]
[illegible]

[illegible]
[illegible] گلزار میں [illegible]

[illegible] ہے
[illegible] ہے
[illegible]
[illegible] ہے

[illegible]
[illegible]
[illegible]
[illegible]

[illegible]
[illegible]
[illegible]
[illegible]

[illegible]
[illegible]

[illegible]
[illegible]

[illegible]
[illegible]

[illegible]

खुदा बख्शे दिल-ए-महरूम कि अब कद्र जाती रहे,
ये दाग-ए-आरजू उस मरनेवाले की निशानी है।
—अज्ञात

दिखा दूँगा तमाशा, दी अगर फुर्सत जमाने ने,
मेरा हर दाग-ए-दिल इक जख्म है सरवाए चिरागों का।
—अज्ञात

बूए-गुल, नाला-ए-दिल, दूद-ए-चिराग-ए-महफिल,
जो तेरी बाजों से निकला सो परेशान निकला।
—गालिब

दिल में फिर गिरया ने इक शोर उठाया 'गालिब'
आह जो क़तरा न निकला था, सो तूफ़ान निकला।
गालिब

मुहब्बत थी चमन से लेकिन अब ये भी दिमागी है,
के मौज-ए-बूए गुल से नाक में आता है दम मेरा।
—गालिब

सरापा रहीन-ए-इश्क-ओ-नागुजेर-ए-उलफत-ए-हस्ती,
इबादत बर्क कि करता हूँ और अफसोस हासिल का।
—अज्ञात

□

यह न थी हमारी किस्मत कि विशाल-ए-यार होता
अगर और जीते रहते यही इंतजार होता

तेरे वादे पर जिये हम तो यह जान झूठ जाना
कि खुशी से मर न जाते अगर एतबार होता
—गालिब

परिशिष्ट-2

शहीद भगत सिंह द्वारा जेल में एकत्र किए गए उर्दू शेर

आह करूँ तो जग जले और जंगल भी जल जाए,
पापी जियरा ना जले जिस में आह समाए।
—अज्ञात

गर चे दीवाना हूँ पर क्यों दोस्त का खून फरेब,
आस्तीन में दशना पिनहान, हाथ में खंजर खुला।
—गालिब

आज क्यों परवाह नहीं अपने असीरों की तुझे,
कल तलक तेरा भी दिल मेहर-ओ-वफा के बाद था।
—गालिब

गलियों में मेरी नाश को खींचें
जान दादा-ए-हवा-ए-सरे रहगुजर था।
—गालिब

इशरत-ए-कत्ल-गहे अहिल-ए-तमन्ना मत पूछ,
ईद नजारा है, शमशीर का यूरियाँ होना।
—गालिब

आओ तुम से भी गले मिल लें आज आखिर तो,
खंजर-ए-काफ-ए-कातिल में है।
—अज्ञात

की मेरे कत्ल के बाद उसने जफा से तौबा,
हाय उस जूद पशेमन का पशेमन होना।
—गालिब

है उस चार गिरह कपड़े की किस्मत 'गालिब',
जिस की किस्मत में लिखा हो आशिक का गिरेबाँ होना।
—गालिब

हजरत-ए-नासेह गर आएँ दीदा-ओ-दिल फर्श-ए-राही,
कोई मुझ को यह तो समझा दो, के समझाएँगे क्या।
—गालिब

तेरी नाजुक से जाना के बँधा था अहद बोदा,
कभी तो ना तोड़ सकता अगर उस्तवर होता।
—गालिब

ये कहाँ की दोस्ती है कि बने हैं दोस्त नासेह,
कोई चार साज होता, कोई गमगुसार होता।
—गालिब

कहूँ किसी से मैं कि क्या है शब-ए-गम बुरी बला है,
मुझे क्या बुरा था मरना अगर एक बार होता।
—गालिब

मैं वो चिराग हूँ, जिस को फरोग-ए-हस्ती में,
करीब सुबह से रोशन किया, बुझा भी दिया।
—अज्ञात

मैं शमा-ए-आखीर शब हूँ, सुन सरगुजिश्त मेरी,
—अज्ञात

कोई दम का मेहमान हूँ ऐ अहल-ए-महफिल,
चिराग-ए-सहर हूँ बुझाना चाहता हूँ।
—इकबाल

अच्छे हैं दिल के पास रहे पास्बाँ-ए-अग्ल,
लेकिन कभी-कभी इसे तन्हा भी छोड़ दे।
—इकबाल

खुदा के आशिक तो हैं, हजारों बनौन में फिरते हैं मारे-मारे,
मैं उसका बंदा बनूँगा, जिसको खुदा के बंदों से प्यार होगा।
—इकबाल

मैं जुल्मत-ए-शब में ले के निकलूँगा अपने दरमांदा कारवाँ को,
शरार फिशन होगी आह मेरी, नफस मेरा शोलाबर होगा।
—इकबाल

ना पूछ 'इकबाल' का ठिकाना अभी तो ये कैफियत है उसकी,
कहीं सरे-रह गुजर बैठे सितम काश-ए-इंतजार होगा।
—इकबाल

दहर को देते हैं मोती दीदा-ए-गिरियाँ से हम,
आखिरी बादल हैं गुजरे हुए तूफान के हम।
—अज्ञात

तुझे शाख-ए-गुल से तोड़ें जहे नसीब तेरे,
तड़पते रह गए गुलजार में रकीब तेरे।
—अज्ञात

औरों का पयाम और मेरा पयाम और है,
इश्क के दर्दमंदों का तर्ज-ए-कलाम और है।
—अज्ञात

तायरी-जेर-ए-दम के नाले तो सुन चुके हो तुम,
ये भी सुना के नाला-तायरे बाम और है।
—इकबाल

मुझे फूँका सोज-ए-कतरा-ए-अश्क-ए-मुहब्बत ने,
गजब की आग थी पानी के छोटे से शरारे में।
—इकबाल

नहीं जिंस-ए-स्वाब-ए-आखिरत की आरजू मुझ को,
वो सौदागर हूँ, मैंने नफा देखा है खसारी में।
—इकबाल

भला निभेगी तेरी हम से क्यों कर ऐ वाइज,
के हम तो रस्म-ए-मुहब्बत को आम करते हैं।
—इकबाल

मैं उनकी महफिल-ए-इशरत से काँप जाता हूँ,
जो घर को फूँककर दुनिया में नाम करते हैं।
—इकबाल

नशा पिला के गिराना तो सब को आता है,
मजा तो जब है कि गिरतों को थाम ले साकी।
—इकबाल

आब-ओ-हवा में रहेगी खयाल की बिजली,
ये मुश्त-ए-खाक है फानी रहे ना रहे।
—अज्ञात

अक्ल क्या चीज है इक वजा कि पाबंदी है,
दिल को मुद्दत हुई इस कद से आजाद किया।
—अज्ञात

तुम्हारी तहजीब अपने खंजर से आप ही खुदकुशी करेगी,
जो शाख-ए-नाजुक पे आशियाँ बनेंगे नापाएदार होगा।
—इकबाल

□

परिशिष्ट-3

पुलिस द्वारा बरामद की गईं पुस्तकों की सूची

भगत सिंह व उनके साथियों के निवास स्थल पर डाले गए विभिन्न छापों के दौरान पुलिस द्वारा बरामद की गईं पुस्तकों की सूची। इनका उल्लेख अदालत व ट्रिब्यूनल के सम्मुख पेश किए गए विभिन्न बयानों और जब्त दस्तावेजों में भी मिलता है। इसमें बहुत सी गलतियों और अशुद्धियों की संभावना है, लेकिन इन्हें पुलिस के रिकॉर्ड से लिया गया है। यद्यपि इनमें से कुछ में सुधार और कुछ अनुपलब्ध शीर्षक दिए गए हैं। यह एक अंतिम सूची है, क्योंकि इसमें शामिल नाम पूर्णत: वास्तविक भौतिक जब्ती से लिये गए हैं।

किशोरी लाल, सुखदेव और जय गोपाल के निवास स्थल कश्मीर हाउस, लाहौर से बरामदगी।

तारीख : 15 अप्रैल, 1929

77. यीशु मसीह का एक चित्र।
78. पुरी बंधुओं द्वारा निर्मित महाराणा प्रताप के चित्रवाला वर्ष 1929 का एक कैलेंडर।
80. एक जिल्दबंद कवरवाली हिंदी पुस्तक शीर्षक 'काकोरी के शहीद', जिसपर अशफाक उल्ला का चित्र है।
81. एक जिल्दबंद अंग्रेजी पुस्तक, शीर्षक 'वाट डू वी वांट', संस्करण 1922, डी.ला बरारी, जे.बी. टारगेट, जिनेवा, ले. महेंद्र नाथ रॉय, 157 पृष्ठ।
82. एक हिंदी पुस्तक शीर्षक 'मदन वलाप'
83. एक गुरुमुखी पुस्तक शीर्षक 'बीरबल नामा'
84. 'बाल उपदेश' की गुरुमुखी प्रति
85. 'कैसर रईसी' की हिंदी प्रति
86. शीर्षक 'रिवॉल्यूशनरी बायोग्राफीस', ले. आर.ड्ब्ल्यू. पोस्टगेट, 1922, अंग्रेजी पुस्तक की प्रति।
87. शीर्षक 'फाउंड्री वर्क्स', ले.—नीधम, अंग्रेजी पुस्तक
88. शीर्षक 'पैटर्न मेकिंग', ले.—नीधम, एक अंग्रेजी पुस्तक
89. 1 अप्रैल, 1929 से लागू रेलवे टाइम-टेबल की प्रति
90. लाइनदार कागजोंवाली कॉपी, जिसके दो पृष्ठों पर गुरुमुखी वर्णमाला लिखी है।
91. एक पृष्ठ; जिसपर अर्जन देव की स्टैंप, जिसपर बैंगनी रंग में अंग्रेजी अक्षर हैं।
92. पत्र लिखने का एक पैड।
93. अप्रैल 1929 की हिंदी 'फुलवारी' की प्रति।
94. 'पश्तो, कोलोक्वेल' ले.—फेरोज डिन, एक अंग्रेजी पुस्तक।

95. 'कीर्ति' की दिसंबर, 1928 की प्रति।
96. एक जिल्दबंद अंग्रेजी पुस्तक, शीर्षक 'एडमिनिस्ट्रेशन इन आयरलैंड' 1920, ले. आई.ओ.जैट, पिट नं.817
97. अंग्रेजी पुस्तक शीर्षक 'कॉन्स्टीट्यूशन ऑफ दी फेडेरेटिड रिपब्लिक्स ऑफ इंडिया', 1926, मार्क्सवादी।
98. 'कीर्ति' की नवंबर 1928 की प्रति
99. अंग्रेजी व उर्दू के विभिन्न अखबारों का बंडल
100. एक फटे हुए कवरवाला पत्र, जिसके पहले पाँच पृष्ठ अंग्रेजी में व अंतिम पृष्ठ हिंदी में है।
104. 'रिवॉल्यूशनरी' की छह प्रतियाँ, रिवॉल्यूशनरी पार्टी ऑफ इंडिया का प्रपत्र, खंड I, नंबर 1, तारीख 1 जनवरी, 1925

काले बक्स में से—

158. दो नोटबुक, जिनमें बम बनाने का फार्मूला दर्ज है।
159. अंग्रेजी पुस्तक शीर्षक 'इंफेंट्री ट्रेनिंग', खंड I, 1926
160. अंग्रेजी पुस्तक शीर्षक 'स्माल आर्म्स ट्रेनिंग', खंड II,
161. अंग्रेजी पुस्तक शीर्षक 'दी सिपॉय ऑफिसर्स मैन्युअल'
162. अंग्रेजी पुस्तक शीर्षक 'इंफेंट्री ट्रेनिंग', खंड I, 1926
163. अंग्रेजी पुस्तक शीर्षक 'स्माल आर्म्स ट्रेनिंग', खंड I, 1924
164. एक लाल रंग की अंग्रेजी नोटबुक, जिसमें बम बनाने का फार्मूला दर्ज है।
165. एक काले रंग की अंग्रेजी नोटबुक, जिसमें बम बनाने का फार्मूला दर्ज है।

15-4-29 को जय गोपाल की जामा-तलाशी

तारीख 15 अप्रैल, 1929

1. नकद रुपए 15.13.6
2. पश्तो व उर्दू में एक लाल रंग की पुस्तक
3. अंग्रेजी में एक पैम्फलेट शीर्षक 'अवेक, एराइज', ले. टी.एल. वासवानी
4. एक अंग्रेजी पुस्तक शीर्षक 'इंडियन मैन्युअल ऑफ फर्स्ट एड'
5. एक हिंदी पुस्तक, शीर्षक 'क्या करें', टॉलस्टॉय
6. सफेद पृष्ठोंवाली एक कॉपी, जिसपर कुछ नुस्खे लिखे हैं।
7. लाइनदार सफेद पृष्ठोंवाली कॉपी, जिसपर कुछ नुस्खे लिखे हैं।
8. एक कवर में तीन पृष्ठ, जिन पर उर्दू और हिंदी में कुछ लिखा था।

श्री राम आश्रम विद्यालय, अमृतसर में शिक्षक मास्टर आज्ञा राम के घर से बरामदगी

तारीख 26 अप्रैल, 1929

1. दी यंग इंडिया खंड I, हिंदी में — एक
2. दी यंग इंडिया खंड II, हिंदी में — एक
3. दी यंग इंडिया खंड III, हिंदी में — एक

4. बैंगनी रंग की जिल्दबंद नोटबुक — एक
5. सत्य धर्म की पहचान, उर्दू में — एक
6. लाला लाजपत राय का दर्शन — एक
7. मालेक्क्ष तोर, खंड I — एक
8. सत्याग्रही उपदेश विद् गांधी संदेश — एक
9. लेनिन, उर्दू में — एक
10. मुहब्बताँ–ए–वतन, उर्दू में — एक
11. रिप्लाई टू मदर इंडिया, हिंदी में — एक
12. मूर्ख राज, उर्दू में — एक
13. अंगली दुनिया के हालात, उर्दू में — एक
14. सिपाही विद्रोह, हिंदी में, पहला आजादी संग्रह, वीर सावरकर — एक
15. फिजिकल साइंस नोटबुक, जिल्दबंद, लाल रंग का कवर और हस्तलिखित नोट्स — एक
16. कॉपी बुक, शीर्षक 'इशरत बच्चों के खास', एक पीले रंग के कागज का कवर
17. अकाउंट संबंधी जानकारीवाली छोटी नोटबुक, स्लेटी रंग की — एक
18. पेंसिल से लिखी लाल रंग की छोटी नोटबुक — एक
19. स्वदेशी तहरीक और उसका असर, उर्दू में — एक
20. किन्हीं स्वामीजी की तसवीर — एक
21. आज्ञा राम की तीन अन्य लोगों के साथ तसवीर — एक
22. सुनहरे फ्रेम में चित्र — एक
23. काले फ्रेम में ग्रुप फोटो — एक
24. फिग्हान यानी, भारत जानी के आखिरी लम्हे, उर्दू में — एक
36. नौजवान भारत सभा के खाली आवेदन पत्र — एक
40. 'नगमा–ए–गम' शीर्षक सहित कविता लिखा पोस्टर — एक
42. पेंसिल से लिखी पुस्तकों की सूची — एक

सरदार भगत सिंह के पिता किशन सिंह के लाहौर स्थित घर से बरामदगी
तारीख 2 मई, 1929

4. दो रंगीन तसवीरें, एक वीरांगना और दूसरी महाराणा प्रताप, छपा कागज जिसपर 'मेवाड़ गौरव' लिखा है।
5. कीर्ति पत्रिका, अमृतसर में से फाड़ा गया पृष्ठ, जिसपर भाई करतार सिंह की दो तसवीरें हैं।
6. एक कागज, जिसपर ठाकुर प्रीतमी सिंह की छपी हुई फोटो है।
7. एक कागज पर छपी हुई किन्हीं सरदारजी की तसवीर।
8. एक कागज, जिसपर किसी सिख सज्जन की तसवीर छपी है और हिंदी भाषा में कुछ लिखा है।
9. कागज पर छपी एक तसवीर
10. कीर्ति पत्रिका, अमृतसर से फाड़ा गया पृष्ठ, जिसपर सरदार संतोक सिंह की तसवीर छपी है। (नोट) 4 से 10 तक में उल्लेखित तसवीरें एक भूरे लिफाफे से बरामद हुईं।

11. एक भूरा लिफाफा, जिसमें से प्राप्त सफेद कागज पर अंग्रेजी में कुछ नामों की सूची है। इन नामों को 1 से 22 तक नंबर दिए गए हैं। इस कागज के पीछे 'आर्य सभा' शब्द छपा है और उसपर कुछ टाइप हुई सामग्री भी है।
12. तीन पृष्ठों का छपा हुआ लेख, जिसके पहले पृष्ठ पर लिखा है—
    'दी नौजवान भारत सभा'
    (यंग इंडिया एसोसिएशन)
    लाहौर
    'दी वेल्थ ऑफ दी नेशन' हरदयाल
    इसके पहले पृष्ठ पर पेंसिल से कुछ पुस्तकों के नाम लिखे हैं।
13. एक लिफाफे में भगत सिंह को संबोधित (रियो डी जनेरियो, 26 अक्तूबर, 1928) अंग्रेजी में टाइप हुआ पत्र मिला। इसके अंत में एच.के. और एस.के. हस्ताक्षर हैं। यह दो पृष्ठों पर लिखा है। लिफाफे पर भगत सिंह का पता लिखा है।
14. एक आने का लिफाफा, जिसपर उर्दू और अंग्रेजी दोनों भाषाओं में यह पता लिखा है, 'सरदार भगत सिंह, सुतर मंडी, शहंशाही कुटिया, लाहौर।'
15. चार पृष्ठों पर लिखा उर्दू पत्र, तारीख 5 नवंबर, प्रतीत होता है कि इसे किसी प्यारा मित्र ने लिखा है, लेकिन इसपर लिखनेवाले का नाम नहीं है। यह पत्र जिस लिफाफे में मिला, उसपर सरदार किशन सिंह का पता लिखा है और इसपर लाहौर पोस्ट ऑफिस की 23 जनवरी, 1929 की मुहर लगी है।
16. उर्दू में लिखित चार पृष्ठों का पत्र, जिसे किसी प्यारे मित्र ने लिखा है।
17. एक लिफाफा, जिसपर सरदार किशन सिंह का पता लिखा है और असुधा पोस्ट ऑफिस की मुहर लगी है। इस लिफाफे में चार पृष्ठों का उर्दू में लिखा एक पत्र है, जिसे किसी प्यारा मित्र ने लिखा है।
18. पोस्ट ऑफिस का लिफाफा, जिसपर सरदार किशन सिंह का पता उर्दू में लिखा है। पोस्ट ऑफिस की मुहर की तारीख 24 दिसंबर की है। इस लिफाफे में चार पृष्ठों का उर्दू में लिखा पत्र है, जिसे किसी प्यारे मित्र ने लिखा है।
19. एक लिफाफा जिसपर सरदार किशन सिंह का पता लिखा है। इस लिफाफे में चार पृष्ठों का उर्दू में लिखा पत्र है, जिसपर 24 दिसंबर, 1928 की तारीख है और इसे किसी प्यारे मित्र ने लिखा है।
20. बीबी अमृत कौर द्वारा गुरुमुखी अक्षरों में लिखा एक पृष्ठ का पत्र।
21. अंग्रेजी में पैम्फलेट 'दी यंग लिब्रेटर' नवंबर, 1928, नंबर 3, खंड 1
22. जिल्दबंद पुस्तक, जिसके पहले पृष्ठ पर भगत सिंह का नाम अंग्रेजी में लिखा है (अस्पष्ट)
23. अंग्रेजी जिल्दबंद पुस्तक, नाम 'फेस टू फेस विद् कैसारिज्म' ले. जेम्स ड्ब्ल्यू, गेरार्ड
24. जिल्दबंद अंग्रेजी पुस्तक, नाम 'ओप्रेशन ऑफ दी पूअर' ले. सी.एफ. एंड्रयू
25. कार्ड आकार की फोटो, जिसपर कोई नाम नहीं लिखा।
26. उर्दू में लेख, जिसके एक पृष्ठ पर शीर्षक 'पंजाब के पॉलिटिकल सरदार' लिखा है, इसके अंत में लिखा है, ''आपका पुराना मित्र, हुकुम सिंह '' तारीख 30 जनवरी, 1922, इस पत्र के साथ सरदार किशन सिंह को हुकुम सिंह द्वारा संबोधित एक पृष्ठ भी है।
29. हिंदी भाषा में एक पोस्टकार्ड, जिसपर निम्न पता अंग्रेजी में लिखा है—
    ''जय देव द्वारा महा देव वैद, सुतर मंडी, लाहौर''

इस पर प्रेषित करने की बनारस सिटी पोस्ट ऑफिस की 9 मार्च, 1928 की मुहर है।

जवाहरलाल
आई.पी

सरदार भगत सिंह के पिता सरदार किशन सिंह के झुंगियन खसीरा स्थित घर से बरामदगी

तारीख 2 मई, 1929

1. 'कंगाल हिंदुस्तान' नामक पुस्तक, उर्दू में
2. नीली स्याही से लिखा अंग्रेजी पत्र
3. कांग्रेस पार्टी की नियमावली की तीन प्रतियाँ
4. हिंदी में लिखा पत्र
5. सुनहरे फ्रेम में लगी भगत सिंह की तसवीर
6. काले फ्रेम में भगत सिंह व बटुकेश्वर दत्त की तसवीर

विच्छोवाली स्थित यशपाल के घर से बरामदगी

तारीख 2 मई, 1929

1. इंडिया ऐंड दी नेक्स्ट वॉर ले. मिस एग्नेस स्मेड्ली (6 बर्लिन जर्मनी) (पृ.177)
2. कीर्ति की अप्रैल 1928 की उर्दू प्रति (पृ. 178)
3. कीर्ति, अमृतसर की गुरुमुखी प्रति (पृ. 179)
4. 'मंजिल-ए-आजादी' भाग I, ले. आशिक-ए-हिंद (पृ.180)
5. इंडिपेंडेंस ऑफ इंडियन लीग (181), विद् इन ऑर विद् आउट ब्रिटिश एंपायर ले. सर्दूल सिंह कावीरशर
6. गुरुमुखी पुस्तक 'राजा ते प्रजा' (182)
7. सर्वेंट्स ऑफ दी पीपल सोसाइटी की रिपोर्ट वर्ष 1927-28 (183)
8. एक पुस्तक, जिसमें पंजाब नौजवान भारत सभा के दूसरे सम्मेलन में रिसेप्शन कमेटी का अध्यक्षीय भाषण (184)
9. रिसेप्शन कमेटी के अध्यक्ष का पंजाब नौजवान भारत सभा के दूसरे सम्मेलन का भाषण (185)
10. देश भारत लाला अचिंत राम की तसवीर (186)
11. यशपाल के सगे भाई धर्मपाल की तसवीर (187)
12. क़ौमी विद्यालय, लाहौर की तसवीर (188)
13. पीसफुल गनर्स की तसवीर (189)
18. डॉ. शेख मुहम्मद आलम बी.ए. का अध्यक्षीय भाषण (194)

हंस राज के लाहौर स्थित घर से बरामदगी

तारीख 2 मई, 1929

1. एक पृष्ठ पर कुछ उर्दू कविताएँ हैं, जिनकी शुरुआत इन पंक्तियों से होती है—
   ''तुम्हारे ही कारण भारत अब तक दुःख से भीगा हुआ है।'' आदि
2. एक छपा हुआ पैम्फलेट, शीर्षक, 'ग्रेट थॉट्स ऑफ लाला लाजपत राय'। इसकी शुरुआत में 'एच.आर. वोहरा'

भी लिखा है। 16 पृष्ठ, नौजवान भारत सभा और स्टूडेंट यूनियन लाहौर का प्रकाशन, 30 नवंबर, 1928।

3. एक कॉपी बुक, इसके नामवाले कॉलम में 'हंस राज वोहरा' लिखा है, इसमें विभिन्न विषयों से संबंधित नोट्स हैं।
4. एक तसवीर, जिसके पीछे पेंसिल से 'डार्लिंग वीरेंद्र' लिखा है।
   (नोट: उपरोक्त सभी वस्तुएँ घर के अंदर से बरामद हुईं।)
5. पुस्तक के पृष्ठ 1 से पृष्ठ 9 तक अध्यक्ष, ऑल इंडिया पॉलिटिकल सफरर्स कॉन्फ्रेंस, गुवाहाटी, सेशन 1926 का पता प्रकाशित है। इसे घर के पश्चिमी गलियारे से बरामद किया गया।
6. 'लाजपत राय नंबर ऑफ पीपल' तारीख 13 अप्रैल, 1929, इसके शीर्षक पृष्ठ पर पाँच जगह हंस राज वोहरा के आद्याक्षर और हस्ताक्षर हैं। यह घर के पिछले हिस्से से बरामद हुई।

सुखदेव की मौजूदगी में मोहल्ला हींग मंडी आगरा से बरामदगी

1. प्रताप के तीन पृष्ठ तारीख 6.2.1929

17. हिंदुस्तान टाइम्स की प्रति 7.1.1929

प्रेम दत्त के मोहल्ला किला शुमाली, गुजरात शहर, पंजाब से बरामदगी

1. कीर्ति पत्रिका, अमृतसर की तीन उर्दू प्रतियाँ, अक्तूबर, नवंबर और दिसंबर माह, 1928
2. 'नमक-की-खान और देवता इंद्र' की एक प्रति
3. 'जपाटा' के गणतांत्रिक प्रबंधन से संबंधित पुस्तक की एक प्रति
4. 'मकसद-ए-मजहब' पुस्तक की एक प्रति
5. 'ट्रेड यूनियन मूवमेंट' पुस्तक की एक प्रति
6. पंजाब नौजवान सभा के 1929 में हुए दूसरे सम्मेलन के दौरान अध्यक्षीय संबोधन की एक प्रति।
7. 'दाम-ए-सय्यदां' या 'इबरत-ए-इरानियन' की उर्दू प्रति।
8. कीर्ति की गुरुमुखी, 2 अक्तूबर, 1 नवंबर और 1 दिसंबर, 1928 की चार प्रतियाँ।
9. मेहमाद्रा राक्षस, हिंदी की एक प्रति
10. 'घर वैद्य शिक्षण' हिंदी की एक प्रति
11. 'भारत वर्ष-का-इतिहास' की एक प्रति।
12. 'गुरु गोविंद सिंह', हिंदी की एक प्रति
13. 'महात्मा गांधी' पुस्तक की एक प्रति
14. 'भारतीय इतिहास का भौगोलिक आधार', हिंदी की एक प्रति
15. सचिंद्रनाथ सान्याल की हिंदी पुस्तक 'बंदी जीवन' भाग I, तीन प्रतियाँ
16. 'ग्रेट थॉट्स ऑफ लाला लाजपत राय' अंग्रेजी, एक प्रति
17. 'दी लेबर प्रॉब्लम ऐंड इट्स कंपलीट सॉल्यूशन' अंग्रेजी, एक प्रति
18. 'ऐस्सेस ऐंड लैटर्स' ले. टॉल्सटॉय, अंग्रेजी, 1909
19. 'इंग्लिश पॉकेट डिक्शनरी' की एक प्रति
20. 'टेल्स फ्रॉम शेक्सपियर', अंग्रेजी, चार्ल्स ऐंड मैरी लैंब, मैक्मिलन ऐंड कंपनी लि. 1923
21. 'दी वर्ल्ड ऑफ इट्स पीपल', अंग्रेजी, लार्किन सुनटन, प्रकाशक सिलवर, बर्डेट, 1903, एक प्रति

22. 'महात्मा गांधी', अंग्रेजी, एक प्रति
23. 'दी पोएम्स ऐंड प्लेज ऑफ ओलीवर गोल्ड-स्मिथ', अंग्रेजी, प्रकाशक ई.पी. सुनटन, 1910
24. रिसाला (पत्रिका) 'वालंटियर' अंग्रेजी, फरवरी 1927 की एक प्रति। 'वालंटियर' की अक्तूबर और नवंबर, 1927 की दो प्रतियाँ और रिसाला 'वालंटियर' मई और जून 1928 की एक प्रति।

प्रेम दत्त के घर से बरामदगी

तारीख 7 मई, 1929

पुस्तकें—

1. दी सेवन हू वर हैंग्ड ले.—लियोनिद एंड्रेयर, एक प्रति
2. सेडिशन कमेटी की रॉलेट रिपोर्ट, 1918, एक प्रति
3. दी प्रोपोस्ड रोड्स टू फ्रीडम, ले.—बर्ट्रेंड रसेल, 1918, एक प्रति
4. रीसुर्रेक्शन ले.—टॉल्सटॉय, एक प्रति
5. हाउ टू इंक्रीज योर हाइट, एक प्रति
6. हाउ टू स्ट्रेंथन दी लंग्स, एक प्रति
7. हाउ टू स्ट्रेंथन दी लंग्स, एक प्रति
8. हीरोस ऐंड हीरो वर्शिप, ले. थॉमस कार्लाइल, एक प्रति
9. बंदे मातरम् एल्बम, एक प्रति
10. अंग्रेजी निबंध 'एन अपील टू दी यंग', ले.—पी. क्रोपोटकिन, 1921, दो प्रतियाँ
11. बहादुर शाह का मुकदमा, एक प्रति
12. मार्हतों का राज, एक प्रति
13. गालिब का रोजनामचा, एक प्रति
14. रॉलेट कमेटी की तहकीकात की रिपोर्ट, दिसंबर 1918 (रॉलेट कमेटी की रिपोर्ट संबंधी जाँच, दिसंबर 1918, एक प्रति। इस पैम्फलेट के पहले पृष्ठ अर्थात कवर पर सफेद कागज की चिट चिपकी हैं, जिनपर निम्न कविता लिखी है—

    उर्दू पाठ उपलब्ध नहीं

    ओ रोशन! जीवन की इस जीवंतता को समझो,
    अन्यथा तुम्हारे जैसे सैकड़ों आए और चले गए।
    हम अपनी देह, मस्तिष्क और संपत्ति दाँव पर लगा देंगे,
    अपने देश की सेवा करते हुए तुम्हारी तलवार को रंग देंगे।
    अपने खून से, जिससे कोई आकांक्षा बाकी ना रह जाए,
    और बिस्मिल (अर्थ- मारा गया व्यक्ति) उस समय,
    तुम्हारा जवाबदेह नहीं रहेगा।
15. मिस्र में अंग्रेजी हुकूमत, एक प्रति
16. नजर बंधन-ए-इसलाम की माली इनायत, एक प्रति
17. एक उर्दू पुस्तक (पृष्ठ 9 से 106 तक) कविताएँ हैं, सरकार के प्रति निष्ठा स्तुति गान, 10 प्रतियाँ, लॉयलिटी

टू दी गवर्नमेंट, ओहियो सीनेट में 4 मार्च, 1863 को लॉयलिटी रिजॉल्यूशन के दौरान दिया मान हिचकॉक का भाषण।

18. बंदी जीवन प्रथम भाग, एक प्रति
19. इटली के विधायक महात्मा, एक प्रति
20. अकाली दर्शन भाई परमानंद (हिंदी), एक प्रति
21. राष्ट्री रोष्ट्र संदेश, एक प्रति
22. मंझिल डीदि, एक प्रति
23. संस्कृत, इंग्लिश शब्दकोश, जिसपर पेंसिल से अंग्रेजी में 'सत्यपाल एस.ए.' लिखा है, एक प्रति
24. हिंदी-इंग्लिश शब्दकोश, एक प्रति
25. दर्द सहनी, गुरुमुखी में, तीन भाग, एक प्रति
26. कामा गाता मारो से संबंधित पूर्णतः गुरुमुखी में लिखी पुस्तक, ले. बाबा गुरजीत सिंह, एक प्रति
27. एक कॉपी बुक, प्रेम दत्त की हस्तलिपि में अंग्रेजी, हिंदी और संस्कृत में लिखे राजनीतिक स्तोत्र आदि (342) पृष्ठ लिखे हुए।
28. एक कॉपी बुक, जिसमें रसायन शास्त्र से संबंधित नोट्स हैं।
29. ठाकुर रोशन सिंह का एक पोर्ट्रेट, जिसपर उर्दू शेर लिखा है—
    मैं और कुछ नहीं चाहता। बस केवल यही चाहता हूँ कि मुझे दफनाते समय मेरे साथ थोड़ी सी मेरे देश की मिट्टी भी रख देना। ठाकुर रोशन सिंह।
30. हाथ में तलवार लिये एक महिला का पोर्ट्रेट, जो प्रेम दत्त के अनुसार भारत माता का पोर्ट्रेट है, एक प्रति।
31. करतार सिंह का पोर्ट्रेट, जिसे आरोपी प्रेम दत्त के अनुसार इसे ग्लास के पेपरवेट में लगाना था।
32. शीशा टूटा बिग-बेन टाइम-पीस
33. काले फुँदनेवाली लाल रंग की तुर्की टोपी, एक प्रति
34. सूती फीतेवाले काले जूतों की जोड़ी, आरोपी प्रेम दत्त के अनुसार ये भगत सिंह के हैं।
35. हिस्टरी ऑफ इंग्लैंड, अंग्रेजी में, एक प्रति
76. 'चाँद' पत्रिका के फाँसी अंक (1928-29, इलाहाबाद हिंदी), इसमें से कुछ तसवीरें काटकर निकाली गई हैं। एक प्रति

जय गोपाल का बयान

संस्वीकृति / साक्ष्य पी.ए.आर./3/30-4-29

'विस्फोटकों का निर्माण और उपयोग',

1. आनंद मठ, हिंदी में, ले. बंकिम चंद्र चटर्जी
2. स्वाधीनता के पुजारी, वही
3. राजिक क्रांति ऑफ रशिया, वही
4. लाइफ ऑफ माजिनी, ले. बोल्टन किंग, 1919
5. लाइफ ऐंड वर्क्स ऑफ गैरीबाल्डी, बंगाली में
6. क्रांतिकारी राजकुमार, वही

7. कई बार वे मेरे पास प्रताप (कानपुर) की प्रति लेकर आए। इसी तरह वे अकसर मेरे पास प्रभा (कानपुर) नामक मासिक हिंदी पत्रिका लेकर आते थे।
8. दी अदर साइड ऑफ दी मैडल, अंग्रेजी, ले. एडवर्ड जॉन थॉम्पसन
9. माय फाइड फॉर आयरिश फ्रीडम वही (ले. डान ब्रिन)
10. प्रिंसिपल ऑफ फ्रीडम वही (ले. मैकस्विनी)
11. मदर वही (ले. मैक्सिम गोर्की, 1907)

वे मेरे लिए अकसर मॉडर्न रिव्यू (कलकत्ता) और पीपल (लाहौर) के विशेष अंक लाया करते थे।

1. लाहौर षड्यंत्र केस नं. 1
2. लाहौर षड्यंत्र केस नं. 2
3. दिल्ली षड्यंत्र केस (कार्यवाही)
4. बब्बर अकाली केस (फैसला)
5. दी मैन्युफैक्चरिंग ऐंड यूसेस ऑफ एक्सप्लोजिव्स
6. कीर्ति के कुछ अंक (उर्दू व गुरुमुखी दोनों)

सहारनपुर में शिव वर्मा और जय देव कपूर के घर से बरामदगी
बरामदगी/साक्ष्य पी.ए.एल./13-5-29

41. भगत सिंह व बी.के. दत्त की दो आधे आकार की तसवीरें
42. बी.के. दत्त की पूरी तसवीर
43. उपरोक्त तीनों तसवीरों के नेगेटिव

बरामदगी सूची

1. पुस्तक शीर्षक, 'एकतारा' एक प्रति
2. पुस्तक शीर्षक, 'वियोग कथा' एक प्रति
3. पुस्तक शीर्षक, 'आँसू' एक प्रति
4. पुस्तक शीर्षक, 'मदर स्मृति' एक प्रति
5. पुस्तक शीर्षक, 'गांधी के नाजी पुत्र' एक प्रति
6. पुस्तक शीर्षक, 'आनंद मठ' एक प्रति
7. पुस्तक शीर्षक, 'हिंट्स फॉर टीचर्स' एक. प्रति
8. पुस्तक शीर्षक, 'नेल्संस इंडियन रीडर्स प्राइमर' एक प्रति
9. पुस्तक शीर्षक, 'हीरोस ऑफ दी एयर' ले.चार्ल्स कर्टिस फ्रेसर, 1926 एक प्रति
10. शीर्षक, 'डू दी राइट थिंग' एक प्रति
11. पुस्तक शीर्षक, 'रोड मैप यूनाइटेड प्रोविंसिस' एक प्रति
12. पुस्तक शीर्षक, 'हाउ टू ऐंड वॉर' एक प्रति
13. पुस्तक शीर्षक, 'कलाम-ए-महरूम' एक प्रति
14. पुस्तक शीर्षक, 'रिफॉर्म ऑर रिवॉल्यूशन' ले. बर्नार्ड ह्यूटन, 1912, एक प्रति
15. पुस्तक शीर्षक, 'निकोलाई लेनिन' ले. लुइस ब्रयांट (1921-23) मिरर्स ऑफ मॉस्को में, एक प्रति

16. पुस्तक शीर्षक, 'स्त्री और पुरुष' एक प्रति
17. पुस्तक शीर्षक, 'दी कमिंग ऑफ सोशलिज्म' ले. डेस्लिनिर्स लूसियन, एक प्रति
18. पुस्तक शीर्षक, 'आई अपील अनटू कैसर' ले. मैडम जुलिएट एडम, 1917, एक प्रति
19. पुस्तक शीर्षक, 'थ्योरी ऐंड प्रेक्टिस ऑफ लेनिनिस्म' ले. जोसफ स्टालिन, 1925, शिकागो, 11, डेली वर्कर पब्लिशिंग कं., 1925, एक प्रति
20. पुस्तक शीर्षक, 'वाट आर इंडियन स्टेट्स ?' बी.एस.पाठक, प्रकाशक, एस.एल वर्मा, 1928, एक प्रति
21. पुस्तक शीर्षक, 'दी मैन्युफैक्चर ऐंड यूज ऑफ एक्सप्लोसिव्स', एक प्रति
22. पुस्तक शीर्षक, 'इंडाय ऐंड दी नेक्स्ट वॉर' ले. मिस एग्नस स्मेड्ली (6 बर्लिन कंपनी) एक प्रति
23. पुस्तक शीर्षक, 'दिगर मुमालिक में काता ताल्लुक' एक प्रति
24. पुस्तक शीर्षक, 'ऐंड नाओ फॉर पावर', टी. बेल, ग्रेट ब्रिटेन बाटरसी की कम्युनिस्ट पार्टी की आठवीं कांग्रेस का उद्घाटन भाषण, 16.10.26, लंदन, एक प्रति
25. पुस्तक शीर्षक, 'इंडियन नेशनल कांग्रेस' एक प्रति
26. पुस्तक शीर्षक, 'दी स्लेवरी ऑफ चाइना' एक प्रति
27. पुस्तक शीर्षक, 'अनएम्प्लॉयमेंट' सी.पी.आई अमेरिका द्वारा प्रकाशित पत्रक, फरवरी, 1921, एक प्रति
28. पुस्तक शीर्षक, 'द अवेकनिंग ऑफ इंडियन यूथ' एक प्रति
29. पुस्तक शीर्षक, 'मोफर्राह मारवारिडी रजिस्टर्ड' एक प्रति
30. पुस्तक शीर्षक, 'अल्हाकिम' एक प्रति
31. पुस्तक शीर्षक, 'ईस्ट इंडियन रेलवे टाइम-टेबल' एक प्रति
32. पुस्तक शीर्षक, 'वनस्पति शास्त्र' एक प्रति
33. पुस्तक शीर्षक, 'दी वेज सिस्टम' ले. पीटर क्रोप्टिन, एक प्रति
34. पुस्तक शीर्षक, 'सकोई सूरज' एक प्रति
35. 'कैमिस्ट्री बुक', हिंदी, एक प्रति
36. पुस्तक शीर्षक, 'इज इंडिया सिविलाइज्ड', ले. सर जान वुडरॉफ, 1922, गणेश ऐंड कं., एक प्रति
37. 'उत्तर-पश्चिमी रेलवे' एक प्रति
38. 'पूर्वी भारतीय रेलवे टाइम टेबल' एक प्रति
39. नॉवेल शीर्षक, 'निर्मला' मुंशी प्रेमचंद, बंगाली में, एक प्रति
40. पुस्तक शीर्षक, 'रूस-का-षड्यंत्र' एक प्रति
41. पुस्तक शीर्षक, 'ईनोच आर्डीन' व अन्य कविताएँ, अल्फ्रेड टेनीसन, एक प्रति
42. पुस्तक शीर्षक, 'पृथ्वी उधार' एक प्रति
43. पुस्तक शीर्षक, 'जख्मी पंजाब' एक प्रति
44. नॉवेल, 'सुलताना डाकू' एक प्रति
45. नॉवेल, 'हैरतअंगेज जासूस' एक प्रति
46. 'उत्तर-पश्चिम रेलवे टाइम टेबल' एक प्रति
47. पुस्तक शीर्षक, 'दी वर्क्स ऑफ लियो टॉल्सटॉय' एक प्रति
48. पुस्तक शीर्षक, 'दी वुमन ऑफ नॉकअलोए: ए पैरेबल' ले. सर थॉमस हेनरी हॉल कैन',1923 (बार्ब्ड वायर

फिल्म के बाद पुनर्मुद्रण) एक प्रति

49. पुस्तक शीर्षक, 'दी डॉन ओवर एशिया' ले. पॉल रिचर्ड, 1920, एक प्रति (मूल प्रकाशन गणेश ऐंड कं. मद्रास, अनुवादक औसिंदो घोष)
50. पुस्तक शीर्षक, 'दी रेड शर्ट्स: ए टेल ऑफ दी टेरर' ले. पॉल गंलॉट, 1912, एक प्रति
51. पुस्तक शीर्षक, 'भारत-की-सांप्रदायिक अवस्था' एक प्रति
52. पुस्तक शीर्षक, 'भान गोलक आधार' एक प्रति
53. पुस्तक शीर्षक, 'सम रीकलेक्शन ऑफ ग्रिफिथ ऐंड हिज टाइम्स', ले. जार्ज ए लयूस, 1923, टालबोट प्रेस लि., एक प्रति
54. पुस्तक शीर्षक, 'लेबर ऐंड कैपिटल इन पार्लियामेंट' संसद् सदस्यों के व्यापारिक लाभ हेतु किया गया पहला सर्वे: श्रम शोध विभाग लंदन, 1923, एक प्रति
55. पुस्तक शीर्षक, 'दी मदरलैंड ऐंड अदर पोयम्स' चार्ल्स फेरर एंड्रयूस, एक प्रति
56. पुस्तक शीर्षक, 'व्हाट ही दी आई. डब्ल्यू, डब्ल्यू.' हेलन केलर, जन., 1918, एक प्रति
57. पुस्तक शीर्षक, 'सुखमनी, ऑर दी ज्वेल ऑफ पीस' एक प्रति
58. पुस्तक शीर्षक, 'इंडिया एस ए होम ऑफ लर्निंग' एक प्रति
59. पुस्तक शीर्षक, 'इम्पेरियलिज्म: ए स्टडी', जे.ए. हॉब्सन, 1902, एक प्रति
60. पुस्तक शीर्षक, 'दी पॉलिटिक्स ऑफ ऑयल: एन एक्जांपल ऑफ इम्पेरियलिस्ट मोनोपोली' श्रम व पूँजी अध्ययन नं. VII ले. आर.पेज आर्नोट, एक प्रति
61. पुस्तक शीर्षक, 'वन बिग यूनियन' एक प्रति
62. पुस्तक शीर्षक, 'मॉडर्न ब्रीच-लोडर्स' एक प्रति
63. पुस्तक शीर्षक, 'आयरलैंड ऐंड दी लीग ऑफ नेशंस', बोल्टन सी. वालर, टालबोट प्रेस, 1925, एक प्रति
65. पुस्तक शीर्षक, 'दी इकनॉमिक केस ऑफ आयरिश इंडिपेंडेंस' डिर्रेल फिग्स, एक प्रति
66. पुस्तक शीर्षक, 'सोवियत रशिया, इन दी सेकेंड डिकेड', 1928 (संस्करण), एक प्रति
67. पुस्तक शीर्षक, 'पाइरेसी: ए रोमांटिक क्रॉनिकल ऑफ दीस डेज (1922)' ले. माइकल आर्लेन, एक प्रति
68. पुस्तक शीर्षक, 'एंपायर सोशलिज्म', ले. रजनी पाम दत्त, 1925, एक प्रति
69. पुस्तक शीर्षक, 'भारतीय शासन पद्धति' एक प्रति
70. पुस्तक शीर्षक, 'हमारे जमाने की गुलामी' एक प्रति
71. पुस्तक शीर्षक, 'मोशन की ईराई' एक प्रति
72. पुस्तक शीर्षक, 'प्रेम' एक प्रति
73. एक डिक्शनरी
74. एक डिक्शनरी
74. पुस्तक शीर्षक, 'हीरोस ऑफ दी नेवी' एक प्रति
75. पुस्तक शीर्षक, 'फ्रॉम डॉन टू डस्क', वर्सिस, जार्ज मिलनर की पुस्तक, 1896, एक प्रति
76. पुस्तक शीर्षक, 'मोनोपली ऑर हाउ लेबर इस रॉब्ड', विलियम मॉरिस, 1889, एक प्रति
77. पुस्तक शीर्षक, 'दी मैन वर्सेस दी स्टेट', हर्बर्ट स्पेंसर, 1884, एक प्रति
78. पुस्तक शीर्षक, 'दी वे ऑफ वार' एक प्रति

79. पुस्तक शीर्षक, 'गांधीजी वर्सेस लेनिन', एस.ए. डांग, 1921, बंबई, एक प्रति
80. पुस्तक शीर्षक, 'बंदी जीवन', सचिंद्र नाथ सान्याल, एक प्रति
81. पुस्तक शीर्षक, 'रशिया दी ऑफिशियल रिपोर्ट ऑफ दी ब्रिटिश ट्रेड यूनियन डेलीगेशन टू रशिया इन नवंबर ऐंड दिसंबर, 1924', एक प्रति
82. पुस्तक शीर्षक, 'ननोत्रा' एक प्रति
83. पुस्तक शीर्षक, 'मखजान-उल-अद्यविया-मैटीरिया मैडिका', सचित्र, एक प्रति
84. पुस्तक शीर्षक, 'रविंद्र कविता कानन' एक प्रति
85. पुस्तक शीर्षक, 'मखजन-ए-हिकमत ऑरघर का डाक्टर व हकीम' एक प्रति
86. पुस्तक शीर्षक, 'मखजन-उल-अद्यविया- मैटिरिया मैडिका', सचित्र, एक प्रति
87. पुस्तक शीर्षक, 'दी पाथ टू फ्रीडम', जनरल मिशेल कोलियस, 1922, एक प्रति
88. पुस्तक शीर्षक, 'मखजान-उल-मुरक्कबत मोअल्लम दावा साजी', एक प्रति
89. पुस्तक शीर्षक, 'झरना' एक प्रति
90. पुस्तक शीर्षक, 'मखजान-ए-हिकमत ऑर घर का हकीम' एक प्रति
91. पुस्तक शीर्षक, 'अलम केली' एक प्रति
92. लाल रंग के कागज की, पतले 18 पृष्ठ, ले. ग्रिगोरी, जिनोवीर 1921, यूनियन पब्लिकेशंस, तृतीय इंटरनेशनल के प्रतिनिधि के तौर पर ग्लासगो अकाउंट ऑफ हॉल कांग्रेस।
93. पुस्तक शीर्षक, 'ट्वेल्व डेज इन जर्मनी' एक प्रति
94. पुस्तक शीर्षक, 'एजुकेशन डिपार्टमेंट, पंजाब' एक प्रति
95. एटलस की एक प्रति
96. पुस्तक शीर्षक, 'बारू पर्चा' दो प्रतियाँ
98. कुछ पृष्ठ लिखी काले रंग के कवरवाली एक नोटबुक।
99. काले रंग के कवरवाली एक कॉपी बुक, जिसके पहले पृष्ठ पर कुछ लिखा है।
100. नीले रंग के कवरवाली एक कॉपी बुक, जिसके कुछ पृष्ठ भरे हुए हैं।
101. एक अभ्यास पुस्तिका, जिसपर नुस्खे लिखे हैं।
102. बादामी रंग के कवरवाली कॉपी बुक, जिसमें नागरी भाषा में कुछ लिखा है।
103. हिंदुस्तानी सोशलिस्ट रिपब्लिकन आर्मी नोट्स, 875 की संख्या में।
104. काले रंग के कवरवाली जिल्दबंद नोटबुक।
105. बिना कवर की दो छोटी नोटबुक, जिसके कुछ पृष्ठ निकाले गए थे।
106. पुस्तक शीर्षक, 'ईस्ट इंडिया सेडिशन कमेटी, 1918' एक प्रति
107. पुस्तक शीर्षक, 'ऑल इंडिया पॉलिटिकल सफरर्स' सम्मेलन, गुवाहाटी अधिवेशन, 1926, एक प्रति
108. पुस्तक शीर्षक, 'ट्रांसलेटर्स फोरवर्ड' एक प्रति
119. पुस्तक शीर्षक, 'प्रेसिडेंटल एड्रेस 8थ सेशन ऑल-इंडिया ट्रेड यूनियन कांग्रेस', एक प्रति
122. काले रंग के कवरवाली कॉपी बुक
123. विभिन्न विषयों पर लिखे 84 पृष्ठ, बड़े व छोटे, जिनपर श्री कादरी के हस्ताक्षर थे और सभी पृष्ठ मुहरबंद थे। कुछ साक्षियों के हस्ताक्षर भी मौजूद थे।
125. चार लिखित पृष्ठ

हंसराज वोहरा का बयान

संस्वीकृति/साक्ष्य पी.बी.यू/1/21.5.29

'होम रूल' ले.—महात्मा गांधी

'इंग्लैंड्स डेब्ट टू इंडिया' ले. लाला लाजपत राय

'क्राई फॉर जस्टिस', अप्टॉन सिनक्लेयर

'बंगाल रिवॉल्यूशनरीस'

बाबू प्राण नाथ डी.ए.वी कॉलेज, लाहौर से बरामदगी

बरामदगी/ साक्ष्य पी.डी.ओ./ 25-5-29

तारीख 25 मई, 1929

1. 'अपराधी भाषा में' ले.—जड़ा नंदन प्रसाद श्रीवास्तव
2. मेडिवल इंडिया अंडर मोहम्मदन रूल, (712-1764), स्टेनली लेन पूल, 1903
3. हैंड बिल इंडिया।

बाबू प्राण नाथ से बरामद पुस्तकें

बरामदगी/साक्ष्य पी.डी.ओ/1/29-5-29

तारीख 29 मई, 1929

1. प्रयोगशाला नोटबुक की एक प्रति। इसपर प्रेमदत्त वर्मा का नाम लिखा है।
2. कैमिस्ट्री नोटबुक
3. भारतीय छात्रों के लिए कुछ अंग्रेजी कायदे
4. मैग्नेटिज्म ऐंड इलेक्ट्रिसिटी फॉर बिगनर्स ले.—एच.ई. हेडली
5. फ्रेंड्स इन काउंसिल, 1849: ए सीरीज ऑफ रीडिंग ऐंड डिस्कोर्सेस देयरऑन बाय सर आर्थस हेल्पस
6. क्वेंटिन डरवार्ड सर वाल्टर स्कॉट, 1823
7. बाइबिल इन इंडिया ले.—लुईस जैकोलइट (हिंदू ओरिजिन ऑफ हिब्रू ऐंड क्रिश्चियन रेवेलेशन)
8. टॉक्स ऑन हाइजीन, एक प्रति
9. टेल्स फ्रॉम शेक्सपियर, ले.—चार्ल्स ऐंड मैरी लैंब, मैकमिलन ऐंड कं. लि. 1923, एक प्रति
10. होली बाइबिल
11. दी स्टूडेंट्स इंट्रोडक्शन टू मैकेनिक्स, एक प्रति
12. दांतेस विजन, एक प्रति
13. ड्रायडेन सैटायर्स, एक प्रति
14. ड्रायडेन सैटायर्स, एक प्रति
15. दरस बोध भाष्य

लाला राम सरन दास से बरामद पुस्तकें

बरामदगी/साक्ष्य पी.ई.ओ./28/2-6-29

1. बंदी जीवन भाग-I नामक पुस्तक (हिंदी में), कवर के अंदर की ओर नंबर्सः 144531 और 144352 लिखा था।
2. बंदी जीवन भाग-II नाम पुस्तक (हिंदी में)
3. 'बंदे मातरम्' के परिशिष्ट अंक में प्रकाशित बटुकेश्वर दत्त और भगत सिंह की तसवीर
4. 'कीर्ति' पत्रिका, उर्दू संस्करण, जुलाई 1928
5. 'कीर्ति' पत्रिका, उर्दू संस्करण, सितंबर 1928
6. 'कीर्ति' पत्रिका, उर्दू संस्करण, मई 1929
7. वर्ष 1918 की सेडिशन कमेटी रिपोर्ट, अंग्रेजी में
8. एक पुस्तक, माजी जनम थिप मरुजा सरोकार, मराठी में
9. 11 अप्रैल, 1928 को आयोजित पंजाब प्रोविंसनल यंग मैन कॉन्फ्रेंस , 1 सेशन का अध्यक्षीय भाषण
10. 11 अप्रैल, 1928 को आयोजित पंजाब प्रोविंसनल यंग मैन कॉन्फ्रेंस , 1 सेशन का अध्यक्षीय भाषण, प्रतिलिपि
11. उर्दू पत्रिका, 'आजाद हिंदुस्तान', 1 सीरीज, इसे 'भारत माता के दर्शन' के नाम से भी जाना जाता है, संपादक छबील दास, बी.ए.(आन.) पूर्व—प्रधानाचार्य, नेशनल कॉलेज, लाहौर।
12. 27 दिसंबर, 1928 को आयोजित 'हिंदुस्तान सेवा दल' के सम्मेलन में सभापति का भाषण। इस संबोधन का पहला व दूसरा पृष्ठ अनुपलब्ध है।
13. 'नौजवानों से दो-दो बातें' शीर्षक से उर्दू में प्रकाशित चार प्रपत्र
14. हिंदी भाषा में कविताओं की बुकलेट
15. बंगाली भाषा में पुस्तक 'तनु पर मश्का'
16. उर्दू भाषा में लिखी कविताओं की कॉपी।
17. एक कॉपी, जिसमें पुस्तक 'तनु पर मश्का' का हिंदी अनुवाद हुआ है। इस कॉपी के दोनों ओर दो भिन्न पते लिखे हैं।
18. 'कौमी गीत' नामक हिंदी पुस्तक, ले. गुरन दित्ता खन्ना
21. एक कॉपी, जिसमें हिंदी भाषा में पद्य लिखे हैं।

बरामद पुस्तकेंः स्रोत अज्ञात

बरामद/साक्ष्य- पी.ए.के/19./28-7-30

1. सेडिशन कमेटी रिपोर्ट
2. माय फाइट फॉर आयरिश फ्रीडम, डान ब्रिन, 1924
3. सोशल रिवॉल्यूशन-कौत्स्की, 1903
4. केस फॉर सोशलिज्म, ले. हेंडर्सन फ्रेड, 1924
5. बंदी जीवन (हिंदी) I
6. वही (बंगाली)-II
7. वही (बंगाली)-III
8. कनिया लाल (बंगाली)
9. खुदी राम (बंगाली)

10. बिहलाब ओ छाबे समय (बंगाली)
11. आनंद मठ (हिंदी), बंकिम चंद्र चटर्जी
12. तरुन बंगाली (बंगाली)
13. शिखा ओ दिक्खा
14. बिद्रोही आयरलैंड
15. भरोते जाते आंदोलन
16. एवोलूशन ऑफ सिन फीन, ले. रॉबर्ट मिचेल हेनरी, 1921, न्यूयॉर्क
17. देशेर कथा (बंगाली)
18. बिहलाबेर बाली वही
19. फ्रेंच रिवॉल्यूशन, ए हिस्टरी, थॉमस कार्लाइल, 1837
20. डेरिविंस II
21. कम्युनिज्म क्या है
22. कैपिटल (पॉपुलर एडिशन) ले.—कार्ल मार्क्स
23. टिंक्चर

प्रेम दत्त का बयान

संस्वीकृति /साक्ष्य पी.ई.डी./54/16-6-29

1. सेडिशन कमेटी रिपोर्ट
2. माइ फाइट फॉर आयरिश फ्रीडम, डान ब्रिन
3. चिनगारियाँ, ले. प्रधानाध्यापक छबील दास
4. आनंद मठ, बंकिम चंद्र चटर्जी
5. अमेरिका ने स्वाधीनता कैसे प्राप्त की (यह भी एक निषिद्ध पुस्तक है)

फणींद्र नाथ घोष का बयान

संस्वीकृति/साक्ष्य पी.सी.पी/1/23-6-1929

1. बांग्ला मैन बिप्लो
2. बंदी जीवन, ले. सचिंद्र नाथ सान्याल, हिंदी और बंगाली में
3. लाइफ ऑफ माज्जिनी, बंगाली में, ले. बोलटोन किंग, 1919
4. लाइफ ऑफ मैकस्विनी, बंगाली में
5. लाइफ ऐंड वर्क ऑफ गैरीबाल्डी, बंगाली में
6. लाइफ ऑफ डान ब्रिन, अंग्रेजी में
7. आनंद मठ, बंकिम चंद्र चटर्जी
8. फ्रांस की राज क्रांति, हिंदी में, आदि

सतगुरु दयाल के घर मोहल्ला धन खोरी, कानपुर से बरामदगी

बरामदगी/ साक्ष्य पी.ई.ओ./27/18-8-29

2. हिंदी पुस्तक शीर्षक 'आयरलैंड का स्वतंत्रता युद्ध', ले.—डान ब्रिन
3. हिंदी पुस्तक शीर्षक 'राजा महेंद्र प्रताप', ले.—श्री (प्रतिबंधित) हरियाणा
4. हिंदी पुस्तक शीर्षक 'देशभक्त मैकस्वानी', ले.—बिशंबर नाथ जिज्जा
5. हिंदी पुस्तक शीर्षक 'एशिया न्यूएशियन के प्रति यूरोपियन का बरताव', ले.—ठाकुर छेदी
6. हिंदी पुस्तक शीर्षक 'जोसफ गैरीबाल्डी', ले.—राधा मोहन गोकुलजी
7. हिंदी पुस्तक शीर्षक 'मेरी जर्मन यात्रा', ले.—सत देव
8. अंग्रेजी पुस्तक शीर्षक 'फील्ड वॉल्स' ले.—सी.बी.ब्रेकन-ब्रे बी.एन.
9. बालकृष्ण के बिरला रोड, हरिद्वार से सद्‌गुरु को 11-3-29 को अंग्रेजी में लिखे पत्र
10. एस्से इन इंग्लिश 6 पृष्ठ

पुणे से बरामदगी

बरामदगी/साक्ष्य पी.जे.एल./30-9-29

एक मराठी पुस्तक शीर्षक, 'मोनावी कर्तव्य'

एक हिंदी पुस्तक शीर्षक, 'राजा क्रांची स्वरूप'

एक पुस्तक 'कम्युनिज्म मीनिंग (विश्व कुटुंबवद)'

एक पुस्तक 'ऐतिहासिक पॉवडे'

एक पुस्तक शीर्षक, 'अगेंस्ट ऑड्स': एक जासूसी कहानी (1894) ले.—लिंच लॉरेंस।

एक पुस्तक शीर्षक 'दी ड्यूटीज ऑफ अ मैन ऐंड अदर्स' गियुसेप माजिनी (हिरासत में लिये जाते समय शहरी राज गुरु के दस्तावेजों में भी शामिल)

सर्वेंट ऑफ दी पीपल सोसाइटी, सिटी ब्रांच, परी पहल, लाहौर में जय गोपाल द्वारा अनुमोदित, जय गोपाल को जारी पुस्तकों से संबंधित एक रजिस्टर (साक्ष्य पी/आर के रूप में चिह्नित) से अनुवादित उद्धरण (साक्ष्य पी/आर/आई के रूप में चिह्नित)

जारी करने की तारीख	पुस्तक का नाम	वापसी की तारीख
8/12/26	गैरीबाल्डी का जीवन, राधा मोहन गोकुल	18/12/26
18/12/26	मिलेन	23/2/27
29/12/26	देश भगत पत्रिका के लेख	1/1/27
11/27	हिस्टरी ऑफ दी डिक्लाइन ऑफ दी गवर्नमेंट ऑफ फ्रांस	8/1/27
8/1/27	प्रिंस ऑफ स्पलेंडर	18/1/27
18/1/27	स्टूडेंट्स ऑफ अमेरिका	21/1/27
21/1/27	रिलेशनशिप ऑफ यूरोप विद् एशिया	27/1/27
27/1/27	दी कॉज ऑफ अवर सेंचुरीज ओल्ड स्लेवरी	28/1/27
27/1/27	डेकलिन ऑफ दी चाइनिज गवर्नमेंट	28/1/27
4/2/27	जोन (ऑफ आर्क) ले.—मार्क ट्वेन	6/2/27
8/2/27	राइस ऑफ मैरहेट्टास (आर.आइ), एम.जी.रानाडे	25/2/27
25/2/27	राइस ऑफ मैरहेट्टास (आर.आइ), एम.जी.रानाडे	23/3/27
23/2/27	इंडिपेंडेंट थॉट्स	4/4/27

जय गोपाल साक्ष्य पी/आर (2) के रूप में चिह्नित रजिस्टर के अनूदित उद्धरण

जारी करने की तारीख	पुस्तक का नाम	वापसी की तारीख
8/12/26	गैरीबाल्डी का जीवन, राधा मोहन गोकुल	18/12/26
18/12/26	मिलेन	23/12/26
29/12/26	देश भगत मैज्जिनी के सेख	1/1/26
1/1/27	फ्रांस की राज क्रांति का इतिहास, हिंदी में	8/1/27
8/1/27	क्रांतिकारी राजकुमार	18/1/27
18/1/27	अमेरिका के विद्यार्थी	29/1/27
21/1/27	एशिया के प्रति यूरोप का विहार	27/1/27
27/1/27	हमारी सदियों की गुलामी के कारण	22/1/27
27/1/27	चीन की राज क्रांति	3/2/27
4/2/27	देवी जीवन	9/2/27
9/2/27	मिराथुन का उत्कर्ष	25/2/27
25/2/27	वही	
23/3/27	लाला हरदयाल के स्वाधीन विचार	8/8/27
20/10/27	मनस्वित तर्पण	
20/10/27	एशिया में प्रभात	
25/10/27	भाव चित्रावली	
28/10/23	अमेरिका दिग्दर्शन	
29/1/29	टॉल्सटॉय की कहानियाँ	
1/11/27	ताम ककाई कुटाई	
12/11/27	ज्ञान और कर्म	
14/11/27	कथा गोधेरी पहला हिस्सा	
19/11/27	महात्मा लेनिन	
11/27	संग्राम	
12/27	चंद्रगुप्त	
12/27	भीष्म	
12/27	राज ऋषि टंडन	
12/27	विचित्र प्रबंध	
28	पवित्र पापी : (दोस्तोवस्की की क्राइम ऐंड पनिशमेंट का हिंदी अनुवाद)	
28	लोक रहिया	

□

Copies

1. Due to Smith £10,000 Loan to Jones £10,000

2. Due to Smith £10,000 Cash in hand £10,000

Notes outstanding 10,000 Loan to Jones 10,000

3. Due to Smith £1000 Cash in hand £10,000

Notes outstanding £10,000 Loan to Customers 10,000

5000 60000

~~Bank Act of 1844 (England)~~

Notes upto £14,000,000 against Govt. securities can be issued & 2/3 of the country notes lapsed. Total now approximately 18½ millions

Any notes above these limitations can be issued only if full value is preserved in treasury in "Gold".

The deaths are impossible and one is unavoidable

Two deaths are impossible and one is unavoidable.

American gold reserve. 900 millions

England gold reserve 150 " pounds

परिशिष्ट-4
कुछ और नोट्स

केवल नकद

1.	स्मिथ को देय	£10,000	जोंस पर ऋण	£10,000
2.	स्मिथ को देय	£10,000	हाथ में नकदी	£10,000
	बकाया नोट	£10,000	जोंस पर ऋण	£10,000
3.	स्मिथ को देय	£10,000	हाथ में नकदी	£10,000
	बकाया नोट	£10,000	ग्राहकों पर ऋण	£10,000
		£50,000		£50,000

यू.के का बैंक ऐक्ट (इंग्लैंड)

सरकारी प्रतिभूतियों में रखे गए 14,000,000 तक के नोटों का 2/3 हिस्सा देश में नोटों की कमी होने पर निर्गत किया जा सकता है। इसका कुल लगभग 18 ½ मिलियन है। इस सीमा से अधिक का कोई भी नोट तभी जारी किया जा सकता है, जब खजाने में उतनी मात्रा का स्वर्ण भी मौजूद हो।*

दो मृत्यु निराशाजनक है और एक अपरिहार्य है**

[वाट नेवर हैप्पंड- ए नॉवल ऑफ रिवॉल्यूशन
ले.—रॉप्शिन (बोरिस सेविनकोव) अनु. थॉमस सेल्टजर, पृ.सं. 36, 1917]

अमेरिकन गोल्ड रिजर्व 900 मिलियन पाउंड*
इंग्लैंड गोल्ड रिजर्व केवल 150 पाउंड

[ये दो पृष्ठ मूल नोटबुक में नहीं हैं तथा इनका संदर्भ और स्रोत अज्ञात है।]

*स्रोत व संदर्भ ज्ञात नहीं है

**पूरा उद्धरण है:

''परंतु ओह, बहुत अच्छा, दो मृत्यु निराशाजनक हैं और एक अपरिहार्य है। भगत सिंह ने यह पुस्तक पहले पढ़ी थी, इसलिए उन्होंने यह संभवत: स्मृति के आधार पर लिखा था।

लेखकों व अन्य लोगों संबंधी जानकारियाँ

अल्फ्रेड बार्टन (1860-1869), पहले बागी, इसके बाद वामपंथी राजनीति और राजनीतिक लेखन को सक्रिय आजीविका बना लिया।

अल्फ्रेड टेनीसन (लार्ड) (1809-1892), ग्रेट ब्रिटेन और आयरलैंड के राजकवि होने के बावजूद लोकप्रिय ब्रिटिश कवियों में से एक थे और रहे।

एंब्रोस ग्विनेट बिर्स, (1842-1914), अमेरिकी पत्रकार, लघु-कथा लेखक व व्यंग्यकार थे।

अंतिस्थेनेस (c.444-365 ई.पू), सिनिक दर्शन के संस्थापक, युवावस्था में व्याख्यान शास्त्र का अध्ययन किया, सुकरात से प्रभावित रहे।

एंटोमियस पायस (86-161), रोमन सम्राट (138-161) इनका शासन शांति व बेहतरीन प्रबंधन के लिए जाना जाता है।

अरस्तू (384 ई.पू.-322 ई.पू.), सबसे महान् यूनानी दार्शनिक, बहुज्ञ, प्लेटो का छात्र और सिकंदर महान् का शिक्षक। इनकी रचनाओं में भौतिकी, तत्त्वमीमांसा, काव्य, नाटक, संगीत, तर्क, व्याख्यान कला, भाषाएँ, राजनीति, सरकार, नीतिशास्त्र और जीवविज्ञान जैसे बहुत से विषय शामिल हैं।

आर्थर ह्यूग क्लॉग (1819-61), अंग्रेज कवि। रग्बी के थॉमस अर्नाल्ड का शिष्य। ओरिएल का शोधार्थी। यूनिवर्सिटी हॉल, लंदन का प्राध्यापक और एजुकेशन ऑफिस का परीक्षक।

आर्थर जेम्स, बेलफोर का पहला अर्ल (1848-1930), ब्रिटिश राजनीतिज्ञ व प्रधानमंत्री (1902-1905)।

अगस्त बेबेल (1840-1913), जर्मन मार्क्सवादी राजनीतिज्ञ, लेखक व वक्ता। सोशल डेमोक्रेटिक पार्टी ऑफ जर्मनी के संस्थापकों में से एक।

बैरन सैमुअल वॉन पुफोटेंडोर्फ (1632-1694), जर्मन विधिवेत्ता, राजनीतिक दार्शनिक, अर्थशास्त्री, राजनेता और इतिहासकार। थॉमस हॉब्स और ह्यूगो ग्रॉटियस की पद्धतियों का संशोधक व टिप्पणीकार।

बर्नार्ड शॉ (1856-1950), आयरिश नाटककार व आलोचक। इन्होंने साठ से भी अधिक नाटकों की रचना की है, जिनमें से 'मैन ऐंड सुपरमैन' (1902), 'पेग्मालियन (1912), मेजर बारबरा (1907), जान बुल्स अदर आइलैंड (1904) और आर्म्स ऐंड दी मैन (1898) प्रमुख हैं। इनके नाटक समकालीन प्रहसन और ऐतिहासिक रूपकों के लिए जाने जाते थे। वे अपनी पीढ़ी के प्रमुख नाटककारों में से थे। इन्हें 1925 में नोबल पुरस्कार से सम्मानित किया गया।

समाजवाद व मार्क्सवाद के पश्चात् इन्होंने फैबियन समाज को अपनाया और इसके विख्यात प्रचारकों में से एक रहे। इन्हें पेग्मालियन की पटकथा के लिए एकेडमी अवार्ड से सम्मानित किया गया था। शॉ ने कभी कोई राजकीय सम्मान स्वीकार नहीं किया।

बेनेडिक्ट डी स्पिनोजा या बारूथ डी स्पिनोजा (1632-1677) यहूदी मूल के डच दार्शनिक। 17वीं सदी के दर्शन के महान् तर्कवादी और अपनी मैग्नम ऑपस एथिक्स की खूबी के चलते निर्णायक नीतिकशास्त्री। माना जाता है कि 18वीं सदी के ज्ञानोदय की जमीन इन्होंने ही तैयार की थी।

बेंजामिन बार्र लिंड्से (1869-1943), अमेरिकी न्यायाधीश और समाज सुधारक।

बर्ट्रेंड आर्थर विलियम रसेल (1872-1972), रसेल के तीसरे अर्ल, जाने-माने ब्रिटिश दार्शनिक और तर्कशास्त्री, गणितज्ञ, इतिहासकार, सामाजिक आलोचक लेखक और शांति कार्यकर्ता।

बिपिन चंद्र पाल (1858-1932), बंगाल विभाजन (1905) के विरुद्ध जन-ज्वार के जाग्रत् होने पर बंगाल व अन्य स्थानों पर स्वदेशी और बहिष्कार अभियान में शामिल रहे। कांग्रेस के 'अतिवादी' लाल, बाल, पाल में से एक। न्यू इंडिया (1901) और वंदे मातरम् (1906) के संपादन के अलावा लंदन में स्वराज के संपादक रहे। 1920 में दी इंडिपेंडेंट के संपादक बने।

बोख वाइट (1874-1951), कांग्रेस के मंत्री, अमेरिकी सोशलिस्ट, जेसुइट व लेखक।

कैटो, दी यंगर (95 ई.पू.-46 ई.पू.), रोमन गणतंत्र के उत्तरार्ध के राजनीतिज्ञ व नीतिज्ञ और स्टोइक दर्शन के अनुसरणकर्ता।

चार्ल्स एलेक्जेंडर डी केलोने (1734-1802), फ्रांसिसी नीतिज्ञ, जो कंट्रोलर जनरल ऑफ फाइनेंस (1783) रहे। इन्हें बरखास्तकर इंग्लैंड में एकांतवास के लिए भेज दिया गया। ये 1802 में पेरिस वापस लौटे और कुछ ही समय बाद इनकी मृत्यु हो गई।

चार्ल्स डिकंस (1812-1870), अंग्रेज लेखक व सामाजिक आलोचक। वैश्विक साहित्य के कुछ श्रेष्ठ कल्पित चरित्रों के रचनाकार। इन्हें विक्टोरियन काल का सबसे महान् उपन्यासकार माना जाता है। इनके उपन्यास व लघुकथाएँ आज भी लोकप्रिय हैं।

चार्ल्स एडवर्ड रसेल (1860-1941), अमेरिकी पत्रकार और राजनेता, बहुत सी जीवनी और सामाजिक टिप्पणियों के लेखक। इन्हें 1928 में पुलित्जर पुरस्कार से सम्मानित किया गया।

चार्ल्स फोरियर (1772-1837), फ्रांसिसी दार्शनिक और प्रज्ञात्मक विचारक। इनके समय में इनके सामाजिक व नैतिक दृष्टिकोण को उग्र माना जाता था, जो आज के आधुनिक समाज की प्रमुख ऊर्जा हैं।

चार्ल्स मैकाय (1814-1889), स्कॉटिश कवि, पत्रकार, उपन्यासकार व गीतकार, डेन्यूसंस और मैडनेस ऑफ क्रोज के लिए विख्यात

चार्ल्स. हेनफोर्ड हेंडरसन (1861-1941), शिक्षक व लेखक।

शेर्लोट पेर्किंस गिलमैन (1860-1935), अमेरिकी उपन्यासकार, लेखक, व्याख्याता और समाज सुधारक।

क्लाड जोसफ रगेट डी लेस्ली, इंजीनियरों के फ्रांसिसी कप्तान, शौकिया संगीतज्ञ। इन्होंने स्त्रासबर्ग के मेयर की देशभक्ति के गीत की माँग पर 24 अप्रैल, 1792 को इस गीत की रचना की। सैन्य टुकड़ियों ने इसे अपनाया और मार्सिली से पेरिस कूच के दौरान वे इसे पूरे उत्साह के साथ गाते थे।

दाग देहलवी (1831–1905), अपनी गजलों से विख्यात हुए उत्कृष्ट उर्दू शायर थे। वे दिल्ली स्कूल ऑफ पोएट्री से जुड़े थे। इनका 74 वर्ष की उम्र में हैदराबाद में निधन हो गया।

डेनिस डिडोरोट (1713–84), फ्रांसीसी दार्शनिक व कला समीक्षक, लेखक तथा विश्वकोश के मुख्य संपादक। इन्होंने ही सबसे पहला फ्रांसीसी 'बौरजॉइस' नाटक, ली नीवीयू डी रामेयू लिखा था। वे लिपिक विरोधी थे। इन्हें इनके लेटेर्स सुर लेस एवेंग्लेस (1749) जैसी रचनाओं के लिए जेल की सजा हुई।

डायोनिसियस, दी एल्डर (c.430–367 ई.पू.), सिसली के यूनानी राजनेता, सेराक्युस के अत्याचारी (406 ई.पू.) और कार्थेज के विरोधी। प्राचीन लोग इन्हें ई.पू. के सबसे खराब व क्रूर तानाशाह, संशयी व प्रतिशोधी मानते हैं।

ड्रेको (ड्रेकोन), 7वीं सदी ई.पू. में एथेंस के नीतिज्ञ थे, जिन्होंने पहले के सभी अलिखित कानूनों को संहिताबद्ध किया था। 'ड्रोकेनियन' शब्द की उत्पत्ति इनके ही नाम पर हुई, क्योंकि इनके कानून बहुत कठोर थे, जिनमें छोटे अपराधों के लिए भी मृत्युदंड का प्रावधान था।

अर्नेस्ट उंटरमन (1864–1956), जर्मन अमेरिकी नाविक, सोशलिस्ट, लेखक, अनुवादक व समाचार पत्र संपादक थे।

एडमंड बर्क (1729–97), ब्रिटिश नीतीज्ञ, राजनीतिक विचारक, दार्शनिक लेखक थे। इनका जन्म डबलिन में हुआ। वे प्रमुख व्हिग ऑरेटर व वाद-विवाद कर्ण थे। इन्होंने 1786 में बंगाल का गवर्नर जनरल रहे वॉरेन हेस्टिंग्स (1785–94) पर मुकदमा किया था। इन्होंने फ्रेंच रिवॉल्यूशन इन रिफ्लेक्शंस में फ्रांस की क्रांति (1780) की निंदा की थी। इस पुस्तक को काउंटर रिवॉल्यूशन का घोषणापत्र माना गया और थामस पेन ने राइट्स ऑफ मैन में इनकी अत्यधिक आलोचना की।

एडवर्ड फिट्जगेराल्ड (1809–1883), अंग्रेज कवि व लेखक थे। इन्हें उमर खय्याम की रुबाइयों के अनुवाद के लिए जाना जाता है।

एम्मा गोल्डमैन (1869–1940), लिथुआनिया में जन्मी इस अमेरिकी अराजकतावादी को इनके राजनीतिक आंदोलनकारी लेखन व व्याख्यानों के लिए जाना जाता है। ये बीसवीं शताब्दी के पूर्वार्द्ध में उत्तरी अमेरिका और यूरोप में सक्रिय रहीं।

एपीक्यूरस (341–269 ई.पू.), प्राचीन यूनानी दार्शनिक, एपीक्यूरिज्म के संस्थापक और परमाण्विक भौतिकवादी थे। 'एपीक्यूरियन पैराडॉक्स' बुराई की समस्या का विवरण है। यह ट्रिलिमा तर्कवाद (ईश्वर सर्वगत है, ईश्वर अच्छा है, लेकिन बुराई भी विद्यमान है) है। इसे इनके लोकप्रिय उद्धरणों में भी देखा जा सकता है।

एटीन चार्ल्स डी लोमिनी डी ब्रीनी, टुलूज के आर्कबिशप, जो 1787 में कैलोन के बाद कोषाध्यक्ष बने।

यूजीन पोट्टिएर (1816–1887), का लिखा क्रांतिकारी गीत पहली बार 1871 में फ्रांस में गाया गया और तब से ही यह श्रमिकों व कम्युनिस्टों का पसंदीदा गीत बन गया था। कुछ कम्युनिस्ट देशों ने इसे अपने राष्ट्रीय गीत के तौर पर स्वीकार किया।

यूजीन विक्टर डेब्स (1855–1926), अमेरिकी यूनियन लीडर। 16 जून, 1918 को डेब्स ने केंटन, ओहियो में

प्रथम विश्वयुद्ध का प्रतिवाद करते हुए युद्ध-विरोधी भाषण दिया। उन्हें 1917 के जासूसी अधिनियम के तहत गिरफ्तार कर लिया गया। उन्हें दोषी ठहराया गया और दस वर्ष के कारावास के अलावा आजीवन मताधिकार से वंचित कर दिया गया। पुस्तक में दिया गया उनका उद्धरण सजा प्राप्ति के दौरान उनके द्वारा दिया गया स्मरणीय बयान है। वे कई बार अमेरिका की सोशलिस्ट पार्टी की ओर से संयुक्त राज्य के राष्ट्रपति पद के उम्मीदवार रहे।

एवलिन जान रगल्स-ब्राइस (सर) (1857-1935), ब्रिटिश जेल प्रबंधक व सुधारक और बोर्स्टल प्रणाली के संस्थापक थे। वर्ष 1982 में उन्होंने इंग्लैंड और वेल्स के कमिश्नर ऑफ प्रिजन के तौर पर अपनी सेवाएँ दीं। उन्होंने 'दी इंग्लिश प्रिजन सिस्टम' लिखी और इसे 1921 में बर्नार्ड शॉ की प्रस्तावना सहित प्रकाशित किया। वे अपने साथ अमेरिका से कई तरह के सुधार लेकर आए, जो अपराध निरोधक अधिनियम, 1908 में यत्र-तत्र दिखाई देते हैं। इसी के आधार पर बोर्स्टल प्रणाली को लागू किया गया, जिसमें लाहौर की बोर्स्टल जेल भी शामिल थी।

फ्योदोर मिखाइलोविच दोस्तोवस्की (1821-81), रूसी उपन्यासकार, लघुकथा लेखक और निबंधकार। इनके साहित्य में 19वीं शताब्दी के रूस के खराब राजनीतिक, सामाजिक और आध्यात्मिक वातावरण में मानव मनोविज्ञान का अन्वेषण किया जाता है। कई आलोचक इन्हें वैश्विक साहित्य का सबसे महान् व प्रतिष्ठित मनोवैज्ञानिक मानते हैं।

फ्रांसिस्को फेरर (1859-1909), कैटलन भाषा के मुक्त चिंतक, अराजकतावादी व शिक्षक थे। 1909 में इन्हें 'ट्रैजिक वीक' के दौरान गिरफ्तार कर लिया गया। इनपर मुकदमा चलाकर बिना किसी सबूत के सजा सुनाई गई, जिसकी न्याय की हत्या कहते हुए सर्वत्र आलोचना हुई। 'दी ओरिजिन ऐंड आइडियल्स ऑफ मॉडर्न स्कूल' इनकी विख्यात रचना है।

फ्रेजिएर हंट (1885-1967), अमेरिकी रेडियो उद्घोषक, लेखक और प्रथम विश्वयुद्ध और द्वितीय विश्वयुद्ध के दौरान युद्ध संवाददाता रहे।

फ्रेडरिक हैरिसन (1831-1923), इंस ऑफ कोर्ट में न्यायशास्त्र व अंतरराष्ट्रीय न्याय के प्रोफेसर रहे (1877-89)। इतिहास, राजनीति और साहित्यिक विषय पर कई पुस्तकों का लेखन। श्रमिक वर्ग में इसकी विशेष दिलचस्पी के चलते इन्हें ट्रेड यूनियन कमिशन में जगह मिली।

फ्रेडरिक एंगेल्स (1820-1895), जर्मन समाज वैज्ञानिक, लेखक, राजनीतिक सिद्धांतवादी, दार्शनिक तथा कार्ल मार्क्स के अलावा ये भी मार्क्सवादी सिद्धांत के जनक थे। 1845 में उन्होंने इंग्लैंड के श्रमिक वर्ग की परिस्थितियों पर लिखा और 1848 में कार्ल मार्क्स के साथ 'दी कम्युनिस्ट मैनिफेस्टो' के सह-लेखक रहे। 'दी ओरिजिन ऑफ दी फैमिली, प्राइवेट प्रॉपर्टी ऐंड दी स्टेट' में एंगेल्स के परिवार और संपत्ति से जुड़े विचार सबसे बेहतर ढंग से प्रतिबिंबित होते हैं।

फ्रेडरिक ऑफ प्रशिया (1712-86), प्रबंधक, सैन्य प्रतिभा निपुण व सांस्कृतिक व्यक्ति, जिन्होंने प्रशिया को राष्ट्रवाद प्रदान किया।

ज्यॉफ्री ड्रेग (ज. 1860), कई पुस्तकों के लेखक

जॉर्ज बर्नार्ड शॉ (1856-1950) आयरिश पटकथा लेखक और लंदन स्कूल ऑफ इकोनॉमिक्स के सह-संस्थापक। इन्होंने 60 से भी अधिक नाटक लिखे। इसके अलावा इन्होंने निबंध, नॉवेल और लघुकथाओं की भी रचना की। इनके लेखन का विषय मुख्यत: सामाजिक समस्याएँ रहीं।

जॉर्ज बुकानन (1506-1582), स्कॉटिश इतिहासकार और मानवतावादी विद्वान। डी जुरे रेग्नी अपुद स्केल्स (1579)

के लेखक। संवादात्मक शैली में लिखी इस रचना में बुकानन ने इस सिद्धांत को स्थापित किया है कि राजनीतिक शक्ति का एकमात्र स्रोत जनता है और राजा उन परिस्थितियों से बँधा हुआ है, जिस प्रतिबद्धता को दरशाने के पश्चात् उसके हाथों पहली बार सत्ता सौंपी गई थी तथा प्रतिरोध करना वैध है, फिर चाहे यह उत्पीड़क को सजा देने के लिए ही क्यों न हो।

जॉर्ज डी. हीरॉन (1862–1925), ईसाई सोशलिस्ट मंत्री, रैंड स्कूल ऑफ सोशल साइंसेज के संस्थापक और सोशलिस्ट पार्टी (यू.एस.ए) के सदस्य।

जॉर्ज गॉर्डन बायरन (लॉर्ड) (1788–1824), अंग्रेज कवि और रोमांटिक आंदोलन के प्रसिद्ध नेता।

जॉर्ज जैक्स डेंटन (1759-94), फ्रांसिसी क्रांतिकारी कानून के अध्ययन हेतु पेरिस लौटने के पश्चात् (1780 में) उदार, रिपब्लिकन विचारों की ओर झुकाव। प्रबल वक्ता और क्रांति के शुरुआती चरण में महत्त्वपूर्ण लोगों के समूह में से थे। उन्होंने राजतंत्र को निर्मूलन में सहायता दी (1792), अस्थायी सरकार के अध्यक्ष बने और कमेटी ऑफ पब्लिक सेफ्टी (1793) का गठन किया, जो 'क्रांतिकारी आतंक' का साधन बना। ये अंततः सत्ता के संघर्ष में रॉबेस्पियरे से हारकर गिलोटिन का शिकार बने। रॉबेस्पियरे (1758–94), क्रांति के दौरान जेकोबीन नेता और पब्लिक सेफ्टी कमेटी के सदस्य थे, जिन्होंने अपने आतंक के शासन (1793–94) को यादगार बनाया। रॉबेस्पियरे ने अपने डेंटन जैसे विरोधियों को सत्ता से बेदखलकर रिवॉल्यूशनरी ट्रिब्यूनल के माध्यम से अपनी तानाशाही शक्तियों का प्रदर्शन किया, लेकिन कॉन्वेंशन ने उसे सत्ताच्युतकर वैसे ही सिर काटकर मारा जैसा इसने अपने प्रतिद्वंद्वियों के साथ किया था।

जाइल्स कोरी (मृत्यु. 19 सितंबर, 1692), को सालेम विच ट्रायल के दौरान उनकी पत्नी मार्था कोरी समेत जादू-टोने का आरोपी बनाया गया था।

हेनरिक जोहान इब्सन (1828–1906), नार्वेजियन पटकथा लेखक, इन्हें आधुनिक गद्य नाटकों का संस्थापक माना जाता है।

हेनरी कैंपबेल बैनरमैन (सर) (1836–1908), ब्रिटिश उदारवादी राजनेता, जो 1905 से 1908 के बीच प्रधानमंत्री रहे।

हेनरी जेम्स सुम्नर मेने (सर) (1822-88), अंग्रेज इतिहासकार और आपेक्षिक विधिवेत्ता। ये 1863–1869 तक काउंसिल ऑफ इंडिया के न्यायिक सदस्य और कलकत्ता विश्वविद्यालय के कुलपति भी रहे।

हेनरी वान डाइक (1852–1933), अमेरिकी लेखक, शिक्षक और पादरी।

हर्बर्ट स्पेंसर (1820–1903), अंग्रेज दार्शनिक, जिन्होंने विकास के सिद्धांत को दर्शन पर लागू किया। इनकी रचनाओं में प्रिंसिपल्स ऑफ साइकोलॉजी (1855) और फर्स्ट प्रिंसिपल्स (1862) भी शामिल हैं।

हॉरेस ग्रीले (1811–1872), अमेरिकी पत्रकार व राजनेता

ह्यूगो ग्रॉटियस (1583–1645), डच कानूनविद् व राजनेता, इन्होंने अंतरराष्ट्रीय कानूनों की नींव रखी थी।

ह्यूग्यूनोट (1518–1581), फ्रेंच ह्यूग्यूनोट, लेखक व राजनयिक। इन्हें प्रसिद्ध करनेवाले विंडिकेट कॉन्ट्रा टायरेनॉस के अनुसार अत्याचारी के प्रतिरोध का सिद्धांत उस स्थिति में स्वीकार किया जा सकता है, जब यह किसी पर्याप्त संगठित नियंत्रक द्वारा किया जाए। 16वीं और 17वीं शताब्दी में फ्रांस के प्रोटेस्टेंट रिफॉर्म्ड चर्च में एक ह्यूग्यूनोट नामक सदस्य भी था, जिसे ऐतिहासिक रूप से फ्रेंच कलविनिस्ट के रूप में जाना जाता है।

क्या ईश्वर बुराई को समाप्त करना चाहते हैं, लेकिन कर नहीं पाते,

तो वे सर्वशक्तिमान नहीं हैं।

यदि वे ऐसा कर सकते हैं, लेकिन करना नहीं चाहते,

तो वे द्वेषी हैं।

यदि वे ऐसा कर सकते हैं और करना भी चाहते हैं,

तो बुराई अब तक मौजूद क्यों है ?

और यदि वे न ऐसा कर सकते हैं और न ही करना चाहते हैं,

तो वे भगवान् किस नाम के हैं ?

आई.पी. युवात्शेव (1860- ?) को रूसी नौसेना का सबसे अधिक विचारशील अफसर माना जाता था। अपने क्रांतिकारी रुझान के कारण उन्हें 1883 में गिरफ्तार करके फोर्ट्रेस ऑफ सेंट पीटर ऐंड सेंट पॉल में कैद कर लिया गया। उनपर मुकदमा चला और उन्हें मौत की सजा सुनाई गई। जिसे बाद में अनंतकाल के लिए खदानों में गुलामी करने के दंड में बदल दिया गया। उन्हें व उनके साथियों को कैद तनहाई हेतु श्लुसेलबर्ग भेज दिया गया, जहाँ वे वेरा फिग्नर और मोरोजोव जैसे अन्य क्रांतिकारियों के साथ थे। वे उन बहुत थोड़े से लोगों में से थे, जो इस रूसी बेस्टाइल में मृत्यु व पागलपन से बच सके। उनके कैद के दिनों की जीवनी, 'दी रशियन बेस्टाइल और दी श्लुसेलबर्ग फोर्ट्रेस' का अनुवाद ए.एस.रेप्पोर्ट ने किया और यह लंदन में 1909 में प्रकाशित हुई।

जे. सीले (सर जान रॉबर्ट) (1834-1895), अंग्रेज निबंधकार और इतिहासकार थे।

जेब्ज थॉमस, सुंदरलैंड (1842-1936), एकेश्वरवादी मंत्री व सुधारक, भारत के उदारवादी धार्मिक आंदोलनों को सनडरलैंड का समर्थन था। बाद में इन्हें भारतीय स्वतंत्रता आंदोलन को दिए गए समर्थन के ऐतिहासिक परिणाम हासिल हुए।

जैक (जॉन) ग्रिफिथ लंदन (1876-1916), अमेरिकी उपन्यासकार, सोशलिस्ट निबंधकार, पत्रकार और कुछ पुस्तकों के लेखक रहे हैं।

जयदेव कपूर (1908-1994), क्रांतिकारी और भगत सिंह से जुड़े थे। 9 अप्रैल, 1929 को इन्होंने ही भगत सिंह व बटुकेश्वर दत्त के लिए असेंबली में प्रवेश पत्र का इंतजाम किया था तथा वे उनके साथ असेंबली में अंदर जाकर, उनके बम फेंकने के पूर्व यह प्रवेश पत्र लेकर चले गए थे। 8 अप्रैल, 1929 केंद्रीय विधान सभा के दिल्ली बम कांड के सभी इंतजाम इन्होंने व शिव वर्मा ने ही किए थे। इन्हें लाहौर षड्यंत्र केस में आजीवन कैद की सजा सुनाई गई थी।

जेम्स एलेन (1864-1912), ब्रिटिश दार्शनिक लेखक, जो अपनी प्रेरणादायी पुस्तकों व कविताओं के तथा स्व-सहायता आंदोलन के प्रमुख के तौर पर जाने जाते हैं।

जेम्स कोनोले (1868-1916), आयरिश रिपब्लिकन, सोशलिस्ट नेता व अपने समय के प्रमुख मार्क्सवादी सिद्धांतवादी थे।

जेम्स I, इंगलैंड, स्कॉटलैंड, वेल्स व आयरलैंड के राजा (1566-1625) ने अपनी माँ मैरी, क्वीन ऑफ स्कॉट के राज-त्याग के बाद स्कॉटलैंड की गद्दी सँभाली ((जेम्स VI नाम से) और महारानी एलिजाबेथ I की मृत्यु के पश्चात् ब्रिटिश सिंहासन पर बैठे। राजाओं के दिव्य अधिकारों पर संसद् से संघर्ष किया। विद्वान थे (बाद में जॉर्ज बुकनान के शिष्य

बने) इन्होंने कुछ पुस्तकों का भी लेखन किया है।

जेम्स II (1633 से 1701), इंग्लैंड, स्कॉटलैंड, वेल्स और आयरलैंड के सम्राट। अपनी कैथोलिक समर्थक पॉलिसी और मनमाने ढंग से शासन के दावे से वे अपनी प्रजा से विमुख हो गए। 1688 की गौरवशाली क्रांति के बाद वे फ्रांस चले गए। वे अपने साम्राज्य के अंतिम रोमन कैथोलिक राजा थे।

जेम्स मैके (1872–1935), अमेरिकी इंजीनियर और दार्शनिक

जेम्स रामसे मैक्डोनाल्ड (1866–1937), ब्रिटिश राजनेता और प्रधानमंत्री (1924, 1929–35)

जेम्स रसेल लॉवेल (1819–91), अमेरिकी कवि, निबंधकार और मासिक पत्रिका अटलांटिक के संपादक। गृह युद्ध के पश्चात् इन्होंने कुछ स्मारक स्रोतों की रचना की। स्पेन (1877–80) तथा इंग्लैंड (1880–85) अमेरिका में मंत्री भी रहे।

जतिंदर नाथ दास (1904–1929), ये जतिन दास के नाम से भी जाने जाते थे। ये भारतीय स्वतंत्रता सेनानी और क्रांतिकारी थे। लाहौर जेल में 63 दिन लगातार भूख हड़ताल से इनके निधन ने सारे भारत को हिलाकर रख दिया। इनकी मृत्यु पर जवाहर लाल नेहरू ने कहा, ''भारतीय शहीदों की लंबी और शानदार फेहरिस्त में एक और नाम शामिल हो गया। आइए हम सब इनके सामने शीश नवाएँ और उस शक्ति की माँग करें, जिससे हम जीत हासिल होने तक कैसे भी हालात और कितने भी समय तक इस संघर्ष को जारी रख सकें।''

जीन बोडिन (1530–1596), फ्रांसीसी दार्शनिक, जो राजा की सत्ता को गणतांत्रिक संसद् में बदलने के पक्षधर थे।

जीन जैक्स रूसो (1712–1778), फ्रांसीसी दार्शनिक, इन्हें रोमांटिसिज्म का जनक माना जाता है। राजनीतिक सिद्धांतों पर लिखी उनकी पुस्तक 'दी सोशल कॉन्ट्रैक्ट' (1762) को ऐसी आदर्श स्थिति माना जाता है, जहाँ प्रभुत्व पूर्णत: जनता में निहित होता है और वे अपनी स्वतंत्रता बनाए रखने के लिए इसे 'सामूहिक-इच्छा' से किसी को सौंप देते हैं। इनका उपन्यास एमिली (1762) का विषय शिक्षा था। इन्होंने कई खंडों में अपनी दोष-स्वीकृति भी लिखी है। फ्रांस की क्रांति के दौरान इन्हें आदर्श माना जाता था, भले ही ये यह देखने के लिए जीवित नहीं थे।

जेसुइट्स बेलारमाइन, वर्ष 1540 में सेंट. इग्नेशियस लॉयोला द्वारा संस्थापित कैथोलिक रिलीजियस ऑर्डर द्वारा संस्थापित सोसाइटी ऑफ जीजस के सदस्य थे। इस याचक व्यवस्था के सदस्य केवल दान में प्राप्त सहायता पर ही निर्भर रहते हुए सभी मानवों में समान आध्यात्मिक पूर्णता की खोज करते थे।

जोहानिस एल्थुसियस (1557–1638), कैल्विनिस्ट दार्शनिक व धर्मशास्त्री। इन्हें अकसर आधुनिक संघवाद के बौद्धिक जनक और लोक प्रभुसत्ता का पक्षधर माना जाता है।

जॉन ऑस्टिन (1911–1960), ज्ञान के भाषायी उपयोग की जाँच करनेवाले ब्रिटिश दार्शनिक। 'हाउ टू डू थिंग्स विद् वर्ड्स' के लेखक।

जॉन लॉक (1632–1704), अंग्रेज दार्शनिक, प्रमुख अनुभववादी, सामाजिक अनुबंध विचारक, कुछ प्रभावशाली पुस्तकों के लेखक।

जॉन लुब्बॉक सर (1834–1913), बैंकर, उदारवादी राजनीतिज्ञ, समाजसेवी, वैज्ञानिक और बहुज्ञ व्यक्ति।

जॉन मिल्टन (1608–74), अंग्रेज कवि, इन्होंने 1652 में नेत्रहीन हो जाने के बाद भी अतुकांत पद्य में 'पैराडाइस

लॉस्ट (1667)' और 'पैराडाइस रीगेंड' (1617) जैसे महान् महाकाव्यों की रचना की। प्रोटेक्टरेट (1653 के बाद) ये दौरान यह ओलीवर क्रॉमवेल के लैटिन सचिव भी रहे।

जॉन स्टुअर्ट मिल (1808–73), निबंधकार व दार्शनिक, यूटिलिटेरियन सोसाइटी के संस्थापक तथा दर्शन, राजनीतिक अर्थशास्त्र व सुधार संबंधी कुछ पुस्तकों के लेखक।

जॉन सालमंड (1862–1924), कानूनविद् व न्यूजीलैंड में न्यायाधीश। सालमंड ने यूनिवर्सिटी कॉलेज, लंदन से कानून का अध्ययन किया। तत्पश्चात् 1887 में वे न्यूजीलैंड बार से जुड़ गए। वे दक्षिण ऑस्ट्रेलिया के एडीलेड विश्वविद्यालय में कानून पढ़ाने लगे और बाद में विक्टोरिया यूनिवर्सिटी कॉलेज, वेलिंग्टन लौट आए। वर्ष 1920 में उन्हें न्यूजीलैंड सुप्रीम कोर्ट में पदस्थ किया गया। उन्होंने अपनी विख्यात पुस्तक 'ज्यूरिस्प्रूडेंस ऑर दी थ्योरी ऑफ दी लॉ' की रचना 1902 में की, जिसके लिए उन्हें 1914 में रॉयल सोसाइटी ऑफ आर्ट्स द्वारा स्वाइनी पुरस्कार दिया गया। उनकी 'ज्यूरिस्प्रूडेंस' और 'सालमंड ऑन टॉर्ट्स' को उत्कृष्ट कानून साहित्य माना जाता है।

जॉन सिमॉन (1873–1954), ब्रिटिश राजनीतिज्ञ, ये प्रथम विश्वयुद्ध की शुरुआत से द्वितीय विश्वयुद्ध के अंत तक वरिष्ठ मंत्री पदों पर रहे। उन्होंने ग्रेट ब्रिटेन के लॉर्ड हाई चांसलर, कोषागार चांसलर, विदेश मंत्रालय के राज्य सचिव, गृह सचिव, अटॉर्नी जनरल व सॉलिसिटर जनरल के रूप में अपनी सेवाएँ दीं। ये 1927 से 1931 तक ब्रिटिश सरकार के मॉन्टेगो चेम्सफोर्ड सुधारों के अनुसार अपने वायदे को पूरा करने के लिए गठित भारत के साइमन कमीशन के अध्यक्ष रहे। इस कमीशन में किसी भी भारतीय सदस्य के न होने से भारतीयों ने इसे अपमानजनक माना और ये उग्र हो उठे। बंबई में 1928 में इसकी शुरुआत के साथ ही साइमन कमीशन का मुखर विरोध होने लगा। ऐसे ही एक प्रदर्शन के दौरान लाला लाजपत राय घायल हो गए और कुछ ही दिनों में उनका निधन हो गया। भगत सिंह व उनके साथियों ने उनकी मृत्यु का प्रतिशोध लिया, परंतु लेबर सरकार ने साइमन कमीशन की रिपोर्ट को अंतिम नहीं माना, जिसके बाद कई गोलमेज सम्मेलनों के निर्णयों को भारत सरकार अधिनियम, 1935 की घोषणा करते हुए 1 अप्रैल, 1933 से लागू कर दिया गया।

जुआन डी मारियाना (1536–1624), स्पेनिश इतिहासकार व जेसुइट। धर्मशास्त्र पढ़ाने के लिए रोम (1561) गए, जहाँ रॉबर्टो बेलर्मिन उनके शिष्यों में से एक थे। वे अत्याचारियों को उखाड़ फेंकने को वैध मानते थे।

कार्ल जोहान कौत्स्की (1854–1938), जर्मन राजनेता, जिन्होंने सोशल डेमोक्रेट्स के एरफुर्ट कार्यक्रम (1891) के दौरान मार्क्सवादी सिद्धांतों के स्वीकरण को प्रभावित किया। उन्होंने सेकेंड इंटरनेशनल में लेनिन और बोल्शेविकों का विरोध किया।

कार्ल मार्क्स (1818–1883), प्रशियन जर्मन दार्शनिक तथा क्रांतिकारी सोशलिस्ट। वित्तीय क्षेत्र में उनके कार्य ने श्रमिकों के प्रति हमारी समझ और उसके पूँजी से संबंध का आधार तैयार किया। उन्होंने कई पुस्तकों का प्रकाशन किया, जिनमें से 'दी कम्युनिस्ट मैनिफेस्टो' और 'कैपिटल' सबसे प्रसिद्ध हैं।

केंको होशी, चौदहवी शताब्दी के जापानी बुद्ध धर्माचार्य

कीसर्लिंग, काउंट हर्मन (मृत्यु 1946), स्कूल ऑफ विजडम के संस्थापक और कई पुस्तकों के लेखक। कार्ल जंग, रिचर्ड विलहेल्म, रविंद्रनाथ टैगोर, हर्मन हेंस उनके मित्रों में से थे।

लाला लाजपत राय (1865–1928), भारतीय राष्ट्रीय कांग्रेस में अपने अतिवादी रुझान के चलते बाल गंगाधर

तिलक व बिपिन चंद्र पाल के साथी। मेंडले (बर्मा) में नहर के किनारे कॉलोनियों में रहनेवालों के प्रदर्शन करने में उनका साथ देने पर उन्हें व अजित सिंह (भगत सिंह के चाचा) को भारत वापस भेज दिया गया था। अपनी विस्तारित अमेरिकी यात्रा के दौरान वे बहुत से भारतीयों के परामर्शदाता बने, जिनमें एम.एन.रॉय भी शामिल थे। 1920 में आई.एन.सी की विशेष सभाओं के पश्चात् असहयोग आंदोलन की शुरुआत हुई। 1921 में इन्हें राष्ट्रद्रोह के आरोप में जेल भेज दिया गया। वे वर्षों तक ट्रेड यूनियन आंदोलन से जुड़े रहे। बाद के वर्षों में उनका झुकाव हिंदू महासभा की ओर हो गया। साइमन कमीशन के भारत आने पर उन्होंने उसके बहिष्कार के लिए आंदोलन की शुरुआत करने के साथ ही कुछ समय बाद कमीशन के लाहौर आने पर अपने नेतृत्व में एक बड़ा मोर्चा निकाला। प्रदर्शनकारियों पर हुए क्रूरतापूर्ण लाठीचार्ज में लाला लाजपत राय घायल हो गए, जिसके चलते बाद में उनका निधन हो गया। उनकी मृत्यु का बदला लेने के लिए भगत सिंह व उनके साथियों ने सैंडर्स की हत्या कर दी।

लेनिन VI (1870-1924), रूसी साम्यवादी क्रांतिकारी, राजनेता और राजनीतिक विचारक थे। वे 1917 में रूसी सी.एफ.एस.आर. के प्रमुख के तौर पर सेवा देने के साथ-साथ 1922 से जीवनपर्यंत सोवियत यूनियन के प्रमुख रहे। उनके सैद्धांतिक योगदान और मार्क्सवादी वित्तीय सिद्धांतों को सामूहिक रूप से मार्क्सवादी-लेनिनवाद कहा जाता है। उन्होंने सर्वहारा क्रांति के व्यावहारिक पहलुओं पर बड़े विस्तार सहित लिखा।

लियोन त्रोत्स्की (1879-1940), रूसी मार्क्सवादी क्रांतिकारी और विचारक, सोवियत राजनीतिज्ञ और लाल सेना के पहले अध्यक्ष थे। वे बोल्शेविकों की विजय में भागीदार होने के अलावा पोलित ब्यूरो के सदस्य भी थे। स्टालिन ने उन्हें कम्युनिस्ट पार्टी से निष्कासित कर दिया था। त्रोत्स्कीवाद इन्हीं के विचारों पर आधारित है।

लॉम्ब्रोसो सीसेर (1835-1909), इतालवी अपराध-शास्त्री, चिकित्सक तथा इटैलियन स्कूल ऑफ पॉजिटिव क्रिमिनोलॉजी के संस्थापक थे।

लुसियस ऐपियस सेनेका (c.4 ई.पू.-65 ईस्वी), रोम लेखक व राजनेता, नीरो के शिक्षक, स्टोइकवाद पर निबंध के अतिरिक्त मेडीया, फायेद्रा, ओडिपस जैसी दुखांत रचनाएँ भी लिखीं। कुछ समय के लिए रोम के आभासी शासक भी रहे तथा इन्हें बाद में आत्महत्या करने का आदेश दिया गया।

मदन मोहन मालवीय (1861-1946), शिक्षाविद् व स्वतंत्रता सेनानी थे, जिन्हें स्वतंत्रता आंदोलन में इनकी अग्रणी भूमिका और हिंदू राष्ट्रवाद की स्वीकार्यता के लिए जाना जाता है। वे चार बार भारतीय राष्ट्रीय कांग्रेस के अध्यक्ष रहे। बनारस हिंदू विश्वविद्यालय की स्थापना के अलावा इन्होंने भारत में स्काउट कार्यों की भी शुरुआत की थी।

मदनलाल ढींगरा (1887-1909), यह युवा क्रांतिकारी इंडियन होम रूल सोसाइटी और इंडिया हाउस सेंटर के अलावा श्यामजी कृष्णवर्मा, लाला हरदयाल और वी.डी. सावरकर से जुड़ा था। 1 जुलाई, 1909 को ढींगरा ने लंदन के इंपीरियल इंस्टीट्यूट में एक समारोह के दौरान सर कर्जन वायली को 'भारतीय युवाओं की फाँसी और अमानवीय देशनिकाले का विनम्र विरोध करते हुए' गोली मार दी थी। ढींगरा को फाँसी दे दी गई।

महात्मा मोहनदास करमचंद गांधी (1869-1948), भारतीय स्वतंत्रता संग्राम के अग्रगण्य नेता थे। उन्होंने अहिंसक सविनय अवज्ञा द्वारा भारत को स्वतंत्रता की ओर उन्मुख किया, जो दुनियाभर में स्वतंत्रता व नागरिक अधिकारों हेतु अहिंसक आंदोलनों की प्रेरणा बना। उनका 'दी स्टोरी ऑफ माय एक्सपेरिमेंट्स विद ट्रुथ' के अतिरिक्त एक और जीवनी लेखन 'इंडिया होम रूल' है।

मार्कस औरेलियस ऐंटोनिनुस, मूलतः **मार्कस एनियस वेरस** (121–180 ईस्वी.), रोमन दार्शनिक व सम्राट (161–180 ईस्वी.) ने जर्मन कबीलों से सीमाओं की रक्षा की। एक उत्कृष्ट स्टाइक व्याख्या, मेडिटेशंस के रचनाकार।

मारेस पोरशियस केटो (95–46 ई.पू), इन्हें केटो यंगर के नाम से जाना जाता था। रोमन राजनेता व नीतिज्ञ, स्टाइक दर्शन के अनुयायी।

मार्क ट्वेन (उपनाम, सैमुअल लैंगहॉर्न क्लेमेंस) (1835–1910), अमेरिकी उपन्यासकार व सुधारवादी व्यंग्यकार।

मार्क्यूस डी लाफियेट (1757–1834), फ्रांसीसी रईस व सैन्य अधिकारी। अमेरिकी और फ्रेंच क्रांति में भाग लेने के लिए ला फियेट को फ्रांस और अमेरिका दोनों जगह राष्ट्रीय नायक माना जाता है। 19 वर्ष की आयु में कैप्टन के रूप में कार्य करते हुए उन्हें ब्रिटेन के खिलाफ अमेरिकी उपनिवेश की क्रांति की जानकारी मिली। यहीं से उनकी साहसिकता की शुरुआत हुई। जॉर्ज वाशिंगटन के निजी मित्र होने की बदौलत वे फ्रांस को अमेरिकी पक्ष में ले आए, जिससे ब्रिटेन ने फ्रांस के खिलाफ युद्ध की घोषणा कर दी। 1787 में वे 'असेंबली ऑफ नोटेबल्स' में शामिल हुए और राजा से स्टेट-जनरलों में शामिल करने की माँग की। उन्हें इसके लिए चुन लिया गया। 1789 में इन्होंने 1776 के अमेरिकी डिक्लेरेशन के मॉडल पर निर्मित अधिकारों का घोषणा पत्र पेश किया। 1790 में उन्हें पदोन्नतकर न्यू नेशनल गार्ड ऑफ पेरिस का कर्नल-जनरल बना दिया गया। उन्होंने 1792 में क्रांति के शुरुआती दौर में सक्रिय भूमिका अदा की। तत्पश्चात् असेंबली ने उनपर संवैधानिक राजतंत्र का अनुमोदन करने के लिए गद्दार करार दिया गया। उन्हें निर्वासित कर दिया गया तथा पाँच वर्षों के लिए प्रशिया और ऑस्ट्रिया की जेलों में राज्य कैदी के तौर पर रखा गया। नेपोलियन बोनापार्ट द्वारा दखल देने पर 1799 में वापस फ्रांस लौटे। जल्द ही उन्होंने नेपोलियन के कांसुल फॉर लाइफ (1802) और उनके शाही खिताब (1804) ग्रहण करने के खिलाफ वोट दिया। पहले साम्राज्य में उन्होंने कार्यमुक्त जीवन बिताया, तत्पश्चात् रेस्टॉरेशन के दौरान पुनः सामाजिक कार्यों में लौट आए। वे जीवनपर्यंत कई वर्षों तक डिप्टी असेंबली रहे। इस दौरान उन्होंने 1830 की क्रांति में अस्थायी तौर पर नेशनल गार्ड की कमान भी सँभाली।

मार्सिलियो ऑफ पदुआ (1270–1342), इतालवी राजनीतिक विचारक, एक्स्ट्रा ऑर्डिनरी डिफेसर पेसिस के लेखक, सम्राट लुइस VI के पोप से संघर्ष पर ऑन सैपरेशन ऑफ चर्च ऐंड स्टेट लिखी।

मैक्सिम गोर्की (1888–1936), रूसी लेखक, मदर जैसी कई पुस्तकों के रचनाकार, एलेक्से मैक्सिमोविच पेंशकोव के उपनाम से लिखते थे।

माइकल ओ'डायर (सर) (1864–1940), प्रथम विश्वयुद्ध के दौरान पंजाब के लेफ्टिनेंट गवर्नर थे। युद्ध में सहायता के लिए पंजाब से अनिवार्य पद्धति से सैन्य भरती की। जलियाँवाला बाग नरसंहार के दौरान भी ये वहाँ मौजूद थे। अपनी कठोर व दंभपूर्ण कार्यशैली के लिए जाने व नापसंद किए जाते थे, यहाँ तक कि एनी बेसेंट जैसी शांत महिला को भी (1912 में) सर माइकल ओ'डायर के कठोर व दमनकारी शासन में बलपूर्वक युद्ध-ऋण और सभी राजनीतिक नेताओं के क्रूरतापूर्ण उत्पीड़न का विरोध करना पड़ा। इनकी पुस्तक में इनके व ब्रिटिश शासन के अन्य अधिकारियों के कार्यों का औचित्य या पुष्टि की गई है। इस उद्धरण में ओ'डायर ने आयरिश क्रांति आंदोलन के पूर्व वृत्तांत की समान परिस्थितियों का ध्यानाकर्षण करते हुए पंजाब में क्रांतिकारियों से निपटने की अपनी भूमिका पर सफाई दी। फोनिक्स पार्क हत्याएँ और अन्य संदर्भ आयरिश क्रांति की विख्यात घटनाएँ थीं। फोनिक्स पार्क की हत्याओं के मुखबिर जेम्स कैरी को गोली मारनेवाले पैट्रिक डोनेल के साहसिक व निर्भीक कदम का भारत में बंगाली क्रांतिकारी सराहना और अनुमोदन करते थे। काक्सटन हॉल, लंदन में उधम सिंह ने इनकी गोली मारकर हत्या कर दी।

मॉन्टिसक्यू (1689-1755), ज्ञानोदय काल के फ्रांसीसी सामाजिक भाष्यकार व राजनीतिक विचारक।

मौरिस हिलक्विट (1869-1933), न्यूयार्क के सोशलिस्ट वकील

नासाउ विलियम सीनियर (1790-1864), अंग्रेज अर्थशास्त्री।

निकोलो बर्नार्डो मैचिवेली (1467-1527), राजनीतिक दर्शनशास्त्री, संगीतकार, कवि और रूमानी व्यंग्यात्मक पटकथा लेखक। इतालवी पुनर्जागरण के प्रमुख व्यक्ति, जिसे प्रायः उनकी ट्रीटिज ऑन पालिटिकल थ्योरी (दी प्रिंस) और रिपब्लिकनिस्म (डिस्कोर्स ऑन लिवी) के लिए जाना जाता है। उनकी नैतिक व नीति-विषयक मान्यताएँ ही मैकियावेलियनिस्म शब्द की उत्पत्ति का कारण हैं।

निकोलोई एलेक्सेंड्रोविच बुखारिन (1888-1938), सोवियत नेता, लेनिन के पश्चात् सबसे अग्रणी मार्क्सवादी विचारक। कम्युनिस्ट पार्टी के स्टालिनी शुद्धीकरण के दौरान मारे गए।

निकोलोई एलेक्जैंड्रोविच मोरोजोव (1854-1946), व्यावसायिक क्रांतिकारी, लेखक, कवि और वैज्ञानिक थे 1880 में कार्ल मार्क्स से उनकी लंदन में मुलाकात हुई, जिसके बाद उन्होंने कम्युनिस्ट मैनिफेस्टो का रूसी भाषा में अनुवाद किया। जेल में रहते हुए लगभग 25 वर्ष (1875-78 और 1881 से 1905) तक विज्ञान (रसायन, भौतिकी, गणित और खगोल पर 28 खंड) विषय पर लिखा। इसके अलावा कविताएँ व गल्प साहित्य की भी रचना की।

ओलीवर गोल्डस्मिथ (1730-1774), एंग्लो-आयरिश उपन्यासकार, पटकथा लेखक और कवि थे। ये अपने उपन्यास 'विकर ऑफ वेकफील्ड' के लिए जाने जाते हैं।

उमर खय्याम (1048-1131), फारसी बहुज्ञ, दार्शनिक, गणितज्ञ, खगोलविद् और कवि थे। इन्होंने यांत्रिकी, भूगोल, खनिज विद्या, संगीत और इसलामी धर्मशास्त्र पर निबंध लिखे।

ओट्टोवॉन बिस्मार्क (1815-1898), जर्मन अनुदार राजनेता थे। इन्होंने अधिकांश जर्मन राज्यों को एककर प्रशियाई नेतृत्व में शक्तिशाली जर्मन साम्राज्य की स्थापना की।

ओटो रुहले (1874-1943), जर्मन मार्क्सवादी थे। इन्होंने पहले और दूसरे दोनों विश्वयुद्धों का विरोध किया था। इन्होंने कार्ल लिबखनेस्त, रोजा लक्जमबर्ग, फ्रांज मेहरिंग के साथ मिलकर युद्धरत राष्ट्रों की दुनिया के खिलाफ रिवॉल्यूशनरी इंटरनेशनलिज्म का गठन किया। ये स्पार्टिसिस्ट लीग के संस्थापकों में से थे, जो लेनिनवाद का विरोधी होने के चलते बोल्शेविकों के कोप का कारण बना। ये क्रांति को किसी पार्टी तक सीमित नहीं मानते थे। रूहले उस डेवे कमीशन के सदस्य थे, जिसने मॉस्को के मुकदमे से दौरान त्रोत्स्की को सभी आरोपों से मुक्त कर दिया था। 'कार्ल मार्क्स: हिज लाइफ ऐंड वर्क' इनकी महत्त्वपूर्ण रचना है।

पैट्रिक हेनरी (1736-1790), अमेरिकी राजनेता, वक्ता व व्यवस्थापक।

पैट्रिक मैकगिल (1889-1963), आयरिश पत्रकार, कवि, उपन्यासकार।

पिलग्रिम फादर्स (1620), चर्च ऑफ इंग्लैंड का विरोध करनेवाले प्यूरिटन समूह के सदस्य, जो उत्पीड़न से बचने के लिए मेफ्लावर से नौका द्वारा निकल भागे और उत्तरी अमेरिका में निवास करने लगे।

प्लेटो (c.427-347 ई.पू.), यूनानी दार्शनिक, सुकरात के शिष्य, कई पुस्तकों के लेखक और असेंबली ऑफ एथेंस के संस्थापक (387 ई.पू.), जहाँ अरस्तू छात्र थे।

प्योटर आर्काडेव्येविच स्टोलपिन (1862-1911), जार मंत्रिमंडल के अध्यक्ष और 1906-1911 तक आंतरिक मंत्री रहे।

रविंद्रनाथ टैगोर (1861-1941), कवि, दार्शनिक व शिक्षाविद्, विश्व-भारती के अग्रज शांतिनिकेतन (1901) के संस्थापक। साहित्य के लिए नोबल पुरस्कार से सम्मानित (1913)। 1916-17 के बीच जापान और संयुक्त राज्य अमेरिका की यात्रा की। इन्होंने राष्ट्र-गीत भी लिखा।

राम दास (1608-1681), महाराष्ट्र में हिंदू परंपरा के प्रमुख मराठी संत व कवि। छत्रपति शिवाजी इन्हीं के शिष्य थे। इन्होंने लोगों के बीच धार्मिक और राष्ट्रीय जागरूकता उत्पन्न की।

रामानंद चटर्जी (1865-1943), कलकत्ता से निकलनेवाली पत्रिका मॉडर्न रिव्यू के संस्थापक, संपादक और मालिक। इन्हें अकसर भारतीय पत्रकारिता के जनक के तौर पर परिभाषित किया जाता है।

रेने डेस्कार्टेस (1596-1650), फ्रांसिसी दार्शनिक व गणितज्ञ। कार्टेशियन स्कूल ऑफ फिलासफी का नाम इन्हीं पर रखा गया है। इसके आत्मा और पदार्थ के विभेद के आधार को इन्होंने डिस्कोर्स ऑन मैटर (1673) में इस उक्ति द्वारा व्यक्त किया, ''मैं विचार करता हूँ, इसलिए मैं हूँ।'' इन्होंने विश्लेषणात्मक ज्यामिति और बीजीय अंकन की नींव रखकर प्रकाशिकी के विज्ञान में अपना योगदान दिया।

रेने फुलॉप-मिलर (1891-1963), ऑस्ट्रियाई सांस्कृतिक इतिहासकार व लेखक। वे बोल्शेववाद के आलोचक थे। वे गांधीजी के मानवता को दिए संदेश के आध्यात्मिक आयात के पक्षधर थे। इस तरह उन्होंने 'लेनिन ऐंड गांधी' लिखी।

रिचर्ड हूकर (1554-1600), 'ऑफ दी लॉ ऑफ एक्लीसियास्टिकल पालिटी' में एंग्लिकैनिस्म के सिद्धांतों को संहिताबद्ध करनेवाले अंग्रेज धर्मशास्त्री।

रिचर्ड जैफ्रीस (1848-1887), अंग्रेज प्रकृतिवादी व उपन्यासकार

रॉबर्ट जी. इंगरसोल (1832-1899), अमेरिकी वकील, सार्वजनिक वक्ता और लेखक।

रोजर बेकन (c.1215-1292), अनुभववाद पर बल देनेवाले अंग्रेज विद्वान। वे पश्चिम में आधुनिक वैज्ञानिक पद्धतियों की पक्षधरतावाले शुरुआती लोगों में से थे। विरुद्ध मत का होने के कारण उन्हें जेल भेजा गया।

रॉपशिन (बोरिस सैविनकोव) (1879-1925), रूसी लेखक व क्रांतिकारी। ये सोशलिस्ट रिवॉल्यूशनरी पार्टी के नेताओं में से एक थे। वे 1904-1905 के बीच बहुत से उच्चपदस्थ अधिकारियों की हत्या के बड़े मामलों से जुड़े थे, बाद में उन्होंने अस्थायी सरकार में सह युद्ध मंत्री के तौर पर सेवा दी। इनके दो उपन्यास 'दी पेल हॉर्सेस' (1909) और 'वॉट नेवर हैप्पंड' (1912) का प्रकाशन उनके छद्मनाम, 'रॉपशिन' से हुआ। उनकी आत्मकथात्मक रचना 'मेमोरिस ऑफ अ टैररिस्ट' का 1931 में अंग्रेजी में प्रकाशन हुआ।

रगल्स ब्राइस (1857-1935), प्रबंधन व सुधारक के ब्रिटिश दिग्दर्शक और बोर्स्टल प्रणाली के संस्थापक थे।

सैमुअल मेंडेलसन (1850-1922), ये लिथुआनिया में जन्मे रबी और विद्वान थे। इन्होंने सामान्य यहूदी रुचिवाले बहुत से पैंफलेट और लेख लिखे। इन्होंने यहूदी विश्वकोश के पूरा होने में भी योगदान दिया।

स्कॉट नियरिंग (1883-1983), अमेरिकी अर्थशास्त्री, संरक्षणकर्ता, शांति कार्यकर्ता व लेखक।

सिडनी वेब (1859-1947), ब्रिटिश सोशलिस्ट, अर्थशास्त्री, सुधारक और लंदन स्कूल ऑफ इकोनॉमिक्स के सह-संस्थापक थे। 1884 में ये जॉर्ज बर्नार्ड शॉ के साथ फेबियन सोसाइटी के शुरुआती सदस्यों में से थे।

सुकरात (c. 470-399 BC), यूनानी दार्शनिक, युवाओं को 'भ्रष्ट' करने के प्रयास हेतु दंडित किए गए। प्लेटो, जेनोफोन और अरस्तू ने इन्हीं के लेखों से प्राप्त विचारों को आगे बढ़ाया।

थियोडोर हर्टज्का (1845-1924), हंगेरियन-ऑस्ट्रियन अर्थशास्त्री व पत्रकार, 'फ्रीलैंड: अ सोशल एंटीसिपेशन' के लेखक।

थॉमस एक्विनास (सेंट) (1225-1274), दार्शनिक और धर्मशास्त्री, इनके मुख्य कार्यों में सुम्मा थियोलाइज (1267-73) है।

थॉमस कैंपबेल (1777-1844), स्कॉट कवि। लंदन विश्वविद्यालय के शुरुआती योजनाकारों में से एक रहे।

थॉमस कार्लाइल (1795-1881), स्कॉट कवि, व्यंग्यपूर्ण लेखक, निबंधकार, इतिहासकार और विक्टोरियन काल में शिक्षक भी रहे।

थॉमस ग्रे (1716-1771), अंग्रेज कवि, पत्र-लेखक, शास्त्रीय विद्वान और कैंब्रिज विश्वविद्यालय में प्रोफेसर।

थॉमस हॉब्स (1588-1679), अंग्रेज दार्शनिक, प्रसिद्ध लेवियाथान व अन्य रचनाओं के लेखक।

थॉमस जेफरसन (1743-1826), महान् उदारवादी और संयुक्त राज्य अमेरिका के तीसरे राष्ट्रपति। फ्राम अ लैटर टू ड्ब्ल्यू, एस.स्मिथ, 13 नवंबर, 1787

थॉमस पेन (1737-1809) अंग्रेज लेखक व सामयिक विषय लेखक। इन्हें अमेरिकी स्वतंत्रता संग्राम और फ्रांसीसी क्रांति में इनके योगदान के लिए जाना जाता है।

टोमासो कैंपानेला (1568-1639), इतालवी कवि और दार्शनिक। डोमिनियन साधु। यूटोपियन समाज का वर्णन करनेवाली पुस्तक 'सिटी ऑफ सन' (1623) के लेखक। इतालवी में लव लेयरिक्स और लेटिन में थियोलॉजी की रचना की।

अप्टॉन सिनक्लेयर (1878-1968), अमेरिकी पत्रकार, उपन्यासकार और सुधारवादी, 90 से भी अधिक पुस्तकों के लेखक।

वैलेंटाइन शिरोल (सर) (1858-1929), पत्रकार और 'इंडिया अनरेस्ट' व 'इंडिया ओल्ड ऐंड न्यू' के लेखक। 1890 से 1912 तक टाइम्स के विदेश विभाग के प्रभारी रहे। इसके साथ ही इंडियन पब्लिक सर्विस कमीशन (1912-1914) के सदस्य रहे। 17 बार भारत की यात्रा की।

वीर (विनायक दामोदर) सावरकर (1883-1966), भारतीय क्रांतिकारी थे। वे परम आदर्श के रूप में स्वतंत्रता के समर्थकों में से थे। वे इंडिया हाउस लंदन से संबंधित थे। उन्होंने 1857 की भारतीय क्रांति पर 'दी इंडियन वॉर ऑफ इंडिपेंडेंस' का प्रकाशन किया। बाद में वे हिंदू राष्ट्रवाद की ओर मुड़ गए।

वेरा निकोलायेवना फिग्नर (1852-1942), रूसी क्रांतिकारी

विक्टर (मैरी) ह्यूगो (1802-85), फ्रांसिसी कवि, नाटककार व उपन्यासकार, रोमांटिसिज्म के नेता। 1862 में अपनी उत्कृष्ट कृति, 'लेस मिसरेबल्स' की रचना की। राजनीतिक रूप से सक्रिय रहते इन्हें कई बार निर्वासित किया गया।

व्लादिमीर जी. सिमखोविच (1874-1959), 'टूवाड्र्स दी अंडरस्टैंडिंग ऑफ जीसस' और 'मार्क्सिज्म वर्सेस सोशलिज्म' के लेखक।

वाल्ट व्हिटमैन (1819-92), कम शिक्षा से छोटी शुरुआत करते हुए जीवन के उत्तरार्ध में यश प्राप्त हुआ। आज ये महान् व लोकप्रिय कवि समझे जाते हैं। 'लीव्स ऑफ ग्रास' इनका मास्टरपीस है।

वाट टेलर (1341-1381), इंग्लैंड में कृषक क्रांति के नेता रहे। उन्होंने कुछ लोगों के साथ केंट से कैंटरबरी तक जुलूस निकाला और इसके बाद वे नए चुनाव करवाने का विरोध करने लंदन गए।

वेंडेल फिलिप्स (1811-1884), अमेरिकी वक्ता और सुधारक, गुलामी विरोधी आंदोलन में भी सक्रिय रहे।

विलियम ब्लैकस्टोन (सर) (1723-80), अंग्रेज न्यायविद, अंग्रेजी कानूनी सिद्धांत की प्रामाणिक पुस्तक 'कमेंटरीस ऑन दी लाज ऑफ इंग्लैंड' (1765-69 के लेखक।

विलियम वड्र्सवर्थ (1750-1850), शुरुआती रोमांटिक्स के एक लोकप्रिय अंग्रेजी कवि तथा प्रकृति के कवि, युवावस्था में सुधारवादी व रिपब्लिकन समर्थक।

विलियम लॉयड गैरिसन (1805-1879), प्रमुख अमेरिकी दासप्रथा-विरोध्री, पत्रकार और समाज सुधारक। इन्हें मुख्य रूप से 'लिब्रेटर' के संपादक के तौर पर जाना जाता है तथा वे अमेरिका की एंटी-स्लेवरी सोसाइटी के संस्थापकों में से एक थे।

डब्ल्यू.एम. थेयर (1820-1898), युवाओं के लिए अमेरिकी इतिहास से जुड़ी पुस्तकों और जीवनियों का लेखन। जीवन में सफलता प्राप्त करने के लिए उनकी पुस्तकों में अच्छी पठनीय सामग्री है।

सिटियम के जेनो (333-264 ई.पू.), सिटियम साइप्रस के यहूदी विचारक थे। ये संभवतः फोएनिशन वंश से थे। जेनो दर्शन के स्टोइक स्कूल के संस्थापक थे, जिसे वे लगभग 300 ई.पू. में एथेंस में पढ़ाया करते थे।

❑❑❑